1964
東京五輪聖火
空輸作戦

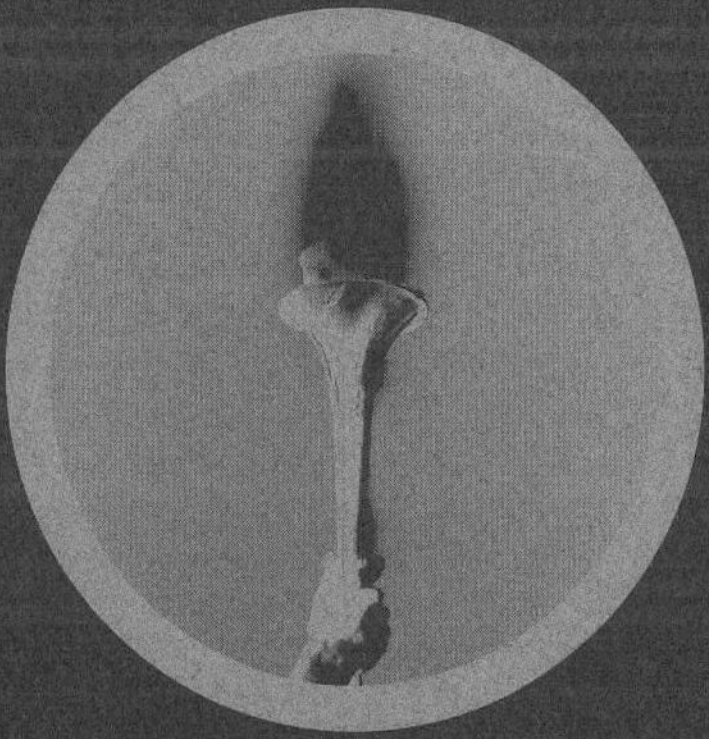

夫馬信一◉著
鈴木真二◉航空技術監修

原書房

1964 東京五輪・聖火ギャラリー

当時を物語る貴重な品々

聖火空輸派遣団の荷物用タグ（協力：菅野伸也）●同じ通し番号がパスポートにも描かれていた。

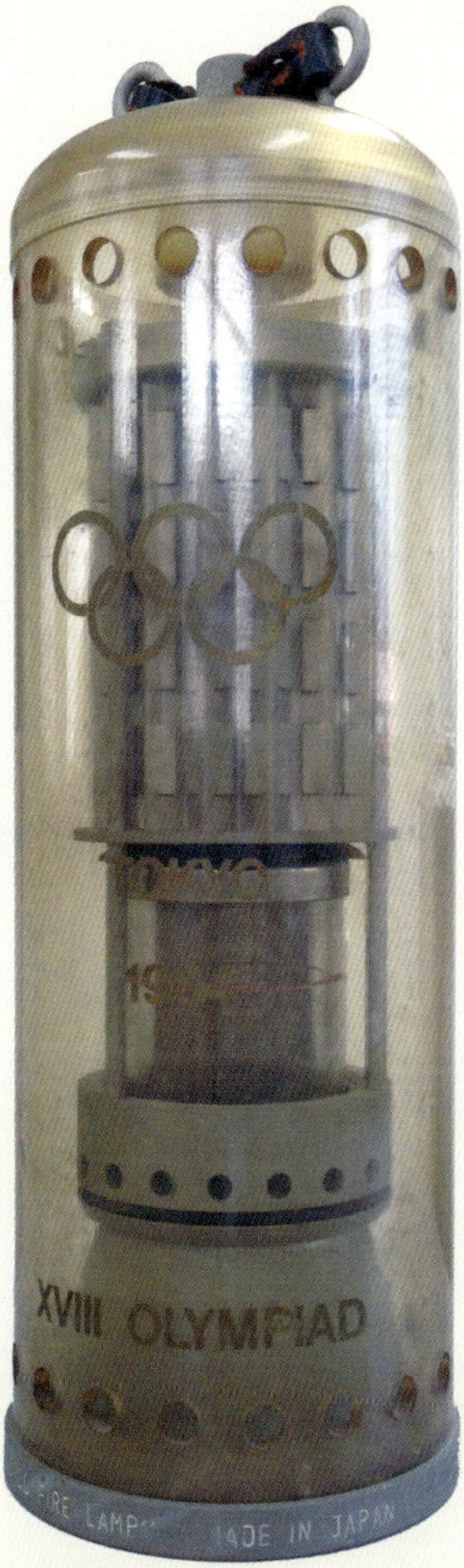

聖火灯（協力：池田宏子、池田剛）●中島茂は東京五輪の聖火灯のうちのひとつを手元に持ち帰っていた。

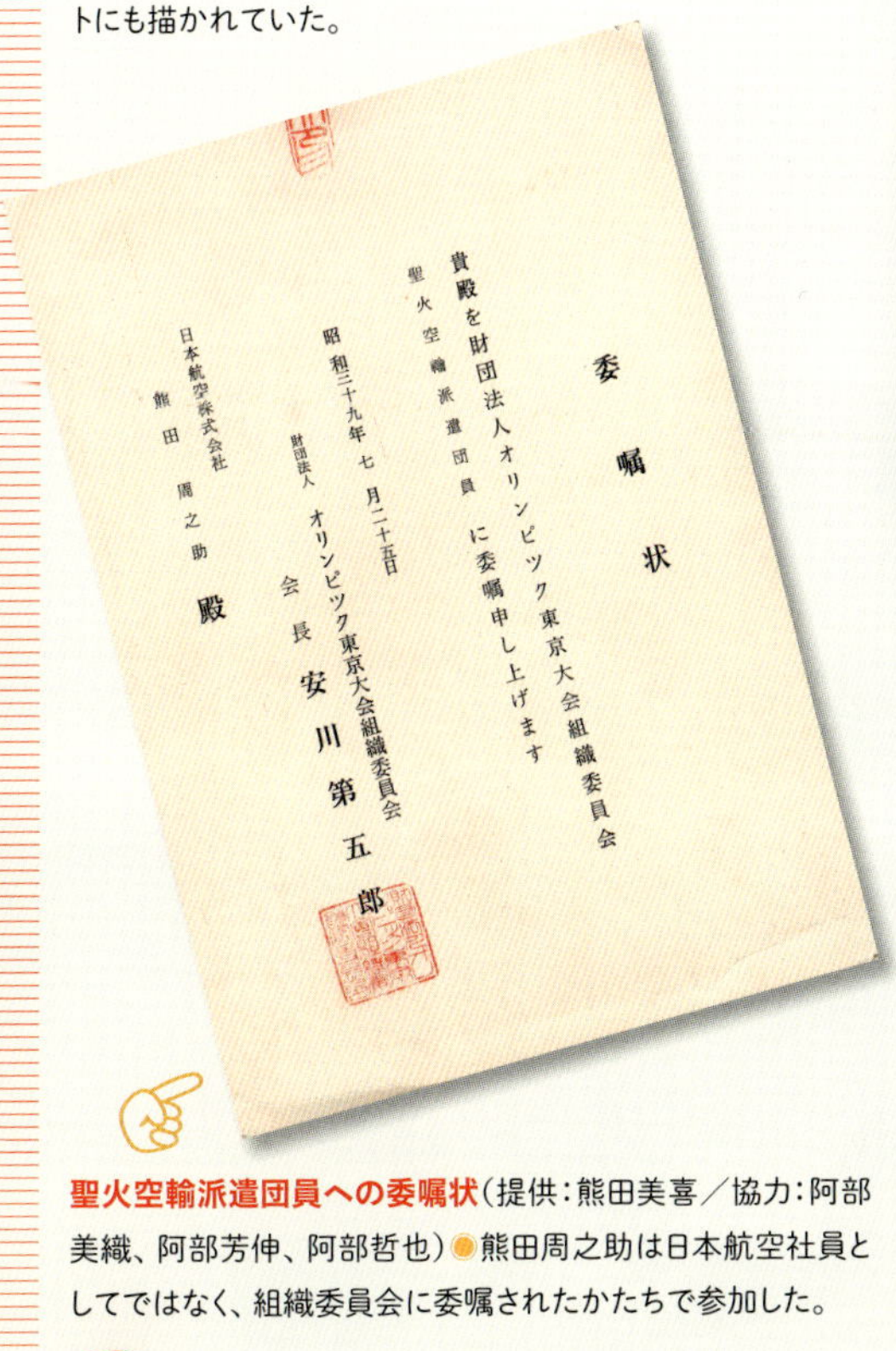

委嘱状

貴殿を財団法人オリンピック東京大会組織委員会
聖火空輸派遣団員 に委嘱申し上げます

昭和三十九年七月二十五日

財団法人 オリンピック東京大会組織委員会
会長 安川第五郎

日本航空株式会社
熊田周之助 殿

聖火空輸派遣団員への委嘱状（提供：熊田美喜／協力：阿部美織、阿部芳伸、阿部哲也）●熊田周之助は日本航空社員としてではなく、組織委員会に委嘱されたかたちで参加した。

TORCH RELAY MISSION
FOR THE GAMES OF XVIII OLYMPIAD
TOKYO 1964

SHUNOSUKE KUMADA
SECRETARY OF CHIEF OF MISSION

TEL. (467) 3111

ADDRESS: KISHI MEMORIAL HALL
SHIBUYA-KU, TOKYO

熊田周之助の名刺（提供：熊田美喜／協力：阿部美織、阿部芳伸、阿部哲也）●「団長付秘書」の肩書きである（P187参照）。

国外聖火リレー

聖火空輸特別機・DC-8「シティ・オブ・トウキョウ」号（提供：日本航空）●本来は「シティ・オブ・ナゴヤ」だった愛称を、この時だけ塗り替えて特別機に仕立てた（P139参照）。

オリンピアでの聖火国外現地調査団（提供：熊田美喜／協力：阿部美織、阿部芳伸、阿部哲也）●1964（昭和39）年4月、オリンピアでギリシャ側関係者にトーチを披露する現地調査団（P154参照）。左からひとり置いてトーチを持った高島文雄、ひとり置いて藤岡端、熊田周之助、森西栄一。

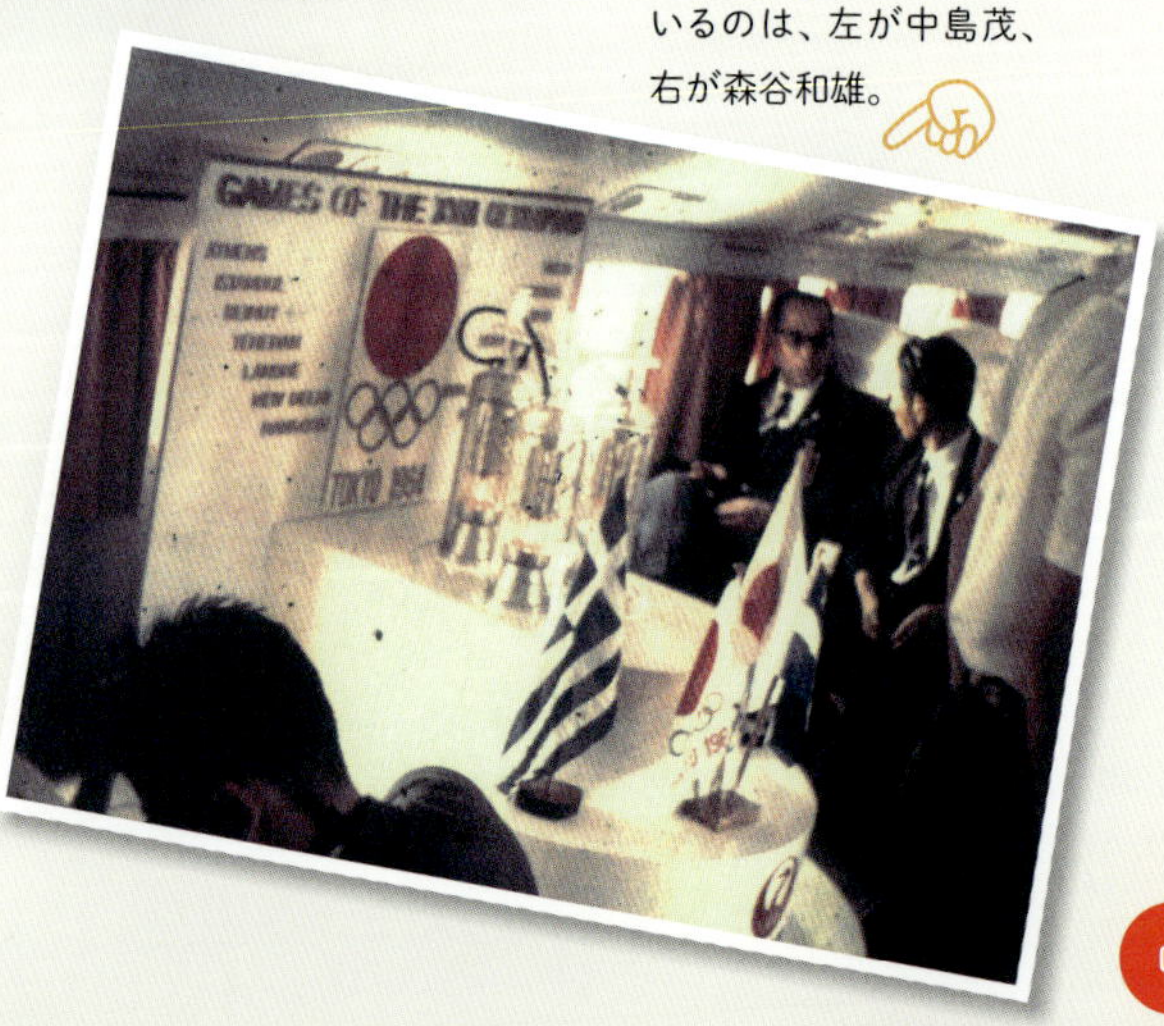

「シティ・オブ・トウキョウ」機内の聖火台（提供：早川欣之）●奥の席に座っているのは、左が中島茂、右が森谷和雄。

カラチでの休日（提供：早川欣之）パキスタンのカラチにて、1964（昭和39）年8月16～17日に撮影。

ダーランに着陸（提供：早川欣之）ダーランには給油のために立ち寄った。1964（昭和39）年8月18日に撮影。

主巫女アレカ・カッツェリ母娘を囲んで（提供：熊田美喜／協力：阿部美織、阿部芳伸、阿部哲也）●左から熊田周之助、ひとり置いてカッツエリの長女ノラ（当時16歳）、アレカ・カッツェリ、次女ルカ（当時12歳）と思われる。撮影は1964（昭和39）年8月20日のリハーサル時だろうか。

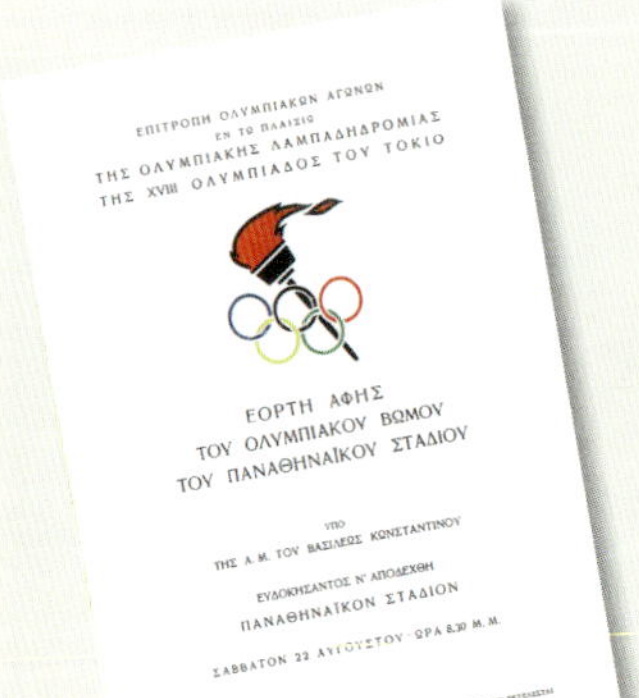

ΕΠΙΤΡΟΠΗ ΟΛΥΜΠΙΑΚΩΝ ΑΓΩΝΩΝ
ΕΝ ΤΩ ΠΛΑΙΣΙΩ
ΤΗΣ ΟΛΥΜΠΙΑΚΗΣ ΛΑΜΠΑΔΗΔΡΟΜΙΑΣ
ΤΗΣ XVIII ΟΛΥΜΠΙΑΔΟΣ ΤΟΥ ΤΟΚΙΟ

ΕΟΡΤΗ ΑΦΗΣ
ΤΟΥ ΟΛΥΜΠΙΑΚΟΥ ΒΩΜΟΥ
ΤΟΥ ΠΑΝΑΘΗΝΑΪΚΟΥ ΣΤΑΔΙΟΥ

ΥΠΟ
ΤΗΣ Α.Μ. ΤΟΥ ΒΑΣΙΛΕΩΣ ΚΩΝΣΤΑΝΤΙΝΟΥ
ΕΥΔΟΚΗΣΑΝΤΟΣ Ν' ΑΠΟΔΕΧΘΗ
ΠΑΝΑΘΗΝΑΪΚΟΝ ΣΤΑΔΙΟΝ

ΣΑΒΒΑΤΟΝ 22 ΑΥΓΟΥΣΤΟΥ ΩΡΑ 8.30 Μ.Μ.

アテネ聖火台点火式プログラム（提供：早川欣之）●1964（昭和39）年8月22日にアテネのパナシナイコ・スタジアムで行われた「聖火台への点火式」のプログラム。前日ヘラ神殿で採火されてギリシャ国内をリレーされた聖火を、同スタジアムに設置された聖火台に灯す式典である（協力：GreeceJapan.com）。

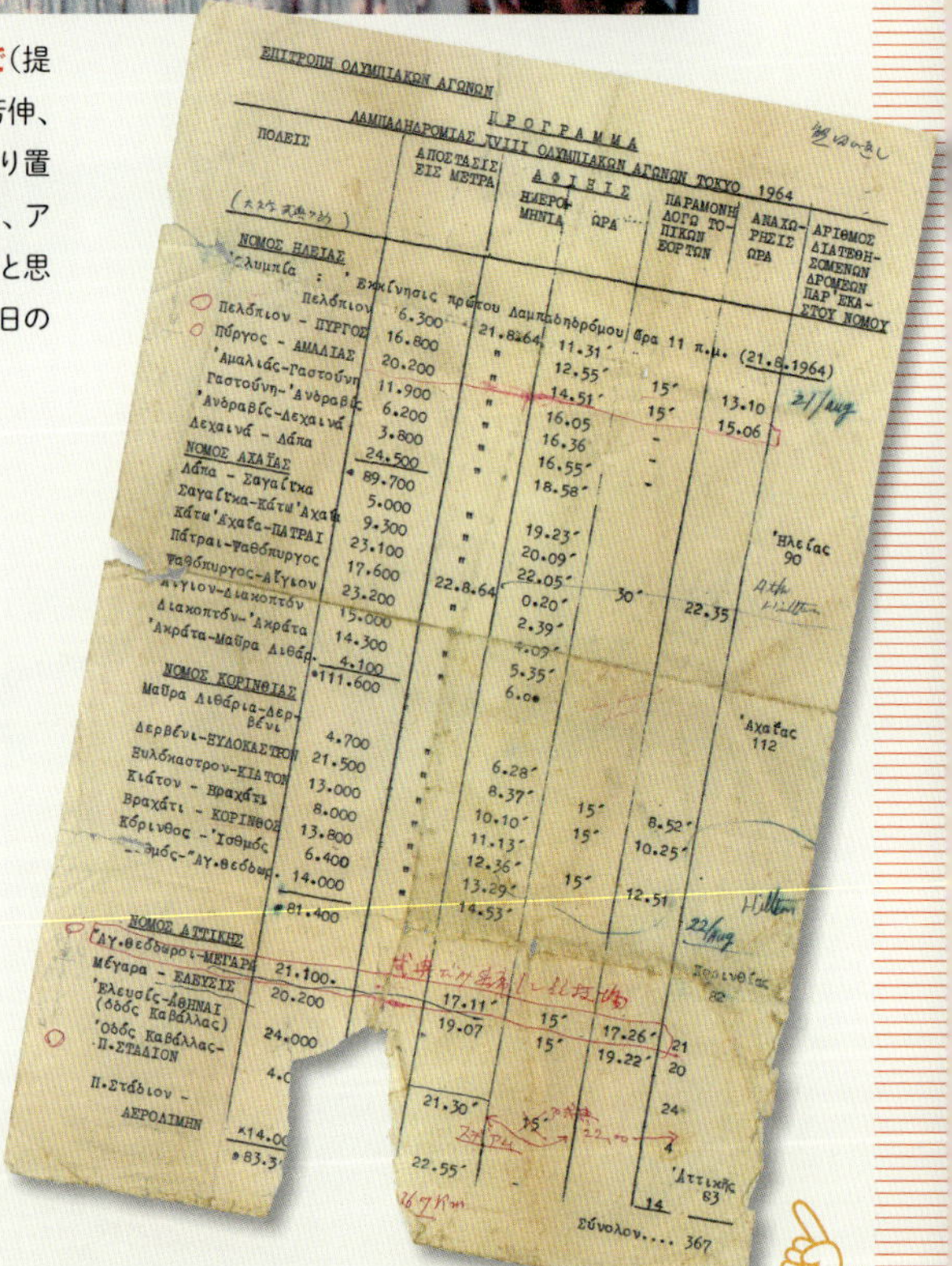

ΕΠΙΤΡΟΠΗ ΟΛΥΜΠΙΑΚΩΝ ΑΓΩΝΩΝ

ΠΡΟΓΡΑΜΜΑ
ΛΑΜΠΑΔΗΔΡΟΜΙΑΣ XVIII ΟΛΥΜΠΙΑΚΩΝ ΑΓΩΝΩΝ ΤΟΚΥΟ 1964

ΠΟΛΕΙΣ	ΑΠΟΣΤΑΣΙΣ ΕΙΣ ΜΕΤΡΑ	ΑΦΙΞΕΙΣ ΗΜΕΡΟΜΗΝΙΑ	ΑΦΙΞΕΙΣ ΩΡΑ	ΠΑΡΑΜΟΝΗ ΛΟΓΩ ΤΟΠΙΚΩΝ ΕΟΡΤΩΝ	ΑΝΑΧΩΡΗΣΙΣ ΩΡΑ	ΑΡΙΘΜΟΣ ΔΙΑΤΕΘΗΣΟΜΕΝΩΝ ΔΡΟΜΕΩΝ ΠΑΡ' ΕΚΑΣΤΟΥ ΝΟΜΟΥ
ΝΟΜΟΣ ΗΛΕΙΑΣ						
Ὀλυμπία : Ἐκκίνησις πρώτου Λαμπαδηδρόμου ὥρα 11 π.μ. (21.8.1964)						
Πελόπιον	6.300	21.8.64	11.31΄			
Πελόπιον - ΠΥΡΓΟΣ	16.800	"	12.55΄	15΄	13.10	
Πύργος - ΑΜΑΛΙΑΣ	20.200	"	14.51΄	15΄	15.06	
Ἀμαλιάς-Γαστούνη	11.900	"	16.05	-		
Γαστούνη-Ἀνδραβίδ	6.200	"	16.36	-		
Ἀνδραβίς-Δεχαινά	3.800	"	16.55΄	-		
Δεχαινά - Λάπα	24.500	"	18.58΄	-		
	•89.700					Ἠλείας 90
ΝΟΜΟΣ ΑΧΑΪΑΣ						
Λάπα - Σαγαίϊκα	5.000	"	19.23΄			
Σαγαίϊκα-Κάτω Ἀχαΐα	9.300	"	20.09΄			
Κάτω Ἀχαΐα-ΠΑΤΡΑΙ	23.100	"	22.05΄	30΄	22.35	
Πάτραι-Ψαθόπυργος	17.600	22.8.64	0.20΄			
Ψαθόπυργος-Αἴγιον	23.200	"	2.39΄			
Αἴγιον-Διακοπτόν	15.000	"	4.09΄			
Διακοπτόν-Ἀκράτα	14.300	"	5.35΄			
Ἀκράτα-Μαῦρα Λιθάρ.	4.100	"	6.00			
	•111.600					Ἀχαΐας 112
ΝΟΜΟΣ ΚΟΡΙΝΘΙΑΣ						
Μαῦρα Λιθάρια-Δερβένι	4.700	"	6.28΄			
Δερβένι-ΞΥΛΟΚΑΣΤΡΟΝ	21.500	"	8.37΄	15΄	8.52΄	
Ξυλόκαστρον-ΚΙΑΤΟΝ	13.000	"	10.10΄	15΄	10.25΄	
Κιάτον - Βραχάτι	8.000	"	11.13΄			
Βραχάτι - ΚΟΡΙΝΘΟΣ	13.800	"	12.36΄	15΄	12.51	
Κόρινθος - Ἰσθμός	6.400	"	13.29΄			
Ἰσθμός-Ἅγ.Θεόδωρ.	14.000	"	14.53΄			
	•81.400					Κορινθίας 82
ΝΟΜΟΣ ΑΤΤΙΚΗΣ						
Ἅγ.Θεόδωροι-ΜΕΓΑΡΑ	21.100		17.11΄	15΄	17.26΄	21
Μέγαρα - ΕΛΕΥΣΙΣ	20.200		19.07	15΄	19.22΄	20
Ἐλευσίς-ΑΘΗΝΑΙ (ὁδός Καβάλλας)	24.000		21.30΄			24
Ὁδός Καβάλλας-Π.ΣΤΑΔΙΟΝ	4.0		22.55΄			4
Π.Στάδιον - ΑΕΡΟΛΙΜΗΝ	14.0					14
	•83.3					Ἀττικῆς 83
					Σύνολον....	367

ギリシャ国内での聖火行事タイムテーブル（提供：池田宏子、池田剛）●オリンピアでの採火式～ギリシャ国内での聖火リレー～アテネでの聖火台点火式典までの詳細を記した、ギリシャ各地の中継ポイント間距離・タイムテーブル（協力：GreeceJapan.com）。

イスタンブール

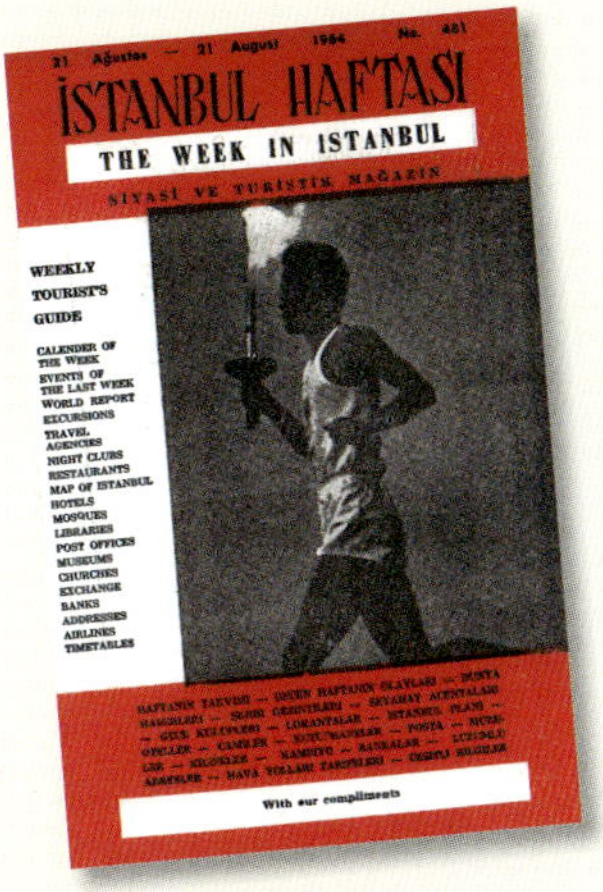

イスタンブールの市内情報誌(『ISTANBUL HAFTASI/THE WEEK IN ISTANBUL』21 August 1964 - No.481〈Reklam-Dekor Matbaasi〉より／提供:池田宏子、池田剛)●1964(昭和39)年8月21日発行の週刊情報誌表紙である。この週の最大のイベントは、聖火リレーであった(P205参照)。

イスタンブール聖火リレー記念のバインダー(提供:池田宏子、池田剛)●トルコ体育協会が聖火リレーを記念して作ったらしきバインダー。まるでイスタンブールでオリンピックが開催されるような表紙である。

テヘラン

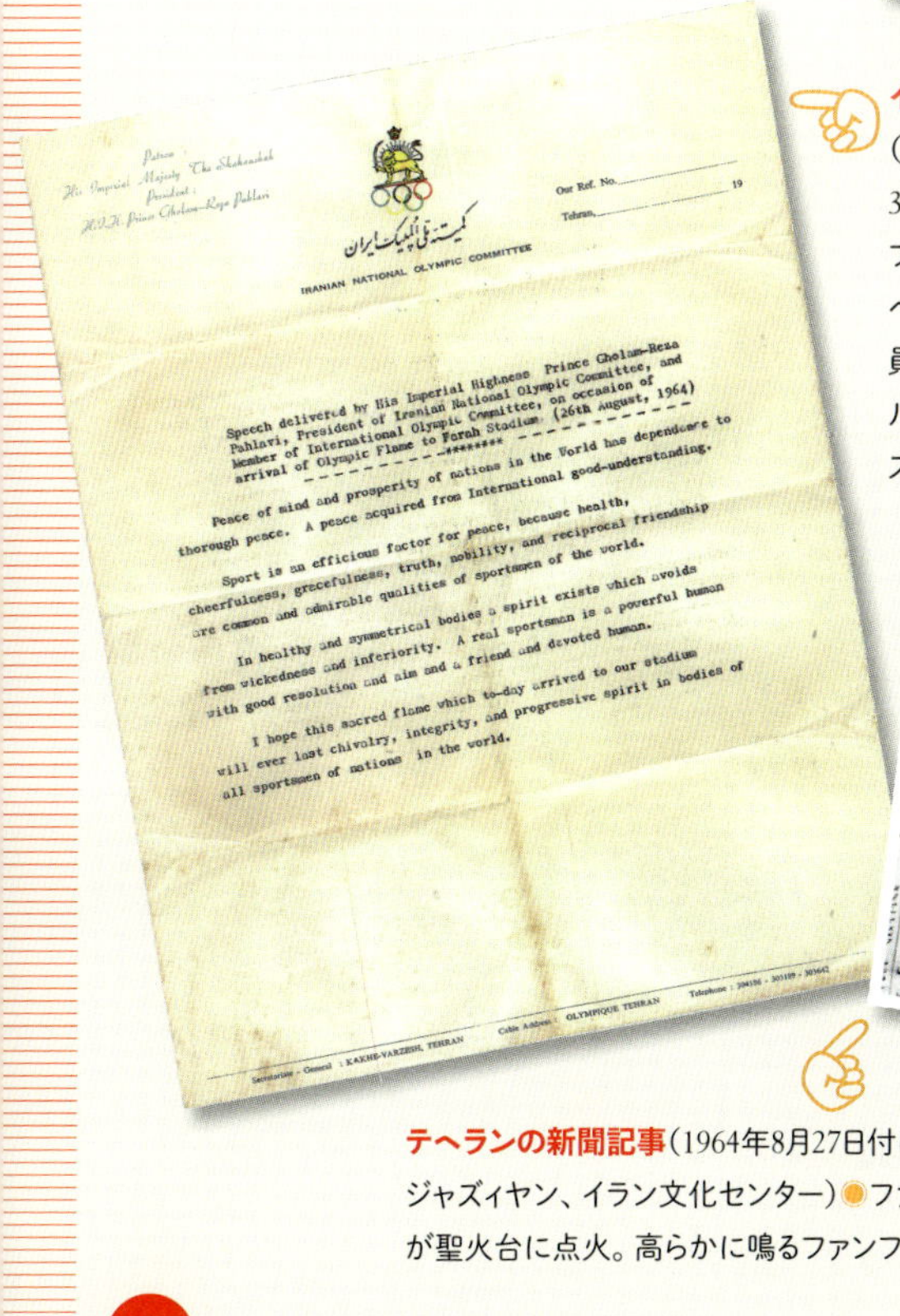
IRANIAN NATIONAL OLYMPIC COMMITTEE

Our Ref. No. ______ 19
Tehran, ______

Speech delivered by His Imperial Highness Prince Gholam-Reza Pahlavi, President of Iranian National Olympic Committee, and Member of International Olympic Committee, on occasion of arrival of Olympic Flame to Farah Stadium (26th August, 1964)

Peace of mind and prosperity of nations in the World has dependance to thorough peace. A peace acquired from International good-understanding.

Sport is an efficious factor for peace, because health, cheerfulness, gracefulness, truth, nobility, and reciprocal friendship are common and admirable qualities of sportsmen of the world.

In healthy and symmetrical bodies a spirit exists which avoids from wickedness and inferiority. A real sportsman is a powerful human with good resolution and aim and a friend and devoted human.

I hope this sacred flame which to-day arrived to our stadium will ever last chivalry, integrity, and progressive spirit in bodies of all sportsmen of nations in the world.

Secretariat - General : KAKHE-VARZESH, TEHRAN　Cable Address : OLYMPIQUE TEHRAN

イラン・オリンピック委員会会長の挨拶(提供:池田宏子、池田剛)●1964(昭和39)年8月26日、イランのテヘランにあるファラ・パハラヴィー競技場での聖火イベントにおいて、イラン・オリンピック委員会の会長で国王の弟であるシャープール・ゴラムレザー・パハラヴィーが行ったスピーチの全文(P210参照)。

テヘランの新聞記事(1964年8月27日付け『ケイハン』〈ケイハン研究所〉より／協力:アリ・ヘジャズィヤン、イラン文化センター)●ファラ・パハラヴィー競技場で聖火リレー最終ランナーが聖火台に点火。高らかに鳴るファンファーレとともにセレモニーが始まった(P210参照)。

ラングーン（ヤンゴン）

ラングーンでの聖火リレー開始（提供：久野明子）●1964（昭和39）年8月30日、ラングーン（現・ヤンゴン）のミンガラドン空港での聖火リレー開始の様子。ビルマ（現・ミャンマー）・オリンピック委員会会長のKhin Nyo大佐が第1走者にトーチを手渡す（P224参照）。

ベイルート

レバノンでの聖火リレーワッペン（提供：池田宏子、池田剛）

バンコク

In Honour of the Arrival of the
OLYMPIC FLAME
Carried from Greece by Mr. Fumio Takashima
and the Special Torch Relay Committee

His Excellency General Prabhas Charusathiara
President of the Olympic Committee of Thailand
requests the honour of your company
at Dinner
at the Royal Hotel, Rajadamnern Avenue
on Tuesday, 1st September, 1964, at 7.30 p.m.

Ordinary Dress

R. S. V. P.
Regrets only
Tel. 23563

バンコクでの晩餐会招待状（提供：久野明子）●1964（昭和39）年9月1日夜、タイ・オリンピック委員会のPrabhas Charusathiara会長主催で開かれた聖火空輸派遣団歓迎晩餐会の招待状。

クアラルンプール

クアラルンプールでのスナップ（提供：久野明子）●一番右は、1964（昭和39）年9月2日、クアラルンプールのスタジアム・ネガラでの歓迎セレモニー。左の2枚の写真は、翌9月3日朝のスンガイベシ空港で撮影（P228参照）。

香港

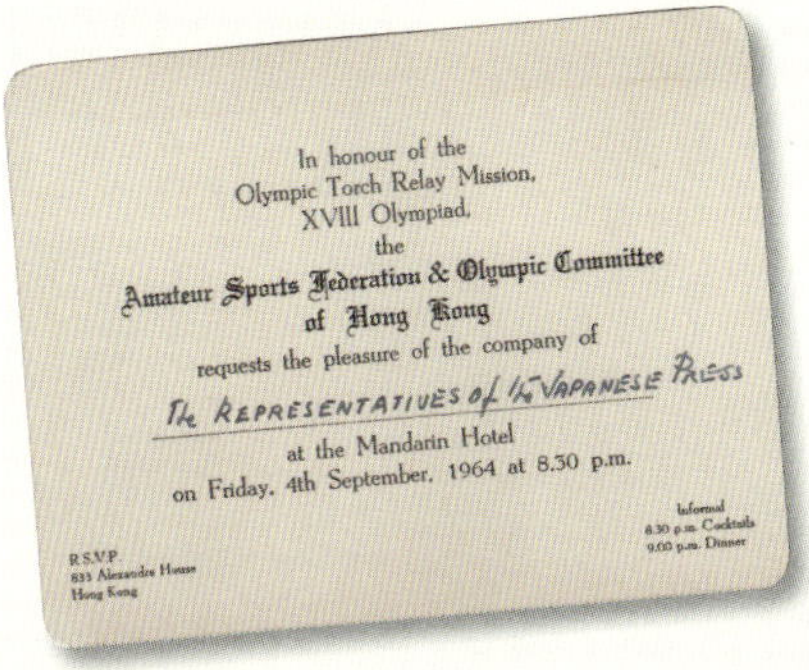
In honour of the
Olympic Torch Relay Mission,
XVIII Olympiad,
the
Amateur Sports Federation & Olympic Committee
of Hong Kong
requests the pleasure of the company of
The REPRESENTATIVES of the JAPANESE PRESS
at the Mandarin Hotel
on Friday, 4th September, 1964 at 8.30 p.m.

R.S.V.P.
833 Alexandra House
Hong Kong

Informal
8.30 p.m. Cocktails
9.00 p.m. Dinner

香港での招待状と聖火ワッペン（〈左〉提供：熊田美喜／協力：阿部美織、阿部芳伸、阿部哲也、〈右〉提供：池田宏子、池田剛）●左は1964（昭和39）年9月4日、香港アマチュア体育連盟とオリンピック委員会主催の晩餐会招待状。右は香港の聖火リレー・ワッペン。

台湾

台北での記念撮影と聖火ワッペン（〈右〉提供：久野明子、〈左〉提供：池田宏子、池田剛）●右の写真は、渡辺（現・久野）明子によれば台湾の組織委員会の要人であるDr. Kiang夫妻とのスリーショットである。1964（昭和39）年9月6日、台北で撮影。左は台湾聖火リレー・ワッペン。

YS-11「聖火」号（提供：和久光男／協力：和久淑子）●聖火空輸用に全日空にリースされたのは、YS－11試作2号機であった。

国内聖火リレー

NAMC NEWS
YS-11 TURBOPROP AIRLINER
No. 23
SEPTEMBER 1964

YS-11 聖火空輸の大任を果す

（国内聖火空輸のため羽田空港から出発のYS－11）

既報のように沖縄から本土へのオリンピック聖火空輸は全日空にチャーターされた当社のYS－11試作2号機により、去る9月9日われわれの期待どおり無事その大任を果した。

この晴れの日にそなえて機体には五輪のマークと聖火空輸特別機の文字が鮮かに描かれ、機内中央には薄桃色に金色のふちどりも美しい聖火台を取り付けたYS－11は、9月8日10時30分全日空、オリンピック組織委員会、当社の関係者、それに100人以上に及ぶ羽田航空少年団や一般観衆の盛んな見送りを受けて羽田空港から沖縄へ向けて飛び立った。

那覇空港で一夜を明かしたYS－11は9日、沖縄島内をリレーされた聖火を機内の聖火台に納め、関係者に見守られつつ、午前7時那覇空港を離陸、国内聖火リレー第一コースの起点鹿児島へと向かった。

YS－11による聖火空輸の大役をになったクルーは、全日空の松前運航部長を総指揮者に飯塚、藤村両パイロット、丸、板倉の両スチュワーデス等6名、それに当社からは長谷川栄三、沼口正彦両パイロットと、整備員3名が参加した。

YS－11はわずかに1時間30分で鹿児島上空に姿を現わし、報道関係の小型飛行機やヘリコプターに出迎えられて、秋晴れの桜島を背にゆっくり旋回して、8時40分盛んな歓迎の中を無事鹿児島空港に着陸した。

YS－11から降された聖火が第一走者の手に高くかゝげられて、国内聖火リレーの第一歩が踏み出されるのを見送ったYS－11は第二コースの宮崎空港へ向かい第二の聖火を降し、さらに10時30分最後の目的地千歳へ向かって離陸した。途中小牧空港で翼を休めたYS－11は予定通り15時50分、小雨煙る千歳空港に着陸、最後の聖火を関係者に引き継いで無事使命を果した。

この間の総飛行時間はおよそ7時間で途中何の事故もなく聖火空輸の大任を果し、YS－11の優秀性を広く内外に立証した。

ION AEROPLANE MANUFACTURING CO., LTD.　日本航空機製造株式会

「聖火」号クルー用ワッペン（提供：白木洋子）●羽田での出発時にシャツの胸に貼られていたもの。

聖火フライトを報じる『NAMC NEWS』（『NAMC NEWS No.23 - September 1964』〈日本航空機製造株式会社〉より／提供：白木洋子）●聖火フライトを特集した、YS-11の製造元である日本航空機製造の広報紙。ここにも「第4のパイロット」沼口正彦の名前が明記されている（P249参照）。

鹿児島空港のYS-11（提供：白木洋子）当時の鹿児島空港は霧島市にある現在のものと異なり、鹿児島市鴨池にあった（P166参照）。背景に桜島の噴火が見える。左から、スチュワーデスの丸邦子、同・板倉（現・白木）洋子。

鹿児島での歓迎式典（提供：〈上〉ANA、〈下〉提供：和久光男／協力：和久淑子）鹿児島空港での記念式典の様子。聖火トーチを掲げているのは、本土第1走者・鹿児島高校体育助手の高橋律子。このセレモニーには中島茂と森谷和雄も参加していた（P252参照）。

宮崎空港に到着した「聖火」号（『オリンピック東京大会・聖火』宮崎県観光課・聖火リレー県実行委員会総務部〈宮崎県〉より）

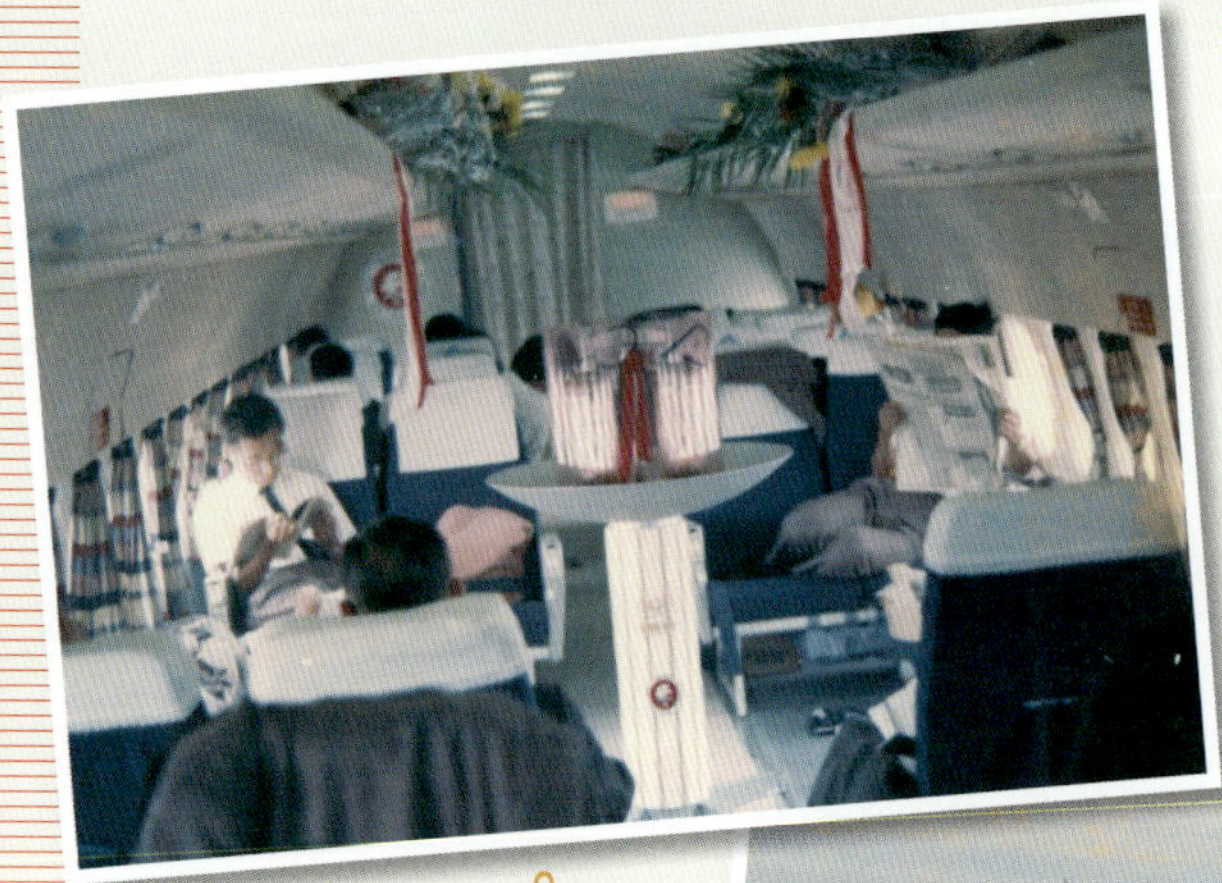

YS-11「聖火」号の機内（提供：沼口正彦）●聖火フライト当日の機内の様子を、カラーで捉えた写真は極めて珍しい。聖火台に載せられた聖火灯のひとつに、赤いリボンが結びつけられていることにご注目いただきたい（P227、P251参照）。

自衛隊のエスコート機（提供：沼口正彦）●千歳空港が近づいて来た頃、航空自衛隊千歳基地から戦闘機F-86Dが飛来。「聖火」号をエスコートした。

千歳空港でのセレモニー（提供：沼口正彦）●札幌の千歳空港で行われた、聖火歓迎セレモニーの様子。YS-11「聖火」号機内から撮影した写真である。

広島空港でのYS-11（提供：山之内憲夫）●1964（昭和39）年に広島空港に降り立ったYS-11試作2号機。1964（昭和39）年7月20日から8月4日まで続けられた実用飛行試験の一環である（P167参照）。サングラスの男性は同機の飛行試験主任である山之内憲夫。

フレンドシップでの東京五輪エンブレム（提供：森谷和子）●森谷ノート（P143参照）における1964（昭和39）年6月5日の「契約打合せ」の記載に貼られていた全日空フォッカーF-27フレンドシップの写真には、同機で聖火空輸を行う際のエンブレム貼付け箇所がワクを描いて指示されていた。赤い矢印で示した主翼付け根のすぐ後ろがその箇所である。引き出し線は「〒」郵便マークの位置。このマークにかぶらないように、エンブレムを貼る予定だった。

聖火リレー海外版パンフレット（『Torch Relay／For the Games of the XVIII Olympiad』〈オリンピック東京大会組織委員会〉より／提供：森谷和子）●聖火リレーの概要について説明する英文パンフレット。合計24ページ。

東京大会開会式プログラム（『開会式　公式プログラム』〈オリンピック東京大会組織委員会〉より／提供：沼口正彦）●1964（昭和39）年10月10日の開会式プログラム表紙である。日・英・仏併記で表紙も入れて44ページ。

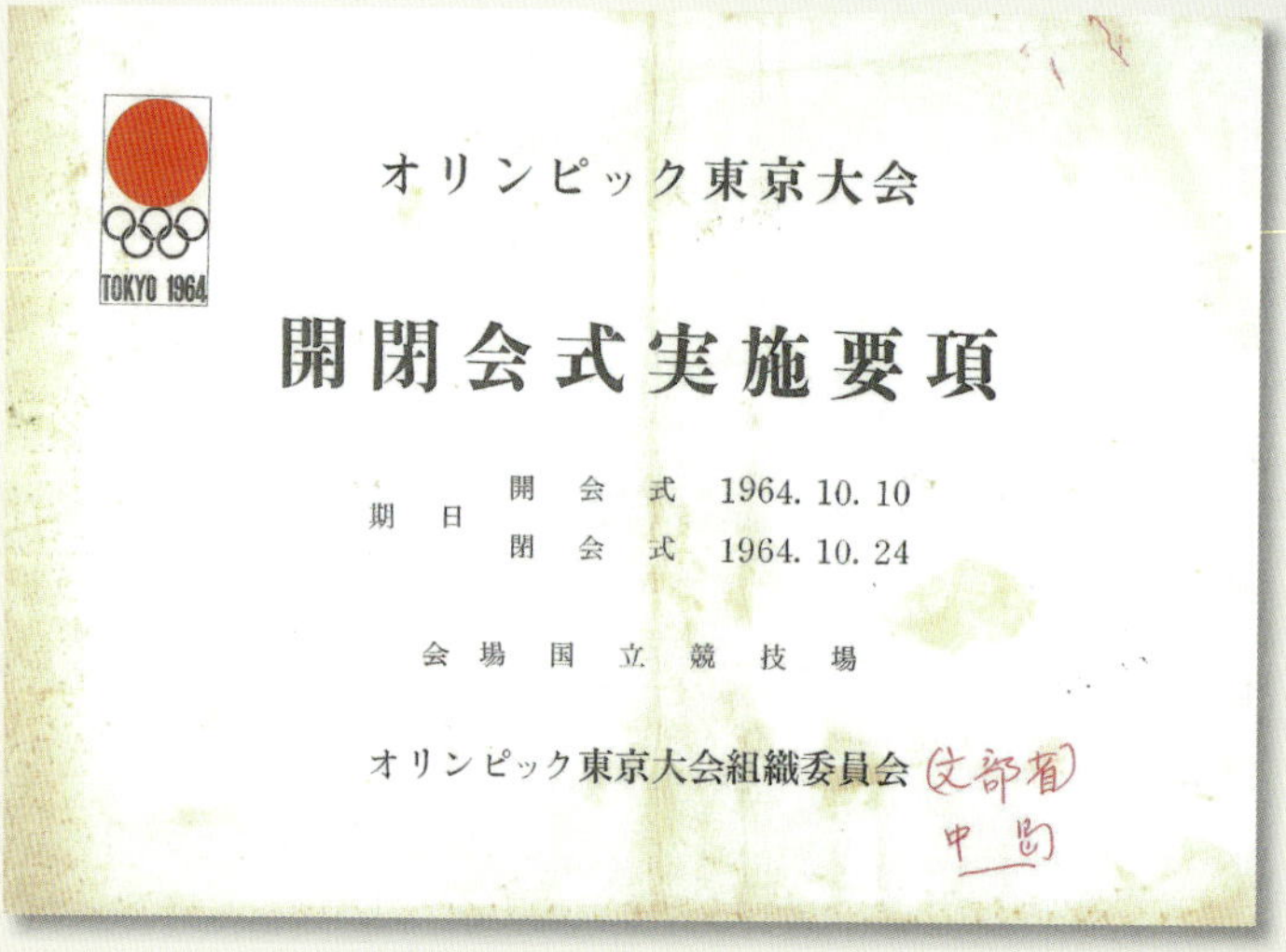
TOKYO 1964

オリンピック東京大会

開閉会式実施要項

期日　開会式　1964. 10. 10
　　　閉会式　1964. 10. 24

会場国立競技場

オリンピック東京大会組織委員会　文部省
中島

東京大会開閉会式実施要項（『オリンピック東京大会　開閉会式実施要項』〈オリンピック東京大会組織委員会〉より／提供：池田宏子、池田剛）●東京大会の開閉会式の進行について関係者に説明するための冊子。式典副本部長だった中島茂が持っていたもので、名前が書き込んである。

日本航空の東京大会関連パンフレット（提供：曽我誉旨生）●東京大会のオフィシャル・エアラインだった日本航空が、開催タイミングに合わせて発行したパンフレット。折り畳んで12ページになる。

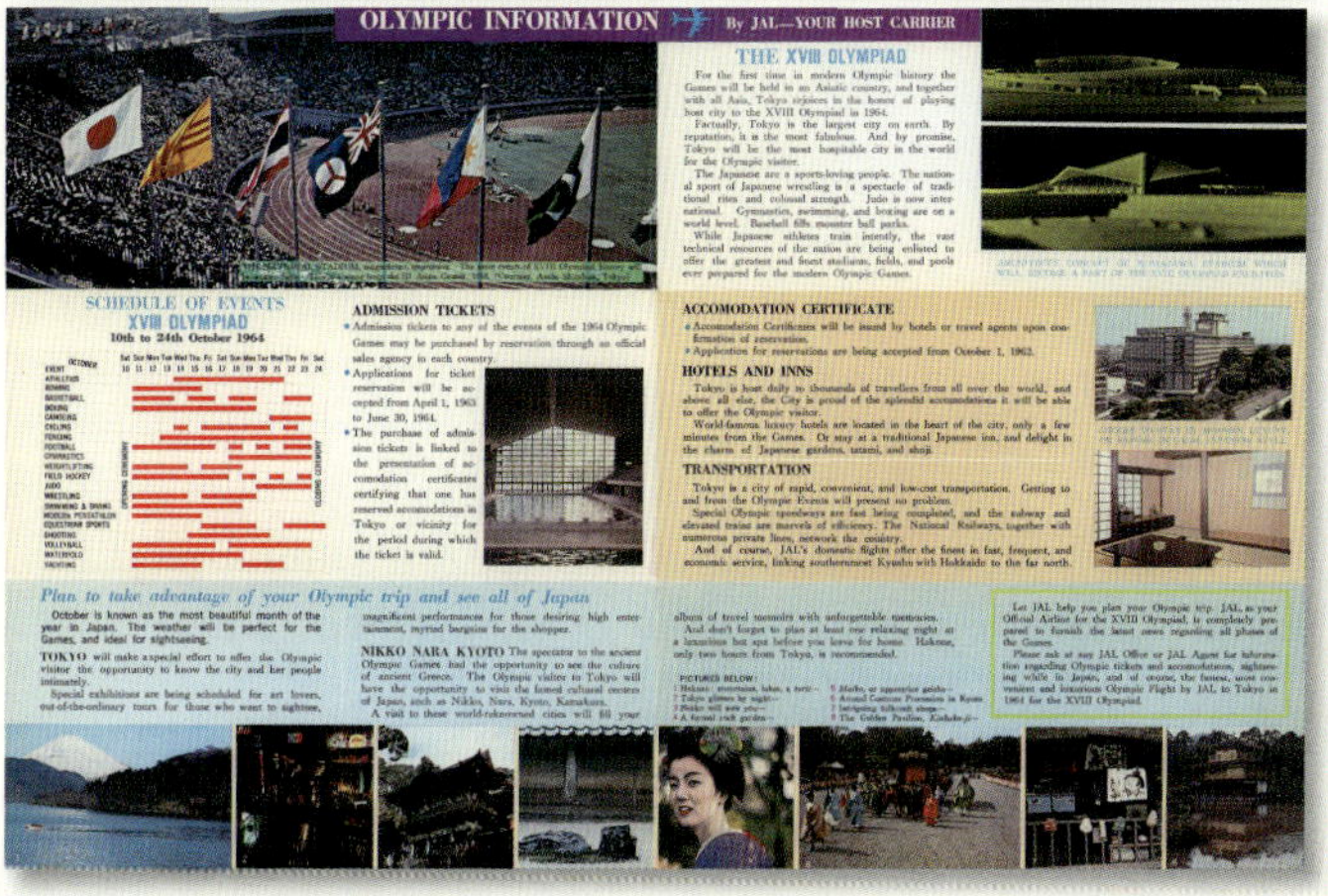

インスブルック・東京大会を記念する郵便スタンプ（提供：熊田美喜／協力：阿部美織、阿部芳伸、阿部哲也）●聖火空輸派遣団の熊田周之助が残したギリシャのハガキ。郵便学者の内藤陽介によれば、ハガキに押されているのは「メータースタンプ」で、切手を貼らずに料金前納で郵送するためのものである。1964（昭和39）年1月22日はインスブルック大会の聖火採火日で、おそらくオリンピアの郵便局で記念のためにわざわざ押したものだと思われる。初めて冬季大会もオリンピアで聖火採火をしたことを記念したものだろう。

メルボルン1956

メルボルン大会の聖火がアテネから出発（提供：カンタス航空／協力：株式会社プラップジャパン）●1956（昭和31）年11月4日、アテネのヘレニコン空港から出発直前の聖火特別機。クルーを前に、聖火を収めた安全灯を手渡されるヤング機長（P060参照）。

聖火フライト記念封筒（提供：カンタス航空／協力：株式会社プラップジャパン）●1956（昭和31）年のメルボルン大会での聖火フライトを記念して、カンタス航空がつくった記念封筒。

メルボルン大会の聖火トーチ（提供：カンタス航空／協力：株式会社プラップジャパン）●メルボルン大会聖火リレーで使用されたトーチ。オリンピア～アテネ間は350人、ケアンズからメルボルンのメイン・スタジアムまでは2830人のランナーがこのトーチを持ってリレーした。ちなみにこのトーチは1948年ロンドン大会、1956年コルティナ・ダンペッツォ冬季大会で使われたものと同一のデザインで、その後も1960年スコーバレー冬季大会で同じものが使用された。

サンモリッツ
1948

サンモリッツ第5回冬季大会の聖火台（提供：Bibliothek St. Moritz）●サンモリッツ第5回冬季大会／競技場スタンド横に建てられた時計灯の屋上に、こぢんまりと作られた簡素な聖火台（P279参照）。

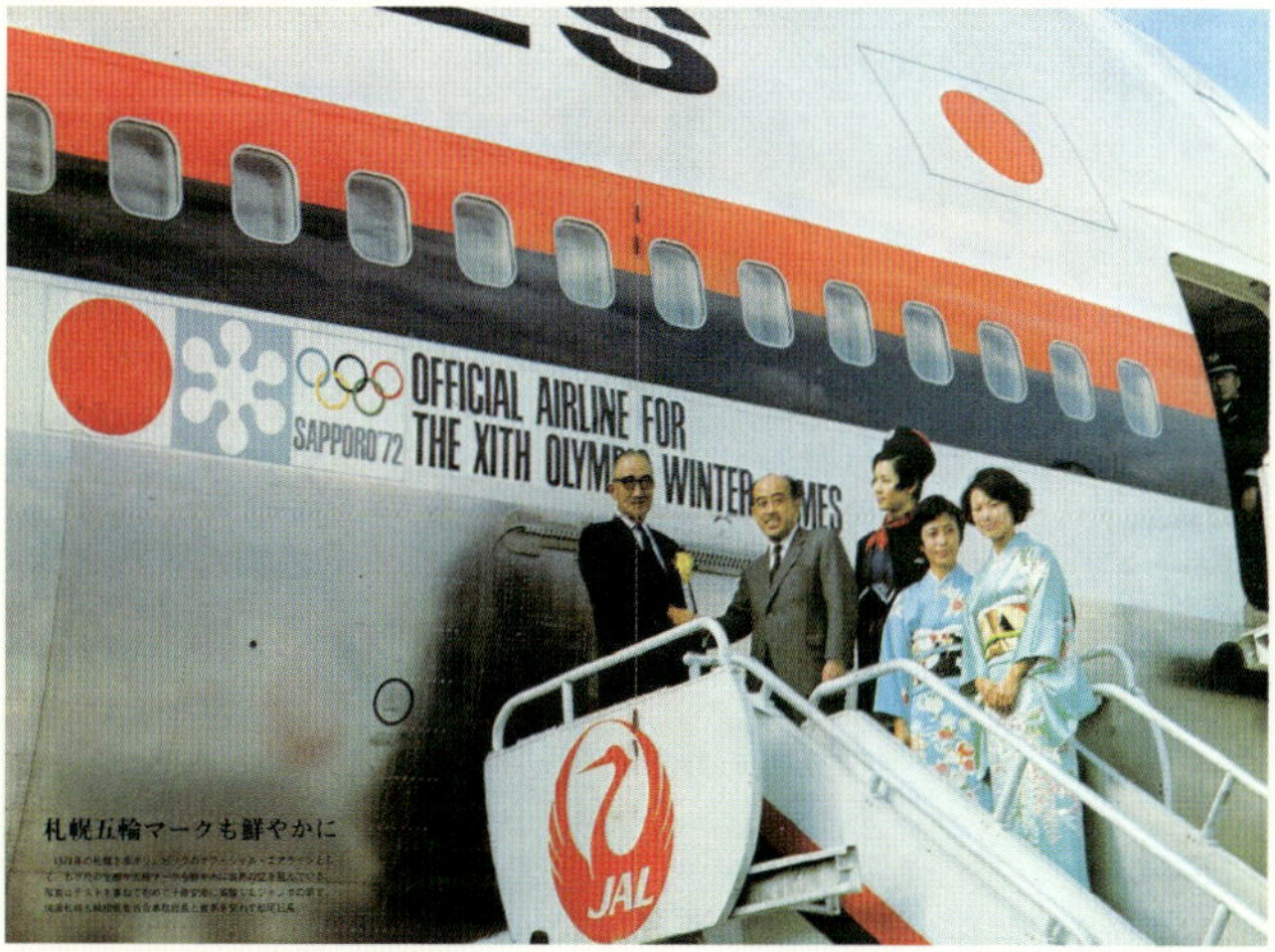

札幌
1972

札幌五輪オフィシャルエアラインをアピール（『おおぞら』1970年12月号より／提供：曽我誉旨生）●写真は機体に表示された札幌五輪エンブレムを前に握手する日本航空社長の松尾静麿（左）と札幌五輪組織委員会事務総長の佐藤朝生（右）。撮影は札幌千歳空港。

札幌冬季大会のトーチ（協力：池田宏子、池田剛）●東京大会に引き続き、日本を代表するインダストリアル・デザイナーの柳宗理がデザインした（P151参照）。

踏査隊・走破隊の旅

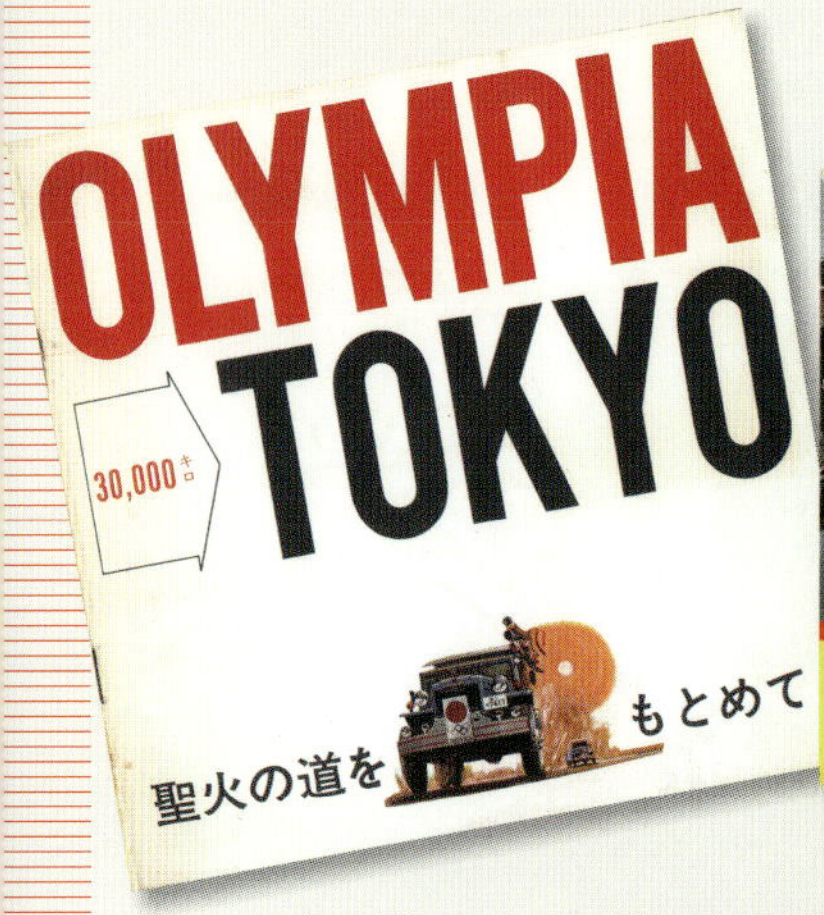

聖火リレーコース踏査隊関連パンフレットと書籍(〈左〉『OLYMPIA→TOKYO 30000キロ／聖火の道をもとめて』〈日産自動車〉より／某関係者の提供、〈右〉『聖火の道ユーラシア』麻生武治、森西栄一〈二見書房〉より／提供：岩倉佐波吏)

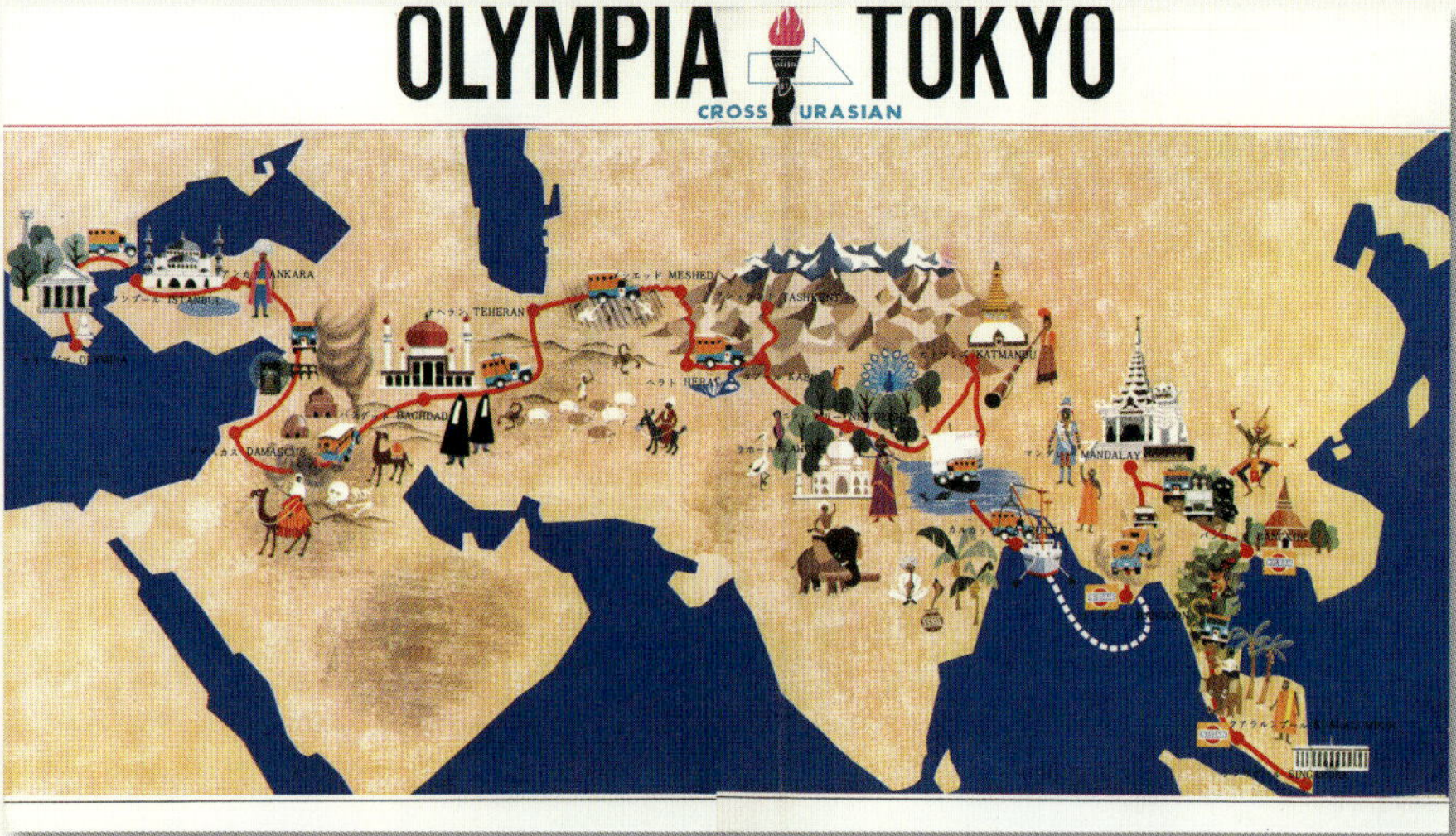

聖火リレーコース踏査隊の行程(〈左〉『OLYMPIA→TOKYO 30000キロ／聖火の道をもとめて』〈日産自動車〉より)●まだ空輸プランが定まる前の陸路プランでの行程で、オリンピアからシンガポールまでを約半年かけて走り抜けた(P078参照)。

ギリシャを走る聖火コース走破隊(提供：ダイハツ工業株式会社)●アクロポリス遺跡を背景にアテネを走る聖火コース走破隊。ただし、こちらの陸路はインドのカルカッタ(現・コルカタ)が一応の終点である(P176参照)。

1964東京五輪聖火空輸作戦

あの男の話をしてくれ、詩の女神《ムーサ》よ、術策に富み、トロイアの聖い城市《とうと》を
攻め陥してから、ずいぶん諸方を彷徨《さまよ》って来た男のことを。

——ホメーロス(『オデュッセイアー』〈岩波書店・刊〉より・呉茂一の訳による)

［凡例］――

●登場する人物名は、基本的にすべて敬称略で表記した。
●後に姓が変わった人名については、初出の際にカッコ内に現在の姓を入れて、それ以外は本文中で扱われている時点での姓に統一した。
●海外の国名・地名等については、基本的に本編で扱われている時代の名称を使っている。ただし、できる限り現在の名称も併記した。また、引用した資料に書かれた名称は、著者による脚註を入れたほかは基本的にそのまま使用した。
●引用文中に現在では不適当と思われる表現があった場合でも、当時の歴史的背景なども考慮した上で、できる限りそのままで残した。特に現在、「キャビン・アテンダント」「フライト・アテンダント」「CA」などと呼ばれる女性客室乗務員の名称については、時代色を重視して基本的にはかつて一般的に使用されていた「スチュワーデス」という名称を使用。航空会社によって一時的に使われていた「エア・ホステス」などの名称については混乱を来たすため、特に必要がない場合には「スチュワーデス」で全編を統一した。

プロローグ——昔むかし、極東の島国で

五輪旗づくりに精を出す旗屋（1936〈昭和11〉年8月1日付け『都新聞』より／提供：国立国会図書館）●戦前の「幻」の東京五輪開催決定の時も、日本中が祝賀ムードに包まれた。1936（昭和11）年8月2日付け『時事新報』によれば、東京市より学校校庭掲揚用と市電バス掲揚用に大量の五輪旗が日本橋本石町の大澤旗店、江戸橋の亀井旗店、浅草駒形の高橋旗店に発注され、各店とも徹夜の仕上げに大わらわだったという。

日本人が共有している「成功体験」

二〇一七(平成二九)年二月二四日、テレビ各局が流す夜のニュースを見ていた人々は、一様に何かを思い出したような気分になったのではないだろうか。都内のある会議室にて、二〇二〇年東京オリンピック・パラリンピックの聖火リレーに関する初会合が開かれた……と報じるニュースである。

それまでは新国立競技場やエンブレムなど、どちらかといえば迷走している観が強かった二〇二〇年大会だったが、聖火リレーに関する検討が始まった……というニュースは、何はともあれ前向きな話題ではある。そして、いよいよこの二〇二〇年大会が現実のものとなってきたことを、一般の人々に改めて思い出させる話題でもあった。

そのほぼひと月前にあたる一月二三日には、開発中の国産ジェット旅客機「MRJ」の完成機納入時期が二〇一八年半ばから二年延期される……というニュースが報じられた。その際、延期された納入時期が二〇二〇年であったことから、人々の脳裏に「東京大会の聖火リレー」が連想されたことは想像に難くない。しかも、それに先立つ二〇一五(平成二七)年二月七日付中日新聞によれば、三菱重工社長の大宮英明が同年二月五日の愛知県犬山市での講演において「YS-11が聖火を運んだので、ぜひ次の東京五輪でMRJが聖火を運びたい」と熱弁しているのだ。

仮にこの大宮社長のコメントを抜きにしても、誰もが「MRJ」による二〇二〇年の聖火空輸と、五〇年以上さかのぼる一九六四(昭和三九)年の東京五輪聖火空輸を、結びつけずにはいられない。YS-11も当時はギリギリで聖火国内空輸に間に合ったのだ。それを思い出すなという方が無理というものだろう。

MRJ事業説明会の様子（提供：産經新聞社）◉2017（平成29）年1月23日、東京都港区三菱重工業品川本社ビルで行われたMRJ事業説明会で説明する三菱重工業取締役社長CEOの宮永俊一。この場でMRJの完成納期が2020年に延期されることが発表された。

朝日新聞（夕刊）

秋晴れに聖火を迎えて

はち切れる元気で力走

第一走者 高橋さん 鹿児島　野辺君 宮崎

屋根まで埋める人波

わき返る鹿児島市内

鹿児島空港からの聖火出発を伝える新聞記事（1964〈昭和39〉年9月9日付『朝日新聞』夕刊より／提供：国立国会図書館）◉1964（昭和39）年9月9日、国内第1走者の高橋律子が鹿児島空港から出発する様子。背景に見える航空機は、沖縄・那覇空港から聖火を運んだ全日空運航によるYS-11「聖火」号。9月9日午前9時3分に撮影。

あの時代の日本人が共有している、東京オリンピックの輝かしい記憶。なかでも聖火リレーは、その代表的アイコンとして今も人々の心に残っている。オリンピックの競技を競技場で直接見ることができたのはごく一握りの人々だっただろうが、聖火リレーは当時は米軍占領下だった沖縄も含めてすべての都道府県を回り、多くの人々の目に直接触れた「身近」なイベントだった。だからこそ、「聖火リレーがついに動き出した」というニュースは、あの「祭典」がまた日本に戻って来るということを何よりも如実に物語る出来事だったのである。

そんな一九六四年の大会は、日本の「復興」をアピールする祭典……として今日では知られている。終戦からまだ二〇年も経っていない驚異的な早さで、オリンピックを開催できるまでに立ち直った日本。その姿を世界にアピールするとともに、自分たちもまた自信を取り戻し、改めて立ち上がっていくための祭典と考えられたのである。実際にこの一九六四年大会を契機に、東京は街の容貌を一変させる。首都高速道路や東海道新幹線が開通し、高度経済成長時代に向けて……善かれ悪しかれ皆が一気に走りだしていた。

そしてこのオリンピックは、日本が傷ましい戦争とそこに至る経緯のなかで失ったものを、取り戻す試みでもあった。今日でも広く知られているように、東京オリンピックの招致成功は一九六四年大会が初めてではない。戦前の一九四〇(昭和一五)年にも、東京でオリンピックが開催されることになっていたのである。

その年は、神武天皇即位から二六〇〇年の年にあたるとされていた。そこで「紀元二六〇〇年記念行事」の一環として、さまざまなイベントが計画されていたのだ。東京オリンピックは万国博覧会と一緒に、この年に開催を予定されていた。また、当時はオリンピック夏季大会を開催する国が原則として冬季大会も開催していたので、札幌冬季オリンピックもこの年に開催されようとしていた。まだ単なる「極東の島国」でしかなかった戦前の日本で、これらのイベントが計画されていたのだ。

一九三六(昭和一一)年七月三一日に東京大会開催が決定した時には、日本は二〇二〇年招致決定の時の比ではない

東海道新幹線スタート

マーチに送られ初列車

輸送力は38%ふえる

晴れの超特急 ひかり1号

東海道新幹線の開通(1964〈昭和39〉年10月1日付『朝日新聞』夕刊より／提供：国立国会図書館)◉1964(昭和39)年10月1日、東海道新幹線が開通。これをはじめとして、東京オリンピックを契機に鉄道、道路、橋梁、トンネルなどさまざまなインフラが大規模に整備されていった。写真は東京駅9番ホームにおける、初の下り列車・新幹線「ひかり1号」出発式の模様である。10月1日午前6時の撮影。同時に新大阪駅でも、上り「ひかり2号」の出発式が行われた。

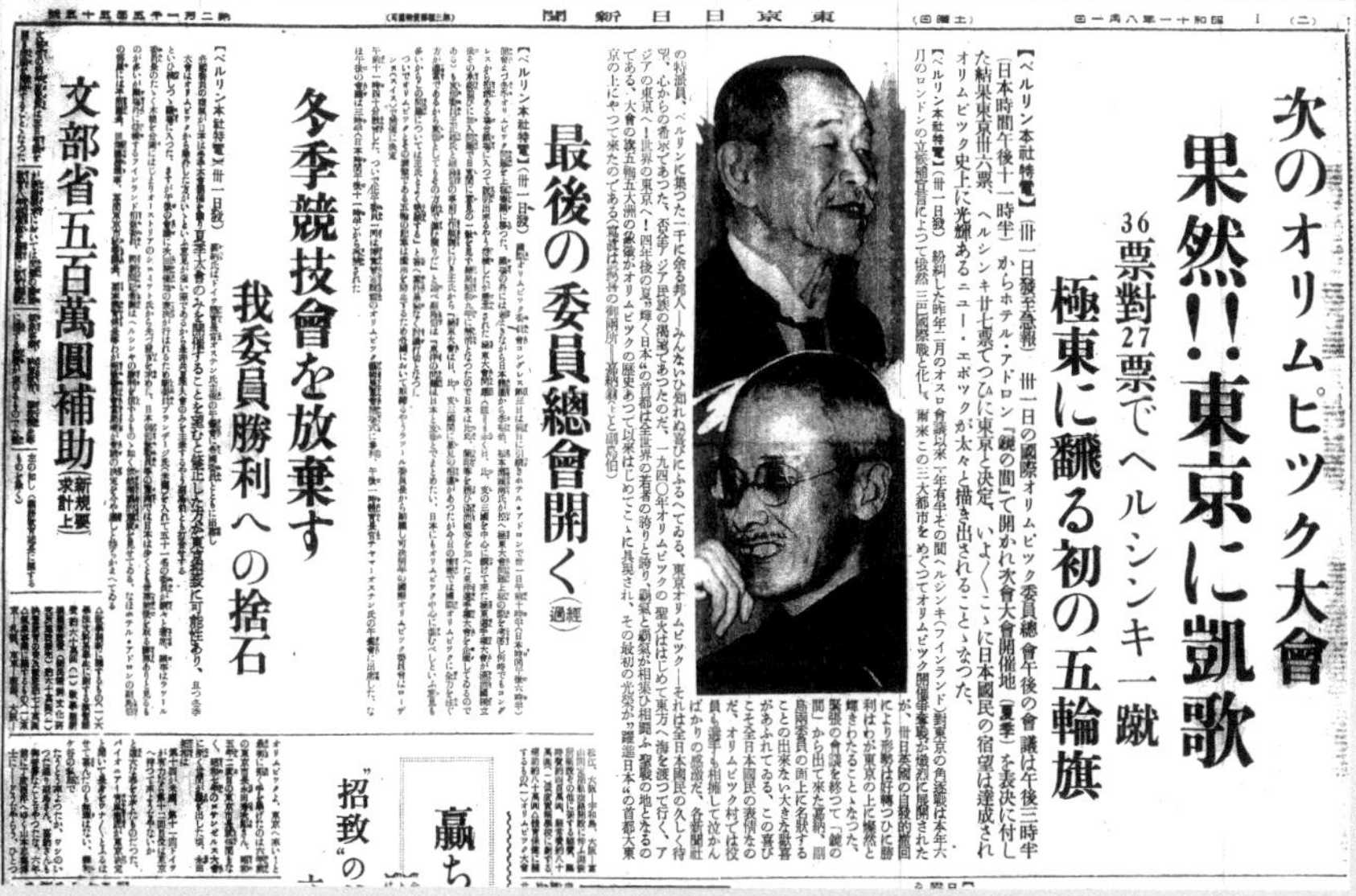

次のオリムピック大會

果然!!東京に凱歌

36票對27票でヘルシンキ一蹴

極東に飜る初の五輪旗

【ベルリン本社特電】(卅一日發至急報) 卅一日の國際オリムピック委員總會午後の會議は午後三時半(日本時間午後十一時半)からホテル・アドロン『鏡の間』で開かれ次會大會開催地(夏季)を表決に付した結果東京卅六票、ヘルシンキ廿七票でつひに東京と決定、いよいよこゝに日本國民の宿望は達成されオリムピック史上に光輝あるニュー・エポックが太々と描き出されることゝなつた

最後の委員總會開く

冬季競技會を放棄す

我委員勝利への捨石

文部省五百萬圓補助(新規要求計上)

「幻」の東京五輪開催決定の報道(1936〈昭和11〉年8月1日付『東京日日新聞』夕刊より／提供：国立国会図書館)◉1936(昭和11)年7月31日、戦前のいわゆる「幻」の東京オリンピック開催決定を報じる新聞記事。ベルリンのホテル・アドロン「鏡の間」で開かれていたIOC総会にて、ヘルシンキを下して決定した。写真は上から、IOC委員の嘉納治五郎と副島道正。

どんちゃん騒ぎになっていた。ただちに大会を実行するための準備が進められ、体育関係者だけでなく、政治、経済、さらには建築、美術、音楽、芸能関係者まで、当時の日本で考え得る第一線級の人材が集められた。

そんなビッグイベントがいずれも実現しなかったことについては、今日、皆様がご存じの通りである。すべては夢か幻のごとく消えてしまった。そこに至るまでには競技場案が二転三転するなど、さまざまな不手際が発生。だから、五輪返上は決して一九三七(昭和一二)年に始まった日中戦争の激化のみが原因であるとはいい切れない。しかし日本がこれらのビッグイベントの消滅と呼応するかのように、徐々に忌まわしい時代へとのめり込んでいったのもまた事実である。

一九六四年の東京オリンピックはそんな過去を払拭するための祭典であり、当時の日本人にとって強烈な「成功体験」でもあった。その実際は、果たしてどのようなものだったのか……。

本書はこの一九六四年大会を探る手がかりとして、象徴的な要素である聖火リレー、なかでも「空輪」に焦点を合わせて制作されたものである。第二次世界大戦後に一気に発達する「航空」が、聖火リレーを劇的に変えた。その最初の豊かな果実が、「一九六四年東京五輪聖火リレー」だったのだ。飛行機で聖火を運ぶというその一点だけでも、それは極めて「戦後的な風景」だった。

本書ではこの聖火空輪そのものとともに、「現場」で関わった人々の群像にも注目して紹介していきたい。当時、空前のスケールで行われたこの聖火空輪には、これらの人々の多大な努力がなければ実現できなかった。その苦闘ぶりを、目で分かるかたちで浮き彫りにしていきたい。

そんな聖火の物語は、日本がまだ立ち直る過程にあった一九五二(昭和二七)年に端を発する。

東京日日新聞

躍進日本の熱意示す 競技に設備に豪華計畫

四年後の完璧布陣を期して 手ぐすね引く各方面

待望の東京オリムピック

時期 十月頃が最適

「幻」の東京五輪競技場を掲載した記事（1936〈昭和11〉年8月1日付『東京日日新聞』夕刊より／提供：国立国会図書館）◉このオリンピックの迷走ぶりを象徴するかのように、主競技場については月島埋立地案、神宮外苑案などプランが二転三転。1938（昭和13）年になって、ようやく駒沢ゴルフ場に建設することに決定する。だが間もなく東京オリンピックは返上され、すべては徒労に終わってしまう。記事に掲載されているのは、神宮外苑を想定した最初期の競技場案である。

聖火到着を待ち受ける那覇空港ターミナルの様子（提供：沖縄県公文書館）◉1964（昭和39）年9月7日正午、聖火空輸特別機DC-6B「シティ・オブ・トウキョウ」号の到着を待って、およそ3000人の群衆が那覇空港に集結した。それから9月11日に聖火が島を離れるまでの5日間、沖縄全島が聖火リレーの熱狂に包まれた（P244参照）。

第1章 オデッセイの始動

第3回アジア競技大会の聖火リレー（提供：海上自衛隊　鹿屋航空基地）
◉1958（昭和33）年に東京で開かれた第3回アジア競技大会では、同大会で初めて聖火リレーを実施した。写真は同年4月25日に海上自衛隊鹿屋基地から聖火を運んでくるところか、または27日から始まった聖火リレーの様子。走っているのは第一走者となった当時の鹿屋市長である永田良吉である。背景には、ちょうど同基地の一部を会場に開催中だった「航空科学大博覧会」の入口が見えている。

1 東京に五輪のチャンス再来

◉終戦後わずか七年でのスタート

一九四五(昭和二〇)年八月一五日、あまりにも多大な犠牲を払ったあげく、傷ましい時代が終わりを告げた。日本は連合軍の占領下に置かれ、戦いは終わったものの苦難の日々は続いていた。

「平和の祭典」とされるオリンピックでも、日本の居場所はなかった。一九四八(昭和二三)年のロンドン大会に、日本は参加できなかった。戦前には自国での開催を予定するほどの地位を築いていたにもかかわらず、戦争によってその立場を失ってしまったのである。

だが多くの人々の尽力のおかげで、「復帰」は思っていたよりも早く実現した。一九五二(昭和二七)年二月一四日に開催された、オスロ冬季大会がそれである。同じ敗戦国であるドイツとともに、日本もこの大会から五輪への参加が認められたのだ。一般には同年七月一九日開催のヘルシンキ夏季大会から復帰したといわれているが、実際はこの冬季大会の方がわずかに先である。

この年の四月二八日には、サンフランシスコ講和条約が発効。これによって、日本は再び独立国としての地位を回復する。それは同時に、国際社会への復帰をも意味していたのである。

だがそんな日本のオリンピック復帰とほぼ同時に、あるプロジェクトが静かに始動していた。戦前に開催を予定さ

オスロ冬季オリンピックに関する新聞記事（1952〈昭和27〉年2月16日付『毎日新聞』より／提供：国立国会図書館）◉オスロでの第6回冬季オリンピックにおいて、日本が16年ぶりのオリンピック復帰を果たしたことを報じる新聞記事。オスロのビスレー競技場で1952（昭和27）年2月15日午前10時（日本時間午後6時）から行われた開会式では、ノルウェーのラグンヒル王女が開会宣言を行った。写真はそのラグンヒル王女で、記事では「レーンヒルド姫」と表記されている。14番目に入場した日本選手団の旗手は、スピードスケートの佐藤恒夫選手が担当した。

ヘルシンキ・オリンピック開会式（1952〈昭和27〉年7月20日付『毎日新聞』より／提供：国立国会図書館）◉第15回オリンピック夏季大会開催式は、ヘルシンキで1952（昭和27）年7月19日午後0時55分にスタート。日本は参加68か国の31番目に入場。すでにオリンピック自体にはオスロ冬季大会で復帰していたが、日本の新聞報道では「夏季」こそがオリンピックの本番とばかりに「日の丸の復帰」を大いに書き立てた。先頭の日本選手団旗手は、棒高跳びの沢田文吉選手。

れながら返上せざるを得なくなった、東京オリンピックの再招致である。

何とこんな早い段階で、東京都はオリンピック招致を模索していたのだ。五月一〇日には都議事堂議長室で東京都知事の安井誠一郎、都議会議長の菊池民一らがＩＯＣ委員の東龍太郎から説明を受けて、一九六〇(昭和三五)年の第一七回大会に立候補することが決定。国土も人心もまだ荒廃していた終戦後わずか七年の時点で、「東京五輪」はすでに動き出していたのである。

東京都議会もこれに超党派で賛同し、五月一九日にはオリンピック東京招致の決議案を満場一致で可決。七月二日には招請状をＩＯＣ本部に提出するに至った。

こうしてオリンピック招致の気運がますます高まる一方だったが、この時点で、東京のライバルとしてはどのような世界の都市が立ちはだかっていたのか。一九五四(昭和二九)年一二月二〇日発行の『体協時報』第三七号(日本体育協会)によれば、候補地としては次のような都市名が挙っていたようだ。まずはベルギーの首都ブリュッセル、そしてオリンピック発祥の地アテネ、イタリアの首都で戦前の「幻の東京五輪」招致の際には東京に譲ったローマ、ＩＯＣのお膝元であるローザンヌ、アメリカ自動車産業の中心地であるデトロイト、南米ブラジルの大都市リオデジャネイロ、パキスタン最大の都市カラチ、ソ連の首都モスクワ、そして東京である。この時の候補地のうち、モスクワは一九八〇(昭和五五)年の第二二回大会、二度目になるアテネは二〇〇四(平成一六)年の第二八回大会、そしてリオデジャネイロに至っては二〇一六(平成二八)年の第三一回大会でようやく開催を果たすわけだから、今になってみると何とも感慨深いラインナップである。

一九五四年一〇月には、第一七回大会開催立候補地に、ＩＯＣから開催に関する質問書が送られる。もちろん、質問書は東京にも届けられた。東京都、東京都議会、日本体育協会、文部省の関係者はこの質問書に対する回答の作成のために連日会議を重ね、一九五五(昭和三〇)年一二月二三日に英文版、二四日にフランス語版とＩＯＣへの回答書を

4版★　毎日新聞（夕刊）The Mainichi (Evening)　昭和27年（1952年）5月

両陛下と共に高らかに万歳

皇居前広場にて

決意新たに独立祝う

講和発効と憲法記念式典

憲法を守り新建設へ

首相　両院議長ら

サンフランシスコ講和条約発効と憲法施行5周年の記念式典（1952〈昭和27〉年5月3日付『毎日新聞』夕刊より／提供：国立国会図書館）◉1952（昭和27）年5月3日、皇居前広場にて開催された「平和条約発効並びに日本国憲法施行五周年記念式典」の模様を報じた新聞記事。午前10時半に一般参列者約4万人（主催者側発表）を集めて開催され、「新生日本」の船出を祝うセレモニーとなった。写真は天皇皇后両陛下と共に全参列者が万歳を唱和する様子。

（夕刊）

安井氏　陽焼けした"三選の顔"

審判には苦情いわず　有田氏

都知事選　当落の弁

東京都知事三選を決めた安井誠一郎（1955〈昭和30〉年4月24日付『朝日新聞』夕刊より／提供：国立国会図書館）◉安井誠一郎は1891（明治24）年3月11日、岡山県生まれ。内務省に入り、東京市社会局長を経て朝鮮総督の宇垣一成秘書官などを歴任。1947（昭和22）年には公選により東京都長官に当選。これが東京都知事に移行して、初代東京都知事となる。以後、1959（昭和34）年まで都知事を3期務める。1962（昭和37）年1月19日に死去。新聞記事は安井が三選を決めた都知事選に関するものだが、この時はかなりの辛勝であった。写真は当選の挨拶をする安井（右端）。

二回に分けて発送した。

◉一九六四年へプロジェクト再起動

一九五五(昭和三〇)年四月、ＩＯＣ会長のアヴェリー・ブランデージが東京にやって来た。もちろん第一七回大会の立候補地として、東京の状況を視察しに来たのである。そこでブランデージは、日本側の関係者に気になる発言を残した。『第一八回オリンピック競技大会　東京一九六四　公式報告書』(オリンピック東京大会組織委員会)に収められた『オリンピック東京大会の招致経過』には、日本側に大きなインパクトを与えたブランデージ発言の大意が再録されている。

いわく「率直に言って東京は無理であろう」。

オリンピック参加国の大半はヨーロッパの国々なので、すでにオーストラリアのメルボルン開催が決まっている第一六回に続いて第一七回大会も遠隔地になるのは、はっきりいって不都合。だから、東京に勝算はほとんどないと直言したのである。一見すると日本側関係者にとってシビアな意見に思えるブランデージ発言だが、その真意は後に続けた言葉にあった。「むしろ、東京は第一八回大会開催都市に立候補してはどうか。それならば大いに勝算があると思う」

戦前の「幻」の東京五輪の頃から、終始一貫して日本贔屓だったブランデージならではのアドバイスだったのである。この言葉が日本側関係者に与えた影響は、決して小さくなかったはずだ。

一九五五年六月一六日、パリのソルボンヌ大学講堂で第五〇回ＩＯＣ総会が開催された。ブランデージの予言通り、第一七回大会の開催地は東京が退けられてローマに決定。だが、ＩＯＣ委員で日本体育協会会長でもある東龍太郎はじめ日本側招致スタッフには、すでに大きな衝撃はなかった。その代わり日本側スタッフは、ここで意表を突くカードを切るのだった。

「競争激しくて困難」

東京のオリンピック招致

ブIOC会長都内を視察

二十一日来日した国際オリンピック委員会会長アヴェリー・ブランデージ氏は二十二日朝、都庁訪問、記者団会見、午後は博物館見物、松村文相のガーデン・パーティ出席、スポーツ施設視察、夜は都の招宴出席という多忙な一日を送った。

帝国ホテルで行われた記者団会見では一九六〇年オリンピック大会の東京招致の見通しなどにつき次のように語っていた。

戦前来たとき見た施設や新しい拡大計画で十分だと思う。だが最初十八都市(アメリカのみで七都市)が立候補していたのを一国一都市に限定し、それでもなお東京を含み約十二都市がねらっている。従って東京は競争相手が多いから難しいと思う。私はオリンピック大会の規模縮小を唱えてきたが、競技を通じて国際親善を遂げるには種目は減らさず、参加人員の縮小が必要でチーム・ゲームは十六にし、さらに役員を減らし補欠選手を廃止したいと計っている。私

施設は大変

午後博物館の庭で催された文相主催のガーデン・パーティに臨んだのち、ブランデージ氏は東、高石両IOC委員、浅野陸連理事長らの案内で後楽園野球場、競輪場、ローラースケート場、アイスパレス、ワシントン・ハイツ(元代々木練兵場につくられた米軍住宅地)秩父宮ラグビー場、神宮野球場、競技場、水

神宮競技場を視察するブランデージ氏(中央)左は東竜太郎氏

視察のために来日したブランデージIOC会長(1955〈昭和30〉年4月23日付『朝日新聞』より／提供：国立国会図書館)◉IOC会長アヴェリー・ブランデージが、第17回大会に立候補している東京のスポーツ施設視察のために1955(昭和30)年4月21日夜に来日。IOC委員の東龍太郎、高石真五郎らが羽田空港に出迎えた。ブランデージの来日は戦前以来の16年ぶり。記事の写真は、22日に神宮競技場を訪れた際に撮影されたもの。ブランデージのすぐ左には東龍太郎の顔も見える。

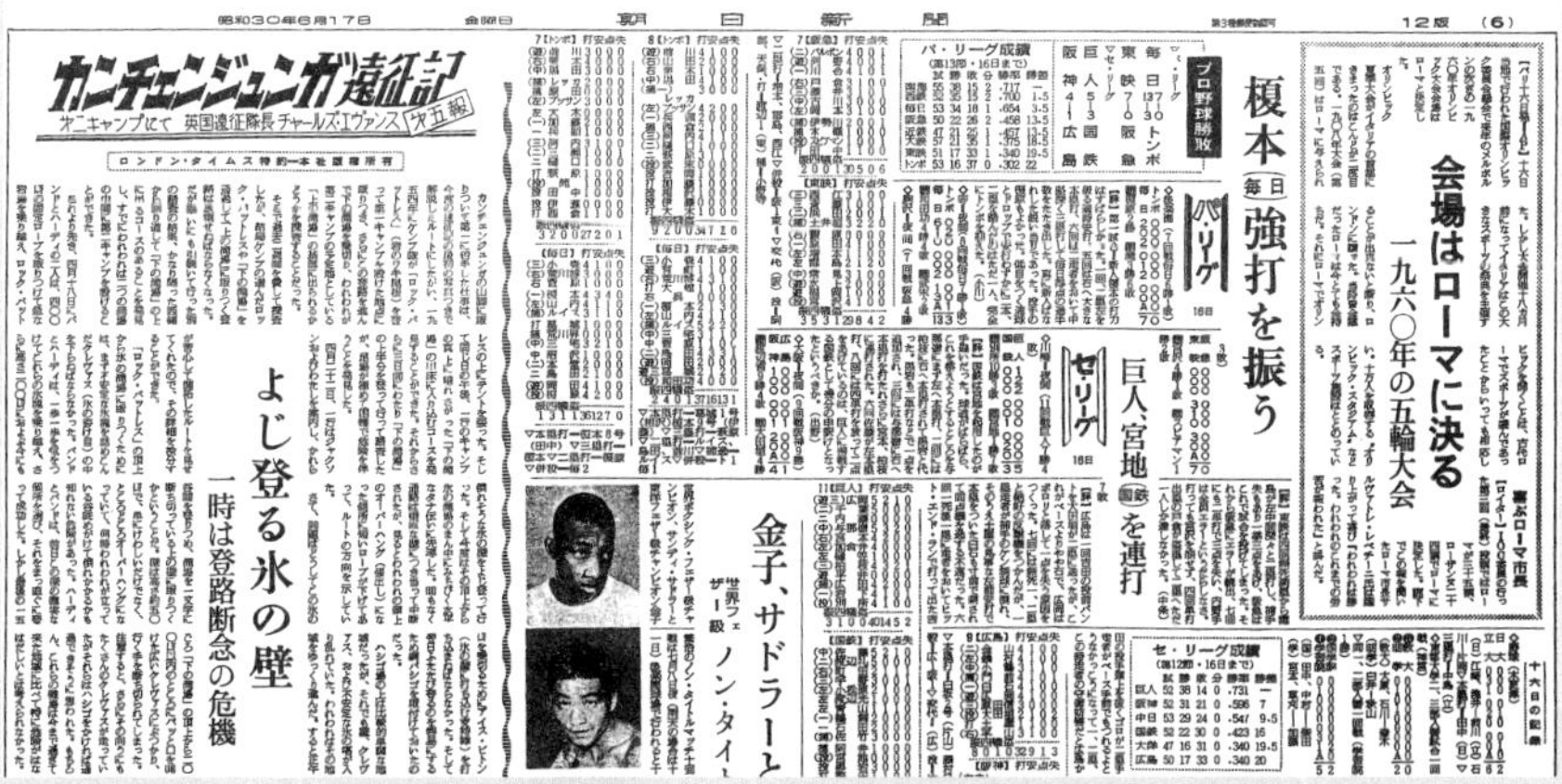

昭和30年6月17日　金曜日　朝日新聞　12版 (6)

カンチェンジュンガ遠征記

オニキャンプにて　英国遠征隊長チャールズ・エヴァンス　第五報

ロンドン・タイムズ特約一本社版権所有

よじ登る氷の壁

一時は登路断念の危機

プロ野球勝敗

榎本(毎日)強打を振う

パ・リーグ

巨人、宮地(国鉄)を連打

セ・リーグ

金子、サドラーと

世界フェザー級　ノン・タイト

会場はローマに決る

一九六〇年の五輪大会

第17回大会ローマ開催決定を伝える新聞記事(1955〈昭和30〉年6月17日付『朝日新聞』より／提供：国立国会図書館)◉1960(昭和35)年開催の第17回大会には、最終的に東京の他にローザンヌ、ブリュッセル、ブダペスト、デトロイト、メキシコシティー、ローマが立候補。1955(昭和30)年6月16日、IOCパリ総会で、ローマ開催が決定し東京は落選した。新聞記事はこれを報じたものだが、その扱いの小ささもさることながら、東京が立候補していたことに一切触れていないことに驚かされる。

第五四回ＩＯＣ総会を、東京に招致しようというのである。

このＩＯＣ総会は、一九五八(昭和三三)年に開催されることになっていた。そしてこの時点で、一九五八年には第三回アジア競技大会が東京で開催されることが決まっていた。ＩＯＣ総会をこのアジア競技大会にぶつければ、世界のＩＯＣ委員たちに国際的イベントにおける日本の運営能力を見せつけることができる。自らがＩＯＣ委員である東龍太郎は、そう考えたのである。

一九五五年一〇月一〇日には、東京都議会が早くも一九六四(昭和三九)年の第一八回オリンピック大会の東京招致を満場一致で決議。さらに翌一九五六(昭和三一)年一一月のＩＯＣメルボルン総会では、第五四回ＩＯＣ総会の東京招致が決定した。こうして第一八回オリンピック大会東京招致に向けて、着々とレールが敷かれていったのである。

ところで東京開催が決まっていた第三回アジア競技大会とは、一体いかなる大会だったのか。

アジア競技大会自体は、一九五一(昭和二六)年に開催されたニューデリー大会からスタート。その契機となったのは、一九四八(昭和二三)年のロンドン・オリンピックであった。この大会にアジアから参加した国々のうち六か国の代表が、アジア競技大会開催を合意したことが始まりである。一九四九(昭和二四)年には、その母体となるアジア競技連盟(ＡＧＦ)が発足。その発端となったのは、インドのＩＯＣ委員ソンディという人物からの提案だった。このように、アジア競技大会は最初からオリンピックと切り離せない成り立ち方をしているのである。

一九五一年の第一回アジア競技大会は、日本が戦後初めて参加した国際競技大会となった。そしてすでにこの段階で、東京都はアジア大会開催の希望を強く持っていたといわれる。だがそれはオリンピック招致が本格化するなかで、徐々に東京オリンピックの「前哨戦」的位置づけを持ち始めた。

結果的に、一九五八年に東京で行われた第五四回ＩＯＣ総会とそれに続いて開かれた第三回アジア競技大会は、ＩＯＣ委員たちに大会開催能力をアピールする役割を見事に果たしたのである。

（夕刊）　ⓒ　（日刊）　昭和33年（1958年）5月1

国際オリンピック委員会

IOC会議ひらく

アジアで初めて

天皇陛下が開会宣言

25ヵ国代表が参加

オリンピックのすべてを決める第五十四回国際オリンピック委員会（IOC）会議の開会式は、天皇陛下をお迎えして十四日午前十一時からNHKホールで行われ、四日間の幕をあけた。IOC会議がアジアで開かれるのは六十四年のIOC史上はじめてのことである。

開会式にはブランデージIOC会長ら二十五ヵ国三十人のIOC委員をはじめ、参列者は義宮、高松宮、三笠宮同夫妻の皇族がた、藤山外相、松永文相、津島国務相（アジア大会組織委員長）在日外国大公使、アジア競技大会、体協、報道各関係者など六百人余にのぼった。

舞台中央には各国IOC委員の“オリンピック一家”が、夫人や令嬢を伴って並ぶ。ステージに向って右側は約四十人の各国大公使、左側は過去のオリンピックで六位までに入賞した日本の名選手たち。日本人で最初の優勝者織田幹雄（一九二八年アムステルダム三段跳）南部忠平（一九三二年ロサンゼルス三段跳）葉室鉄夫（一九三六年ベルリン平泳）氏、兵藤（旧姓前畑）秀子（同）などのなつかしい顔。ヘルシンキ、メルボルン大会の体操、レスリングなどの選手たちもそろっている。

午前十一時。天皇陛下が右側のとびらから、式典委員長竹田恒徳氏（日本スケート連盟会長）の御先導で式場に入られ、舞台右側の御座席につかれた。舞台左側の日本雅楽協会の十七人の楽人たちが、ショウ、ヒチリキで君が代をかなで、続いて金色の「カブト」をいただいた四人の舞人がグリーンの三間四方の舞台に上り荘重に雅楽「賀殿」（かてん）を

天皇陛下の開会宣言

国際オリンピック委員会の開会に際し、遠く海外から参集せられた会長並びに委員諸君に対し、深く歓迎の意を表すると共に、この会合においてオリンピック精神が、その輝かしい伝統と高い理想にそって一段と進展することを願ってやみません。

ここに第五十四次国際オリンピック委員会総会の開会を宣言します。

⊙天皇陛下（○印）をお迎えして第五十四回IOC総会開かれる。中央左より（△印）はあいさつするブランデージ会長⊕開会を宣言される天皇陛下

東京で開催されたIOC総会を報じた新聞記事（1958〈昭和33〉年5月14日付『毎日新聞』夕刊より／提供：国立国会図書館）◉IOC史上初めてアジアで開催される総会として、1958（昭和33）年5月14日午前11時から第54回IOC総会が東京のNHKホールで開催。25か国30人のIOC委員のほか、皇族、閣僚、各国大公使や体協関係者、報道関係者などが集まり、天皇陛下による開会宣言で幕を開けた。また、日本初のオリンピック優勝者である織田幹雄（1928年アムステルダム大会での三段跳び）をはじめとする、過去のオリンピックで6位までに入賞した日本選手たちもこの場に参加した。

第18回オリンピック大会東京招致ポスター（著作権者・上野愛より提供／協力：北海道立近代美術館）◉第17回大会招致に敗れた日本側では、すぐに態勢を建て直して第18回大会招致に向けて照準を合わせた。これは1959（昭和34）年に制作された招致用のポスターで、作者は北海道を代表するグラフィック・デザイナーの栗谷川健一（P040参照）。

2 アジア競技大会聖火リレーの試み

◉東京五輪の壮大な「予行演習」

一九五八（昭和三三）年に開催された第三回アジア競技大会が、東京のオリンピック招致にとって大きなアピール・ポイントとなった大会であったことは、先に述べた通りである。世界中から集まって来たIOC委員たちの前で国際的ビッグイベントを実現して見せたという点で、その意義は極めて大きいものだったであろう。

だが、この大会の意義はそれだけではない。第三回アジア競技大会は、文字通り東京オリンピックの「前哨戦」として機能していた部分が多分にあった。この大会はまた、日本側スタッフに東京オリンピックの壮大な「予行演習」を行う機会をもたらしたのである。

その証拠に、このアジア競技大会で新たに行われた「試み」があった。聖火リレーである。

そもそもそれまでのアジア競技大会では、聖火リレーなどは行われていなかった。それは東京で開催された第三回大会で、初めて行われたセレモニーなのである。

そんなアジア競技大会での聖火リレー実施が日本側関係者の間で取りざたされたのは、一九五七（昭和三二）年二月頃のようである。同年九月六日に開かれた第三回アジア競技大会の第一回式典委員会で、この件についてのプランを立てるトーチ・リレー委員会が発足。実現に向けて具体的に動き出した。さらにアジア競技連盟の参加各国に了解を

4版 第29471号 毎日新聞（夕刊）（日刊）昭和33年(1958年) 5月2

アジア競技大会開く

開会式 各国選手団堂々の入場

メーンスタンド前は日本選手団（毎日新聞社機スワン号から）

開会を宣言される天皇陛下

右は皇后陛下、東会長、皇太子殿下

強力な新内閣を

首相、選挙後初の記者会見

集う20カ国の「若い力」

―天皇陛下が厳かに宣言―

東京で第3回アジア競技大会を開催（1958〈昭和33〉年5月24日付『毎日新聞』夕刊より／提供：国立国会図書館）◉1958（昭和33）年5月24日、東京で開催される第3回アジア競技大会の開会式が行われた。舞台となった国立競技場は、この年の3月に竣工したばかり。参加20か国の選手1412人と8万の観衆を集めて華やかに開催された開会式には、IOC会長ブランデージも姿を見せていた。

第3回アジア競技大会ポスター（著作権者・上野愛より提供／協力：北海道立近代美術館）◉東京で行われたアジア競技大会の海外向けポスターは、第18回オリンピック大会東京招致ポスターの作者である栗谷川健一によるもの（P025照）。1957（昭和32）年の制作で、このポスターの成功から1964年東京大会の招致ポスターが依頼されたと考えられる。

得るために、同年一〇月二三日に東京で開かれた同連盟実行委員会の席上で聖火リレー実施を提案。ここで満場一致での賛意を得たことで、同大会で聖火リレーが実施されることが正式に決まったのだった。

このあたりの経緯がまとめられている『第三回アジア競技大会報告書』（財団法人日本体育協会）には、聖火リレーの目的についてもはっきりと書かれている。それによれば、まずは「アジア諸国を連ねる親善の実を挙げるため」が第一の目的だ。しかしもうひとつの目的としては、「あわせて、国内に広く、オリンピック理想を普及徹底させ、スポーツの振興を図る」こととのこと。そもそもこの聖火リレー自体について「オリンピック競技大会で行われている形式とほぼ同じ方法」と述べていることから見ても、その「目的」は明らかだ。どこからどう見ても、東京オリンピックにおける聖火リレー実施を睨んで行われたのは明白なのである。

そのリレーの最初の舞台となるのが、この時点でまだ復帰を果たしていない米軍占領下の沖縄。そこから鹿児島に持ってきて、後は陸路で会場の東京まで国内をリレーでつないでいく……。このスタイルは、ほぼ実際の東京オリンピックの聖火リレーに踏襲されている。何より海外で採火された聖火を航空機に載せて沖縄に運ぶ……という点からして、これは東京大会聖火リレーの原型だったと考えるべきだろう。つまり、この時点から聖火の大規模な「空輸」という発想があったということだ。

具体的には、聖火の採火はギリシャのオリンピアならぬフィリピンはマニラで行われた。それは、前回にあたる第二回アジア競技大会の舞台がマニラだったからだ。採火された聖火は、空路で沖縄をめざす。その栄えある飛行機に選ばれたのは、海上自衛隊の対潜哨戒機「P２V－７」だった。

実際の東京オリンピックでの聖火空輸を考えると、いわゆる「軍用機」であるP２V－７の使用は少々奇異に感じられないでもない。だが、そこにはそれなりの理由があった。そして飛行機の機種選定の問題は、その後も聖火空輸プロジェクト全体を大きく揺さぶり続けるのである。

アジア競技大会に初めて導入された聖火リレー（提供：海上自衛隊　鹿屋航空基地）◉第3回アジア競技大会で初めて導入された聖火リレーは、同大会が東京オリンピックの「前哨戦」であることを強く意識させる要素でもあった。写真は1958（昭和33）年4月27日、鹿児島県鹿屋市でスタートした日本本土内聖火リレーの第一走者である当時の鹿屋市長・永田良吉（左）から、第二走者である鹿屋市助役・塩田兼雄（右）にトーチを手渡す様子。

編隊飛行中の対潜哨戒機「P2V-7」（提供：海上自衛隊）◉1956（昭和31）年よりアメリカから日本の海上自衛隊に16機が供与された、米国ロッキード社が製造した対潜哨戒機。日本の海上自衛隊だけでなく、西側各国の軍隊にも採用された。1958（昭和33）年4月19日から25日にかけて、第3回アジア競技大会のための聖火空輸ミッションに使われた飛行機がこの機種である。

◉空輸機が「P2V－7」であった理由

今日の我々にとっては、聖火を空輸する飛行機というと東京オリンピックで使われた日本航空DC－6B「シティ・オブ・トウキョウ」号や全日空YS－11「聖火」号のイメージが強い。つまり、航空会社が運航する民間航空機である。では、東京オリンピックの「前哨戦」だったはずの第三回アジア競技大会においては、なぜ聖火を自衛隊機であるP2V－7が運んだのか。

その理由については、『第三回アジア競技大会報告書』（財団法人日本体育協会）の『式典について』と題された項に詳しい。先にも述べたように、聖火空輸はまず前回開催地のフィリピン・マニラから沖縄の那覇まで。さらに沖縄本島内でのリレーの後、また飛行機で岩国空港に入国手続きのため着陸。さらに三たび飛行機で、鹿児島県の海上自衛隊鹿屋基地に着陸する……という段取りである。このコースが決まった段階では、P2V－7起用の話はまだなかった。

実は当初はあくまで民間機を使い、マニラ〜香港をフィリピン航空で運び、香港〜沖縄〜福岡（板付）は日本航空で運ぶというプランまで検討されていた。しかし「ある事情」から、このプランは断念せざるを得なくなった。それは、飛行機で運ぶ「貨物」の問題だった。

実は民間機内に燃えている「火」を持ち込むのは、本来は航空法上極めて難しい。それがたとえ「聖火」であっても、事情は何ら変わらない。このアジア競技大会の際には、空輸時に聖火を「聖火灯」と称する安全灯に移して運ぶことになった。これもまた東京オリンピック聖火リレーに踏襲されていくのだが、たとえ聖火灯のなかに火を移したところで、それで問題が変わるわけではないのだ。

航空法における規定を見てみれば、民間機への「火」「可燃物」などの持ち込みに厳しい制限があることがよく分かる。第三回アジア競技大会の聖火空輸を計画するにあたり、実際にはどのようなことが考えられたのかは不明だが、この

友情の輪―限りない前進

アジア大会開会式をみて

若くて健康な名優たち

第三回アジア競技大会は二十四日午後の開会式の巧みな演出によってまことにうまく動き始めた。しかもそれは規模の大きい、壮麗なものだった。十分練習を積んだとのことではあるが、時間的に少しのズレもなく、舞台は正味一時間、息づくひまもなく大きく印象的に回った。国立競技場をうめた八万の大観衆は感動してたえまもなく拍手をおくったが、二十ヵ国、千七百余の選手団それ自体が飾り気のない若い巧まぬ健康な名優だったことはいうまでもない。

ファンファーレが鳴り響くと「限りない前進!」の標語が電光板に輝いた。アフガニスタンがスタンドの北側入口に現われたとき二度目の拍手がわき起こった。ビルマ、カンボジア、セイロン、大部隊の国府などについて七番目にインドが行進した。アジアを一つに結ぶこの大会を提唱したインドに対しては割れるような拍手と喚声がわき起こった。地中海に臨むアジアの西の端からきたイスラエルにはスタンドいっぱいに八度目の歓呼がおくられた。祖国をもたぬ流浪の民として二千年もの間、世界をさまよいつづけたユダヤ民族の子孫たちである。国造り十年の喜びと誇りに胸を張って行進していったが、彼らは十分祝福されてよかった。十六番目に前大会の開催国フィリピンの大部隊が進んだ。スポーツをする若者たちの顔には戦争の恩しゅうを越えて、この日を共にする喜びの色がうかがえた。

希望に輝くその国旗

タイ、ベトナムについて最後に日本が姿を見せた。日の丸の旗はあざやかにはえ、ぴったりそろった六列縦隊の足並みはまだ崩れていない日本の若さを示すものであった。何度目かの拍手と歓呼はスタンドをゆるがした。参加国の多くは戦後に独立を勝ちとった新興国家で、彼らの先頭に立つ国旗は希望に輝やいているようだった。

躍進するアジアの姿が

行進するものの数はオリンピック競技にはおよばないとはいえ第一回大会の五倍、第二回大会の八倍をはるかに越えるもので、この間七年、躍進しつづけたアジア・スポーツの姿をそのままに見せてくれた。この日大きな感動をうけた人々はこの祭典が回を重ねることに次第に大きく発展し、やがてオリンピック競技につぐ世界的大事業になることを願ったようだ。何しろ地球の上で陸地の三分の一を占め、世界総人口の半数以上の十五億を数えるアジアである。しかもひとしく次の新しい文化のにない手になろうとしている。今回参加できなかった他の国々もこの開会式の盛儀を知って相次いで友情の輪に加わることだろう。

第3回アジア競技大会開会式を報じる記事（1958〈昭和33〉年5月25日付『毎日新聞』より／提供：国立国会図書館）◉1958（昭和33）年5月24日、第3回アジア競技大会の開会式が開催された。8万人の大観衆が埋め尽くした国立競技場に、参加20か国の代表選手1412人が入場。1928（昭和3）年のアムステルダム大会で日本人としてオリンピック初優勝を果たした当時54歳の織田幹雄が、最終ランナーとして聖火台に点火した。写真の左は参加各国の国旗に囲まれて選手宣誓をする高橋進選手。右は聖火台に点火する織田幹雄。

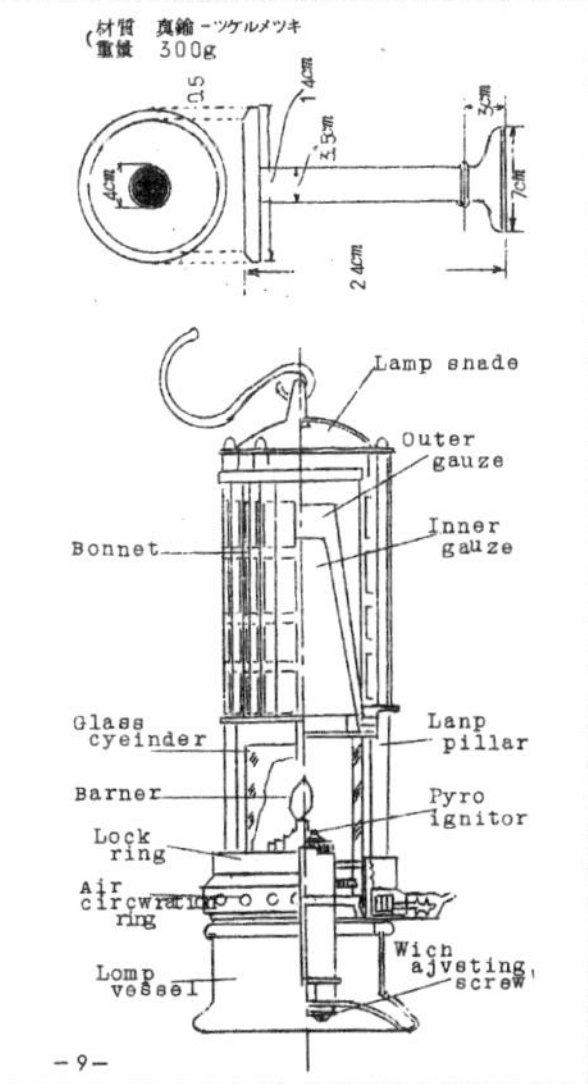

第3回アジア競技大会聖火灯の構造図（『第三回アジア競技大会聖火リレー報告書』〈オリンピック東京大会組織委員会競技部〉より／提供：秩父宮記念スポーツ博物館・図書館）◉空輸中の聖火が移されることになった安全灯については慎重に検討され、東京大学工学部石油工学の安東新午博士による研究の結果、基本的に本多電機株式会社の本多式安全灯を使用することになった。使用する灯油についても安東博士の検討により、日本石油（現・JXTGエネルギー）が調製した。

件については検討の余地はほとんどなかったはずだ。

国土交通省航空局の運航安全課に問い合わせたところ、昭和二七年七月三一日運輸省令第五六号の『航空法施行規則』のなかに「輸送禁止の物件」として第一九四条第一項の三号「引火性液体」という項目があるとの回答を得た。聖火を運ぶための聖火灯は、まさにこの項目に該当するのである。この規定を文字通り受けとめると、航空機では聖火は運べない。だが、物事には何でも例外がある。しかも「航空機では運べない」というのはいささか大雑把な表現ではあった。これはすべて「民間航空機」による輸送での話なのだ。航空法は、あくまで民間航空機に対する規定なのである。自衛隊機なら自衛隊法の下で飛ばせる。航空法の規制からはずれる。だから、聖火も輸送可能である。P2V－7を聖火空輸に使用するという発想は、ここから出て来たのではないだろうか。

こうして一九五八（昭和三三）年四月二一日午前八時、マニラのリサール・スタジアム（P231参照）で聖火の点火式が行われる。日本から運んだ集熱鏡によって聖火が採火され、フィリピン国内での聖火リレーがスタート。ランナーたちによってマニラ空港まで運ばれた聖火は、日本側派遣員の手によって聖火灯に移された。同日正午に聖火を乗せてマニラ空港を離陸したP2V－7は、午後四時に沖縄は那覇空港に到着。ここで再び聖火リレーがスタートする。島内のリレーは二五日まで続けられ、同日午前九時に那覇空港発。一旦、岩国飛行場に着陸して入国手続きや検疫を済ませたP2V－7は、同日午後四時に国内聖火リレーの出発点となる鹿児島県の鹿屋飛行場に到着した。すべて計画通り。第三回アジア競技大会の聖火リレー、その空輸プロジェクトが、これにて無事に終了したのだった。

この時、往年の有名な水泳選手でこのアジア競技大会では式典委員長を務めた松沢一鶴らとともに派遣された人々のなかに、同大会式典委員である中島茂という男がいた。この中島茂こそ、その後、東京オリンピック聖火リレーのキー・パーソンとなっていく人物なのである。

聖火リレー マニラ派遣団 きょう羽田から出発

第三回アジア競技大会の聖火を前大会開催国のフィリピンから日本へ運ぶ"聖火リレー・マニラ派遣団"は、海上自衛隊差回しの大型対潜警戒機P2V7二機に分乗して十九日午前八時羽田発、マニラに向う。その壮行式が十八日午後五時から東京神田駿河台の日本体育協会で行われた。出席したのは、ブスウェーゴ・フィリピン公使、同大会組織委員会会長の津島防衛庁長官、佐藤都副知事、杉山衆院副議長、松本外務政務次官ら約百人。「アジア大会の精神が生き続けてゆくことを象徴する聖火リレーの意義は大きい」と一行に激励と祝福の言葉を送った。

派遣団は、松沢一鶴同大会式典委員長(体協監事)を団長に森岡一夫大会総務部副部長(東京都観光課長)中島茂式典委員(文部省体育課)と報道関係者五人。自衛隊関係は、一番機が機長の青野壮三等海佐以下八人、二番機が機長佃精一二等海尉以下八人である。

一行のマニラ到着は十九日午後四時(日本時間同五時)・同地で三泊後、二十二日にリサール・メモリアル・スタジアムで太陽光線から点火した聖火をフィリピン選手のリレーでマニラ空港に運ぶ。同日昼すぎ、同空港を出発、夕刻沖縄の那覇着。二十三、四の両日で沖縄本島を一周。二十五日午前八時同地発、午後一時岩国に飛んで入国手続きを済ませ、鹿児島県の鹿屋に到着する予定。

お茶の水岸体育館の聖火リレーマニラ派遣団の壮行会

聖火リレー・マニラ派遣団壮行会(1958〈昭和33〉年4月19日付『朝日新聞』より／提供：国立国会図書館)●出発を前にした「聖火リレー・マニラ派遣団」の壮行会が、1958〈昭和33〉年4月18日午後5時から、当時は東京・神田駿河台にあった日本体育協会で行われた。フィリピンのブスウェーゴ公使や同大会組織委員会会長の津島寿一防衛庁長官らも出席。派遣団は翌19日午前8時にP2V-7で羽田から出発した。

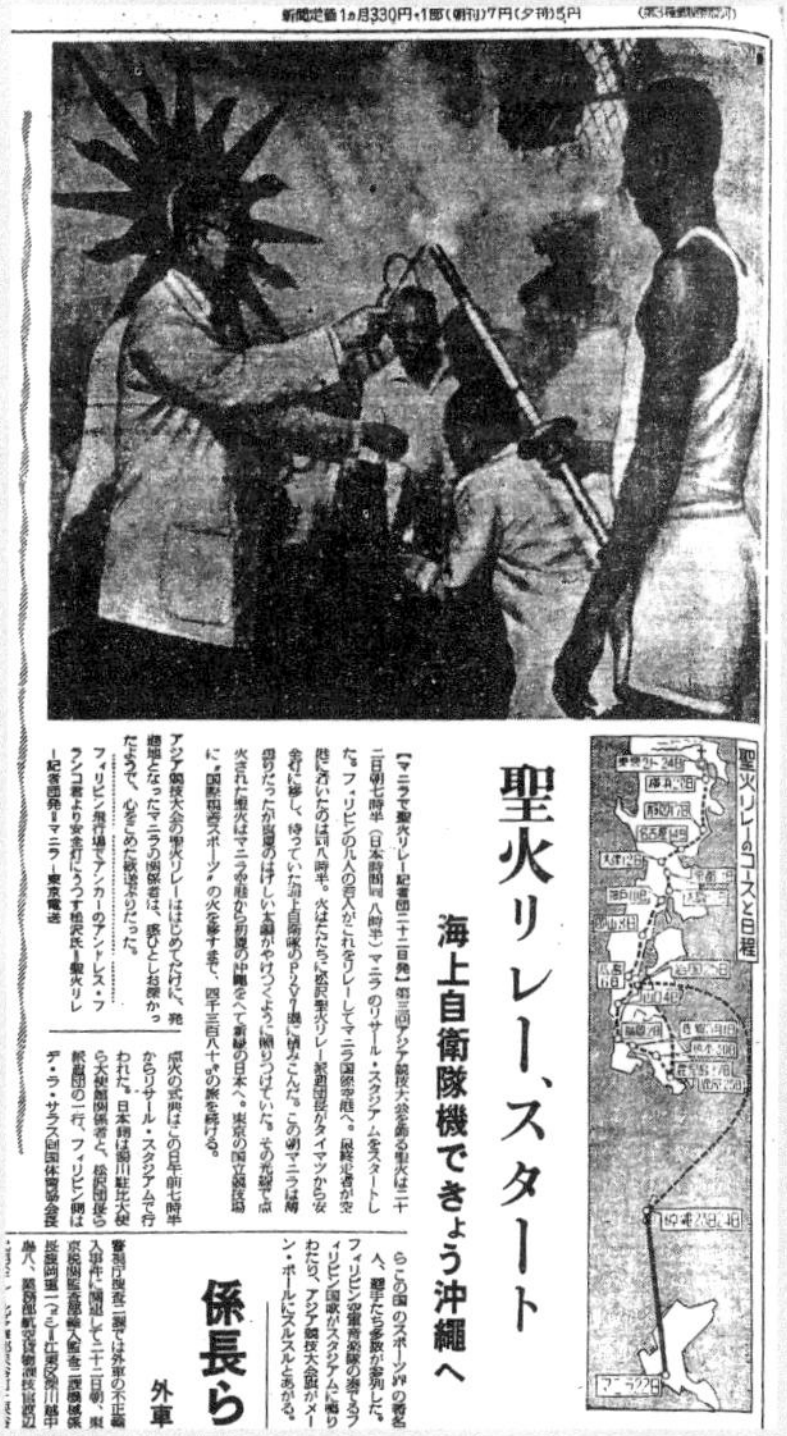

新聞定価1ヵ月330円・1部(朝刊)7円(夕刊)5円

聖火リレー、スタート 海上自衛隊機できょう沖縄へ

【マニラで聖火リレー記者団二十二日発】第三回アジア競技大会を飾る聖火は二十二日朝七時半(日本時間同八時半)マニラのリサール・スタジアムをスタートした。フィリピンの八人の若人がこれをリレーしてマニラ国際空港へ。最終走者が空港に着いたのは同八時半。火はただちに松沢聖火リレー派遣団長がタイマツから安全灯に移し、待っていた海上自衛隊のP2V7機に積みこんだ。この朝マニラは晴れわたったが出発のはげしい太陽がやけつくように照りつけていた。その光線で点火された聖火はマニラの空港から初夏の沖縄をへて新緑の日本へ。東京の国立競技場に"国際親善スポーツ"の火を移すまで、四千三百八十キロの旅を続ける。

点火の式典はこの日午前七時半からリサール・スタジアムで行われた。日本側は湯川駐比大使ら大使館関係者と、松沢団長ら派遣団の一行、フィリピン側はデ・ラ・サラス同国体育協会長らこの国のスポーツ界の著名人、選手たち多数が参列した。フィリピン空軍音楽隊の奏でるフィリピン国歌がスタジアムに鳴りわたり、アジア競技大会旗がメーン・ポールにスルスルとあがる。

アジア競技大会の聖火リレーははじめてだけに、発着場となったマニラの関係者は、感ひとしお深かったようで、心をこめた歓送ぶりだった。

フィリピン飛行場でアンカーのアンドレス・フランコ君より安全灯にうつす松沢氏＝聖火リレー記者団発＝マニラ＝東京電送

係長ら 外車

マニラでの聖火イベントを報じる新聞記事(1958〈昭和33〉年4月22日付『毎日新聞』夕刊より／提供：国立国会図書館)●第3回アジア競技大会の聖火採火式は、1958(昭和33)年4月22日午前7時半よりマニラのリサール・スタジアムで開催された。フィリピンの自由形水泳選手コロサ・エスピノと背泳選手ジョセリ・フォン・ギーゼが古代ギリシャ風コスチュームを着て集熱鏡を使って採火。聖火は同競技場からマニラ国際空港までリレーされた。写真は空港でリレー・アンカーのアンドレス・フランコから聖火を渡される派遣団の松沢一鶴。

3 ついに走り出した東京五輪

◉九州からやって来た叩き上げの男

聖火をマニラから運んだ男・中島茂は、一九一四（大正三）年八月一〇日、佐賀県に生まれた。

少年時代の中島については詳細は分からないが、着実に頑強な肉体を持った若者に育ったことは間違いない。その証拠は、彼が通った佐賀県立三養基中学校（旧制、現・佐賀県立三養基高等学校）に記録として残っている。一九三二（昭和七）年八月二七日から二八日の二日間にわたって行われた、第一八回全国中学陸上競技選手権大会での出来事である。兵庫県西宮市の甲子園南運動場で行われたこの大会で、中島がアンカーを務めた三養基中陸上部は一六〇〇メートル継走で一位を記録。これは当時の日本新記録を更新する大記録となった。中島は四〇〇メートル個人でも二位に入る健闘ぶりで、一気にその名を全国区に押し上げたという。

『創立五十周年記念号　養基』（佐賀県立三養基高等学校）には、一九七〇（昭和四五）年に母校の後輩たちを前に中島が行った講演の内容が収録されている。そこでも中島は、「千六百リレーで日本記録を作ったとき」のことを一番の思い出だと語っている。その後、中島は旧制佐賀高等学校（現・佐賀大学）で教壇に立つが、『旧制佐賀高等学校　菊葉』第三九号・創立八十周年特集号（菊葉同窓会本部）に収録された中村宏の『佐高創立八十周年にあたっての感想』にも、「日本記録を持っております」が口癖の先生として書かれている。この時の達成感と栄光が、中島のその後の人生を強烈に決定づけた

佐賀県立三養基中学校(旧制)・陸上部時代の中島茂(提供:中島由雄／協力:大阪体育大学)◉1932(昭和7)年8月の第18回全国中学陸上競技選手権大会において、旧制佐賀県立三養基中学校陸上部のメンバーは1600メートル・リレーで日本記録を出した。その時のメンバーは、第一走者・中島直矢、第二走者・橋本英市、第三走者・中牟田市次、アンカー・中島茂の4人。ただし、この写真に同じ顔ぶれが写っているかどうかは不明。右からふたり目が中島茂、左端が中島直矢である。ただし、この両名は同じ苗字ではあるが血縁者ではない。その後、中島直矢は毎日新聞大阪本社の運動部長を経て、大阪体育大学名誉教授となった。

中　島　先　生

教員時代の中島茂(『第九回卒業記念　兵庫縣立第二高等女學校』〈兵庫縣立第二高等女學校〉より／提供:兵庫県立夢野台高等学校)◉東京高等師範学校を卒業した中島茂は、兵庫県立第二神戸高等女学校(現・兵庫県立夢野台高等学校)、旧制佐賀高等学校(現・佐賀大学)で教壇に立った。写真は第二神戸高等女学校で体育教師をしていた頃の中島。1938(昭和13)年の同校卒業アルバムよりの抜粋である。

ようだ。

そんな中島は東京高等師範学校を卒業した後、教員の道を歩み始める。現在、分かっているその最初期のキャリアは、兵庫県立第二神戸高等女学校（現・兵庫県立夢野台高等学校）における体育教師としての仕事だ。中島は、ここに一九三七（昭和一二）年四月から一九三九（昭和一四）年一二月まで在籍。一九四〇（昭和一五）年から故郷の佐賀に戻って前述の旧制佐賀高等学校に移り、最初は講師として、一九四一（昭和一六）年からは助教授として教鞭を執る。この頃、旧制佐賀高では滑空部が発足。中島は滑空部の責任者のひとりとして、グライダーの操縦指導にあたることになる。

だが、そんな良き日々は唐突に断ち切られてしまう。一九四一年に、中島に召集令状が届いたのだ。『旧制佐賀高等学校　菊葉』第二九号収録の山口三千也による『一九四一年の日記から』という一文には、生徒の切々たる思いが綴られている。出征の日は一一月二〇日。駅で中島を囲んだ生徒たちは、校歌を歌い別れを惜しんだ。中島も万感胸に迫る思いだったようだ。「先生はデッキに立たれてしばしばハンケチを目に当てられた」と、中島の様子が綴られている。一九六四（昭和三九）年九月八日付朝日新聞には、中島の教壇時代のあだ名が強面なイメージの「マムシ」だったと書かれているが、その一方でまだ若かった中島は生徒たちと大いに打ち解けていたようである。

戦後は学校に戻り、一九四六（昭和二一）年には教授となる　だがこの後に中島は教壇を離れ、一九四八（昭和二三）年から佐賀県体育保健課長に就任。さらに一九五〇（昭和二五）年には文部省入りすることになり、東京へと居を移す。これが、結果的に中島と聖火とを結びつけた。

一九五八（昭和三三）年の第三回アジア競技大会に文部省から召集された中島は、例の聖火派遣団に選出され、式典委員会のトーチ・リレー委員会委員、式典部の聖火係も担当することになる。こうした経緯から、中島は東京オリンピック聖火リレー計画にも駆り出されていくのである。

三笠宮崇仁親王と中島茂（提供：池田宏子、池田剛）◉上京して文部省入りしてからの中島は、三笠宮崇仁親王に気に入られたのか、たびたび同行を求められることがあったという。この写真もそんな同行の際のひとコマである。撮影日や場所などの詳細は不明だが、1950（昭和25）年〜1955（昭和30）年頃に撮影されたものであることは間違いない。中央の帽子を手に持っている人物が三笠宮崇仁親王、その左側が中島である。

第3回アジア競技大会・聖火空輸での中島茂（提供：朝日新聞社）◉1958（昭和33）年4月25日、マニラから第3回アジア競技大会の聖火を載せてきた航空自衛隊の対潜哨戒機P2V-7が鹿屋飛行場に着陸した。右の聖火灯を手にもっている人物が、同大会式典委員の中島茂である。左は式典委員長を務めた松沢一鶴。このふたりは、1964（昭和39）年の東京オリンピック聖火リレーにも関わっていく。

◉東京に五輪旗が揚がる

第三回アジア競技大会を直前にした一九五八(昭和三三)年五月一三日、東京で開幕した第五四回IOC総会は、まさに第一八回大会東京招致のスタートラインとなった。この日の午前中、東京都知事の安井誠一郎と体協会長でIOC委員の東龍太郎がブランデージIOC会長の宿舎を訪れ、第一八回大会の東京開催に関する正式招請状を手渡したのである。

翌一九五九(昭和三四)年四月には、五輪招致の牽引役のひとりだったIOC委員の東龍太郎が東京都知事選に立候補して当選。それは、東京都が完全にオリンピック・モードに入ったことを誰もが意識せざるを得ない出来事だった。

こうして迎えた一九五九年五月二六日午前一一時半(日本時間同日午後七時半)、西ドイツのミュンヘンで開かれた第五五回IOC総会において、東京は一九六四(昭和三九)年の第一八回オリンピック大会開催地に決定した。投票総数五六票中、三四票を獲得しての決定である。

実はそれに先立つこと二三年……一九三六(昭和一一)年七月三一日にも、ミュンヘンとベルリンという場所の違いこそあれ、東京は一度ここドイツの地でオリンピック開催を決めていたのだ。これも何かの因縁とでもいうべきものだろうか。開催権の「奪還」は、まさに戦前からの悲願であった。

このニュースはたちまち日本にも報じられた。都知事の東龍太郎らを招致使節団としてミュンヘンに送っていた都庁は、午後八時前にもたらされた「東京決定」第一報に大いに沸き返った。御茶ノ水にある岸記念体育館内体協本部に設けられた東京オリンピック準備委員会事務局でも、午後八時過ぎの現地からの電話で大騒ぎ。その夜のうちに都庁と両方で五輪旗を掲揚し、開催決定を祝した。

その日から、東京オリンピックの聖火リレーも正式に走り出したのである。

新聞（夕刊）　新聞定価1ヵ月390円・1部（朝刊）10円（夕刊）5円

さぁ、四年間は私が

胸をたたく東さん

ニッコリ記者会見

政治家の一歩 構想は箱根で？

東新知事喜びの顔　安井前知事㊨とビールで乾杯

東龍太郎が東京都知事選で当選（1959〈昭和34〉年4月24日付『毎日新聞』夕刊より／提供：国立国会図書館）◉1959（昭和34）年4月の東京都知事選では、激しい接戦の末に対立候補に約16万票の差をつけて東龍太郎が公選2代目の都知事に当選。都知事自らがオリンピック招致活動の先頭に立つ構えとなった。記事の写真は、前都知事の安井誠一郎（右）とビールで乾杯する新都知事の東龍太郎（左）。

毎日新聞　新聞定価1ヵ月390円・1部（朝刊）10円（夕刊）5円

実った東京の悲願

夜空に感激の五輪旗

都庁、体協にわき上る"万歳"

毎日街頭録音

国をあげて立派な大会

運営は浄財でまかなえ

懸案を一挙に解決して

東京五輪へ喜びと希望

米紙も大きく"東京五輪"報道

乾杯する都本部関係者（○印は佐藤副知事）＝都庁で

第18回大会の東京開催が決定（1959〈昭和34〉年5月27日付『毎日新聞』より／提供：国立国会図書館）◉1959（昭和34）年5月27日のIOCミュンヘン総会において、デトロイト、ブリュッセル、ウィーンを下して第18回オリンピック大会の東京開催が決定した。記事の上の写真は体協本部前での五輪旗掲揚、左下の写真は都庁における祝賀会の様子。

東京大会招致・影の貢献者

1964（昭和39）年東京五輪のビジュアルといえば、亀倉雄策デザインのポスターが広く知られている。だが、その東京大会を招致するにあたっては、あるポスター（P025参照）の訴求力が大きく物をいった。その招致用に特化されたポスターを作ったのが、北海道を代表するグラフィックデザイナーである栗谷川健一だ。

栗谷川は1911（明治44）年、北海道岩見沢市に生まれた。映画看板などの仕事を手始めに、宣伝美術の道へ入る。1936（昭和11）年秋、鉄道省札幌鉄道局が募集した冬の北海道観光ポスターに1等入選したことから、札幌鉄道局の嘱託デザイナーとなる。こうして栗谷川は、商業美術の世界に本格的に乗り出すことになった。戦時中は苦境に追い込まれるが、戦後は1950（昭和25）年の第1回札幌雪祭りポスターの好評など好調の波に乗る。1953（昭和28）年には、リスボンで開かれた第1回世界ポスターコンクールで最優秀賞を受賞して、北海道を代表するグラフィックデザイナーの地位を確立。1958（昭和33）年の第3回アジア競技大会のポスター（P027参照）を作ったことから、東京五輪の招致用ポスターを作る話が舞い込んだと思われる。

その後も栗谷川は、1972（昭和47）年の札幌冬季五輪招致ポスターなどを作るが、彼のオリンピックとの関わりはそれだけではなかった。そのキャリアの最初期である戦前に、1940（昭和15）年開催予定だった「幻」の札幌冬季五輪・美術委員会メンバーとして、エンブレム等の制作に関わっていたのである。

「幻」の札幌五輪エンブレム（提供：札幌市公文書館）◉栗谷川は「道展（北海道美術協会）」創立メンバーらと共に、1940（昭和15）年開催予定だった「幻」の札幌冬季五輪・美術委員会のメンバーだった。

栗谷川健一（提供：上野愛／協力：栗谷川彩子）◉この写真は1950年代に撮影。栗谷川は原弘や丹下健三らとともに札幌五輪デザイン専門委員会にも参加した。1999（平成11）年に死去。

第2章 オデッセイの原点

ローマ大会採火式での巫女たち（提供：池田宏子、池田剛）◉両手を高く掲げる聖火採火式の主巫女役アレカ・カッツェリ。ただし、これは東京オリンピックのための聖火採火式ではなく、1960（昭和35）年8月12日のローマ・オリンピック聖火採火式かそのリハーサル時にギリシャのオリンピアで撮影されたもの。

1 東京五輪聖火リレー計画のルーツ

◉一九六〇年八月一二日、オリンピア

「巫女たちはいずれも無表情な同じような顔をしている。典型的な古代ギリシャの女性の顔だそうだ。ヘラの神殿の遺蹟で巫女と巫女の間に火の受渡しが行われる」

この文章は、作家の井上靖が書いたエッセイ『ギリシャの旅／オリンピアにて聖火点火式を見る』の一節である。井上靖は毎日新聞社の依頼を受けて、ローマ・オリンピック取材の旅に出た。このエッセイはそのなかで書き上げられたものだ。一九六〇（昭和三五）年八月一二日午前九時から始まった同オリンピックの採火式に、井上靖も関係者たちとともに立ち会ったのである。

そのエッセイには現地の「松籟の音と降るような蟬の声」から日本の松林を連想したり、古代遺跡の石のかけらがゴロゴロ散乱していることから改めて日本との違いを痛感したり……と、「その場」に立ち会っている実感を感じさせる文章が並ぶ。さらに採火式の進行についてもある程度具体的に綴っているが、問題の儀式が始まってから第一走者が走りだすまで三十分もかかっていないとも書いているのだから、意外と呆気ない印象だったのだろう。むしろ儀式そのものよりも、周囲に群がる報道陣やら見物人たちの様子を見ている方が面白いとも語っている。

「一口に言ってこれはオリンピアの古い遺蹟を舞台にして仕組んだ明るい野外劇である。騒ぎまでがその一部だ」と

ローマ大会のための聖火採火式（提供：池田宏子、池田剛）◉1960（昭和35）年8月12日、ローマ・オリンピックのための採火式がギリシャのオリンピアで行われる。写真は2点とも、集熱鏡を使って採火してトーチへと点火している様子である。これらはおそらく採火式当日ではなく、事前のリハーサル時に撮影されたものと思われる。

いうのが、自らも「ヤジ馬の一人となって」その場を目撃した、井上靖にとってのオリンピック聖火採火式の実際だったのだろう。

だが井上靖の文章には、その場に異質な日本人の一団がいたことは書かれていない。

胸に赤い日の丸をイメージさせるエンブレムを付けた、目立つブレザーの男たち。この時、すでにあと四年に迫っていた東京オリンピックの関係者たちが、ローマ・オリンピックの聖火採火式をオリンピアまで見学しに来ていたのだ。

一九五九(昭和三四)年五月のＩＯＣミュンヘン総会で第一八回大会の東京開催が決定するや否や、その準備は急ピッチで具体化した。そして東京大会関係者は、一九六〇年八月のローマ・オリンピックに続々と集結した。例えば映画監督の黒澤明も、ローマ・オリンピックの視察を兼ねてイタリアを訪れている。当時すでに国際的な名声を得ていた黒澤は、東京オリンピックの記録映画製作を組織委員会から依頼されていたのだ。実際には、予算の問題で組織委員会と折り合いがつかずに黒澤は降板。最終的に市川崑の監督で作品は完成している。

そんな黒澤と同様に、組織委員会のメンバーもローマ・オリンピックを追いかけた。東京大会を開催する彼らにとって、それが事前に「本番」を見ることのできる唯一のチャンスだったからだ。

だから東京の聖火関係者も、ローマ大会の採火式を見るためにオリンピアまでやって来た。そんな日本人たちのなかに、第三回アジア競技大会で聖火派遣員を務めた、あの中島茂の姿もあった。

中島は組織委員会のメンバーとして、再び文部省から出向してきていた。当然、担当するのは聖火リレーに関する一連の計画と実行である。

遺跡の残骸が残るオリンピアの風景と古式ゆかしく厳粛な儀式。中島は古代オリンピックからの「伝統」の重みをひしひしと感じて、改めて身の引き締まる思いであったかもしれない。

採火式で遭遇した井上靖と中島茂（提供：池田宏子、池田剛）◉ローマ・オリンピックのための聖火採火式を見学するためにオリンピアを訪れていた中島茂は、毎日新聞社の依頼で取材に訪れていた作家の井上靖と遭遇し、一緒に写真を撮影している。写真中央が井上靖、右が中島である。なお、2016（平成28）年のリオデジャネイロ・オリンピックの際も、4月21日にオリンピアで行われた聖火採火式に2020年東京大会組織委員会関係者が視察に訪れた。

聖火採火式を見学する中島茂（提供：池田宏子、池田剛）◉聖火採火式を見学するためにオリンピアを訪れた中島茂は、精力的にその詳細を観察。彼が組織委員会に伝えたさまざまな情報は、実際の大会に大いに活かされた。写真は、中島が現地のスタッフにローマ・オリンピック用のトーチや火皿などを見せてもらっている様子。

しかし聖火リレーそのものは、実は必ずしも「伝統」とはいいがたいものだったのである。

◉後付けの「伝統」だった聖火

オリンピックの聖火に関するどんな記述を見ても、おそらくその「起源」は古代オリンピックに求められているはずである。火は古代ギリシャ人にとって、天界からプロメテウスが盗んで来て人間に与えた神聖なもの。そこで古代オリンピックの開催期間中に、火は神殿において燃やされ続けていた……云々という有名な話である。つまり、これが聖火の「伝統」という訳だ。

だがピエール・ド・クーベルタン男爵が提唱した近代オリンピックの第一回大会が一八九六(明治二九)年にアテネで開催された時、そこには「火」はなかった。その次にあたる一九〇〇(明治三三)年パリ大会にも聖火はなかった。その次の一九〇四(明治三七)年セントルイス大会にもなかった。結局、近代オリンピックにおいては、一九二八(昭和三)年の第九回アムステルダム大会になってやっと聖火が登場するのである。つまり、「伝統」はあくまで「後付け」の理屈である。今日、我々はオリンピアにおける厳かな儀式を見て悠久の時の流れや歴史の重みを感じているが、それは当初の近代オリンピックには存在するべくもなかった。

それが証拠に、アムステルダムでの聖火はただその場で「火をつけた」だけ。ギリシャから持って来ようという発想はまだなかった。歴史の重みなど出て来ようはずもない。

同大会の公式報告書にも、聖火についての言及はまったくなし。聖火は競技場に建てられたマラソンタワーという塔のてっぺんで燃やされたのだが、公式報告書のマラソンタワーの写真にはそこに取り付けられた拡声装置についての記述があるだけだ。どうやらあの「火」は、単なるタワーの装飾のような扱いだったようなのである。

ただ、開会中に競技場に「火」を燃やし続けるというアイディアは、当時大いにウケたらしい。そこで、「オリンピッ

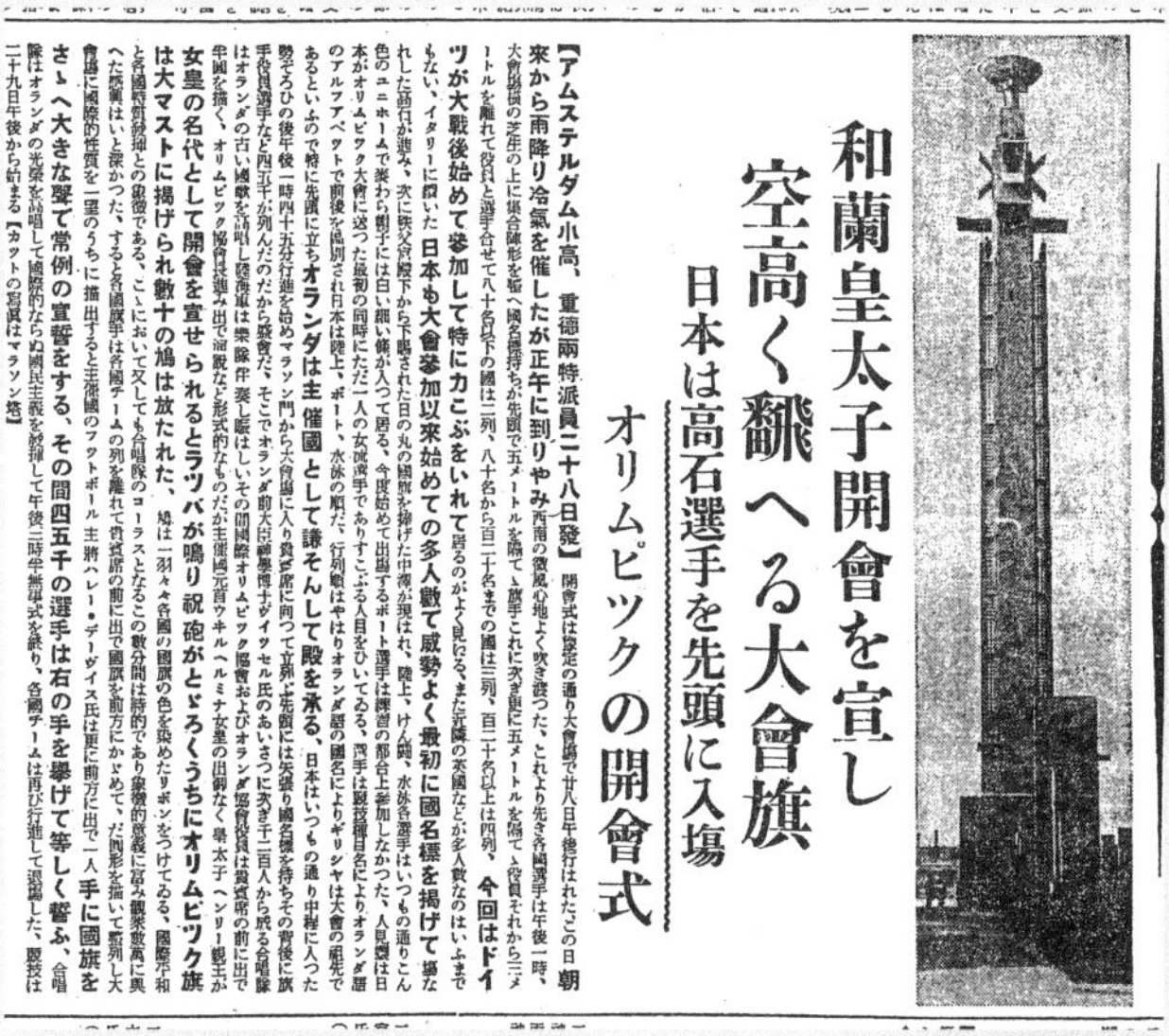

和蘭皇太子開會を宣し
空高く飜へる大會旗
日本は高石選手を先頭に入場
オリムピックの開會式

【アムステルダム小高、重徳兩特派員二十八日發】開會式は豫定の通り大會場で廿八日午後行はれたこの日朝來から雨降り冷氣を催したが正午に到りやみ西南の微風心地よく吹き渡つた、これより先き各國選手は午後一時、大會場横の芝生の上に集合陣形を整へ國名標持ちが先頭で五メートルを隔てゝ旗手これに次ぎ更に五メートルを隔てゝ役員それから三メートルを離れて役員と選手合せて八十名以下の國は二列、八十名から百二十名までの國は三列、百二十名以上は四列、今回はドイツが大戰後始めて參加して特に力こぶをいれて居るのがよく見える、また近隣の英國などが多人數なのはいふまでもない、イタリーに續いた日本も大會參加以來始めての多人數で威勢よく最初に國名標を掲げて場なれした高石が進み、次に秩父宮殿下から下賜された日の丸の國旗を捧げた中澤が現はれ、陸上、けん闘、水泳各選手はいつもの通りこん色のユニホームで麥わら帽子には白い細い條が入つて居る、今度始めて出場するボート選手は練習の都合上參加しなかつた、人見嬢は日本がオリムピック大會に送つた最初の同時にただ一人の女流選手でありすこぶる人目をひいてゐる、選手は競技種目名によりオランダ語のアルフアベットで前後を區別され日本は陸上、ボート、水泳の順だ、行列順はやはりオランダ語の國名によりギリシヤは大會の祖先であるといふので特に先頭に立ちオランダは主催國として謙そんして殿を承る、日本はいつもの通り中程に入つた勢ぞろひの後午後一時四十五分行進を始めマラソン門から大會場に入り貴賓席に向つて立列ぶ先頭には矢張り國名標を持ちその背後に旗手役員選手など四五千が列んだのだから壯觀だ、そこでオランダ前大臣神學博士ダイツセル氏のあいさつに次ぎ千二百人から成る合唱隊はオランダの古い國歌を高唱し陸海軍は樂隊伴奏し賑はしいその間國際オリムピック協會およびオランダ協會役員は貴賓席の前に出で半圓を描く、オリムピック協會長進み出で演說など形式的なものだが主催國元首ウキルヘルミナ女皇の出御なく皇太子ヘンリー親王が女皇の名代として開會を宣せられるとラツパが鳴り祝砲がとゞろくうちにオリムピック旗は大マストに掲げられ數十の鳩は放たれた、鳩は一羽々々各國の國旗の色を染めたリボンをつけてゐる、國際平和と各國特質發揮との象徵である、こゝにおいて又しても合唱隊のコーラスとなるこの數分間は詩的であり象徵的意義に富み觀衆數萬に興へた感銘はいと深かつた、すると各國旗手は各國チームの列を離れて貴賓席の前に出で國旗を前方にかゞめて、だ圓形を描いて整列し大會場に國際的性質を一望のうちに描出すると主催國のフツトボール主將ハレー・デーヴイス氏は更に前方に出で一人手に國旗をさゝへ大きな聲で常例の宣誓をする、その間四五千の選手は右の手を擧げて等しく誓ふ、合唱隊はオランダの光榮を高唱して國際的ならぬ國民主義を發揮して午後三時半無事式を終り、各國チームは再び行進して退場した、競技は二十九日午後から始まる【カットの寫眞はマラソン塔】

アムステルダム・オリンピック開会式を報じる新聞記事（1928〈昭和3〉年7月29日付『東京朝日新聞』より／提供：国立国会図書館）◉写真は競技場に併設されたマラソンタワー。その灯の先端で「火」は燃やされた。しかし記事中には、聖火についての言及はまったくない。アムステルダム・オリンピックの公式報告書の中にも、聖火について語っている箇所は見受けられなかった。つまり、この段階ではまだ「聖火」とは見なしていなかった可能性がある。

ロサンゼルス・オリンピックの聖火台（『アサヒ・スポーツ臨時増刊／第十回オリンピック大會特集号』昭和7年9月20日発行〈朝日新聞社〉より）◉1932（昭和7）年7月30日より開催のロサンゼルス・オリンピックを特集した『アサヒ・スポーツ』臨時増刊号表紙は、イラストとも修正され人工着色された写真とも判別できないオリンピック・スタジアムの画像を掲載。そこにも、赤々と炎が燃え盛る聖火台が見える。

クといえば聖火」というパターンがこの大会から定着したということなのだろう。以来、オリンピックから「火」が消えたことはない。

そんなオリンピックと聖火に劇的な変化が訪れたのは、一九三六(昭和一一)年の第一一回ベルリン大会でのこと。多くの方々がご存じの通り、この大会から聖火リレーが導入されたのである。

この件については、東京都オリンピック準備局が一九六一(昭和三六)年二月に発行した『東京都オリンピック時報』四号掲載の、『オリンピック物語(四)/聖火リレー』という記事が詳しい。この記事を書いた川本信正は、かつて読売新聞運動部記者で戦後はスポーツ評論家として活躍した人物。日本におけるオリンピックの略語としての「五輪」を考案した男といえば、より分かりやすいかもしれない。文字通り「五輪」の名付け親というべき人物である。

川本の記事で「一九三六年、初めての聖火リレーは、七月二十日の正午、オリンピアの遺跡を出発した」と綴られるベルリン大会のリレーは、その後はアテネへ出て北進し、サロニカ(現・テッサロニキ)を通過し、ブルガリア、ユーゴ、ハンガリー、オーストリア、チェコを経て、七月三一日に国境を越えてドイツのドレスデンに到着。八月一日の開会式当日には、聖火はベルリンに入った。川本はこの聖火リレーを考案したベルリン大会組織委員会事務総長カール・ディームの意図を純粋な動機によるものと評しており、「聖火リレーが沿道の諸国に対するナチのデモだったという見方」もディームにとっては迷惑なことだっただろうと綴っている。実際には「デモ」どころか、聖火リレーの事前調査が第二次大戦でのドイツ軍の侵攻コースに活用されたとさえいわれているのだが、川本はそんな受け取め方はしていなかったのだろうか。

ともかく、オリンピアの遺跡で日光から採火した聖火を、ランナーが競技場までつないで運んで行く……という聖火リレーの原型は、すでにこの時点で完成していたのであった。

昭和十一年八月七日　(金曜日)

スポーツ

寫眞〔上〕オリムピツク聖火リレーで走者アテネに到着、參加各國々旗の下をくゞりアクロポリス遺跡へ向ふ〔下〕同遺跡で古代服裝の行者より松明を渡さる（七月二十二日）

アテネにおけるベルリン・オリンピック聖火リレーのセレモニー(1936〈昭和11〉年8月7日付『東京朝日新聞』より／提供：国立国会図書館)●1936(昭和11)年7月22日、オリンピアから始まった聖火リレーがアテネに到着した。写真上は、ランナーが参加各国の旗の下をくぐってアクロポリス遺跡に向かう様子。写真下は、アクロポリスでの古代の行者に扮した人物とランナーによる聖火の受け渡しの様子。

ベルリンを走る聖火ランナー(提供：朝日新聞社)●1936(昭和11)年8月1日のベルリン・オリンピック開会式当日、聖火はベルリン市内へとやって来た。写真は聖火を持った走者が、開会式会場のオリンピアシュタディオンめざしてベルリン市内を走っている様子である。

◉「幻」の聖火リレー計画とその影響

一九三六(昭和一一)年の第一一回ベルリン大会で新たに登場した聖火リレーは、オリンピックの新たな呼び物として大いに人気を呼んだ。こうなると、次のオリンピックもこの成功を意識しない訳にはいかない。当然、その大会の計画は聖火リレーありきで立てられることになった。

次の大会である一九四〇(昭和一五)年大会の開催地……それは東京だった。いわゆる「幻」の東京五輪で、二度目の聖火リレーの実施が計画されたのである。

しかし、ギリシャからドイツまでは遠いといっても同じヨーロッパ内に過ぎないし、そもそも地続きである。だがギリシャから日本へのリレーとなると、距離は一気に何倍にも増す。途中には砂漠や高地などの難所が横たわり、何よりも海によって隔てられている。おまけに現在とは違い、計画が検討されていた一九三〇年代はまだ地球上に未知の場所が少なくなかった時代だ。具体的に検討するまでもなく、その走破は困難を極めることが予想された。当然、東京大会組織委員会も聖火リレー実現に腰が退けてしまったのは想像に難くない。

そんな組織委員会の思いを見透かしたかのように、宮崎県学務課がひとつのリレー・プランを打ち出して来た。「天孫降臨の地」宮崎を起点にした、東京まで一五〇〇キロの聖火リレー案である。なるほどこの一九四〇年のオリンピックは、神武天皇即位から二六〇〇年であることにちなんだ、いわゆる紀元二六〇〇年記念式典の一環だ。おまけにリレーを国内で済ませられるなら、過度な負担もかかるまい。組織委員会の人々の心は大いにグラついたに違いない。

だが、発祥の地ギリシャを完全無視の聖火リレーでは、さすがに通用しないと思ったのだろう。その直後に、IOC委員の副島道正はロンドンで「王道」のプランを発表した。一九三六年一〇月二日の東京朝日新聞に掲載された、アテネを出発してから四度海を越えて日本に至るプラン①である。一九四〇年の紀元節(二月一一日)にアテネを出発

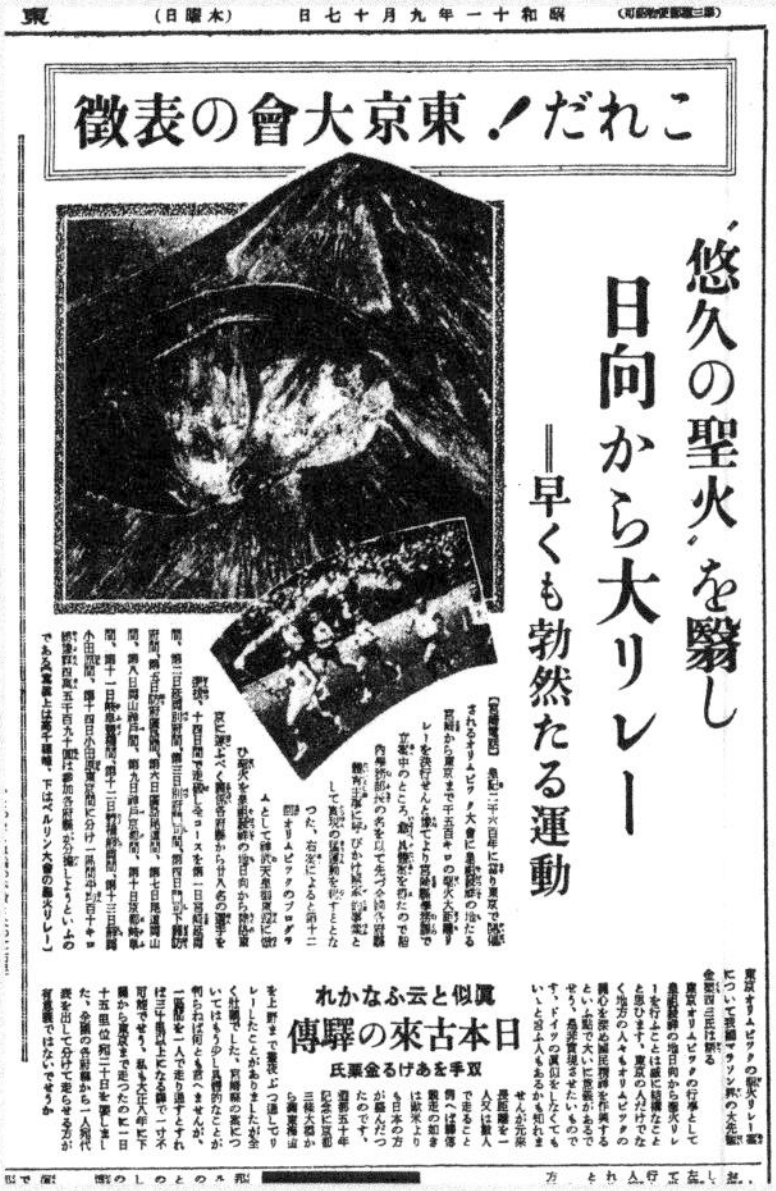
昭和十一年九月十七日（木曜日）

これだ！東京大會の表徴

"悠久の聖火"を翳し
日向から大リレー
―早くも勃然たる運動

眞似と云ふなかれ
日本古來の驛傳
双手をあげる金栗氏

宮崎を起点とする聖火リレー案（1936〈昭和11〉年9月17日付『東京朝日新聞』より／提供：国立国会図書館）◉神武天皇即位から2600年にあたる1940（昭和15）年に開催のオリンピックとして、神武天皇ゆかりの場所・宮崎を起点とした聖火リレーが発案された。関係各府県から28名の選手を選抜、コース全体を14の区間に分けて1区間平均110キロのリレーを実施する計画である。記事の写真は、高千穂峰と御鉢の火口。

大阪朝日新聞（土曜日）

東京オリンピック
愈よ軌道へ

船中練り上げた私案を携へ
副島伯晴やかに帰る

招致事情の
執奏を乞ふ
副島伯・宮中に參内記帳

感激の握手
船中に出迎へた嘉納翁と副島伯＝本社電送

外遊から帰国した副島道正（1936〈昭和11〉年11月28日付『大阪朝日新聞』より）◉1936（昭和11）年7月末のIOCベルリン総会に出席した副島道正（左）は、その後、海外各地を回った。副島がロンドンで発表した聖火リレー案は、「ロンドン特電1日発」として同年10月2日付『東京朝日新聞』に掲載。11月27日、副島は日本郵船の龍田丸に乗って横浜に到着した。記事の写真は、船内にまで出迎えに訪れた嘉納治五郎（右）と副島（左）。

する点や、日本国内では宮崎・日向と伊勢神宮、明治神宮までコースに加えているあたりが「紀元二六〇〇年バージョン」たる所以だ。

それと並行して、海の向こうでは著名なスウェーデンの探検家スヴェン・ヘディンが提案してきたプラン②が浮上する。前項で紹介した川本信正の『オリンピック物語(四)/聖火リレー』でも、聖火リレー創案者カール・ディームがベルリン大会直後にヘディンに調査を依頼し、一九三六年一一月にひとつの案がまとめられたと語られている。全行程一万キロのうち七千キロを馬で、三千キロを人が走って進み、合計三〇日で東京に到達する計画である。当時の日本とドイツの関係、また当時はナチスとの親密さで知られたヘディン、さらにヘディンが日本の探検家である大谷光瑞とも交流があった……などの点からも、かなり熱心に考えられた案であったことがうかがえる。

ところが状況は一変。一九三七(昭和一二)年四月一三日の第三回組織委員会常務委員会、二三日の第一四回組織委員会で、ギリシャからの聖火リレーを行わないことが決まる。確かにこの段階では、聖火リレーはベルリンで実施しただけの「新企画」に過ぎず、決してマスト・アイテムという訳ではなかった。競技場問題などで大会計画そのものが紛糾していた折り、なるべく余計な負荷をかけたくないというのが組織委員会の本音だったであろう。

だが、そうは問屋が卸さない。一九三八(昭和一三)年三月のIOCカイロ総会では、各国委員たちが聖火リレーを熱望。結局、またしても聖火リレーを検討せざるを得なくなる。かくして聖火リレー・プランはますます迷走。なかにはアテネから送電を受けて東京で発火させるというアッと驚くハイテク案や、大西洋航路を汽船で運ぶ案、空路で運ぶ案③までが検討されることとなる。

ここで興味深いのはアテネからの電送案。オリンピアで採火された聖火をアテネでパルス信号に変換、衛星を経由してオタワでレーザー光線による再点火を行った一九七六(昭和五一)年の第二一回モントリオール大会に、実に四〇年近く先んじていた先進性の高いプランだったのだ。また、海を船で渡るというプランも、戦後の一九四八(昭和二三)

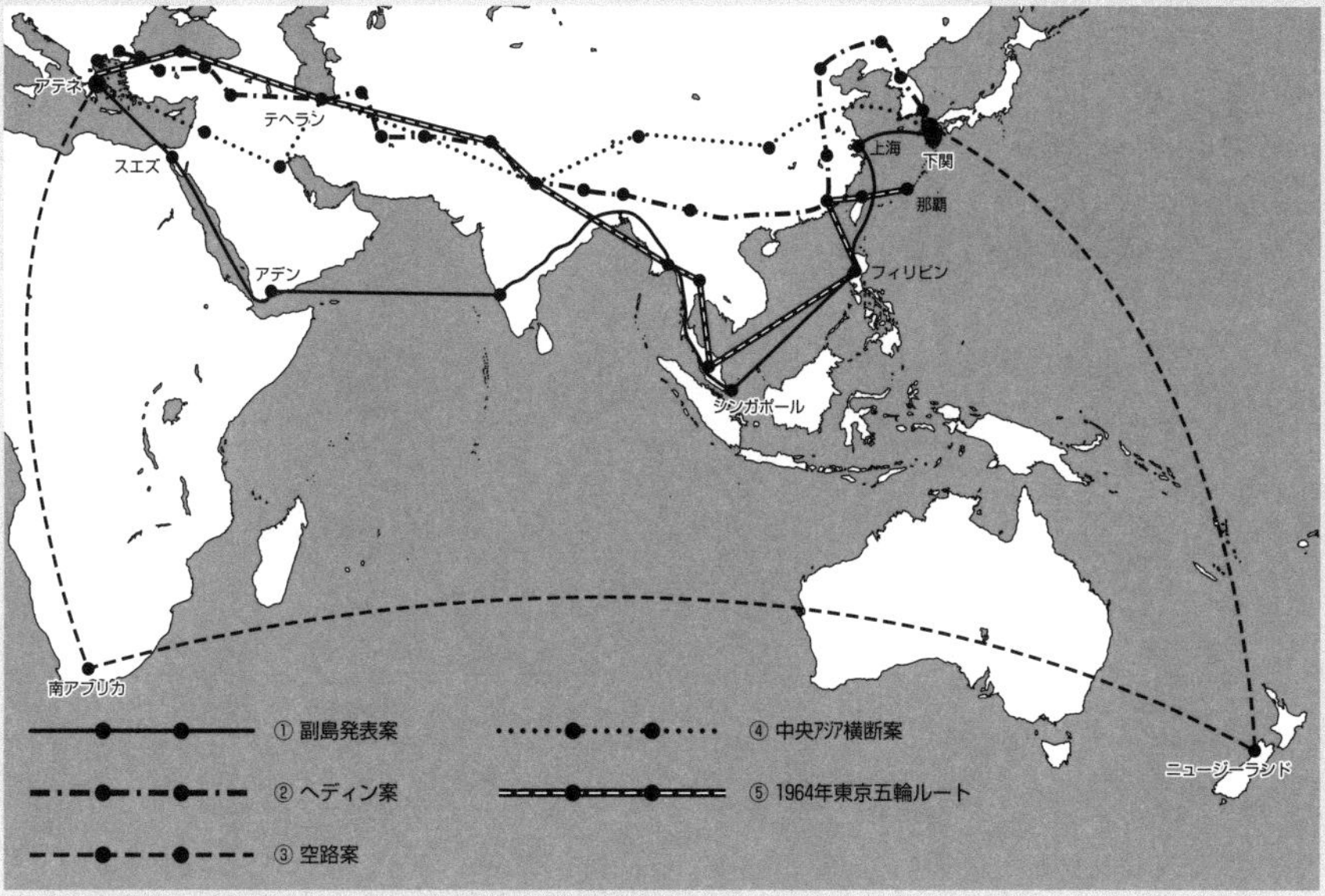

「幻」の聖火リレー・コースの変遷（作図・構成：中村滋）

①副島発表案

アテネを出発点に欧州各都市を継走してからアデンに出て、海路インドに渡り陸路シンガポールに継走し、再び海路でフィリピンへ。さらに3度海路を渡って中国に行き、そこから継走して上海に出て、そこから駆逐艦に搭乗して門司に輸送。日向高千穂の峰に登って建国2600年を奉賀し、伊勢神宮に参拝した後に沿道を走って明治神宮に到達。聖火は待ち受けた明治神宮の宮司に受け取られ、スタジアムの聖火台に点火されるというもの（1936年10月2日付『東京朝日新聞』）。

②ヘディン案

馬でリレー式に聖火を運び、3キロごとに交替。道順はソ連邦の南に沿って東に走り、中央アジアの高原を通ろうというもの（1937年3月17日『東京朝日新聞』）。また、川本信正はその詳細を「インドを横切り、ビルマからいまの北ベトナムのハノイへ出て、そこから北へ中国へはいるコース」と説明している（『東京都オリンピック時報』4号〈東京都オリンピック準備局〉掲載、『オリンピック物語（4）／聖火リレー』）。

③空路案

アテネ～南ア～ニュージーランド～南洋を経て飛行機で運ぶ案である（1938年3月29日付『東京朝日新聞』）。

④中央アジア横断案

陸路中央アジアを横断する案。アテネ～海路シリア～アラビア北部～ペルシア～アフガニスタン～インド北部～新疆省（現・新疆ウイグル自治区）～中国中央部～日本……という行程（1938年3月29日付『東京朝日新聞』）。川本信正によれば「中国の新疆省から北京へ出て、満州国を一巡ののち朝鮮を南下する」という案（『東京都オリンピック時報』4号〈東京都オリンピック準備局〉掲載、『オリンピック物語（4）／聖火リレー』）が検討されたようだが、細部については相違が見られるものの同じ案に関する言及であると思われる。

⑤1964年東京五輪ルート

実際に、日本航空のDC-6B「シティ・オブ・トウキョウ」号によって運航されたコース。

年の第一四回ロンドン大会のギリシャ～イタリア、フランス～イギリス間でようやく実現している。

さらに、空路を運ぶ案③については、アテネ～南アフリカ～ニュージーランド～南洋を経て聖火を飛行機で運ぶという壮大なもの。「幻」の東京五輪の段階ですでに飛行機による聖火の輸送が検討されていたという点は、大いに注目に値するだろう。コース自体はまったく異なるものの、実際に一九六四（昭和三九）年東京五輪で行われた聖火空輸の先駆であることは間違いない。

そんな雨後の筍のように浮かんでは消えた聖火リレー・プランのなかでも最有力だったのが、陸路中央アジアを横断する案④である。

前出の川本信正による『オリンピック物語（四）／聖火リレー』では、このあたりのことを詳しく述べている。それによれば、何かとオリンピックに難癖をつけていた陸軍が「事ひとたびギリシアからのリレーとなったら、うって変わった積極的な態度で相談に乗り出してきた」というのだ。

その実態は、オリンピア～アテネはギリシャ人にリレーしてもらうが、後はすべて日本人が行うという面白くも何ともない内容。川本信正いわく「参謀本部の若い将校たちが夢中になったのも、なんのことはない、聖火リレーを近境偵察に利用せんがためであった」というのである。先のベルリン大会での聖火リレー・プランでウワサされた目的と、何ら変わらないシロモノだったのだ。

ただしこの案についても秘境とされる地域を通過できるかどうかが危ぶまれており、そもそも日中戦争激化の最中に聖火リレーを考えること自体に無理があった。

結果として夢と消えた「幻」の東京五輪聖火リレー・プランではあったが、実はその後の聖火リレー、そして一九六四年東京五輪の聖火リレー自体にも大きな影響を与えたのである。

昭和十三年三月二十九日（火）

五輪聖火空のリレー

アテネから東京

一萬二千キロの處女交通路

再び燃ゆる決行説

再燃する聖火リレー計画を報じた新聞記事（1938〈昭和13〉年3月29日付『東京朝日新聞』より／提供：国立国会図書館）◉一旦はアテネからの聖火リレーは行わないとされたものの、1938（昭和13）年3月のIOCカイロ総会で議論は再燃。さまざまな実施方法による聖火リレー案が提案されることになった。それらの中には飛行機による空輸のほか、ギリシャからの送電を受けて東京で点火するという、今日の目で見ても斬新なアイディアも飛び出していた。

“聖火リレーは馬で

中央アジヤの高原を越せ”

スエーデン探検家の提案

提案者ヘヂン博士

【ベルリン特電十六日發】オリンピック東京大會に際し聖火をギリシヤのオリンピヤから東京まで持ち運ぶいはゆる聖火リレーの方法についてスエーデンの有名な中央アジヤ探檢家スヴエン・ヘヂン博士はその專門の立場から最近名案（？）をオリンピック東京大會組織委員會に申し送つた、ヘヂン博士の案は馬によつてリレー式に聖火を運び三十哩毎に交代、道順はソ聯邦の南に沿うて東に走り、中央アジヤの高原をよぎらうといふもので、このコースはスエーデンの探檢家が發見したものだとある

スヴェン・ヘディンの聖火リレー案を報じた記事（1937〈昭和12〉年3月17日付『大阪朝日新聞』より）◉スヴェン・ヘディン（Sven Anders Hedin）はスウェーデンの有名な地理学者で探検家。1865（元治2）年2月生まれ。中央アジアの探検とそれによる数々の発見で知られる。日本の探検家である大谷光瑞とも交流があったが、戦前・戦中のナチスとの関わりが災いして晩年は不遇だったといわれる。1952（昭和27）年に死去。

②空の時代に突入した聖火リレー

◉ヘルシンキ大会で聖火ついに飛翔

一九四〇(昭和一五)年の第一二回東京大会が「幻」と消えてしまって以来、オリンピックは長らく冬の時代を迎えることになる。それがようやく復活を見たのは、一九四八(昭和二三)年のサンモリッツ冬季大会から。夏季大会では、同年の第一四回ロンドン大会からである。

残念ながら敗戦国日本の参加は認められなかったロンドン大会でも、聖火リレーは行われた。ただし、今回はオリンピアで採火された後でアテネに運ばれることはなかった。戦後、ギリシャ国内では内戦が勃発していたため、聖火は急遽オリンピア直近の港町カタコロンへと運ばれたのである。

以下は同大会の公式報告書に沿って行程を紹介していくが、カタコロンから聖火はギリシア海軍の駆逐艦ヘイスティングスによって初めて海を渡ってコルフ島(キルケラ島)に上陸。さらにコルフ島からは英国海軍巡洋艦に載って、イタリアのバーリへと運ばれた。このコルフ島～バーリ間の海上輸送は当初二二時間を想定していたが、ギリシャの治安状況の激変を想定して聖火を四八時間燃やし続けられるバーナーを使用するという、緊迫した状況下での海上輸送となったようだ。

以後はスイス、フランス、ルクセンブルク、ベルギーと陸路のリレーでつないで、再度フランスに入ってカレーから英国海軍駆逐艦ビスターによってドーバー海峡を横断。ドーバーからイギリス国内へと入ってロンドンのスタジアムへと向かうコースとなっていた。

このように、全行程三一六〇キロのなかで聖火は三度も海を横断。かつての海国イギリスの面目躍如たる、海を渡る聖火リレーとなったのである。

次の一九五二(昭和二七)年の第一五回ヘルシンキ大会は、以前にも紹介した通り日本が戦後初めて参加した夏季大会。そしてこの大会から、聖火リレーの空輸がスタートした。

その発想は、一九五一(昭和二六)年一月に端を発する。同大会の組織委員会がベルリンとロンドンの前例に則り、「伝統的」な聖火リレーを行うことを決定したのが始まりだ。

ここでいう「伝統的」聖火リレーとは、ベルリン大会と同じくギリシャで採火した聖火を持って来るということだ。だが、そのためには難関がある。ヘルシンキまでの行程には、当時のソ連領土が横たわっているのだ。時代は東西冷戦下である。かくして組織委員会は外交チャンネルでソ連に聖火リレー通過の打診を試みるが、同年五月までの段階では何の返答もなかった。かくなる上は選択肢はふたつしかない。かなりの大回りで陸上のリレーと海上輸送を行うか、一気にギリシャからの空輸を行うか。

聖火リレー史上初の「空輸」は、こうした当時の時代背景が生み出したものなのである。

空輸を請け持ったのは、なぜかスカンジナビア航空である。フィンランドのフラッグ・キャリアであるフィンエアーの前身Aeroはすでに存在していたのだが、デンマークとスウェーデン国内での聖火リレーについては両国が費用を負担することに決まったことから、自然とスウェーデン、デンマーク、ノルウェーのスカンジナビア三国が共同運航するスカンジナビア航空の飛行機となったようだ。

オリンピアでの採火は、一九五二年六月二五日。聖火はアテネに運ばれて、同月二七日にアテネのヘレニコン空港から大空に飛び立った。午前九時三〇分のことである。

この聖火初の空輸は、同日午後八時四五分のデンマークはオールボー到着で終わりを告げる。だが、途中でミュンヘンとデュッセルドルフでも着陸しており、その際にはそれぞれの空港で聖火の歓迎式典が行われた。この形式は、一九六四年の東京五輪聖火空輸の原型というべきかもしれない。

さらにこの聖火リレーでは、もうひとつ画期的な要素が導入された。「聖火灯」である。

特に空輸時の聖火を収める容器として、炭坑で使われる安全灯が使用されたようなのだ。それ以前の聖火リレー……ベルリン大会、ロンドン大会の公式報告書を見てもこのような容器については記述されていないことから、おそらくこのヘルシンキ大会が初めての導入と思われる。移動用に使われるこのカンテラ状の容器は、その後の聖火リレーに欠かせないツールとなっていくのである。

この後、デンマークでは聖火はランナーだけでなく、自転車や馬、自動車、さらにはボートやカヌーやヨットによっても運ばれた。コペンハーゲンからスウェーデンのマルメまでは海上輸送。スウェーデン国内をハパランダまで運ばれた聖火は、すぐにこの町と隣接するフィンランドの町トルニオに持ち込まれた。実はこの町で、聖火にはもうひとつの重大なイベントが待っていたのだ。

ヘルシンキ大会の聖火リレーは「伝統的」なスタイルで行われる……といっても、ただ以前のものを踏襲するリレーではなかった。何とフィンランドの山岳地帯であるパッラストゥントゥリにおいて、白夜の太陽光線から「もうひとつの聖火」を採火したのである。さすが、「白夜の国」ならではの発想。この「白夜の聖火」は七月六日にパッラストゥントゥリを出発し、リレーによって七月八日にトルニオに持ち込まれた。ここでオリンピア発の聖火と「白夜の聖火」を合体させるというのが、今回の聖火リレーのミソであった。公式報告書には「オリンピックの精神に則り北部と南部の人々の融合を象徴する」云々などと書かれていたが、分かったような分からないような話ではある。ちょっと意

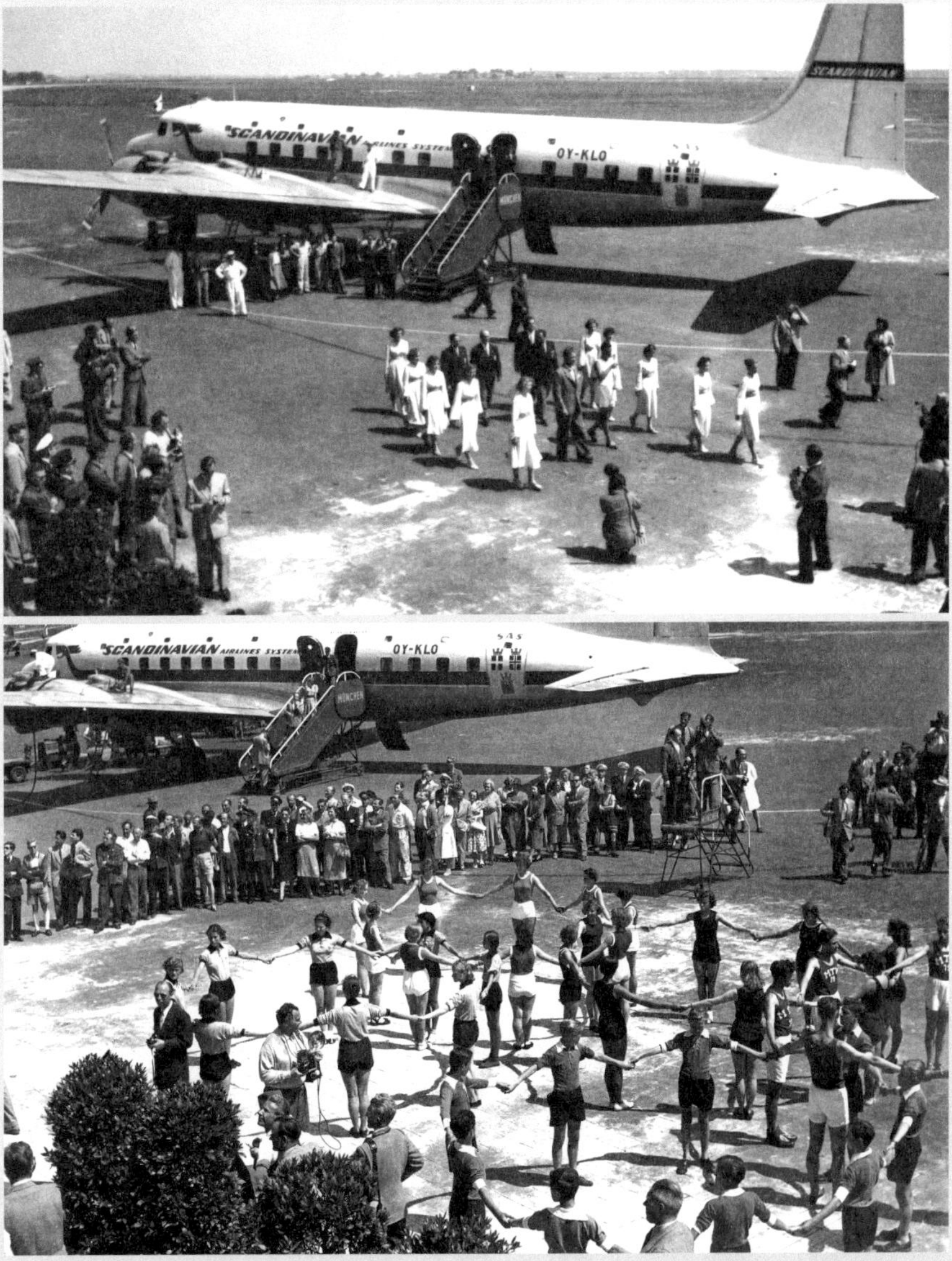

ヘルシンキ・オリンピック聖火のミュンヘン到着セレモニー（©Flughafen München）●1952（昭和27）年6月27日、聖火を運んだスカンジナビア航空機DC-6が途中でミュンヘンの旧リーム空港に到着した際の写真である。上は「聖火灯」を持った一団が降りて来た様子、下は歓迎式典の模様だろうか。なお、7月19日に開会式で聖火台に点火したのは、フィンランドの伝説的中長距離走者パーヴォ・ヌルミ（当時55歳）。長距離ランナーで往年の名選手ハンネス・コーレマイネン（当時63歳）も競技場のオリンピック塔に上り、そのてっぺんで点火した。

地悪な見方をすれば、これも後付けの理屈だ。まだこの時点では、聖火の「伝統」はこのくらい柔軟性のあるものだったのだろう。つまるところ、これは「お祭り」なのである。

井上靖が「騒ぎまでがその一部」と評していたのは、まさにこういう点だったのかもしれない。

◉一気に距離が伸びた聖火リレー

こうして、ついに聖火リレーは空に進出するようになる。そうなると、聖火を運べる距離も飛躍的に増大していった。ロンドンが全行程三一六〇キロだったのに対して、ヘルシンキは七八七〇キロと格段の違いがある。もちろん輸送手段が発達したことから距離が増した訳でなく、そもそも開催地ありきの輸送距離ではある。それはオリンピック開催地が、ヨーロッパやアメリカからどんどん拡大していったことと歩調を合わせていた。

その最たるものといえるのが、一九五二(昭和二七)年の第一五回ヘルシンキ大会に続く大会。一九五六(昭和三一)年の第一六回メルボルン大会だ。ついにオリンピックは赤道を越えて、オセアニア地域に進出したのであった。

オリンピアでの採火は同年一一月二日。南半球で開催される夏季オリンピックであるため、この時期となった。ここからアテネのアクロポリス遺跡までのリレーがスタート。この遺跡でトーチから公式報告書いわく「炭坑夫のランプ」に点火され、聖火は「ギリシャのコンスタンティン王子」に手渡された。ここで公式報告書に書かれた「コンスタンティン王子」とは、後にギリシャ国王となるコンスタンティノス二世(P196参照)のことであろう。王子は当時、まだ一六歳の若さである。この聖火を収めた「ランプ」は自動車でアテネ空港に運ばれ、一一月三日にオーストラリアのナショナル・フラッグ・キャリアであるカンタス航空の関係者の手に渡る。聖火はここでしばし待機となり、翌朝四日の午前七時にアテネ空港を飛び立った。

飛び立ったカンタス航空機は、一一月六日にダーウィンに到着してオーストラリア入りを果たす。ただし、途中で

メルボルン大会の聖火がアテネから出発（提供：カンタス航空／協力：株式会社プラップジャパン）◉1956（昭和31）年11月4日、アテネのヘレニコン空港から出発直前の聖火特別機。使用された機材は、ロッキードL-1049スーパーコンステレーション。運航はカンタス航空（当時の社名は「カンタス・エンパイヤー・エアウエイズ・リミテッド／Qantas Empire Airways Limited」）であった。聖火を収めた「炭坑夫のランプ」を持っている写真左側が、同機のヤング機長である。

特別機機内に収められた聖火（提供：カンタス航空／協力：株式会社プラップジャパン）◉機内ではバシネット（乳児用のベッド）を改造して聖火を固定して輸送。この中に例の「炭坑夫のランプ」が収められている。空輸の所要時間は、途中寄港地での滞在を含めて52時間20分（実飛行時間は31時間10分）だった。

バスラ、カラチ、カルカッタ（現・コルカタ）、バンコク、シンガポール、ジャカルタに着陸（ＩＯＣオリンピック・スタディ・センター資料による）。公式報告書に書かれていないバスラとカラチを除く各空港では、ヘルシンキ大会の聖火空輪と同様に聖火の歓迎式典が行われたようである。

だが、聖火空輪はここでは終わらなかった。カンタス航空の旅客機から降ろされた聖火は、今度はオーストラリア空軍の爆撃機に載せられてケアンズへと向かったのだ。激しい雨と低く垂れ込めた雲というあいにくの悪天候から一時は着陸も危ぶまれたが、無事に同日ケアンズの空港に到着。聖火のランプは出迎えた当時のケアンズ市長アルダーマン・Ｗ・Ｊ・フルトンの手に渡された。

ここからいよいよ聖火の国内リレーがスタート。その一番手は最初のオーストラリア生まれのギリシア人ランナー、二番目はオーストラリアの先住民アボリジニのランナーであったというから、いろいろ各方面に気を配った人選ということなのだろう。

ランナーの交代時にトーチも交換し、ランナーの後ろで追いかけていたトラックに持ち込まれる。ここで熱したトーチをバケツの砂で冷ましてから燃料容器を取り外したりしたようだが、問題はその際に作業者がアスベスト製の手袋をしていたということ。当時としては仕方ないことなのだが、アスベスト被害が問題視される今となっては作業者の健康がいささか気にならないでもない。

ランナーが都市部に差し掛かると、ブリスベン、シドニー、キャンベラなどどこでも大騒ぎが巻き起こった。特にシドニーでは交通が麻痺して大混乱となったようである。こうして一一月二二日開会式当日、聖火はメルボルンのメインスタジアムに到着した。その全行程は空輪部分を含めておよそ二万キロ超といわれており、その時点でまさに空前の聖火リレーとなった訳だ。

こうして一九五六年の第一六回メルボルン大会聖火リレーは終わりを告げたのだが、実はこの年にはもうひとつ「聖

聖火がカルカッタ到着（提供：カンタス航空／協力：株式会社プラップジャパン）◉カンタス機が途中で着陸したカルカッタ（現・コルカタ）、バンコク、シンガポール、ジャカルタ、そして最終目的地のダーウィンでは、それぞれ盛大な聖火の歓迎式典が行われた。これは途中経由地カルカッタ到着の様子。ヘルシンキ大会聖火リレーからスタートした飛行機の輸送だが、大規模なものはメルボルン大会が初めて。これが東京大会聖火リレーへの弾みとなったことは間違いない。

聖火輸送用の「炭坑夫のランプ」（提供：カンタス航空／協力：株式会社プラップジャパン）◉メルボルン大会の公式報告書に「炭坑夫のランプ」と書かれた、聖火輸送用の安全灯。ヘルシンキ大会で導入されたカンテラ状の容器が、その後の聖火輸送にも踏襲されることとなった。

火リレー」があった。ただし、それはヘルシンキのように「白夜の聖火」があった訳ではない。また、冬季五輪の話をしている訳でもない。あくまで夏季五輪の話だ。

実は一九五六年の第一六回大会では、検疫の関係で馬術競技だけはオーストラリアで行うことができなかった。何と馬術競技は同年六月にスウェーデンのストックホルムで開催され、聖火リレーもストックホルム単独で開催されたのである。

一九五六年六月二日、例によってオリンピアでの採火式の後にアテネまでリレーが行われる。そこでランプに移された聖火は、あのスカンジナビア航空の旅客機に載せられて一路デンマークのコペンハーゲンへ。コペンハーゲンのカストラップ空港に到着した聖火は、馬術競技のデンマーク代表チーム主将によって馬に乗ったまま受け取られた。こうしてコペンハーゲンで市内を回った聖火は、再び空路でスウェーデンのマルメへ。これ以前も含めて、陸路は一貫して乗馬によってリレーが行われたようである。例外はランナーがリレーした最初のギリシャ区間と、最後の競技場にあった。

六月一〇日開会式当日、ストックホルムのオリンピアスタディオンに、聖火を持った騎手がやって来た。このオリンピアスタディオンは、一九一二(明治四五)年第五回ストックホルム大会が行われた場所である。今回は聖火台はフィールドに置いてあり、最後の騎手は馬上からこの聖火台に点火した。だが、儀式はまだ終わりではなかったのだ。

競技場には、一九五二年ヘルシンキ大会で金メダルを獲得した体操選手カリン・リンドベルイと一九四八年ロンドン大会で一五〇〇メートルで金メダルを獲得した陸上選手ヘンリー・エリクソンが待機していた。ここでふたりは、聖火を持ってそれぞれ左右二手に分れて走り出した。この競技場には北側の東西にそれぞれ塔が建っていて、ふたりはそのてっぺんに聖火を持ち込み、そこで聖火リレーはすべて終了となったようなのだ。最後のランナーが競技場を、まるで「馬蹄形」を描き出すかのように走ってしめくくる……という粋な幕切れなのである。

聖火が空路スウェーデンに到着(The National Library of Sweden, KB, KoB ABa Olympiader, ryttarolympiader 1956, 2)◉1956(昭和31)年の夏季大会では、馬術競技だけストックホルムで開催。聖火リレーも個別に行われた。これはオリンピアで採火された聖火が、空路アテネからストックホルムに一旦到着した後、同年6月25日にマルメ近郊のブルトフタ(Bulltofta)空港に着いた様子。聖火を持ってタラップを降りて来るのは、スウェーデンのIOC委員ボー・エーケルンド(Bo Ekelund)。写真はスウェーデンの新聞『Aftonbladet』紙に掲載されたもの。

ストックホルムでの馬術競技開会式(The National Library of Sweden, KoB ABa Olympiader, Ryttarolympiader 1956, 1)◉1956(昭和31)年6月10日、ストックホルムのオリンピアスタディオンで行われた馬術競技開会式の模様。下方に見える仮設聖火台に最終聖火ランナーならぬ聖火ライダーのハンス・ヴィークネ(Hans Wikne)が点火。さらに体操選手カリン・リンドベルイ(Karin Lindberg・右)と陸上選手ヘンリー・エリクソン(Henry Eriksson・左)が聖火を持って左右に分れ、写真の後方に見える競技場の左右ふたつの塔に聖火を持って上った。写真はスウェーデンの新聞『Aftonbladet』紙に掲載されたもの。

そんなさまざまな趣向を凝らしたり、圧倒的な距離を運んだりしてエスカレートしていったこの時期の聖火リレーとしては、その次に行われた一九六〇(昭和三五)年第一七回ローマ大会のそれは少々地味なものに見えるかもしれない。

メルボルン大会が行われようとする一九五六年後半、イタリア・オリンピック委員会は聖火リレー計画にすでに着手していた。やがて一九五八(昭和三三)年九月にはナポリで聖火リレー委員会の会合が行われ、計画は具体化。その中で重要な要素だったのが、アテネとローマのふたつの古代文明にちなんだコースを選ぶことだったというが……。

こうして一九六〇年八月一二日、おなじみの採火式がオリンピアによって執り行われる。中島茂や作家の井上靖が目撃したのがこれだ。早速、リレーが始まり、一三日にはギリシアの捕鯨船でゼアス港を横断。聖火はイタリア海軍の帆走練習船「アメリゴ・ヴェスプッチ」号に乗ったイタリア海軍士官候補生に手渡された。この船はトゥルコリマノ港(現・ミクロリマノ港)を出発して、一八日にシラクサの港に到着。このシラクサは紀元前七三四年にギリシャ人によって発見され、シチリアにおける彼らの最初の植民都市となった場所だ。

こうしてイタリア国内でのリレーが始まったが、これまたイタリアで最古のギリシャ人植民都市であるレッジョ・ディ・カラブリアや、紀元前六六〇年にギリシャ人に最初の文書化された法典を与えたとされるロクリなど、行く先々がギリシャとゆかりの由緒ある場所ばかり。歴史と伝統でギリシャに対抗しているかのように思える。

こうして八月二五日、開会式開催中のローマのスタディオ・オリンピコに聖火がやって来た。その会場にはまたしても、あの中島茂と井上靖の姿があった。だが中島にとっては、採火式はともかく聖火リレーそのものはあまり参考にはならなかったのではないだろうか。海上輸送を除けば、その移動距離は一八六三キロ。「お隣」のギリシャ～イタリア間のリレーはあまりに近過ぎたのである。

「アメリゴ・ヴェスプッチ」号に運ばれた聖火（提供：Ufficio Storico della Marina Militare - Italia）◉1960（昭和35）年8月13日、聖火ランナーを乗せてイタリア海軍の帆船「アメリゴ・ヴェスプッチ」号に近づくボート。この聖火は「アメリゴ・ヴェスプッチ」号船上に設置された聖火台に点火されて運ばれ、8月18日の夜8時半にシラクサ港で陸に上がり、シチリア地区の代表者に渡された。

「アメリゴ・ヴェスプッチ」号
（提供：Ufficio Storico della Marina Militare - Italia）◉イタリア海軍の帆走練習船「アメリゴ・ヴェスプッチ（Amerigo Vespucci）」号は1930（昭和5）年に竣工し、翌1931（昭和6）年に進水。全長は101メートル、最大幅は15.5メートル。その船名はアメリカ大陸の名の由来となった海洋探検家アメリゴ・ヴェスプッチからとられており、現在もイタリア海軍で現役として使用されている。

オリンピックハンドリングセンター

1964(昭和39)年も9月に入ると、東京オリンピックに出場する各国代表団が羽田に到着し始めるようになった。そのなかには大人数でチャーター便を仕立ててくる国もあり、日本に就航していなかった国の航空会社や、羽田に飛来したことがない機種の飛行機がやって来ることもあった。こうした「お客」が世界中から羽田に一気に集結するという事態に、日本側でも9月中旬より新組織を発足させて対応にあたった。それが、オリンピックハンドリングセンター(OHC)である。

その本部は羽田の日本航空東京空港支店・次長室に設置され、東京空港支店の角田浩調査役を筆頭に、日本航空の整備関係、運送サービス、機材補給等9名が招集された。

各国から羽田着の日時を連絡してくると、そのスケジュールを羽田サイドと調整するのがOHCの仕事。だが、突然に連絡が来て、夜中の2時や3時に到着したものもあった。

オリンピックハンドリングセンターの熊田周之助(提供:熊田美喜/協力:阿部美織、阿部芳伸、阿部哲也)●OHCの熊田周之助(写真右)は、国外聖火空輸派遣団(P187参照)メンバーでもあった。なお、写真左のソ連機機長はソ連代表団を乗せたツポレフTu-114の機長と思われる。

ソ連代表団を運んだツポレフTu-114のクルー(提供:アエロフロート・ロシア航空)●1964(昭和39)年9月26日、ソ連オリンピック代表団を運んでハバロフスクから羽田に初飛来したソ連の巨人機、ツポレフTu-114のクルーたち。

選手団の特別チャーター機用の臨時スポットとしてはJALジェットハンガーを使用し、馬などを載せた便には26、27番スポットを確保。特別便のスケジュールの作成や到着後の機長との料金契約、さらにはクルーのホテルの予約等までを協力した。当時、1日大抵1便から5便、多い日には12便もあったという。

このOHCで扱った特別便は合計145便のうちの76便。1便あたり1000ドル、合計約8万ドルが扱われた。10月31日には構成員5名に縮小したが、11月19日まで仕事は続いた。五輪の舞台裏では、こんな地道な努力が続けられていたのだ。

聖火リレーコース踏査隊・車窓の風景（提供：本城信）●聖火リレーコース踏査隊のニッサンキャリヤー車内から、フロントガラス越しに見た前方の風景。ボンネット上に描かれた東京五輪エンブレムや、先端に取り付けられた聖火ランナーのマスコットが見える。場所は特定できないが、テヘランからカブールまでの行程のどこか。時期は1961（昭和36）年8月5日～14日の間で、撮影は一時期踏査隊と同行していた本城信である（P080、P085参照）。

1 ユーラシア大陸横断という壮挙

◉ローマは一日にして成らず

一九六〇(昭和三五)年八月二五日午後五時三〇分、ローマのスタディオ・オリンピコに聖火ランナーが飛び込んで来た。最終ランナーのジャンカルロ・ペリス選手が聖火台に火をともしたその瞬間を、中島茂も井上靖も固唾をのんで見守る。特に中島は四年後に迫った東京での同じ場面を連想して、ますます責任の重大さを痛感していたかもしれない。ローマは一日にして成らず、である。

だが、そんな中島たちの一方で……スタジアムの状況を冷ややかに観察していた、ひとりの白髪の日本人がいた。その男の名は伊藤道郎。

伊藤道郎は、戦前から舞踊家、振付師、演出家として欧米で知られていた人物だった。パフォーマンスの分野で世界に通用する、当時としては数少ない日本人のひとりだった訳だ。それゆえ東京大会組織委員会も、開閉会式の演出家として白羽の矢を立てた。伊藤はその参考のために、はるばるローマまで乗り込んで来ていたのだ。

そんな伊藤のローマ大会開会式の感想は、一九六〇年八月二七日付朝日新聞の『五輪の町で』という連載コラムに掲載されている。題して「期待裏切った開会式」。何とハッキリ「この開会式は失敗だ、という印象を受けた」とまで言い切っている。舞踊家であり振付師でもあった伊藤にとっては、ローマ大会開会式は「音楽的な流動感のとぼしいセレ

ローマ大会視察のために出発する日本側スタッフ（提供：池田宏子、池田剛）◉1960（昭和35）年のローマ大会視察のために、羽田を出発する東京大会組織委員会一行。一番左の人物が中島茂である。おそらくこの後、一行は聖火採火式を見学のためにギリシャに向かったものと思われる。

ローマ・オリンピック開会式を見る伊藤道郎（提供：朝日新聞社）◉伊藤道郎は1893（明治26）年東京生まれ。東京大会の開会式・閉会式の演出を依頼されていた伊藤は、聖火リレーについても提言を行っていた。この写真はローマ・オリンピック開会式当日の1960（昭和35）年8月25日に、会場のスタディオ・オリンピコで撮影されたもの。

モニーだった」ようなのである。

このようにあくまで強気の発言で自信のほどを見せた伊藤は、単に開閉会式の演出だけでなく、東京大会の式典全体のプランニングやプロデュースを任されていたのかもしれない。実は伊藤はこのローマ大会前後の時期に、「古代のシルクロードを経由してリレーする」大スケールの聖火リレー構想を提唱していた。思い起こせば、一九四〇(昭和一五)年に予定された「幻」の東京五輪の際に幾度となく浮上していた聖火リレー案(P050参照)も、こうした「シルクロード構想」と一脈通じるものがあった。南欧ギリシャから中近東、アジアを抜けて日本へと至るコースに、シルクロードの持つロマンティックなイメージを求めない者はいない。この構想は至極当然なものだったといえよう。

だが一九五六(昭和三一)年のメルボルン大会以来、中華人民共和国は台湾問題でオリンピックのボイコットを続けていた。この状態では、中国の通過を前提にしていた伊藤構想の実現は難しい。そのほか諸般の事情もあって、伊藤構想はいつしか雲散霧消することとなる。さらに一九六一(昭和三六)年一一月には、伊藤道郎自身もこの世を去ってしまうのである。

このように確固たる聖火リレー構想を確立できずにいた組織委員会は、おそらくかなり困惑していたのではないだろうか。ローマ大会終了から、次回東京大会へのカウントダウンは本格的に始まっていた。もはや躊躇している余裕はない。時間はあと四年しかないのだ。

そんな折り、朝日新聞社がオリンピアからユーラシア大陸を西から東へ自動車で走破して、聖火リレー・コースを調査する計画を立案していた。そこにどのような経緯があったのか、今となってはハッキリしたことは分からない。ともかく、朝日新聞社のこの企画に組織委員会が協賛、さらにそこに日産自動車がクルマと人員を出すことで協力して、計画は具体化することになった。ギリシャのオリンピアから陸路を東へと実際に走ってみて、聖火コースを探る前人未到のプロジェクトがいよいよ実現するのである。

第3種郵便物認可　12版△　(10)

踏査隊を待つ聖火コース

ユーラシア大陸横断2万数千キロ

車二台に分乗して

サバク、密林のなかも

アテネから東京へ——聖火をどうやって運ぶかはオリンピック東京大会組織委にとって、もっとも頭の痛い問題の一つだった。ギリシャから日本まで、一気に、空路で運んでしまえばいい、という案もある。しかし、聖火リレーは、大会を飾るもっとも重要な儀典、といわれている。そして聖火は、アテネから主催国の会場まで、可能なかぎり大地の上を、リレー式にうけつがれるべきである——それがオリンピック精神にかなったやり方でもあり、ベルリン大会以来の伝統である、という意見が強い。しかも聖火がアジアの会場に点じられるのは、オリンピック史上はじめてのことである。その意味でも、できるだけ多くのアジア、アラブ諸国が聖火リレーに参加し、一人でも多くの選手が、平和を象徴する火をうけつぎ、燃やし続けて行くということは、国際友好の精神を育てる意味で、きわめて有意義なことではないか……。アテネからシンガポールまで、ユーラシア大陸横断二万数千キロの聖火リレーという構想は、こうして練られてきたのである。

朝日新聞社が編成した「聖火リレーコース踏査隊」は、大陸横断コースの可能性を調べるため、全行程を二台の車に分乗して踏破する。

踏査隊を待つ道は古代の東西文明のかけ橋だった「シルクロード」とも重なりあう。もし、大陸横断コースの聖火リレーが実現すれば、かつて「文明の火」を運んだラクダの道を、今度は二十世紀の若ものたちが「平和の火」を運びついで行く、というわけである。

この聖火リレーの大陸横断という構想は、実をいうと二十年前にもあった。一九四〇年、オリンピックの東京開催が予定された時、かつてベルリン・オリンピック大会事務局長だったカール・ディーム博士がこの構想を提案した。この春、東京オリンピック組織委の招きで来日した同博士は、重ねて大陸横断コースを支持したのであ

警官をはね

聖火リレーコース踏査隊を紹介する新聞記事（1961〈昭和36〉年6月24日付け『朝日新聞』夕刊より／提供：国立国会図書館）◉朝日新聞が組織委員会や日産自動車と組んで実施する、聖火リレーコース踏査隊の紹介記事。この記事を見ても分かる通り、この踏査隊は戦前の「幻」の東京五輪の際に予定されたカール・ディームとスヴェン・ヘディンによるコース案（P052参照）、ならびに当初、開会式・閉会式の演出を担当する予定だった伊藤道郎の構想を大いに意識したものだった。

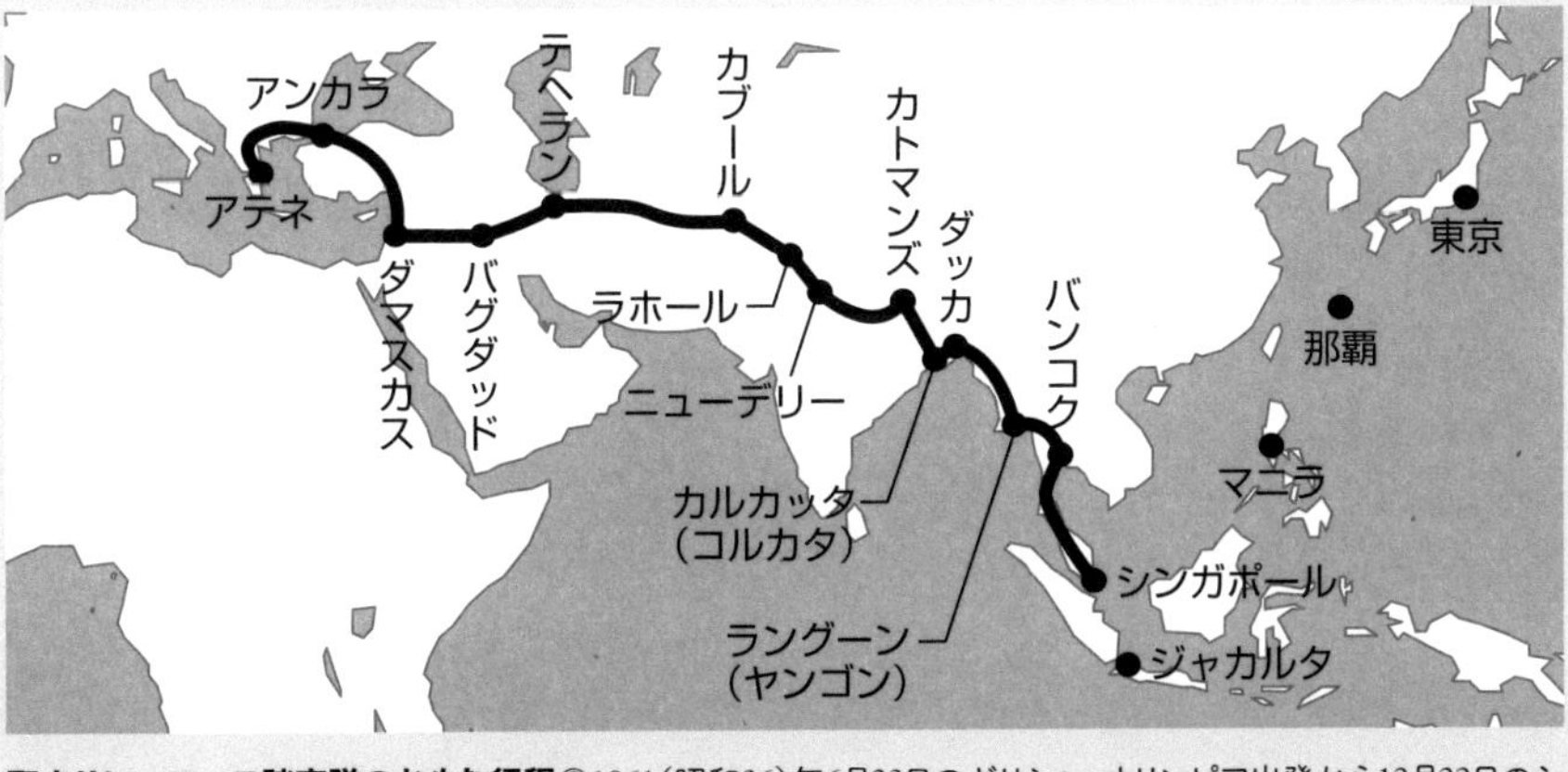

聖火リレーコース踏査隊のおもな行程◉1961（昭和36）年6月23日のギリシャ・オリンピア出発から12月22日のシンガポール到着まで、182日におよぶ行程は、文字通りユーラシア大陸横断と呼ぶにふさわしいものだった。ただし、当初の段階ではウズベキスタンのタシケント、カザフスタンのアルマアタ（現・アルマトイ）等の旧ソ連領内への訪問も予定。踏査隊がオリンピアを出発していた時点でも、ソ連当局との交渉が並行して行われていた（P079参照）。

その計画こそ、約半年間で二万数千キロを駆け抜ける「聖火リレーコース踏査隊」であった。

◉ディームの主張を体現すべく出発

聖火リレーコース踏査隊が日本を出発するほぼ二か月前の一九六一(昭和三六)年三月二八日、夜の羽田空港にひとりのドイツ人が降り立った。

その人物の名はカール・ディーム。一九三六(昭和一一)年のベルリン大会で、聖火リレーを初めて生み出した男である。当時のディームの肩書きは、西ドイツ・ケルン体育大学学長。日独修交百年祭記念行事の一環で、文化使節として来日したのであった。

この時、ディームは東京大会の聖火リレーについて、改めて大陸横断コースを強力に支持したという。ディームは元々、一九四〇(昭和一五)年に計画されていた「幻」の東京五輪の際に、シルクロードを辿る聖火リレーコースをスウェーデンの探検家スヴェン・ヘディンとともに提唱していた人物である(P052参照)。それだけに、「幻」が現実となって東京大会が実現するということになるや、「やはり大陸横断コースで……」と再び強く主張したかったのだろう。

この際にディームに随行して九州旅行に行ったのが、麻生武治という人物だ。スキーや陸上の選手、登山家で、一九二三(大正一二)年に日本人として初めてマッターホルンに登頂したことでも知られている。また、麻生はカール・ディームが一九二二(大正一一)年にベルリン郊外に創立した体育大学に入学しており、その縁からディームの九州旅行に同行したようである。

そんな麻生が聖火リレーコース踏査隊に組織委員会から参加したのは、まるっきりの偶然という訳ではあるまい。まさに「恩師」ディームの主張を体現すべく、この踏査隊で大陸横断コースの実現を模索することになっていたはずだ。

聖火リレーコース踏査隊は、組織委員会参事の麻生を隊長に、総勢六名のメンバーで大陸横断コースの実地調査を

スポーツの哲人

ディーム博士来日

西ドイツのケルン体育大学学長、カール・ディーム博士(七九)は日本体育協会とオリンピック東京大会組織委員会の招きで二十八日午後八時三十分東京・羽田着のルフトハンザ機で来日した。同博士はベルリン・オリンピック大会の組織委員会事務局長をつとめ、空前の規模のオリンピックを成功させ、そのほかオリンピック聖火リレーやドイツ・スポーツの少年団などを発案した。また著書も多く"スポーツの哲人"ともいわれている。約三週間の滞在で、四月一日第一生命ホールでの講演会をはじめとしてオリンピック計画や施設を見て指導、助言をすることになっている。

ディーム博士談　日本の組織委

羽田についた西独ケルン体育大学長ディーム博士

カール・ディーム来日を報じる新聞記事(1961〈昭和36〉年3月29日付『朝日新聞』夕刊より／提供：国立国会図書館)◉「聖火リレーの父」であるカール・ディームが来日。写真は1961(昭和36)年3月28日、羽田空港での撮影である。このディームに同行して九州旅行に行ったのが、その後、聖火リレーコース踏査隊に隊長として参加する、組織委員会参事の麻生武治である。なおこの記事には、ディームは日本体育協会と組織委員会の招きで来日したと記述されている。

THE ORGANIZING COMMITTEE FOR THE GAMES OF THE 18TH OLYMPIAD　TOKYO 1964

President: Juichi Tsushima
Hon. Secretary General: Masaji Tabata
Kanda-surugadai, Tokyo
Cable Address: Japanolympic Tokyo
P.O. Box: 18 Kanda, Tokyo
Telephone: 291/5461

各国 N.O.C.宛

June 3, 1961

Dear Sir,

Since the honor of holding the Games of the XVIII Olympiad was awarded to Tokyo, we have been making a strenuous efforts to complete all necessary preparations motivated by the conscience of our heavy responsibilities in this regard.

One of these preparations is the Torch Relay linking Olympia and Tokyo, and it is in this respect we are writing you today.

In order to symbolize an union of the Hellenic and the Asian civilizations taking the occasion of the first Olympic Games to be held in Asia, we are planning a trans-continental Torch Relay covering various Eurasian countries.

In the meantime, the Asahi Shimbun Publishing Company, one of the biggest newspaper publishing companies in Japan, set about the research of this question and is going to send an information troop abroad with the intention to investigate the sites and the situations between Olympia and Singapore in this year. To this project, the Organizing Committee has decided to cooperate with them in terms of that it is the most timely planning, having two of the staff - Takeji Aso and Eiichi Morinishi - participated in the information troop.

We will be much appreciated if you would offer them necessary conveniences to the troop in case the party wishes to go through your country in fulfilling its mission. (The list of investigators and their schedule are enclosed herein.)

Incidentally, we would like to obtain your prior acknowledgement on that the above planned investigation would not always bring about the final decision on the course of Torch Relay, as we wish to officially adopt the course after perusing the results of this investigation or a series of fundamental investigations might be followed and studying various situations accordingly.

COPY

聖火リレーコース踏査隊への協力を要請する文書(外務省外交史料館所蔵／分類番号I'. 1. 10. 0 4-6-11『国際オリンピック大会関係・第18回東京大会〈1964〉・聖火リレー関係』)◉1961(昭和36)年6月3日付で、組織委員会事務総長の田畑政治から関係各国のオリンピック委員会に送付された文書。アジアで最初のオリンピックとしてユーラシア大陸を横断する聖火リレーを計画していることと、聖火リレー計画決定に必要な情報を得るために赴く踏査隊への協力を要請する内容で、組織委員会のレターヘッドで作成されている点からも「公式」感が強い。

行うことになっていた。他のメンバーは、朝日新聞企画部の矢田喜美雄、慶応病院内科医員の土屋雅春、朝日放送カメラマンの小林一郎、日産自動車の安達教三、組織委員会嘱託の森西栄一といった面々。車両の運転と整備は安達と森西の担当であった。

組織委員会から派遣されたもうひとりのメンバーである森西は、この時まだ二八歳。当然、「平均年齢四二歳」の踏査隊のなかでも断トツの若さ。著名な建築家である丹下健三との関わりで参加したようだが、踏査隊への参加当時はまだ組織委員会に入って間もない時期だったようである。

踏査隊が走るのは、ギリシャのオリンピアからシンガポールまでの二万数千キロ。起用された車両は、日産自動車提供のニッサンキャリヤー4W73型を基本にして改造した二台。基本的に一台は乗貨兼用車、もう一台は貨物専用車として使うことになった。車体はスカイブルーに塗装され、ボンネットには大きく東京大会エンブレムを表示するとともに、先端に聖火を持って走るランナーの金属製マスコットを配置。レモンイエローの幌には「OLYMPIA→TOKYO」の文字が描かれ、吹き流しをなびかせた二匹の鯉のぼりも車体に取り付けた。二台のクルマは一九六一年四月に横浜港からアテネに向けて船積みされ、いち早く日本を離れることになった。

同年六月四日には、踏査隊メンバーは羽田空港を出発。六月九日にはローマ経由でアテネに到着した。折りから、六月一九日にIOC総会がアテネでスタート。その初日に、踏査隊メンバーはブランデージ会長によって世界中のIOC委員に紹介されることになる。満場割れんばかりの拍手を浴びた晴れがましい場面は、踏査隊の門出を祝う絶好のセレモニーとなったことだろう。

いわばIOCの「お墨付き」をもらっての、験のいい滑り出し。クルマは万全にチューンナップされ、メンバーも「平均年齢四二歳」とはいうものの、麻生などオリンピック経験者二名を含むカラダに自信のある面々ばかり。この時、踏査隊の前途には成功の予感しかなかった。

踏査隊に使われたニッサンキャリヤー（提供：一般社団法人日本自動車工業会　自動車図書館／協力：日産自動車株式会社）●聖火リレーコース踏査隊に使われたのは、ニッサンキャリヤー4W73型。同型車は1960（昭和35）年4月からインド国防省向けに輸出されており、同国北方国境道路委員会によるヒマラヤ奥地道路の開発や軍用などに使われていたが、新たに国内仕様を設定して1961（昭和36）年1月15日より国内発売した。

IOCアテネ総会で紹介される踏査隊（提供：朝日新聞社）●1961（昭和36）年6月19日のIOCアテネ総会初日、聖火リレーコース踏査隊は各国IOC委員に紹介された。写真は、昼の休憩時間に総会会場の玄関前で撮影。左から組織委員会事務総長の田畑政治、ギリシャのキティアスIOC委員、東京都知事の東龍太郎、踏査隊隊長の麻生武治。

◉一八二日におよぶ苦難の旅

二台のクルマに分乗した聖火リレーコース踏査隊がギリシャのアテネを出発したのは、一九六一(昭和三六)年六月二三日正午のことであった。カール・ディームやブランデージIOC会長などに見送られての、賑々しい旅立ちである。

ここから先の踏査隊の行程については、日産自動車が発行した記念冊子『OLYMPIA↓TOKYO 30000キロ/聖火の道をもとめて』と、麻生武治、森西栄一共著による『聖火の道ユーラシア』(二見書房)の内容、そして朝日新聞の関連記事を参考に書き進めていく。それらによれば、旅の始まりはすこぶる順調だった。六月二七日にはトルコ国内に入り、翌二八日にはイスタンブールに到着。七月二日には、イスタンブールのホテルで聖火リレーの打合せを行った。トルコ体育局長のベオル・シラチラル、トルコ陸上連盟会長のハック・ギュシゴル中佐、イスタンブール知事のレフィック・ツルガら一三人が出席した。現地の要人を集めた、実に錚々たる顔ぶれだ。こんな調子で踏査隊は行く先々で大歓迎をされるとともに、各地の「大物」たちと聖火リレーの実現について語り合う機会を得ることになるのだが……。

アフガニスタンに入るや否や、トラブルが立て続けに踏査隊を襲う。八月一〇日、ヘラートの町で食べたブドウから矢田喜美雄と安達教三が激しい下痢を起こす。それが収まった八月一三日夜には、ガズニの町で小林一郎が発熱してひどい咳をするようになる。この小林の病状がいよいよ悪化して来たため、踏査隊は八月一四日に到着したカブールに二九日までとどまることになってしまった。

それとほぼ時を同じくして、ソ連からは同国領内への踏査隊の受け入れ不可という電報が届いていた。踏査隊がウズベキスタンのタシケント、カザフスタンのアルマアタ(現・アルマトイ)に行くことは、これで不可能になったのであ

聖火リレーコース踏査隊パンフレット(『OLYMPIA→TOKYO 30000キロ／聖火の道をもとめて』〈日産自動車〉より)◉踏査隊の帰国後に日産自動車が発行した、30ページを超える豪華なパンフレット。踏査隊による旅の全貌がカラー写真もふんだんに綴られている。文章の執筆は、日産から踏査隊に参加した安達教三によるものと思われる。1962(昭和37)年頃に、全国の日産ショールームで配布されていたようだ(口絵P16参照)。

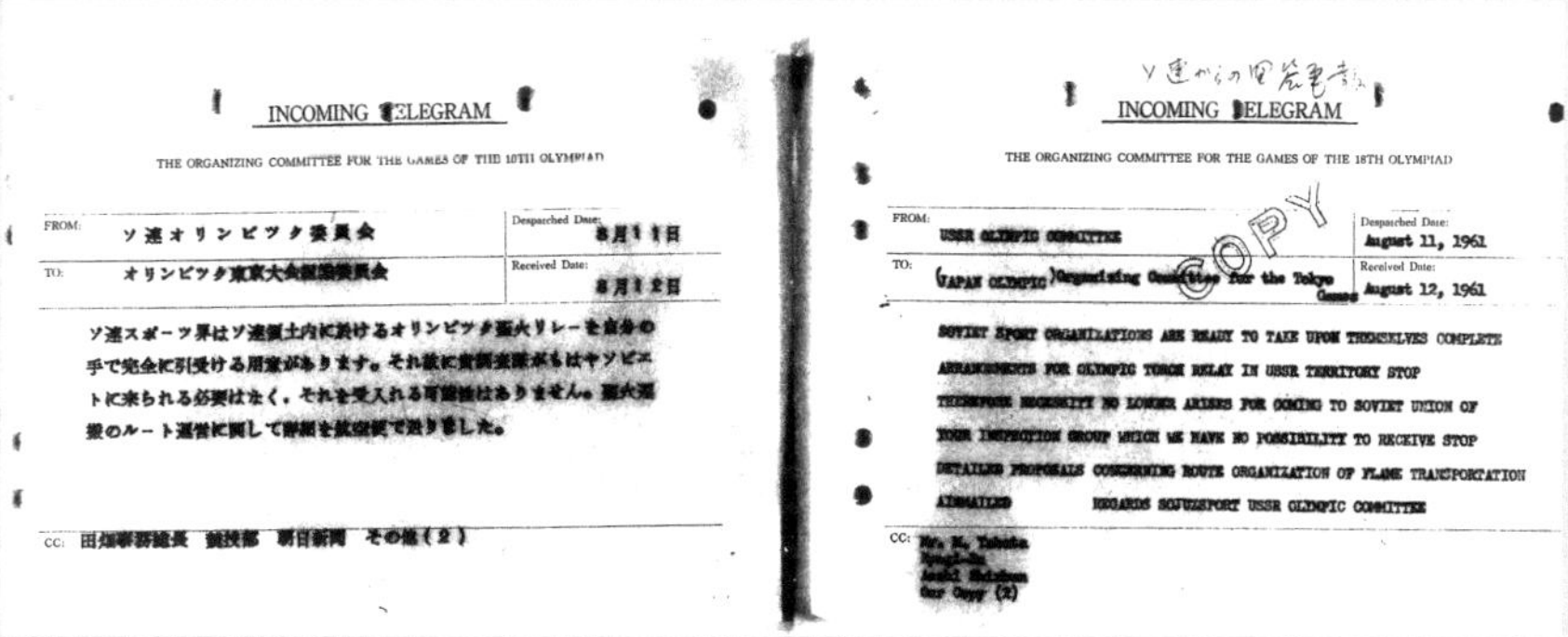
INCOMING TELEGRAM

THE ORGANIZING COMMITTEE FOR THE GAMES OF THE 18TH OLYMPIAD

FROM: ソ連オリンピック委員会 | Despatched Date: 8月11日
TO: オリンピック東京大会組織委員会 | Received Date: 8月12日

ソ連スポーツ界はソ連領土内に於けるオリンピック聖火リレーを自分の手で完全に引受ける用意があります。それ故に貴調査隊がもはやソビエトに来られる必要はなく，それを受入れる可能性はありません。聖火運搬のルート運営に関して詳細を航空便で送りました。

CC: 田畑事務総長　競技部　朝日新聞　その他(2)

ソ連からの回答電報

INCOMING TELEGRAM

THE ORGANIZING COMMITTEE FOR THE GAMES OF THE 18TH OLYMPIAD

FROM: USSR OLYMPIC COMMITTEE | Despatched Date: August 11, 1961
TO: (JAPAN OLYMPIC) Organizing Committee for the Tokyo Games | Received Date: August 12, 1961

COPY

SOVIET SPORT ORGANIZATIONS ARE READY TO TAKE UPON THEMSELVES COMPLETE ARRANGEMENTS FOR OLYMPIC TORCH RELAY IN USSR TERRITORY STOP THEREFORE NECESSITY NO LONGER ARISES FOR COMING TO SOVIET UNION OF YOUR INSPECTION GROUP WHICH WE HAVE NO POSSIBILITY TO RECEIVE STOP DETAILED PROPOSALS CONCERNING ROUTE ORGANIZATION OF FLAME TRANSPORTATION AIRMAILED REGARDS SOJUZSPORT USSR OLYMPIC COMMITTEE

CC: Mr. M. Tabata
Kyogi-bu
Asahi Shimbun
Our Copy (2)

ソ連からの回答電報(外務省外交史料館所蔵／分類番号I'. 1. 10. 0 4-6-11『国際オリンピック大会関係・第18回東京大会〈1964〉・聖火リレー関係』)◉ウズベキスタンやカザフスタンという当時のソ連領内への訪問を打診していた組織委員会らに対する、1961(昭和36)年8月11日発信・12日受信のソ連側の回答電報。聖火リレーを受け入れる用意があるといいながら、だから踏査隊が来る必要はない……とやんわりと、しかしキッパリ拒絶する内容である。一方、同年9月10日付『朝日新聞』では、8月24日の日付でソ連側から聖火リレー受け入れに関する積極的協力や代案に関する申し出があったと報じられている(P085参照)。

踏査隊車窓からの風景（提供：本城信）●テヘランからカブールまでの間で、1961（昭和36）年8月5日～14日に撮影されたもの。この写真を撮影した本城信は、短期間だけ通訳として踏査隊に同行したテヘラン在留邦人の少年であった（P085参照）。

踏査隊を出迎えた地元関係者（提供：本城信）◉踏査隊を出迎えたシャールード体育協会の幹部たち。このように、小さな町や村であってもスポーツ関係者や有力者が行く先々で踏査隊を歓迎した。イランのシャールードで1961（昭和36）年8月6日に撮影されたもの。撮影は踏査隊に一時期同行していた本城信である。

休憩中の踏査隊（提供：岩倉佐波吏、本城信）◉イランのシャールードからマシュハドの間で休憩している踏査隊。1961（昭和36）年8月6日に撮影されたもの。こちらも撮影は本城信である。

る(P079、085参照)。

九月六日にインド国境に入ると、いきなりの大歓迎。九月七日にニューデリーに到着してからは、ダライ・ラマに拝謁したり二日間にわたって打合せをこなしたりと精力的に動く。だが、ビルマ(現・ミャンマー)入国のために同国政府が指定してきたコースの通過を、インド側が拒否。理由は治安の悪さということだが、これでまたしても足止め。しかしいつになっても目処が立たないため、とりあえず九月二八日にネパールに向けてニューデリーを出発した。

このインドからネパールへの道がかなりの困難さだったようで、まさに道なき道を行く旅となったようだ。ネパールのカトマンズに踏査隊が着いたのは、一〇月三日の早朝だった。

その後も一〇月一二日に着いたカルカッタ(現・コルカタ)では旅費が盗まれ、ガンジス川の氾濫のためにクルマを船積みし、隊員は飛行機で東パキスタンのダッカへ向かうことになる。隊員がクルマと再会できたのは、一一月二四日のラングーン(現・ヤンゴン)でのことであった。

しかし、クルマを取り戻したのもつかの間。途中に反政府軍が潜んでいるため、ビルマのタウンジーからチャイントンまではクルマはビルマ国防軍が運搬し、踏査隊員は再び飛行機で移動。その後も、タイ国境までビルマ国防軍兵士が護衛した。概ね現在と比べれば隔世の感があるのどかさだった踏査隊の行程も、このあたりで映画『地獄の黙示録』(一九七九)のような様相を帯びてくる。

その一二月一〇日夜のタイ入国前後も、ヴィザが切れていたことが発覚して一時足止めをくったり、クルマのファンベルト交換の際に矢田が負傷したりで問題が続出。一二月一二日朝にバンコクに到着したものの、予定を一〇日も遅れての到着となったので、スポーツ関係者はことごとく留守だったりと踏んだり蹴ったり。それでも一二月二二日午後七時半には最終目的地シンガポールへ到着。それは、オリンピアを発ってから実に一八二日後のことだった。

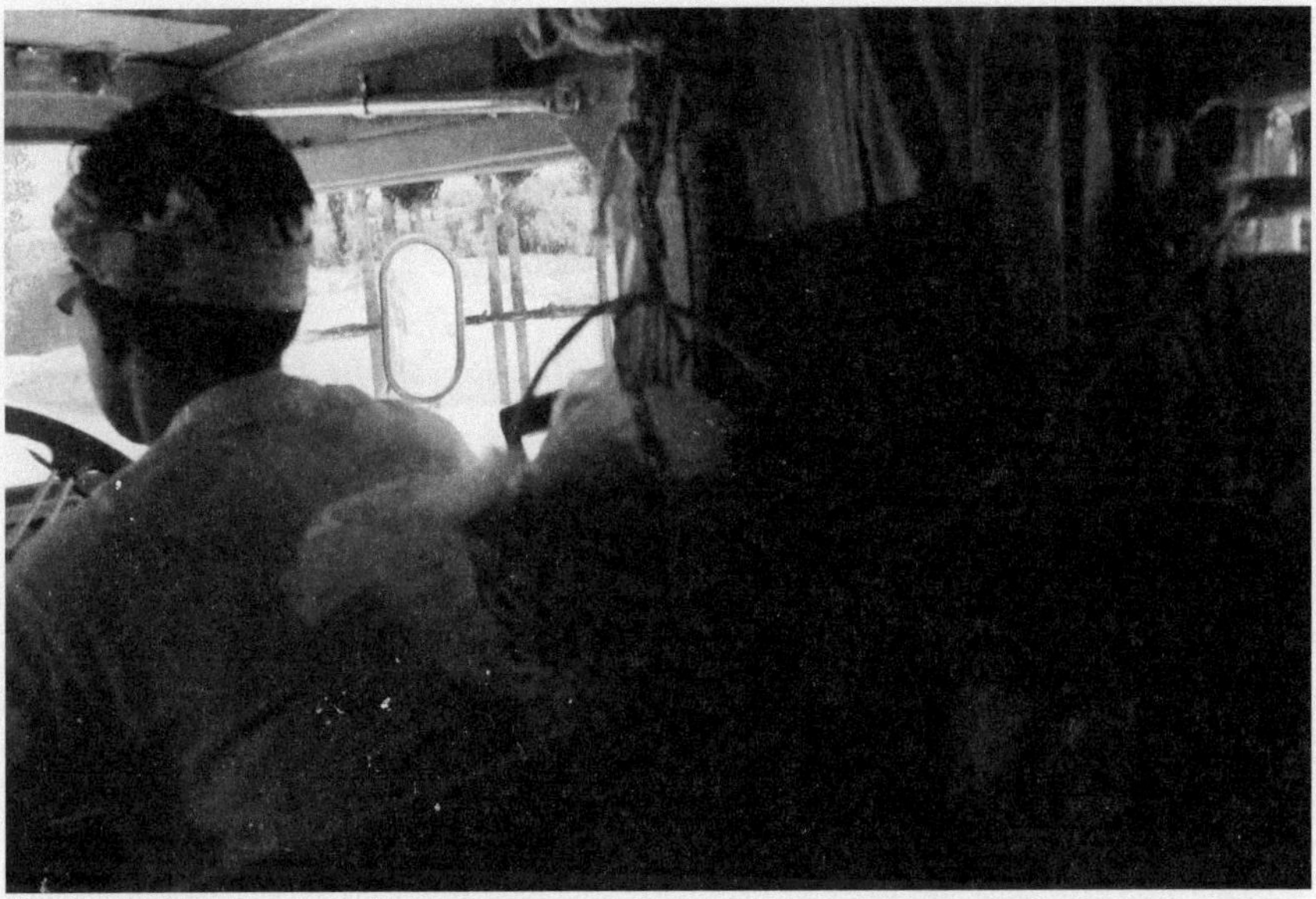

踏査隊車内の様子（提供：本城信）◉走行中のニッサン・キャリヤー車内で撮影されたもので、雑然とした様子が見てとれる。こちらもテヘランからカブールまでの間で、1961（昭和36）年8月5日～14日に本城信の撮影による。

朝日新聞

聖火リレー踏査隊帰る

サバク焼けの顔輝かせ

二十八日夜七時五十分、七カ月の旅を終えた聖火リレーコース踏査隊が帰って来た。最後の踏査地であるシンガポールから空路羽田に着いた一行は、すでに帰国した麻生武治隊長、土屋雅春隊員を除き、マネジャーの矢田喜美雄、カメラマンの小林一郎、車両担当の安達教三、森西栄一の四隊員である。四人ともサバクの太陽と土のしみ込んだまっ黒な顔を輝かせ、それでも元気な足取りで空港内税関にはいり、出迎えの人びとの祝杯を受けた。

羽田に着いた聖火リレーコース踏査隊＝先頭から矢田、小林、安達、森西の各隊員。

さる六月二十三日「聖火の地」オリンピアを出発した一行は、二十一日シンガポールに着くまで、ヨーロッパ、アジアの十三カ国、一自治州をめぐり、百八十二日、約三万キロの陸路を二台のジープで走り抜いた。三年後の聖火リレーをどういうコースで行なうか、リレー走者の動員をどうするか、という点についての各国体育、オリンピック関係者との話合いも順調に進み、その資料はオリンピック東京大会組織委に報告される。

踏査隊の帰国を報じる新聞記事（1961〈昭和36〉年12月29日付『朝日新聞』より／提供：国立国会図書館）◉1961（昭和36）年12月28日午後7時50分、日本航空のコンベア880Mに乗って聖火リレーコース踏査隊メンバーが羽田空港に到着した。同年6月4日に羽田を出発してから、ほぼ7か月ぶりの帰国である。写真右から、矢田喜美雄、小林一郎、安達教三、森西栄一の各隊員。

2 踏査隊を巡るミステリー

◉旅半ばでの「隊長」の離脱

一九六一（昭和三六）年一二月二八日、羽田空港に踏査隊メンバーが降り立った。見事に偉業を達成しての、堂々の帰国である。

メンバーは翌一九六二（昭和三七）年二月には報告会で講演を行うなど大いに賞賛され、同じ頃、踏査隊をはるばる運んで来たニッサンキャリヤーも、東京・有楽町の朝日新聞本社と日劇前で、通行人の熱い視線を集めた。

しかし、奇妙なことにお気づきだろうか。前ページの踏査隊帰国の新聞記事をご覧いただきたい。飛行機からタラップで降りて来ているのは、なぜか四人だけ。ふたり足らないのである。

それは、踏査隊の記事を朝日新聞紙上で丹念に追いかけてみれば、すぐに理由が分かる。その日の羽田空港にいなかったふたり……隊長の麻生武治と医師の土屋雅春は、一足先に帰国していたのである。そのことは朝日紙上に記事として掲載されていて、何ら隠されたものではない。麻生は神経痛のため、土屋は学会に出席の予定があったため、それぞれ先に帰国したと書かれている。

そもそも踏査隊は、最初から最後まで六人で一緒に行動していた訳ではない。例えば朝日新聞の矢田喜美雄は、カメラマンの小林一郎が熱病にかかって踏査隊がアフガニスタンのカブールで動けなくなっていた間に、単身ウズベキスタンのタシケントに出かけている。その直前に踏査隊の旧ソ連領入りを同国から拒否されたため、踏査隊としてはダメでも単独行ならいいだろうとひとりで出かけて行った訳だ。結果的に直後にソ連側から聖火リレー協力に関する申し出があったのだから、この単独行は正解だったということになるだろう（P079参照）。それ以外にも、さまざまな都合で隊員たちは途中で踏査隊から抜けて単独で行動したり、また戻って来たりを繰り返している。また、テヘランからカブールの間は、「通訳」としてテヘラン在留邦人の本城信という中学一年生の少年が同行したり（P080参照）と、メンバーはかなり臨機応変な動きを見せていたことも事実だ。

しかしそのなかでも、麻生は特に単独行動が目立っていた。テヘラン以降はむしろ単独で動くことが多くなり、大抵が飛行機によって踏査隊を追いかけては合流するといった案配。ただ不思議なのは、朝日新聞の記事は麻生が単独で動いていることや単身帰国したことを報じているのに、それ以外ではあまりこれらの事実が触れられていないことだ。

例えば水利科学研究所発行の『水利科学』二五号・一九六二年六月号に掲載された、麻生武治の『オリンピック聖火踏査の旅』という紀行文では、麻生が途中帰国したことがまったく触れられていない。話としてはネパールあたりまで言及されているのだが、それ以降については「その辺のことは他の機会に譲り」……と綴って文を終わらせている。その後、同誌でこの文の続篇が掲載された形跡はない。また、組織委員会発行による『東京オリンピック／オリンピック東京大会組織委員会会報』八号（一九六二年二月二五日発行）では踏査隊の行程を振り返る特集を組み、隊員たちのコメントも掲載しているのだが、こちらも麻生や土屋が離脱したことに関する記述はまったくないのだ。

前述した日産自動車の『ＯＬＹＭＰＩＡ↓ＴＯＫＹＯ　３００００キロ／聖火の道をもとめて』は同社社員である安達教三の文章を基に構成されているようだが、人の出入りについては語られていない。麻生武治、森西栄一共著の『聖火の道ユーラシア』（二見書房）はさすがに麻生による「あとがき」でこのことに触れていて、本文中の記述が一人称になっていることに関して、読み物としての「便宜的な処置」であると語っている。ここでは、ハッキリと「麻生はインドのカルカッタ(現・コルカタ)から空路帰京している」とも書かれているのだ。

しかし、これにも疑問が残る。麻生は一一月一九日、英国の旅客船「バトロクルス」号で神戸に着いているのだ。「空路」ではない。この船にはシンガポールから乗船したようで、カルカッタ〜シンガポール間の移動に飛行機を利用した可能性はある。だとしても、なぜカルカッタから空路で帰国しなかったのかは分からない。「神経痛」という病いが理由での帰国なのに、である。

それはともかく、帰国した踏査隊員たちは組織委員会に旅のレポートを提出。これを基にして、聖火の陸路リレーの可能性が検討されることになった。隊員各自のコメントは先に挙げた『組織委員会会報』八号に掲載されたが、矢田が「苦しい旅びをやったが、道は完全に開けたように思う(原文ママ)」と語ったのに対して、クルマの運転・整備に実際に従事していた安達は陸路走行にまつわる数多くの困難を冷静に語り、陸路リレーの実現が一筋縄にはいかないことを暗に示していた。確かに砂漠や荒野の厳しさもさることながら、水害によって道が通れなくなったり船を用いなければならなかったり、また反政府ゲリラの暗躍や政情不安、治安の悪化などで、陸路は踏査隊を簡単に通してはくれなかったのだ。彼らの記録を漠然と眺めてみても、その難しさはひしひしと伝わってくる。

こうした踏査隊の調査結果によって、組織委員会は聖火リレーに関するひとつの見解を出すに至った。後日、組織委員会の下部組織「聖火リレー特別委員会」が一九六二年八月一八日に提出した『中間報告書』は、そこまでの経緯を振り返りながら最終的に出た結論を記録している。つまり、「この踏査の結果、走者による陸路案は不適当であるとの結論に達せざるを得なかった」のである。

その結果、組織委員会は「実際問題として空路案によるほかはなく」、空輸を中心にしたリレー案に方向転換。そのうえで「最長限一カ月以内にアテネから日本までを、なるべく直線的にリレーすることを骨子とした案」(同『中間報告書』

問題はテヘラン以東
麻生踏査隊長、一足先に帰る

【神戸】十九日正午ごろ神戸入港の英国船バトロクルス号で、東京オリンピック聖火リレー大会コース踏査隊（朝日新聞社派遣）の隊長麻生武治氏（六二）＝オリンピック東京大会組織委嘱＝が、隊員よりひと足先に、半年ぶりで帰国した。麻生隊長は、隊員五人とジープ二台に乗って、去る六月二十三日ギリシャのオリンピアの聖跡を出発、アテネからシンガポールまでユーラシア大陸約二万数千キ。の踏査に当たっていたが、神経痛のため、途中インドのカルカッタで一行と別れた。

隊員たちはビルマのラングーンに滞在して、同国での聖火リレー・コースについてビルマのオリンピック関係者と打ち合わせをしており、二十一日ラングーンを出発、十二月中旬、こんどの踏査の終着地のシンガポールに着く予定である。

帰国した麻生隊長

麻生隊長の話　アテネからイランのテヘランまでのコースは、途中シリアのさばく地帯の一部を除いて全部舗装され、すばらしい道だった。問題はテヘランから東で、とくにインド、ネパール付近ではガンジス川の洪水が起こったりすると、道路網のようなにわか湖ができ、道の状態はかなり悪い。各国のオリンピック関係者には非常に歓迎され、打ち合わせも大変うまくいった。これから踏査の結果をオリンピック組織委に報告するわけだが、日本で想像していたのと実際に調べた結

麻生武治の帰国を報じる新聞記事（1961〈昭和36〉年11月20日付『朝日新聞』より／提供：国立国会図書館）◉1961（昭和36）年11月19日正午頃、神戸に入港した英国旅客船「バトロクルス」号に乗って、聖火リレーコース踏査隊「隊長」の麻生武治が帰国。その理由は「神経痛」によるものと報じられた。この時点で、踏査隊はまだビルマ（現・ミャンマー）のラングーン（現・ヤンゴン）にいた。

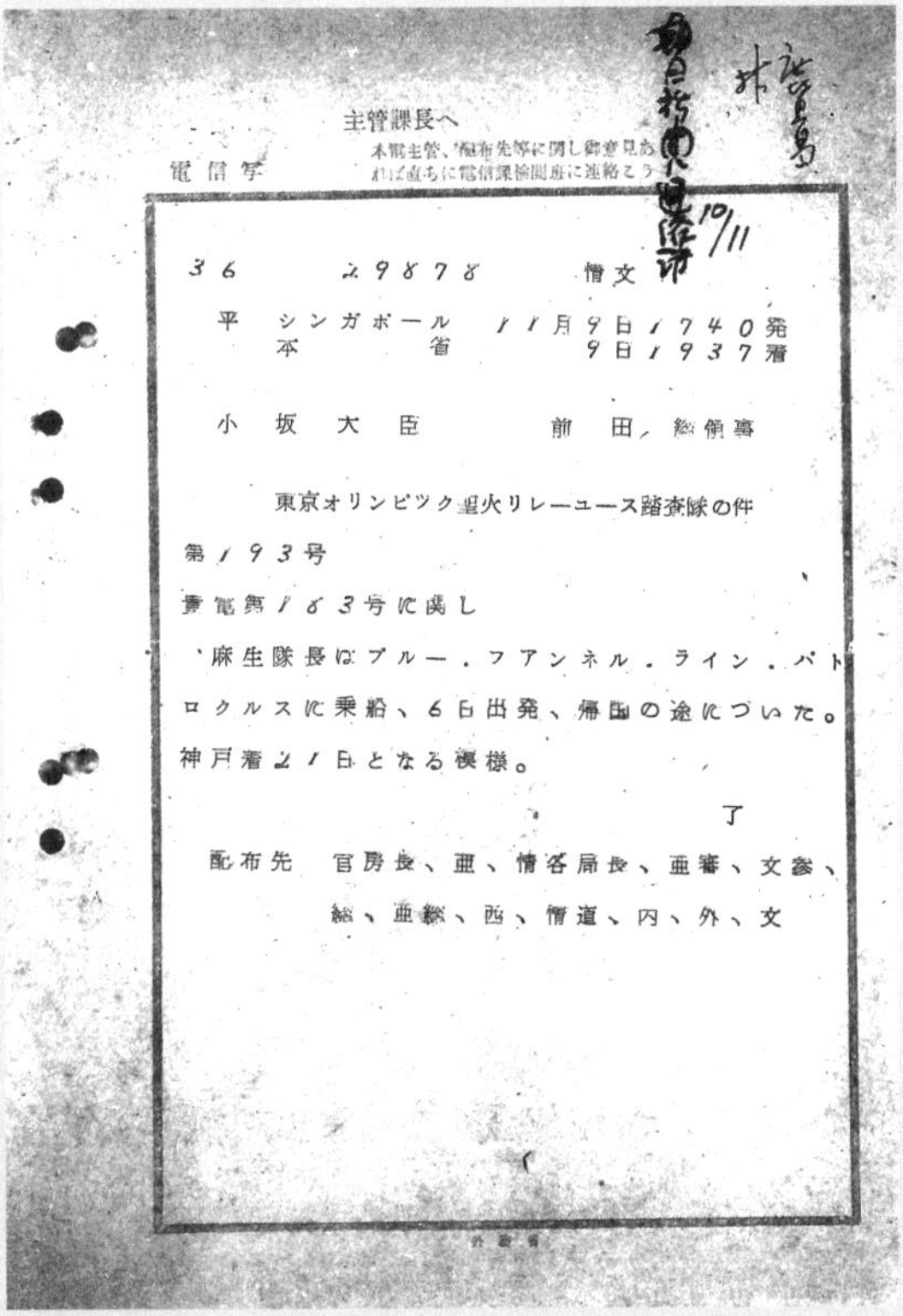

主管課長へ
本電主管、配布先等に関し御意見あれば直ちに電信課検閲班に連絡こう

電信写

36　29878　情文

平　シンガポール　11月9日1740発
本　省　9日1937着

小坂大臣　前田総領事

東京オリンピック聖火リレーユース踏査隊の件

第193号

貴電第183号に関し

麻生隊長はブルー．フアンネル．ライン．パトロクルスに乗船、6日出発、帰国の途についた。神戸着21日となる模様。

了

配布先　官房長、亜、情文局長、亜審、文参、総、亜総、西、情道、内、外、文

麻生武治の帰国を伝える電報（外務省外交史料館所蔵／分類番号I'. 1. 10. 0 4-6-11『国際オリンピック大会関係・第18回東京大会〈1964〉・聖火リレー関係』）◉外務大臣の小坂善太郎に対して、在シンガポール総領事の前田憲作が1961（昭和36）年11月9日に送った電文。それによると、麻生武治は11月6日出発の英国旅客船「バトロクルス」号に乗って帰国の途に就いた。麻生は、この後ほぼ2週間かけて帰国したことになる。その前日、踏査隊は東パキスタン（現・バングラデシュ）のダッカに到着していた。

による)を暫定的に策定。これを携えて前年に踏査隊が来訪した各地を再度訪問し、空路案に対する各地の感触を摑もうということになった。

その各地歴訪の旅は、「高島ミッション」と呼ばれた。

◉「高島ミッション」が急遽始動

一九六二(昭和三七)年三月中旬、羽田空港からふたりの男が重大使命を帯びて飛び立とうとしていた。前項で紹介した「高島ミッション」のスタートである。

オリンピア〜シンガポール間の六か月間におよぶ聖火リレーコース踏査隊の調査記録を検討した結果、組織委員会が下した判断は「空輪」。その山積する課題を考慮すると、とても陸路中心の聖火リレー計画は組めないと考えたのだろう。そこで暫定的な空輪プランを携え、踏査隊が訪問した先に再度打合せに赴く……というのが今回の目的である。そこに乗り出したのが、当時、組織委員会の総務委員会メンバーであった高島文雄だ。

高島は、一八九〇(明治二三)年、東京生まれ。東京大学卒業後に大日本体育協会第二代会長であった岸清一に師事して弁護士となり、岸が主宰する岸法律事務所に所属する。これがきっかけとなって大日本体育協会と関わり、一九二八(昭和三)年のアムステルダム・オリンピックでは日本選手団の役員を務める。これがその後の高島の方向を決定づけた。翌一九二九(昭和四)年には大日本体育協会名誉主事に就任。一九四〇(昭和一五)年開催予定だった「幻」の東京大会では組織委員会委員にも選出されているので、実は「東京五輪」との関わりはこれが初めてではない。

戦後も高島は、日本体育協会理事やＩＯＣ委員などを歴任。終戦直後には体協の国際担当部門の委員長に就任し、「国際通」ぶりを発揮した。アジア競技連盟(ＡＧＦ)名誉主事で、第三回アジア競技大会の際には事前にアジアの参加各国を歴訪して状況調査を行うなど、体協で国際感覚を問われる仕事には必ず関わる役回りとなっていた。この歴訪の旅

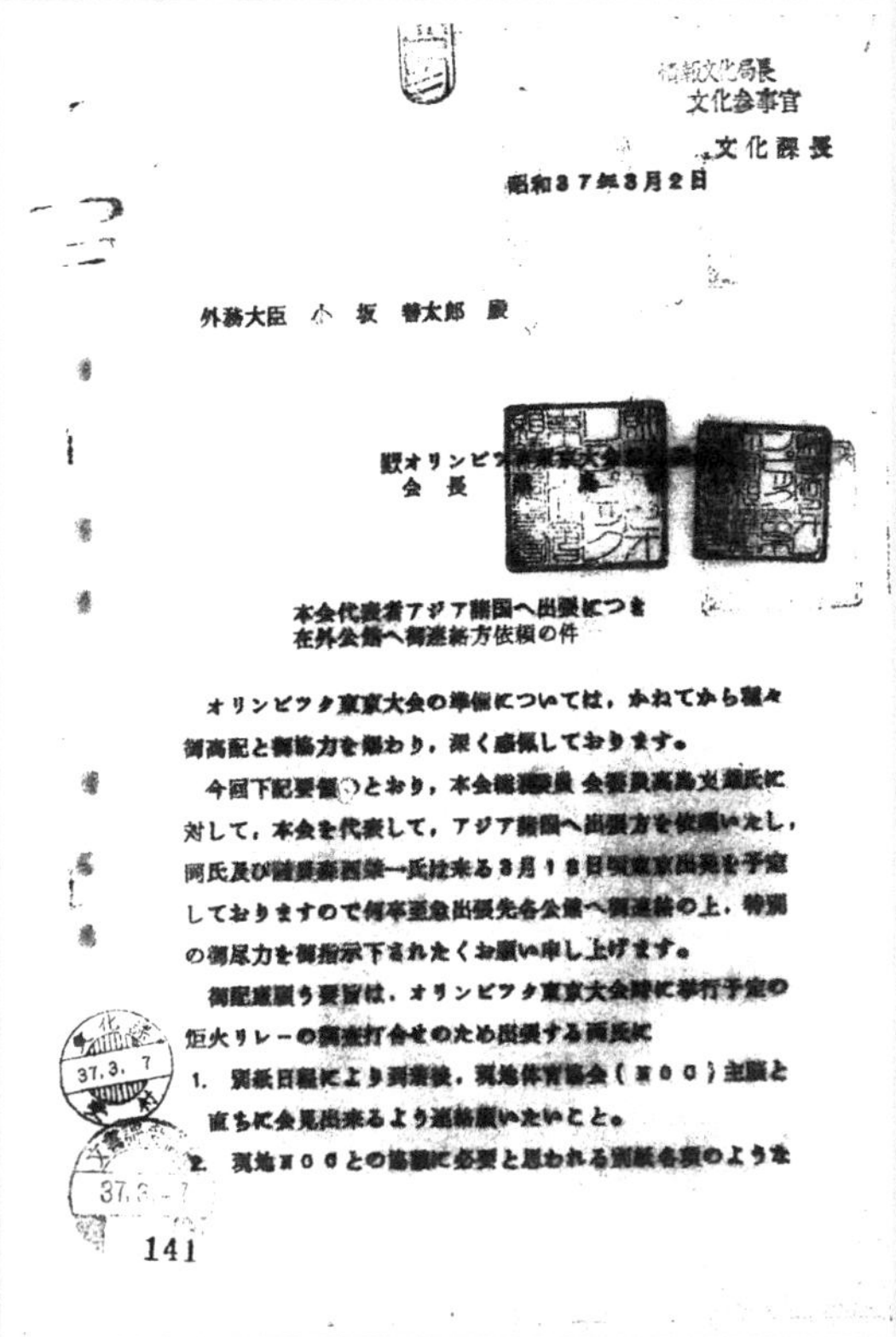
情報文化局長
文化参事官
文化課長

昭和37年3月2日

外務大臣　小坂善太郎　殿

財オリンピック [illegible]
会長 [illegible]

本会代表者アジア諸国へ出張につき
在外公館へ御連絡方依頼の件

オリンピック東京大会の準備については，かねてから種々御高配と御協力を賜わり，深く感謝しております。

今回下記要領のとおり，本会総務委員 会委員高島文雄氏に対して，本会を代表して，アジア諸国へ出張方を依頼いたし，同氏及び職員森西栄一氏は来る3月18日羽田東京出発を予定しておりますので何卒至急出張先各公館へ御連絡の上，特別の御尽力を御指示下されたくお願い申し上げます。

御配慮願う要旨は，オリンピック東京大会時に挙行予定の炬火リレーの調査打合せのため出張する両氏に

1. 別紙日程により到着後，現地体育協会（NOC）主脳と直ちに会見出来るよう連絡願いたいこと。
2. 現地NOCとの協議に必要と思われる別紙各項のような

37.3.7

141

高島ミッションへの協力を要請する文書（外務省外交史料館所蔵／分類番号I'. 1. 10. 0 4-6-11『国際オリンピック大会関係・第18回東京大会〈1964〉・聖火リレー関係』）●1962（昭和37）年3月2日付で、組織委員会会長の津島壽一から外務大臣の小坂善太郎に対して、高島ミッションへの便宜を図るように出張先各公館に連絡するよう要請した文書。その内容から、高島ミッションが高島文雄と森西栄一のふたり旅であったことが分かる。

ミッション責任者の高島文雄（提供：熊田美喜／協力：阿部美織、阿部芳伸、阿部哲也）●自らの名前をミッションの冠に付けられていた高島は、戦前から日本のスポーツ界で「国際派」を自負する人物だった。この写真は聖火国外現地調査団（P154参照）として派遣されたギリシャのアテネで、1964（昭和39）年4月初旬に撮影。

に急遽駆り出され、その名も「高島ミッション」と銘打たれる所以である。

そんな高島がこの緊急出動に際してパートナーとして連れて行ったのが、先の聖火リレーコース踏査隊に最も若い隊員として参加していた森西栄一だった。

森西についてはその墓碑銘から略歴を辿っていくと、一九三三(昭和八)年一月一〇日徳島県の木屋平村(現・美馬市)生まれ。法政大学卒業後の経歴はよく分かっていないが、著名な建築家である丹下健三の知遇を得て、東京オリンピック組織委員会嘱託となる。タクシー運転手をしていたこともある点も買われて、問題の聖火リレーコース踏査隊に参加することになった訳だ。今回の高島ミッション参加の時点では、組織委員会での肩書きは競技部員ということになっていたようである。

ミッションの責任者である高島は先にも述べたようにアジア競技連盟の名誉主事でもあり、アジア諸国に「顔の利く」人物でもある。ここは、高島の経験と人脈が必要なミッションだった訳だ。

そんな高島が森西に同行を求めた理由は、踏査隊の足取りをほぼそのまま辿って、当時交渉した相手と改めて打合せしたいと考えていたからではないか。組織委員会の方針が空輸案に決まったということを、とにかく先方に伝えて反応を見る必要に迫られたということなのだろう。しかも三か月と空けずに現地に赴くとは、相当に切迫した事情を感じさせる。

ふたりは三月一五日のイラン・テヘランを皮切りに四月一七日のシンガポールまで、立て続けに移動。今回は飛行機を使っての「弾丸ツアー」。踏査隊が行かなかったインドネシアのジャカルタにも四月一九日に足を伸ばし、各国の要望を聞き取りながら次々と「空輸案」への同意をとりつけた。まさに電光石火の早業である。組織委員会が大会終了後に発行した『第一八回オリンピック競技大会　東京1964　公式報告書』においても、「各国とも非常に好意的だったので同計画実現に確信をもつに至った」と、このミッションが上首尾に終了したことを強調している。

ミッションに随行した森西栄一（提供：熊田美喜／協力：阿部美織、阿部芳伸、阿部哲也）◉踏査隊に参加していたことから高島ミッションへの同行を求められた森西は、この後も聖火リレー計画に深く関わっていく。この写真はおそらく聖火国外現地調査団による事前調査時の1964（昭和39）年4月頃に、トルコ・イスタンブールのホテル内で撮影されたものと思われる。

高島ミッション報告会資料　No. 1

訪問国,都市	月日曜	OC案	会議出席者名	[illegible]		摘要
イラン (テヘラン)	3.15.木	OK	Mr. A. Rouholiman 〃 S. B. Melekian Gen. Dr. イザト,ハーナー 高島書記官	NOC 総務主事 〃 秘書 A.F. 副会長 NOC 会長 日本大使館	1 2 3	東部のMashadでもrunners Ceremonyをやりたい。 自衛隊機でも形式的手続のみで入国可能。 回答は田畑総長宛に発送する。
イラク (バクダット)	3.17.土	OK	Mr. Fami 〃 Qaisi 岡事務官	NOC 会長 〃 総務主事 日本大使館	1	通過日を早く知りたい。
トルコ (イスタンブール)	3.20.火	OK	Mr. Niyazi Aki 〃 Burhan Febek 〃 Sabri Köseoğlu 〃 Suat Erler 〃 Fikret ASLAN 〃 Abdül Mennan Turüt	governor of Istanbul news union 会長 陸上会長 中佐 IOC メンバー assis. of governor assis. Director of customs	1 2	ヨーロッパの最後の地点としてイスタンブールに又アジアの最初の地点としてアンカラに立寄って欲しい。 charter機で来る全員をIstanbulのguestとしたい。
レバノン (ベイルート)	3.23.金	OK	Mr. Gemayel 花輪事務官	IOC メンバー 日本大使館	1 2	アラビア文字のポスターが欲しい。 オリンピックマーク保ゴ法 立法化の段階。
シリア (ダマスカス)	3.24.土	OK	Mr. A. Jilla 〃 J. Mashinok 〃 M. Kudmani 〃 I. Inglizi 〃 O. Oubari 小串書記官	NOC President 〃 [illegible] 〃 [illegible] 〃 [illegible] 〃 [illegible] 日本大使館	1 2	イスラエルに聖火は行くのか？ ヨルダンに 〃 〃 〃。

DIRECT COPY SYSTEMS

高島ミッションの報告会資料（外務省外交史料館所蔵／分類番号I'. 1. 10. 0 4-6-11『国際オリンピック大会関係・第18回東京大会〈1964〉・聖火リレー関係』）◉1962（昭和37）年3月15日にイランのテヘランから始まった、高島ミッションの実際を記録した資料。組織委員会での報告用に作成されたものと思われる。会議に出席した地元の担当者名とその役職が詳細に記録してあると同時に、そこにもれなく各地の日本大使館事務官や書記官らが出席していたことが分かる。つまり、これはすでにスポーツだけの問題に留まらない話になっていたのだ。

しかし実際には、組織委員会報告書にも語られていない意外な事実が存在していたのである。

◉シンガポールからの厳重抗議

東京都港区麻布台にある外務省外交史料館には、一九六四(昭和三九)年東京オリンピックに関するさまざまな資料も所蔵されている。そこには聖火リレーに関するものが数多く含まれており、当然のことながら聖火リレーコース踏査隊や高島ミッションについての資料も見ることができる。そんな資料のなかに、ひとつの奇妙な文書が眠っていた。外務事務次官からオリンピック東京大会組織委員会会長宛ての文書で、日付は一九六二(昭和三七)年五月一五日。題して『東京オリンピック聖火リレーコースに関する件』。題名こそおとなしく地味なものだが、その内容は極めて厳しいものであった。

簡単にいうと、「高島ミッション」がシンガポールで踏査隊による打合せ内容を完全否定した結果、現地関係者がひどく当惑しているという内容。全体的な文の調子は穏やかで丁寧ながら、報告した在シンガポール総領事の前田憲作と報告を受けて文書を作成している武内龍次・外務事務次官の、静かな怒りが伝わってくるような文書である。

まずこの文書の内容を真に受けると、高島は現地関係者に対して「踏査隊と現地委員会との話合は組織委員会から何ら正当な権限の委任もなく行われたもの」「組織委員会はこの話合に関し何もの報告も受けていない」と説明したというのだ。そのうえで「聖火の空路輸送を予定」と説明。案の定、現地委員会は「かなり不可解な表情を示した」らしいのである。

これに対して総領事ならびに外務事務次官は、次のような点を指摘する。❶組織委員会は踏査隊企画に賛成していた。❷踏査隊に現地関係者の協力の可能性を打診する権限を委嘱していたと考えるのが妥当。❸踏査隊と現地委員会との話し合いの議事録は協力の可能性を具体的に記述した記録と見なして差し支えない。❹組織委員会が内容的に訂正を申し入れるならともかく、踏査隊の話し合いが何ら正当な権限の委任もなく行われたと説明するのはいささか不穏当。❺組織委員会が踏査隊の前提たる陸路輸送案に反対した形跡は認められない……。

まさしく、ご指摘ごもっともである。一言の弁解の余地もないように思われる。そのうえでこの文書は、今回の事態を「国内の不統一を外部にさらけだす結果となり、ひいてはわが国の対外信用をそこなうおそれのあるもの」とまでいい切っている。「国際問題」になりかねないというのだ。まして在シンガポール総領事の前田は踏査隊にも協力していた訳だから、これではたまらないだろう。

一体、何をやってしまったのか……。この文面だけを見れば、誰しもそう思うことだろう。さらに当然のことながら、高島ミッションは行く先々で同様の説明を試みた可能性がある。だとするとシンガポールはたまたま記録に残った氷山の一角で、実は各地で同じようなイザコザを大なり小なり起こしていたのかもしれない。なぜ、高島はこんな危ない橋を渡ってしまったのか。

ただ、高島は決して昨日今日出て来たような未経験な人間ではない。長年海外のスポーツ関係者と交流して来た「海外通」であり、国際弁護士としてもこの時点で四〇年のキャリアを持っていた。当然のことながら、このような言動が引き起こすリスクも十分予想できたはずだ。そんな男が、なぜ踏査隊の打合せ内容を全否定するような発言をしなくてはならなかったのか。

そもそも「空輸」という方向性は打ち出されたものの、それはまだ正式プランとはとてもいえない状態だったはずだ。それなのに、なぜいきなり海外に抜群に顔が利く「大物」の高島自らが乗り出して、各国にじかに状況を説明しなければならなかったのか。

踏査隊最年少メンバーだった森西がミッションに駆り出されたのに、踏査隊「隊長」の麻生武治にはまったく声がかからなかったことも実に奇妙ではないか。

◉踏査隊を否定しなければならなかった「理由」

踏査隊隊員の麻生武治、森西栄一共著による『聖火の道ユーラシア』(二見書房)の『聖火の道』という導入部には、少々気になる箇所が見受けられる。「どこの国の人びともみんな聖火のタイマツが三年後この道を必ず通るのだ、と信じて疑わないようすだった」……と綴られた部分だ。

踏査隊が得た資料を組織委員会が検討して、聖火が通るか通らないかが決まるのだと説明しても、「頭から必ずるときめてかかっている」というのである。この本では少なくとも前半部分は麻生が書ける内容であるはずなので、このくだりは麻生自身の文章と考えていいだろう。

また、麻生と同様に一足先に帰国した医師の土屋雅春が一九六一(昭和三六)年一一月二五日付朝日新聞に寄せた手記『聖火の道を踏査して』でも、「通過国も非常な熱の入れようで、各国とも聖火リレーが必ずこの道を通るものと頭からきめてかかてしまっている」と綴られている。そのうえで、土屋はキッパリ「聖火リレーはこの道をゼヒ走らねばならない」と断言しているのだ。確かに「理想論」としてはそうだろう。現地の空気と人々の思いに触れ続けていれば、気分的にもそうならざるを得ないかもしれない。

しかも前述の『聖火の道ユーラシア』には、東パキスタンの町コミラの郊外マイマナスの丘にある旧日本軍将兵の墓参りをするくだりが出て来る。踏査隊をそこに案内した日本の領事は「三年後、東京に行く火がこの丘の横を通るときのことを考えると、ここに眠る二十一柱の霊がどんなによろこんでくれることか……」と声を詰まらせたというのだ。今さら聖火が来ないかもしれないなどとは、とてもいえないではないか。辛い道のりを走り続け、現地の歓迎ぶりや期待を肌でじかに感じて……何より中東から東南アジアにかけての異境の熱風にされされ続けてきた踏査隊の面々の心理的な変化を、遠く離れた東京にいる組織委員会の人々はまったく想定できなかったに違いない。

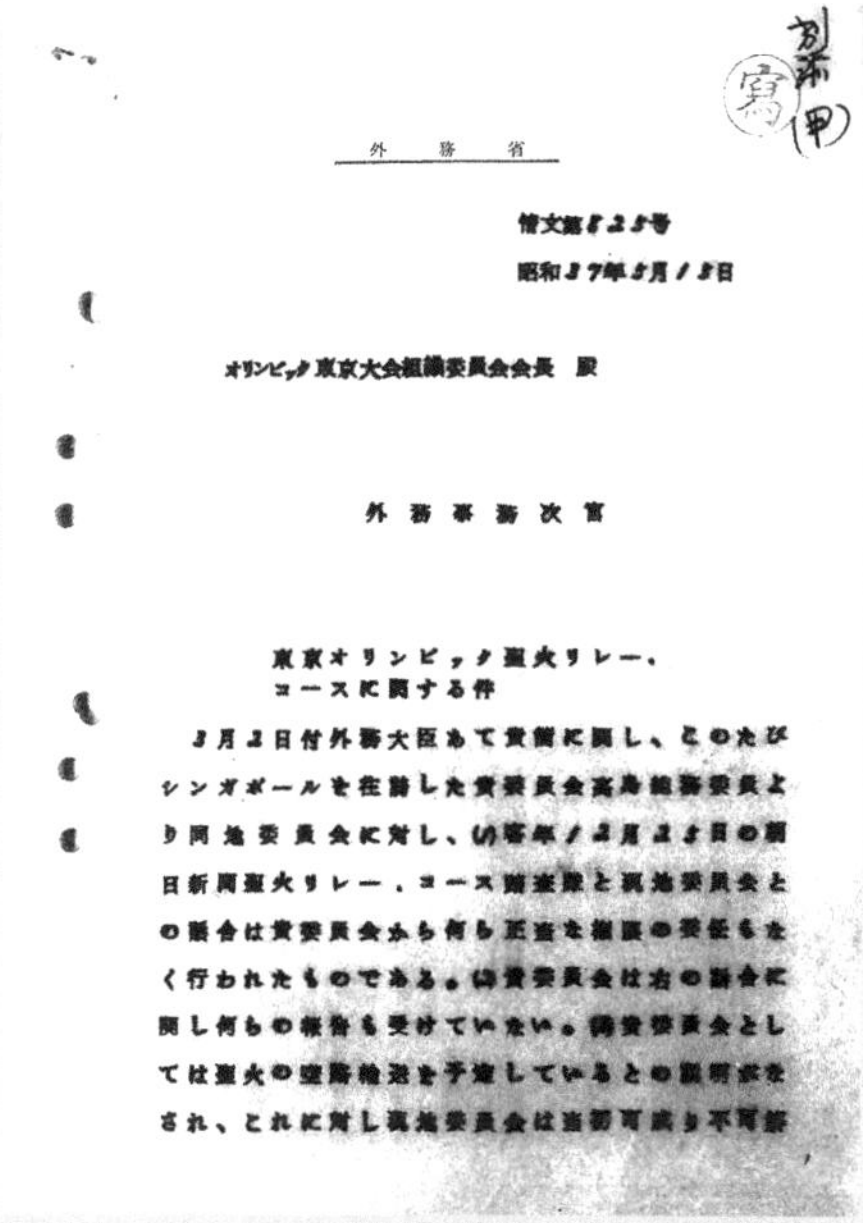

別添（甲）　寫

外務省

情文第525号
昭和37年5月15日

オリンピック東京大会組織委員会会長　殿

外務事務次官

東京オリンピック聖火リレー・コースに関する件

5月5日付外務大臣あて貴簡に関し、このたびシンガポールを往訪した貴委員会高島総務委員より同地委員会に対し、(1)昨年12月25日の朝日新聞聖火リレー・コース踏査隊と現地委員会との話合は貴委員会から何ら正当な権限の委任もなく行われたものである。(2)貴委員会は右の話合に関し何らの報告も受けていない。(3)貴委員会としては聖火の空路輸送を予定しているとの説明がなされ、これに対し現地委員会は当初可成り不可解

シンガポールでのトラブルを警告する文書（外務省外交史料館所蔵／分類番号I'. 1. 10. 0 4-6-11『国際オリンピック大会関係・第18回東京大会〈1964〉・聖火リレー関係』）◉1962（昭和37）年5月15日の日付で、外務事務次官の武内龍次から組織委員会会長の津島壽一に宛てて書かれた文書。一読して、にわかに信じ難い内容である。この警告文の後も5月21日に組織委員会事務総長の田畑政治を呼んで厳重注意するなど、外務省の怒りは決して小さいものではなかった。

踏査隊とインド側関係者との打合せ（提供：朝日新聞社）◉インドのニューデリーにあるナショナルスポーツクラブで行われた聖火リレー打合せ。左から一人おいて、在インド日本大使館の武藤友治、踏査隊の矢田喜美雄隊員、インドのIOC委員ソンディ教授、インド・オリンピック委員会のラジャ・バリンダー・シン会長（中央のターバンの人物）、踏査隊の麻生武治隊長、インド・オリンピック委員会のグプタ事務総長。1961（昭和36）年9月12日か13日の撮影。

組織委員会が踏査隊に送り込んだメンバーのうち、「隊長」の麻生は途中から出入りが激しくなり、なぜか早々に離脱してしまう。残された森西は組織委員会に入ってまだ日も浅かっただろうし、何より年齢が一番若く、発言権も限られたものだったと想像できる。さらに踏査の過酷さから、ドライバーとしての職務に専念せざるを得なかったとも考えられる。森西の踏査隊参加は、タクシー運転手としての経験を買われてのものだったようなのである。だとすると、いかに組織委員会からある程度権限を委任されていたとして、他のメンバーがどれほど聖火リレー計画全体について明確な認識や見解を持てていたのだろうか。「聖火が来る」のが前提である現地の人々と、一体どんな打合せができたというのか。事態を掌握できぬまま、現地ペースで事が進んでいった可能性はなかったか。

一九六一年一二月二二日の朝日新聞夕刊に掲載された矢田喜美雄の記事には、「ギリシャからシンガポールにはいるマレー半島の先端まで十三カ国の聖火をもって走る選手の総数は、すでにとり決められたものだけでも七千三百人にのぼる」と書かれている。「すでにとり決められた」というが、この何もかも未定の段階で何を「とり決められ」るのだろうか。だが、前述の『聖火の道ユーラシア』においても、打合せでかなり具体的なことまで話が進んでしまった様子が見てとれる。

このような報告を森西から受けたであろう高島は、事の重大さに仰天したのではないだろうか。だとすれば無理を承知で高いリスクを伴ってでも自らいち早く各国に赴き、蛮勇を奮って事態の収拾にあたる必要に迫られたとしてもおかしくはない。

だがそれとはまた別に、組織委員会は聖火リレーを「空輪」に大きく方向転換しなくてはならない理由を抱えていたのかもしれない。帰国の踏査隊メンバーが羽田空港に到着した前日、一九六一年一二月二七日付朝日新聞には、「初の国産中型機」に関する記事が大きく掲載されていた。

開発途上にあったその飛行機の名は、「YS－11」と呼ばれた。

アフガニスタンの荒野を行く踏査隊（提供：岩倉佐波吏、本城信）◉アフガニスタンのカンダハール～ガズニ間の荒野を走る踏査隊のニッサンキャリヤー。遥かに広がる砂漠や高地、ジャングルや洪水で水没した道、反政府軍の潜む辺境など広大なユーラシア大陸の道なき道を行く行程は、踏査隊の心と体に大きな負荷をかけ続けた。1961（昭和36）年8月13日の撮影。撮影は踏査隊に一時期同行していた本城信。

第3種郵便物認可　12版　（10）

初の国産中型機

―来年２月ころ完成―

60人乗り短距離輸送

仏航空ショーにも出品

戦後初の国産中型機YS11の試作一号機は十二月完成がややおくれ、来年二月ころ出来上がり、直ちに飛行試験にはいることになった。各種のテストは明後年八月まで続けられるが、通産省ではその間に、フランスで行なわれる有名なパリ航空ショーに出品、国産機の対外宣伝をおこなうと張切っている。すでに引合いがきているインドネシアなど東南アジアには明年中にも飛行テストを兼ねて飛びたい、といっている。

国産中型機の完成予想図

試作一号機は日本航空機製造会社の注文で新三菱、川崎航空機、新明和工業、富士重工など国内の航空機製造会社六社が胴体、翼、尾翼など各部にわけ製作中で、はじめの計画ではこの十二月に一号機、来年四月に二号機がそれぞれ新三菱小牧工場で組立て完成するはずだった。ところが、イギリスのロールス・ロイス社に発注したエンジン関係や計器類が通関事務と輸入手続の点で二カ月ほど遅れたため、完成がのびたもの。

同機の性能はエンジンが英国製ターボプロップ二基、巡航時速四百八十キロで六十人乗り。価格は合計百五十機を量産することになれば、一機三億八千万円程度になるという。将来は国内航空の短距離輸送機として経済性をねらい、離着陸の滑走路が千二百メートルあれば間にあう。日本では八丈島のようなローカル飛行場でも楽に飛べるのがご自慢。航続距離は最大千二百キロだが、旅客輸送では片道五、六百キロぐらいの距離が一番よいという。東京―大阪間なら約一時間でとぶ計算だ。

すでにジェット機時代にはいっているのに、ジェット・エンジンより"一時代前"のターボプロップ・エンジンをつけたYS機が、果して売れるかという点が心配されたが、通産省や当の日本航空機製造では割合楽観している。というのは世界的にみて中型のピストン・エンジン機ダグラスDC3型機はすでに中古機として代替期にはいっていること、短距離旅客機としてターボプロップは経済的で、しかも外国では対抗機が少ないことなどをその理由にあげている。

YS機は三十八年下期から量産にはいるが、売込先では、国内で防衛庁が三十七年度からはじまる第二次防衛計画で十機、全日空が二十機以上、日航も国内線用に数機という調子。海外からはインドネシアが最も熱心で、国内のDC3型四十機の代りにとりあえず十九機ぐらい賠償ベースか輸入で買いたい、と引合い。同国では「早く飛行テストして性能が予定通り出るのを確認してくれ」と催促している。

このほか、インド、マラヤ、タイ、フィリピン、パキスタンなどにDC3型が多数飛んでいるので、これらの相当数は日本でいただきたい―とメーカーは皮算用している。また中米コロンビアか

完成間近のYS-11を報じる新聞記事（1961〈昭和36〉年10月19日付『朝日新聞』より／提供：国立国会図書館）◉戦後初の国産旅客機YS-11試作1号機が「1962（昭和37）年2月にも完成予定である」と報じる新聞記事。同機の開発は1959（昭和34）年の日本航空機製造株式会社（日航製）の設立をもって本格的にスタートしていた。実際には、試作1号機は1962年7月にロールアウト（完成機披露）している。

日の丸リレー聖火コース・ラリー

聖火リレーの国外コースを決定するための調査隊として派遣されたのが、朝日新聞社が主催した聖火リレーコース踏査隊。その後、コースが確定した段階で実際の国外聖火リレーの直前に行われたのが、毎日新聞社の聖火コース走破隊(P176参照)。だが、東京オリンピックの聖火リレーコースをクルマで走ろうという試みは、実はもうひとつあった。それが日刊スポーツが企画したイベント、日の丸リレー聖火コース・ラリーである。

単に聖火リレーコースを走るというだけでなく、ラリーという競技として行うあたりがスポーツ新聞らしいところ。こちらは国内聖火リレーのコースで行うことになっており、鹿児島、宮崎、札幌、沖縄という4つの国内コースを主体として実施された。4つの聖火コースは総計31のブロックに分けられ、各ブロックごとに1964(昭和39)年7月中旬から下旬にかけてラリー競技を実施。それぞれのブロックの優勝チーム計31チームは8月上旬の東京での決勝大会に出場。全国からの出場車数は、決勝大会も含めると960台という世界にも例を見ない大スケールのラリーとなっている。

各地でホンモノの聖火リレーの歓迎や警備などの予行演習にもなるという自慢の企画だったが、このラリーは参加する全車両が日の丸の旗を付け、沿道も日の丸で埋まるというあたりがミソ。実際は日刊スポーツが歌詞を一般公募した『オリンピック日の丸音頭』の内容を沿道で再現して、この歌の宣伝をしたかったというのが本音だったようだ。

D 昭和39年4月15日 (水曜日) 1964 日刊スポーツ

日の丸手に手にふって

(世界最大、960台が腕を競う)

1コース鹿児島ー東京 2124.5Km
2コース宮崎ー東京 1733.2 〃
3コース札幌ー東京 1315 〃
4コース青森ー東京 924.9 〃
全コース6097Km

ラリー・コース

ラリー調査

日の丸リレー聖火コース・ラリーの紹介記事(1964〈昭和39〉年4月15日付『日刊スポーツ』より/提供:国立国会図書館)

第4章

空から聖火を運べ

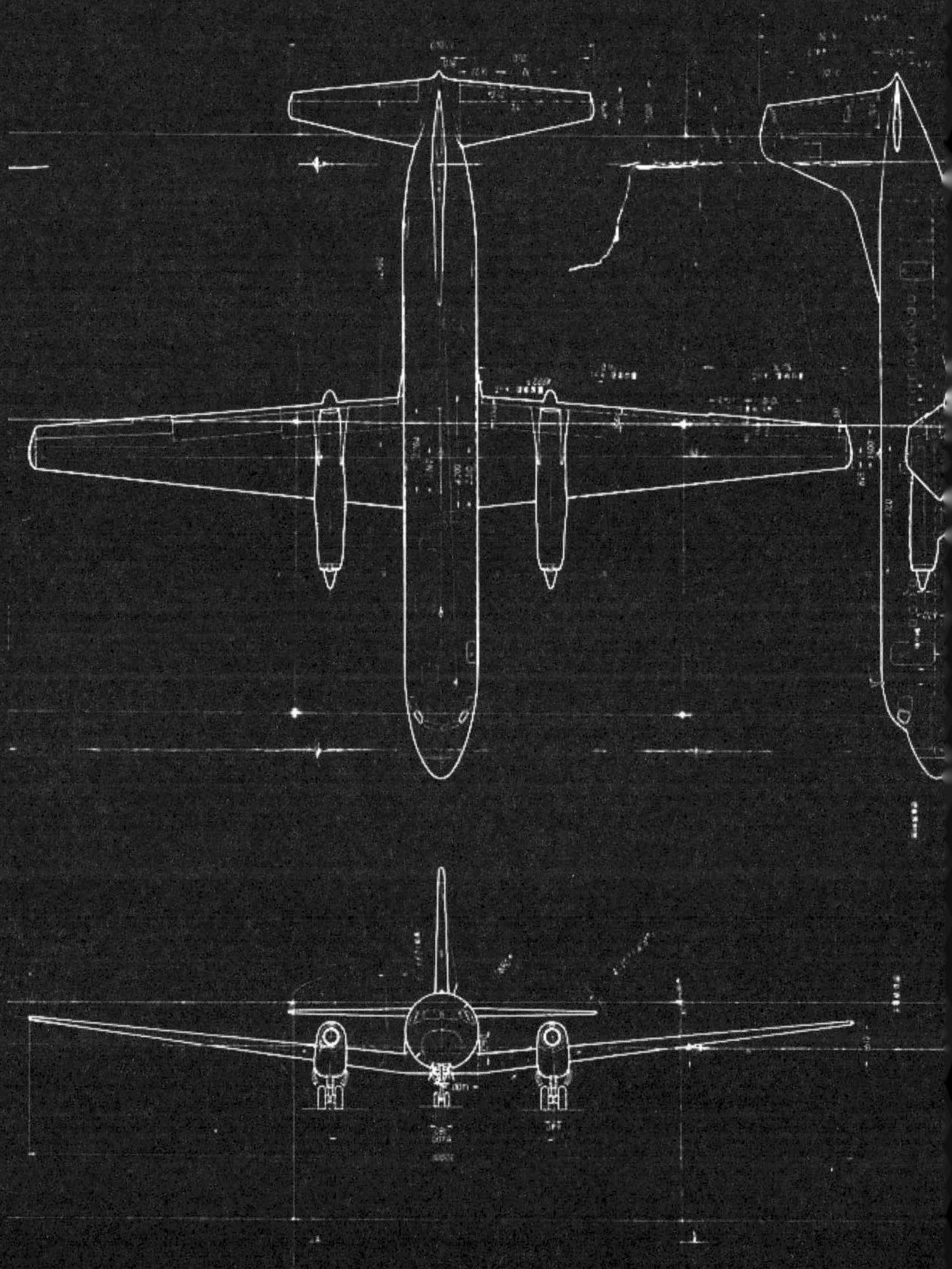

YS-11の三面図（提供：三菱重工業株式会社）●日本航空機製造が作成したYS-11-100三面図の青焼きコピー。1964（昭和39）年5月18日の製図と記載されている。

1 ＹＳ－11という選択肢

◉オリンピックと歩調を合わせた復活

ＹＳ－11について語るには、まず第二次世界大戦後に日本の航空がどのような状態になっていたのかを語らねばならない。

戦後のわが国の航空については、終戦まもなくの一九四五（昭和二〇）年一一月一八日に連合国軍最高司令部（ＧＨＱ）が出した『連合国軍最高司令部訓令三〇一（民間航空活動の全面禁止に関する訓令）』が、すべてにとどめを刺した。簡単にいうと、日本人が空を飛ぶだけでなく、飛行機について研究や実験をすることも禁止である。まして作るなどもってのほか。国産機は軍用・民間機を問わず、すべて廃棄され破壊された。ゼロ戦やカミカゼ・パイロットが米国人に与えた恐怖は、それほどまでに強いものだったのか。このＧＨＱの命令によって、日本人が航空に触れることができない時代がしばらく続くこととなる。

そんな状況が徐々に変わり始めたのは、一九五〇（昭和二五）年六月に始まる朝鮮戦争がきっかけだった。一九五二（昭和二七）年四月二八日には、サンフランシスコ講和条約が発効。そんな流れのなかで、アメリカ空軍の軍用機を修理する仕事が日本の技術者たちのもとに持ち込まれるようになった。これが日本の航空機産業の復活の糸口になったのである。奇しくも同年のオスロ冬季オリンピック、ヘルシンキ夏季オリンピックへの参加で、日本は戦後初めてオリン

YS-11の設計者たち（提供：三菱重工業株式会社）●YS-11の設計に携わった「五人のサムライ」と呼ばれた人々のうちの4人。左から土井武夫、太田稔、堀越二郎、木村秀政（日本大学教授）の各氏。1962（昭和37）年8月30日、YS-11初飛行の日に撮影されたものである。

YS-11分力風洞試験（提供：和久光男／協力：和久淑子）●風洞でモデルを使用しての空力試験。新三菱重工業（現・三菱重工業）名古屋航空機製作所の風洞において撮影されたものと思われる。1960（昭和35）年4月撮影。

ピックに復帰。日本の航空機産業は、オリンピックと歩調を合わせて戦後の第一歩を刻んだのであった。

そのうちに、国産航空機を作って航空機産業を盛り上げようという気運が高まってくる。一九五六(昭和三一)年に中型輸送機国産化の計画が通産省によって提起され、わが国の航空機メーカーの間で協議が進められる。翌一九五七(昭和三二)年には政府の研究費助成金の交付決定を契機に、新三菱重工業(現・三菱重工業)、川崎航空機工業(現・川崎重工業)、富士重工業、新明和工業、日本飛行機、昭和飛行機という航空機メーカー六社が中心となり、中型飛行機基礎設計の共同研究に着手。これをさらに強力に推進させるために、一九五七年五月に財団法人輸送機設計研究協会が設立された。これがYS－11開発の発端である。

この協会では木村秀政日本大学教授を技術委員長として、基礎設計や試験、実大模型の製作などが進められた。ここに戦前から航空機開発で知られた堀越二郎、太田稔、菊原静男、土井武夫という人材も参加。彼らは後に「五人のサムライ」と呼ばれるようになる。

一九五九(昭和三四)年には日本航空機製造株式会社(日航製)が設立され、本格的にYS－11の開発が始動。実大模型の製作も日航製に継承され、一九五八(昭和三三)年一二月に第一次、一九五九(昭和三四)年一〇月に第二次、そして一九六〇(昭和三五)年八月には第三次実大模型が完成しており、最終型となった第三次実大模型はYS－11試作機細部設計と生産に利用された。

こうしてYS－11開発を進めていた日航製だが、同社は生産設備を持っていなかったために、それぞれの機体会社および部品会社によって製造を行っていた。内訳としては、前・中部胴体は新三菱重工業、主翼・ナセル(エンジンの覆い)は川崎航空機工業、尾翼は富士重工業、後部胴体は新明和工業、補助翼・フラップは日本飛行機、操縦座席等は昭和飛行機……という分業体制である。こうしてそれぞれ各部分を作り上げた後、新三菱重工業で最終組立が行われることになった。

製造中の主翼（提供：三菱重工業株式会社）●YS-11の主翼は、川崎航空機工業において製造されていた。写真は構造がほぼ完成した主翼の外翼部分。もうすぐ、ジグ（機械工作で工作物を固定する道具のこと）から取り外される段階である。

エンジンの取り付け（提供：和久光男／協力：和久淑子）●エンジンを取り付けている様子。エンジンについては日本での開発を断念し、英国ロールスロイスの「ダート」ターボプロップ・エンジンを使用することになった。

その頃の状況を知る関係者のひとりに、新三菱重工業から日航製へとやって来た和久光男がいる。和久のポジションは、飛行整備部の整備課。電子機器系統やエアコン関係の仕事が彼の管轄だった。

「元々、私は富士重工にいたんですけど、一九五六(昭和三一)年に三菱に移ったんです。三年近く富士重工にいましたかね」と、和久は生前の二〇〇九(平成二一)年に行ったインタビューで、当時のことを語っている。「三菱はあまり途中入社なんてさせないんですが、ちょうどF−86戦闘機を作ることになって人が大量に欲しい時だったんです」

そんな和久がYS−11に関わることになったのは、一九六一(昭和三六)年のことだった。

「私が日航製に入ったのは六一年の一二月頃で、最初は出向のかたちで行ったんですよ」と和久は語る。「ただ、私はその前からYS−11は見ていました。一九六二(昭和三七)年の六月までは日航製に引き渡す前で、まだ三菱の管轄でしたから見ることができたんです」

和久が初めてYS−11を見たのは、自身の出向の何か月か前のこと。その時には、YS−11はすでに飛行機のかたちになっていたと和久はいう。「その時にはまだ自分は関わりはなかったから責任もないし、それを見ながら〝あぁ、こういう飛行機なのか〟と思っていただけですけどね」

やがて日航製に出向で入った和久は、一九六二年一月から同社に正式入社となる。

「何しろみんな商業用の旅客機を造ったことないですから、〝どういう旅客機飛ばすんだ〟っていって。その頃、全日空がYSと同系統のターボプロップ・エンジンを使ったバイカウントを持っていたんで、見せてもらいに行ったりしました」

こうしてYS−11の開発は、完成〜初飛行に向けて着々と進行していた。それとまさに並行するかのように、東京オリンピックの聖火リレーを巡る動きも、聖火リレーコース踏査隊の実施、高島ミッション……と、より具体的な段階に入っていたのだった。

最終組立中のYS-11試作1号機・2号機(提供:三菱重工業株式会社)◉最終組立段階の試作1号機(奥)と2号機(手前)。試作2号機はまだ未塗装の段階である。新三菱重工業(現・三菱重工業)名古屋航空機製作所・小牧南工場第2格納庫で、試作1号機初飛行直前の1962(昭和37)年6〜7月頃の撮影と思われる。なお、YS-11の「YS」とは同機の開発をスタートさせた輸送機設計研究協会の名称から「輸送」の「Y」、「設計」の「S」をとったものであり、「11」は、エンジンと翼の設計でそれぞれ1番目の案を採用したことに由来する。

日航製での和久光男(提供:和久光男／協力:和久淑子)◉緊急脱出用のパラシュートを装着して、試験飛行に臨む和久光男。試作2号機にて撮影。1号機にはトイレもなく「おまる」持参で乗り込んだが、トイレが付いた2号機でも掃除しなくてはならないので使えなかったという。また、和久光男夫人・淑子の証言によれば、テスト飛行搭乗にあたっては1回900円の特別手当がついたらしい。

◉当初から組織委員会に食い込んでいたYS－11

一九六二(昭和三七)年三月から四月にかけて行われた高島ミッションによる各国への「空輪案」の説明は、シンガポールでのトラブル(P092参照)などを除いては概ね理解を得られたようだ。高島文雄自らが出馬しての必死の説得が、何とか功を奏したということなのだろう。

しかし、まだ不安材料は残っていた。聖火リレーコース踏査隊が訪れたアフガニスタンのカブールでは、隣のパキスタンに渡すのは御免被るとキッパリ言われていた。これについては陸路の聖火リレーはなくなったのでまずは安心となったが、踏査隊がインド通過中にシリアがアラブ連合を脱退したり、ビルマ(現・ミャンマー)で一九六二年三月二日に軍事クーデターが起きて、踏査隊が交渉した人々が政変で失脚したり……と、聖火リレーの舞台となる中東から東南アジアにかけての国々は大いに揺れていた。実際に聖火リレーが行われる二年後まで、何が起きるか予断を許さない状況だったのだ。一九六〇年代とは、そんな激動の時代だったのである。

そんななかで、聖火の「空輪」計画が具体的に始動することになる。その主体となったのが、組織委員会内に発足した聖火リレー特別委員会である。

一九六二年七月四日に開かれたその第一回会合における資料によると、国外ルートは「アジア競技連盟加盟国を政治的と技術的に可能なかぎりに於て空路を歴訪する」ことが提案される。国内ルートは三案が提案されて、A案が第三回アジア競技大会方式を骨子としたもの、B案が四六都道府県(当時)をすべて回り、南北よりそれぞれ二本の計四本のルートで東京に集まるというもの、C案が沖縄から東京へ空輪での直行案である。国外はともかく国内ルートのB案については、実際にほぼそのまま行われることになったのは驚くべきことだ。さらに注目すべきは、この時点で「日本の最初の着陸地点は沖縄」という案がすでに出ていたという事実である。

ここから先の聖火リレー特別委員会、あるいはその下部組織についての話は、秩父宮記念スポーツ博物館・図書館に残された膨大な資料を中心にして進めていくが、この聖火リレー特別委員会初会合ではまず同委員会の委員長に前出の高島文雄を選出。「アテネからアジア各国を現状で可能の範囲の国々を歴訪する」ことが明文化され、「日本の最初の着陸地点は沖縄とする」ということも決定した。さらに国外小委員会、国内小委員会、技術小委員会の三つの小委員会が、聖火リレー特別委員会の下に発足することも決まったが、この段階ではまだどんな航空機を使うかという議論はなされていない。航空機については国外小委員会で取扱うということだけが決まっただけだ。そんな聖火リレー特別委員会に、高島文雄のほかにあの中島茂が参加していたことはいうまでもない。

さらに、その聖火リレー特別委員会初会合が行われた翌日の一九六二年七月五日付で、ひとつの注目すべき文書が作成されているのだ。題して『P２VとYS－11の比較』。まだ聖火リレーの本格的論議が始まったばかりの段階で、早くも「YS－11」の名前が挙がっているのである。

この文書は「日本航空機製造」の便せんに手書きされており、この時点で日航製が組織委員会と関わりを持っていたことが分かる。驚くべきことに、まだYS－11が初飛行もしていないうちから日航製はすでに組織委員会に食い込んでいたのだ。飛んでもいない飛行機の聖火空輸起用という発想など、どう考えても組織委員会側から自発的に出て来る訳がないのである。

さらに興味深い点としては、聖火空輸におけるYS－11の起用があくまで「国外」での使用を前提に語られていたらしいこと。実際の聖火空輸に使用された時の国内空輸ではなく、アテネから沖縄までの長期にわたる聖火の輸送に使用することが想定されていたようなのだ。戦後初となる国産旅客機の世界デビューを、東京オリンピック聖火リレーで行おうと目論んでいたのである。

◉民間機YS－11であるべき理由

聖火リレー特別委員会が始動してすぐに浮上してきた、YS－11起用という提案。しかもそれは、国内ではなく国外リレーで使われること前提の話だったと思われるから驚きである。

その根拠は、YS－11のメリットをうたうこの文書のタイトルが『P2VとYS－11の比較』となっていたことで分かる。比較の対象となっている「P2V」とは、海上自衛隊の対潜哨戒機「P2V－7」のこと。P2V－7は、第三回アジア競技大会で聖火輸送に使用された飛行機である(P028参照)。

第三回アジア競技大会の聖火は、マニラから沖縄、そして岩国空港に検疫のため立ち寄り、さらに鹿児島県の海上自衛隊鹿屋基地に運ばれた。まずはこうした第三回アジア競技大会の空輸を意識しての話なのだから、今回も国外使用を前提とした話と考えられるのである。

その際には航空法の制限からいわゆる「危険品」である聖火の機内持ち込みができず、民間機の起用を諦めた。そこで自衛隊機であるP2V－7が使われたのではないかという推論は、本書ですでに述べた通りだ(P030参照)。ならば、東京オリンピックでもP2V－7を使えば事は簡単である。なぜそこで、改めてYS－11という民間機を使う話が蒸し返されるのだろうか。

『第三回アジア競技大会報告書』(財団法人日本体育協会)の聖火リレーのくだりをよく読むと、その理由が何となく透けて見えてくる。確かにP2V－7を使用することで空輸はうまくいったが、その際に「国際的な手続にはかなりの苦心が払われた」とも書いてある。軍用機である自衛隊機を使用するためには、フィリピン政府、アメリカ空軍、琉球政府(沖縄駐留アメリカ空軍を含む)等との間で多岐にわたる手続きを行う必要があった。この三者を相手にしただけでも「かなりの苦心」だったというのだ。東京オリンピックの何か国にもわたる聖火輸送では、果たしてどれほど煩雑な

海上自衛隊の対潜哨戒機「P2V-7」（提供：海上自衛隊）◉1958（昭和33）年の第3回アジア競技大会・聖火空輸の際に使われた対潜哨戒機。ただし、一連の東京五輪・聖火リレー特別委員会関連の資料においては、与圧していないために高高度飛行を行う場合には酸素吸入が必要となる点や、収容できる乗客数が少ない点などが弱点であることを常に指摘されていた。

員奥沢時四郎さん(三九)で酔って終電に乗り遅れ、線路伝いに帰る途中眠くなり寝込んでいたもの。

聖火本土へ到着

【岩国】アジア大会の聖火は二十五日午前九時すぎ海上自衛隊P2V7二機で沖縄を出発、午後零時十五分、雨の岩国飛行場についた。空港には土肥岩国市長ほか関係者約百人が出迎えた。給油ののち再び海上自衛隊機に分乗、鹿屋に向かう。鹿屋から陸上を若人にリレーされ、五月二十四日神宮競技場に着く。

岩国についた聖火＝岩国電送

P2V-7によって聖火が岩国基地へ到着（1958〈昭和33〉年4月25日付『毎日新聞』夕刊より／提供：国立国会図書館）◉1958（昭和33）年4月25日午後0時15分、海上自衛隊の対潜哨戒機P2V-7に載って、第3回アジア競技大会の聖火が雨の降る岩国飛行場に到着。入国手続きや検疫、給油のための着陸だったが、ここが実質的に本土初上陸の場であった。不鮮明ではあるが、記事の写真中央が聖火派遣団の松沢一鶴、その右が森岡一夫、そして左端で聖火灯を持っているのが中島茂と思われる。

手続きとなってしまうのか。軍用機使用に腰が退けてしまうのも、無理はないかもしれない。

しかし先にも述べたように、第三回アジア競技大会の際には民間機で聖火輸送ができなかったから軍用機を使ったはずである。では、なぜ今回は民間機起用の話が再燃したのだろうか。

改めて国土交通省航空局の運航安全課に問い合わせてみると、民間機での聖火輸送断念の根拠となった昭和二七年七月三一日運輸省令第五六号の『航空法施行規則』では、第一九四条第二項の五号に次のような例外が認められているという。いわく、「航空機以外の輸送手段を用いることが不可能又は不適当である場合において、国土交通大臣(当時は運輸大臣)の承認を受けて輸送する物件」……。航空機でないと運べないもので、かつ大臣の認可が得られた場合ならば、民間機でも危険品を運べるのである。確かに考えてみると、海外ではヘルシンキ大会などで前例もあった。

しかるべき手続きさえ踏めば、軍用機P2V－7より海外での運航手続きを簡便に進められる。今回は一〇か国以上を訪問する空の旅なのだ。それプラス、YS－11の「世界への晴れ舞台」を演出できる……とすれば、まさに一石二鳥。まして、YS－11は当時の「国策」でもあった。

一九六二(昭和三七)年八月四日、聖火リレー特別委員会下の国外小委員会第二回会合資料には、「使用航空機は可能な限り国産機であることが望ましい」という文言が早速入って来る。「国産機」イコール「YS－11」である。ここでは、初めてYS－11起用を積極的に推しているのだ。

同年八月一八日の聖火リレー特別委員会の『中間報告書』でも、YS－11とP2V－7の使用が検討されていると明言。それどころか、YS－11の方が「熱望されている」とまで言っている、だがその一方で、「聖火リレーの実施までに完全に使用可能であるか否か」が問題だ……という指摘もされている。この時はまだ、確実なことは一九六二年末まで分からない状態だったようなのだ。

それでも聖火リレー特別委員会における空気は、YS－11起用へと徐々に傾きつつあった。

メルボルン大会の聖火がアテネから出発（提供：カンタス航空／協力：株式会社プラップジャパン）◉1956（昭和31）年11月4日、アテネのヘレニコン空港から出発直前のメルボルン・オリンピック聖火特別機。このように民間機でも「聖火」を機内に持ち込んで輸送することは可能であり、すでに何度かの聖火フライトで前例があった（P057参照）。1958（昭和33）年の第3回アジア競技大会聖火空輸の際に自衛隊機を使用した理由は、マニラ～沖縄～鹿屋間だけの輸送だったので手続き上はその方が簡単だったということもあったが、東京五輪がすでに射程距離に入っていた段階でいろいろな可能性を試したいという面もあったのかもしれない。

YS-11試作1号機の修祓式（提供：三菱重工業株式会社）◉1962（昭和37）年8月24日、YS-11試作1号機の修祓式の様子。試作1号機は機首の先端に細長い標準ピトー管（注：大気の動圧と静圧を正確に測るための長い棒状のもので、機体の影響を受けないように前方に突き出してある）が付いているが、この日はそこにしめ飾りを飾っている。この試作1号機は、同年7月11日にロールアウトした。

◉国外聖火リレーコースが見えてきた

一九六二(昭和三七)年八月四日の国外小委員会第二回会合から、YS－11の使用が積極的に打ち出され始めた聖火空輸。それと同時に、聖火を実際に運ぶコースも確定しつつあった。この会合で一応の結論を見た訪問地は、次の通りである。

一九六二年八月四日案

アテネ〈ギリシャ〉、イスタンブールとアンカラ〈トルコ〉、ベイルート〈レバノン〉、ダマスカス〈シリア〉、バグダッド〈イラク〉、テヘラン〈イラン〉、カブール〈アフガニスタン〉、ラホール〈西パキスタン〉、ニューデリー〈インド〉、カトマンズ〈ネパール〉、ニューデリー(再)とカルカッタ(現・コルカタ)〈インド〉、ダッカ〈東パキスタン(現・バングラデシュ)〉、ラングーン(現・ヤンゴン)〈ビルマ(現・ミャンマー)〉、バンコク〈タイ〉、クアラルンプール〈マラヤ(現・マレーシア)〉、ジャカルタ〈インドネシア〉、シンガポール、マニラ〈フィリピン〉、台北〈中華民国〉、香港、ソウル〈韓国〉、沖縄(地名は資料の表記のまま。カッコ内注記は著者による)。

このコースが一応の決定を見た理由には、聖火リレー特別委員会内の空気がYS－11起用の方向に傾きつつあったことと関係があったと見られる(P110参照)。この案はほぼそのまま同年八月一八日の聖火リレー特別委員会『中間報告書』のなかにまとめられて組織委員会に提出された。

航空機の機種とコースが固まりつつあることで聖火リレー計画全体が大きく前進を見せたそんな頃、YS－11をさらに後押しするニュースが、組織委員会にそして日本中に伝わろうとしていた。

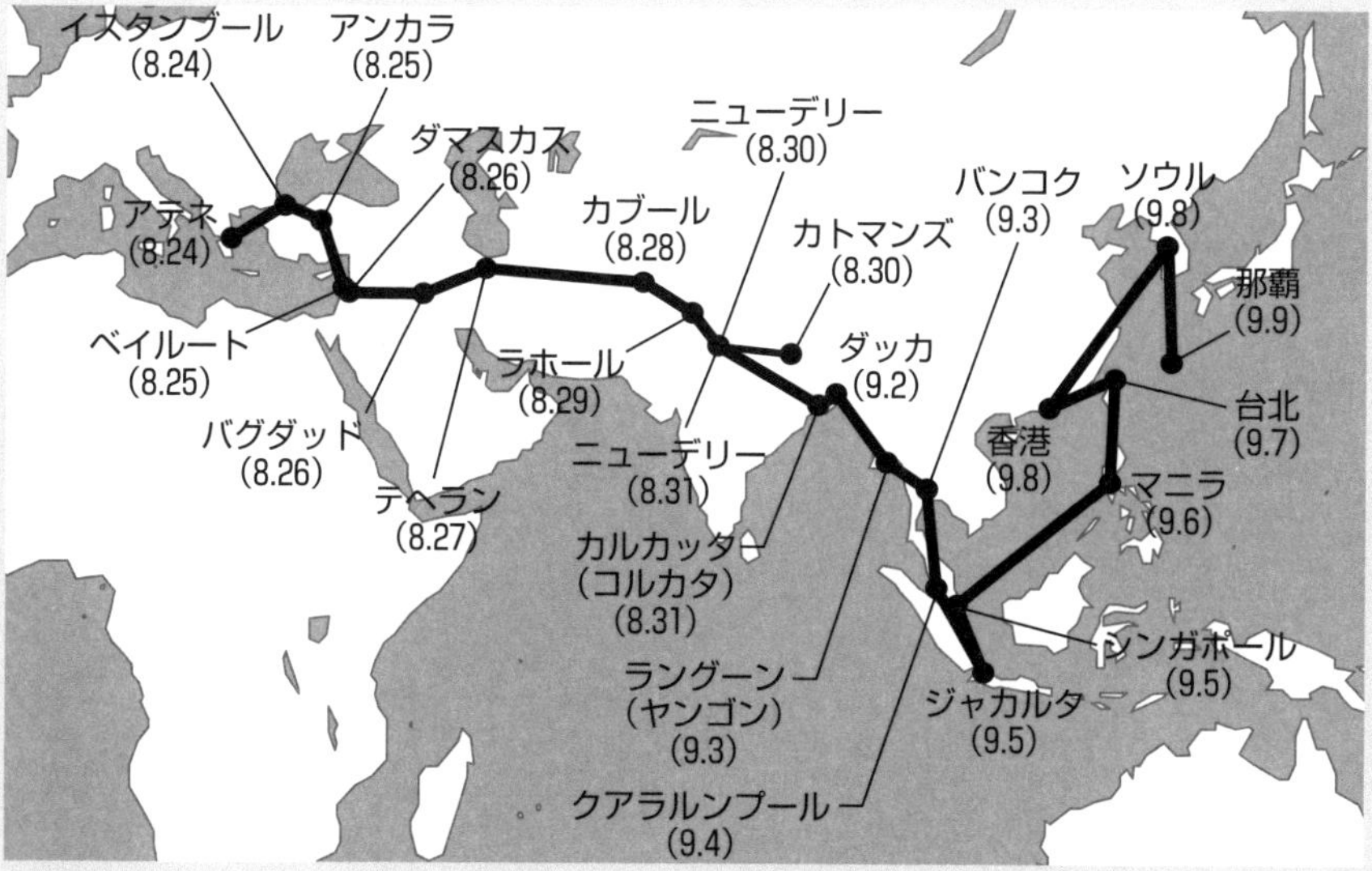

国外聖火リレー・コース1962年8月4日案●1962(昭和37)年8月4日の聖火リレー特別委員会・第2回国外小委員会において決定したと思われる最初の国外リレー・コース案。アテネ～沖縄間で21都市への歴訪を予定したプランである。同年8月18日提出の聖火リレー特別委員会『中間報告書』に記載され、組織委員会に提出された。この図の都市名の下にあるカッコ内は予定された到着日の日付であり、『中間報告書』の内容を参考にしている。

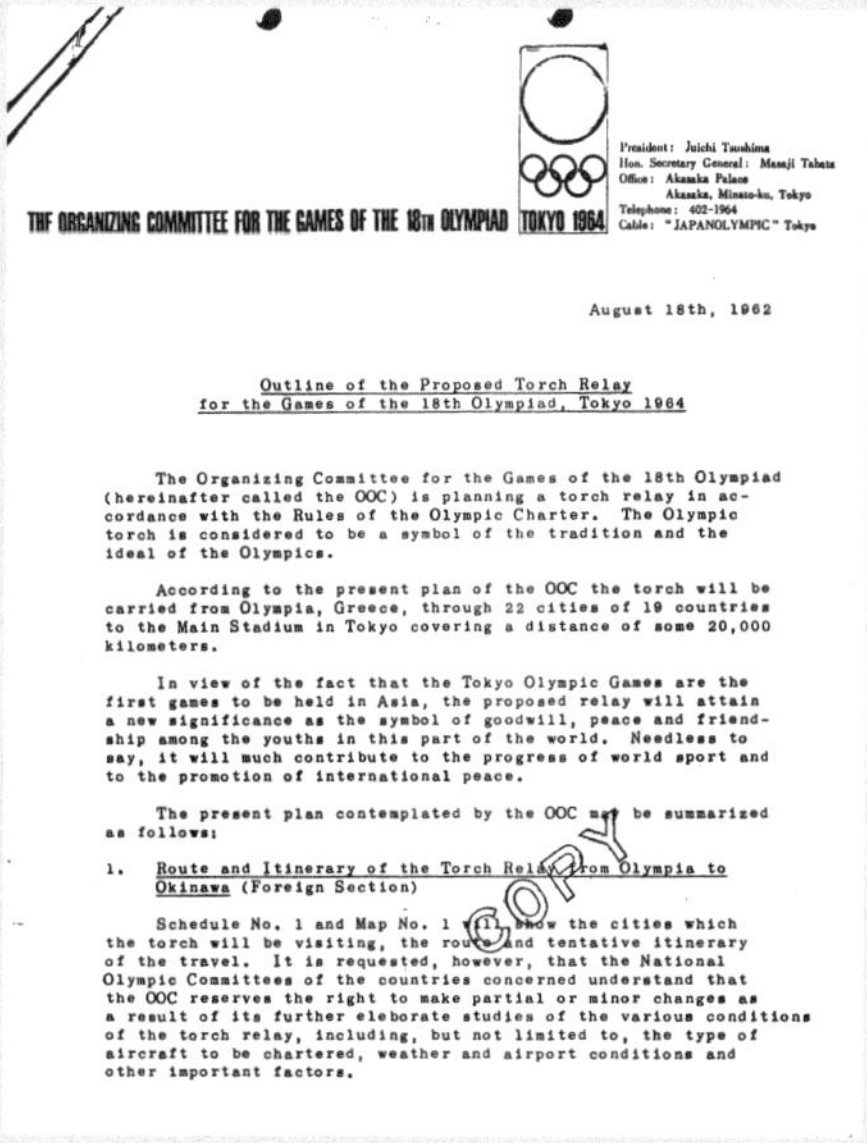
THF ORGANIZING COMMITTEE FOR THE GAMES OF THE 18TH OLYMPIAD　TOKYO 1964

President: Juichi Tsushima
Hon. Secretary General: Masaji Tabata
Office: Akasaka Palace
Akasaka, Minato-ku, Tokyo
Telephone: 402-1964
Cable: "JAPANOLYMPIC" Tokyo

August 18th, 1962

Outline of the Proposed Torch Relay
for the Games of the 18th Olympiad, Tokyo 1964

The Organizing Committee for the Games of the 18th Olympiad (hereinafter called the OOC) is planning a torch relay in accordance with the Rules of the Olympic Charter. The Olympic torch is considered to be a symbol of the tradition and the ideal of the Olympics.

According to the present plan of the OOC the torch will be carried from Olympia, Greece, through 22 cities of 19 countries to the Main Stadium in Tokyo covering a distance of some 20,000 kilometers.

In view of the fact that the Tokyo Olympic Games are the first games to be held in Asia, the proposed relay will attain a new significance as the symbol of goodwill, peace and friendship among the youths in this part of the world. Needless to say, it will much contribute to the progress of world sport and to the promotion of international peace.

The present plan contemplated by the OOC may be summarized as follows:

1. Route and Itinerary of the Torch Relay from Olympia to Okinawa (Foreign Section)

Schedule No. 1 and Map No. 1 will show the cities which the torch will be visiting, the route and tentative itinerary of the travel. It is requested, however, that the National Olympic Committees of the countries concerned understand that the OOC reserves the right to make partial or minor changes as a result of its further eleborate studies of the various conditions of the torch relay, including, but not limited to, the type of aircraft to be chartered, weather and airport conditions and other important factors.

関係各国に送られた聖火リレーに関する概要(提供:沖縄県公文書館)●1962(昭和37)年8月18日付で、組織委員会より聖火リレー関係各国に送られたと見られる文書。内容はいわゆる「1962年8月4日案」の聖火リレー訪問地とスケジュール、第3回アジア競技大会で使用されたトーチの図(東京五輪用に改良されると説明されていた)など。この画像は、沖縄での聖火リレー協力を要請するために沖縄を統治していた米国側に提出された書類で、沖縄県公文書館がアメリカ陸軍参謀本部文書より複写したものである。

2 視界不良のなかを飛ぶ

◉その日、不安感は少しもなかった

一九六二(昭和三七)年八月三〇日、午前六時。名古屋の空は青く晴れていた。

いつもは静かな新三菱重工名古屋航空機製作所の小牧工場は、異様な熱気に包まれている。この日、戦後初の国産旅客機として開発されてきた「YS－11」が、いよいよ初飛行を迎えるのである。早朝にもかかわらず、すでに同工場には数多くの報道陣が詰めかけていた。YS－11関係者たちの間にも、徐々に緊張感が高まっていく。

以降の状況については、一九六二年八月三〇日付毎日新聞夕刊、同日・朝日新聞夕刊をはじめとする新聞各紙、ならびに社内報である『新三菱名古屋ニュース』第四二号(昭和三七年九月一六日号)などを参考に構成していく。

同工場第四格納庫前にYS－11が姿を見せると、約二〇〇人の報道陣がわっと同機を取り巻く。午前六時半頃には日航製企画部長の太田稔が小牧工場に現れ、やがて新三菱重工技術部次長の堀越二郎、川崎航空機工業技術顧問の土井武夫、日本大学教授の木村秀政といった面々もやってくる。あいにく菊原静男は都合によりこの場に駆けつけられなかったが、YS－11の設計に携わった例の「五人のサムライ」のうち四人がこの場に集まった訳だ。

木村はカメラバッグを肩から下げて機体に近づき、何枚か写真を撮影する。太田もメモ用紙に整備状況を書き留める。堀越と土井は日航製社長の荘田泰蔵ら関係者と話し合ったりして、「その時」を待ち構えていた。さらにその場に

YS-11の離陸（提供：三菱重工業株式会社）●1962（昭和37）8月30日、YS-11は名古屋空港において初飛行を行った。関係者や報道陣たちの見守るなか、同機が離陸したのは同日午前7時21分。北西1.5メートルの微風に乗って舞い上がり、名古屋空港の上空を一周した。

初飛行、みごと成功

国産ジェット機YS―11

戦後初のターボ・ジェット・エンジンを備えた国産旅客機YS―11の飛行テストは快晴の三十日朝、名古屋空港で行なわれ、みごとに成功した。国産の翼は戦後十七年より、再びよみがえったのだ。

午前六時すぎ、新三菱重工小牧工場の第四格納庫前に真っ白な上半分にブルーの横線を配した双発六十人乗りのYS―11がスマートな姿を見せると、待ちかねた約二百人の報道陣が取り巻く。YS―11はぐっと翼を張った全幅三十二mに対し、四・四二mというプロペラの大きさが目立つ。設計者の一人、太田稔日航製企画部長は「このため馬力がぐっとついて、片方のエンジンだけでも滑走路が千二百mもあれば離着陸は十分、滑走路が少々悪くても苦にならず全

快調に　名古屋市周辺の上空を初飛行する国産中型旅客機YS―11型1号機（中央は矢田川の天神橋）＝毎日新聞社機明星号から30日午前7時45分ごろ写す

YS-11初飛行を報じる記事（1962〈昭和37〉年8月30日付『毎日新聞』夕刊より／提供：沼口正彦）●YS-11初飛行の興奮を伝える新聞記事。見出しに「国産ジェット機」とあるのは、YS-11に搭載されたターボプロップ・エンジンが、ガスタービン出力でプロペラを回転させるジェットエンジンの一種だからである。写真は、YS-11が名古屋上空を飛ぶ様子。中央に見えるのは矢田川の天神橋。午前7時45分頃、毎日新聞社機「明星号」から撮影。

は、ＹＳ－11のエンジンを担当したロールスロイス者主任技師のＬ・ホーワース、ジェット戦闘機Ｆ－１０４ライセンス生産のためにここ小牧工場に来ていた、同機製造顧問であるロッキード社の技術スタッフも居合わせていたようだ。

こうして数十人の地上整備員が最後の点検に取り組み、グレーの飛行服に身を包んだ日航製パイロット、機長の近藤計三と副操縦士の長谷川栄三がやって来てＹＳ－11に乗り込む。エンジン始動の後、地上テストを終えたＹＳ－11は、飛行場の誘導路を滑り出す。その場で見守っていた四人の「サムライ」たちも、帽子をとって機上のパイロットたちにあいさつした。

やがて飛行場南端の滑走路に差し掛かったＹＳ－11は、離陸体勢に入るやわずか五〇〇メートル足らずの滑走で軽々と舞い上がった。離陸は午前七時二一分。

「軽くあがった」と木村秀政は語った。「たいした馬力は出していない。成功です」

エンジン音を響かせ空を舞うＹＳ－11の勇姿に、思わず地上から歓声が上がる。同機は名古屋空港の上空を一周すると、南へと向かった。やがて午前八時一七分に拍手で迎えられながら名古屋空港へと着陸。フライトタイムは五六分。たった一時間にも満たない飛行ではあったが、それは間違いなく日本の航空にとってエポック・メイキングな瞬間ではあった。

出迎えの荘田日航製社長らと握手を交わした近藤機長は、前述の毎日新聞記事に次のようなコメントを残している。

「ＹＳ－11で飛んでみて危険だとか不安感は少しもなかった」

まさに前途洋々。おそらくこのニュースは東京オリンピック組織委員会にもただちに伝えられたはずで、関係者たちも大いに歓迎したに違いない。もはや、聖火リレー計画に一点の曇りもなし。

だがその日を境に、ＹＳ－11は一転して「視界不良」のなかを飛び続けることになるのである。

名古屋空港に戻って来たYS-11（提供：三菱重工業株式会社）◉三菱重工業によれば、離陸5分後に岐阜から伊勢湾北部、離陸8分後に伊勢湾上空に達した。また、1962（昭和37）年8月30日付け『毎日新聞』夕刊によれば、YS-11は離陸後に名古屋空港の上空を一周した後、四日市〜横須賀と伊勢湾上空を高度約3000メートルで旋回。方向舵・昇降舵の効果を確認したり、左右旋回や失速テストなどの各種テストを行った後で、午前8時17分に名古屋空港に着陸した。写真は同機が着陸体勢に入っている様子。

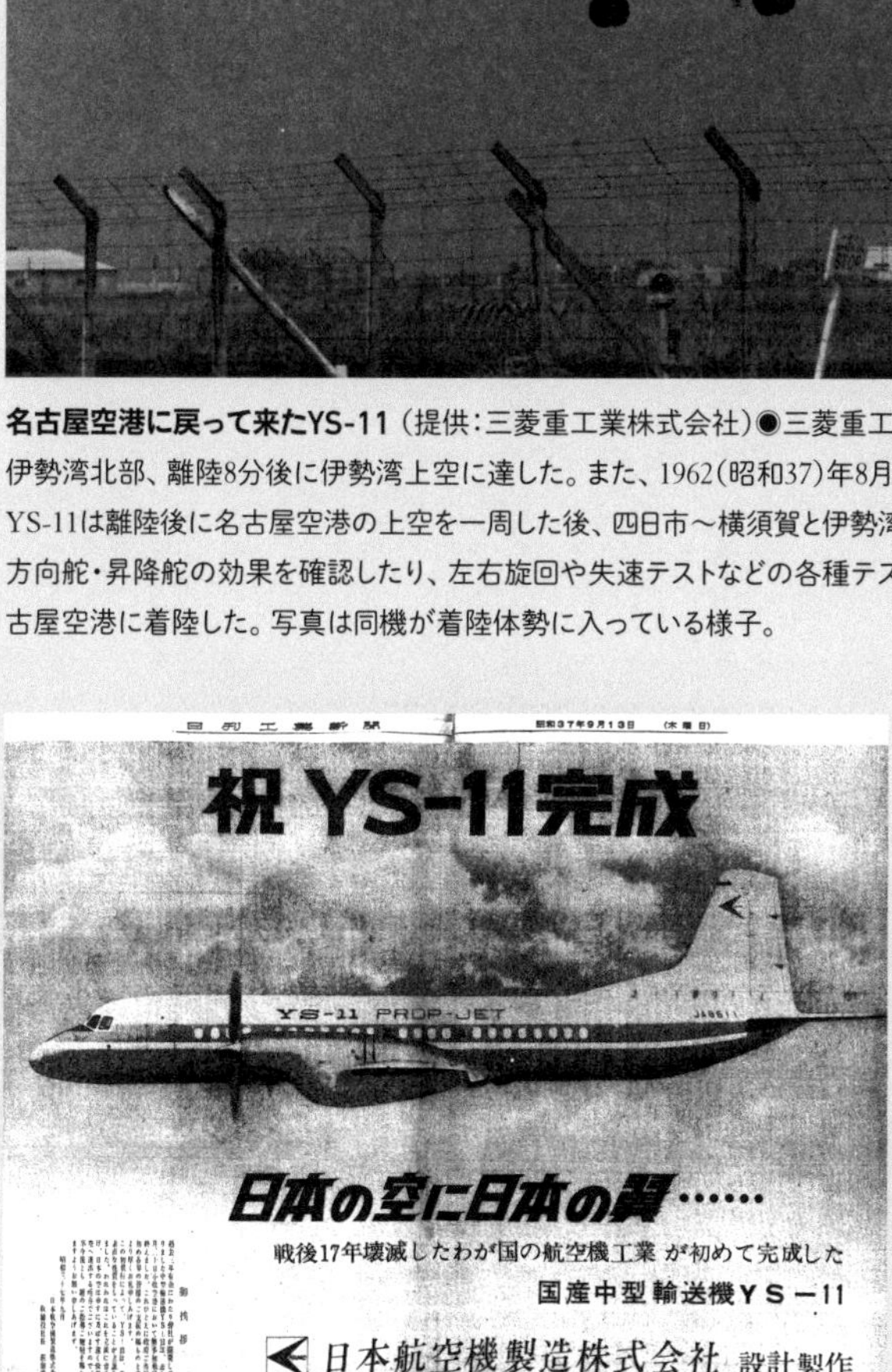

YS-11完成を記念する新聞広告（1962〈昭和37〉年9月13日付け『日刊工業新聞』より／提供：沼口正彦）◉1962（昭和37）年8月30日の初飛行を受けて掲載された、YS-11の祝賀広告。ここに掲載したのは全面広告の上半分で、下半分にはYS-11誕生の経緯、YS-11の性能や諸元、そして関連各社の名前がズラリと並ぶという内容だった。

●超多忙な男が抱いた秘かな懸念

無事に初飛行を成功裏に終えて日本中を沸かせたYS－11が、プロジェクトとして軌道に乗ったかに見えた一九六二(昭和三七)年後半。第三回アジア競技大会からずっと聖火と取り組んで来た中島茂は、まさに忙しさの真っただ中にいた。

中島が一九六〇(昭和三五)年のローマ大会を事前視察していたことは、すでに述べた通りだ。中島は聖火リレーだけを見ていた訳ではなく、ローマでの開会式ではプログラムにあちこち細かく書き込みをして、東京での「本番」のために詳細を具体的に記録した。その後、中島は式典副本部長も務め、東京五輪開会式・閉会式の中枢的な役割も担うことになる。

聖火リレーのプランニングでも、もちろん中島は常にその中心にいた。一九六二年七月四日に第一回会合が開かれた聖火リレー特別委員会のメンバーだったことは、すでに述べた通り(P107参照)。だが中島の役割は、それだけにはとどまらない。

聖火リレー特別委員会の下には、国外でのリレーを検討する「国外小委員会」、国内でのリレーに関する「国内小委員会」、さらに聖火のためのトーチ、聖火灯などの設計、開発に関わる「技術小委員会」の三つが発足して、より具体的なプランを策定するべくそれぞれ動いていた。そして中島は、これら三つの小委員会すべてに参加。「技術小委員会」に至っては、最終的にその委員長を務めるに至っているのである。しかも、三つの小委員会すべてに参加している人物は、中島茂ただひとり。その事実を持ってしても、当時の中島がいかに周囲に頼られていたかが分かる。

その多忙ぶりは、東京大会を半年後に控えた一九六四(昭和三九)年四月三〇日付けスポーツ中国のコラム『スポーツサロン』でのインタビューにもうかがえる。そこで「毎日寝るひまがないくらい」と語る中島だが、実はその忙しさは一九六二年の時点ですでに現実のものとなっていたのだ。

技術小委員会のメンバーとしては、東京大学工学部教授の安東新午らとともに聖火灯やトーチの改良を重ねていた。国内小委員会のメンバーとしては、各都道府県のリレーコースの調整に奔走。「金を出すからコースにしてくれとか、コースからはずしたらバリケードを作って通せんぼするなんてのもありますし」……と、さすがに当惑することが多かったようだ。しかし、「でもこれを解決するのも私の仕事ですから」と受けてしまうのが、小委員会を三つ全部引き受けるこの人らしいところ。

そしてもちろん、国外小委員会での国外聖火リレー計画立案が待ったなしだ。海外事情やら航空機の問題など、必ずしも中島の専門領域とはいえない難問が山積。それでも第三回アジア競技大会以来の経験を生かして、何とかこの難事業を捌かなければならない。

このスポーツ中国の記事では「役人くささは全然ない」と評され、後の一九七二(昭和四七)年一月五日付毎日新聞夕刊のコラム『ひと』では「自ら〝粗野〟とか〝野人〟と称する」と書かれる中島は、本来は豪快でざっくばらんな人物だったようである。後者の毎日新聞の記事でも、「わーし、ちーっと、ここ(アタマをさす)が弱いもんですから、どーも、いい加減がでけんのです」と型破りなコメントを発している。そんな中島ではあるが、さすがにこれほどの激務はいささか度を越していた。そんな連日の多忙ぶりが、彼の心と体に徐々に過大な負荷をかけていったようだ。

実はこの時期の中島は、その豪快な振る舞いとは裏腹に秘かな懸念を抱いていた。

そのひとつは、極めて個人的なもの。それも健康に関する悩みであった。中島の左目に、徐々に異常が起きていたのだ。中島は前出の毎日新聞のインタビューで、このように語っている。「当時、文部省の主任体育官で、施設や予算をやっとったんです。ところがある日、陸上のトラック、フラットなはずなのが、デコボコに見えるんですワ。びっくりして医者に行ったら、中心性網膜炎。スクリーンがぶっこわれて、写真がうつらんちゅうことですワ」

「中心性網膜炎」あるいは「中心性網膜症」とは、網膜の中心部にある黄斑に水が溜まったりむくみが生じる病気である。原因はよく分かっていないが、忙しい人に起きやすいためストレスが原因になるともいわれている。まさに、中島がかかるべくしてかかった病気なのだ。本来は自然に治癒することも多く、決して治らない病気ではないらしいのだが、中島はまさにこれから忙しさの本番を迎えようとしているところ。とてもじっくり休みをとったり、治療に専念しているヒマはなかった。毎日新聞の記事には、聖火リレーの件で医者に通うのもままならなくなった中島のコメントが載っている。いわく、「もう来れないといったら〝オリンピックか目か〟と、しかられましたがねェ。しょんないですワ」とのこと。つまり、目の病気を放置せざるを得なくなったというのである。

スポーツ中国の記事もこの件について触れていて、「そんなことを気にしてたらりっぱな聖火リレーはできませんよ」という中島自身のコメントも紹介しつつ「わが身を犠牲にしている」と美談にしているが、果たして中島自身の本音はいかなるものだっただろうか。やるとなったら「どーも、いい加減ができけんのです」という中島の性分からして、これしか方法がなかったのだろうか。三つの小委員会すべてに関わらざるを得なかったというのも、かなり無茶な話だ。中島は同じスポーツ中国の記事の中で自らのことを「いまではまったくのオリンピック屋ですよ」と語っているが、この言葉が妙に意味深に聞こえてくる。それは、「美談」などではなかったのではないか。

こうして左目の病いをおして聖火リレー計画の具体化に邁進していく中島は、外出ではサングラスを常用するようになる。ある時期から中島の写真にサングラス姿のものが増えていくのは、そういう理由からだ。決して恰好をつけている訳でも強面に見せるためでもなかったのである。

そんな中島の胸の内には、実はもうひとつの懸念があった。

ローマ大会開会式プログラム（提供：池田宏子、池田剛）◉中島茂は来たるべき東京大会の参考のため、1960（昭和35）年8月25日のローマ大会開会式に参列した。その際に、開会式プログラムの随所に東京での本番のための注意事項を書き込んでいた。表紙のスタジアム写真にも、旗の本数や配置などの詳細な書き込みを入れている。

サングラスをかけた中島茂（提供：朝日新聞社）◉1963（昭和38）年3月22日、報道陣を前に聖火リレー用トーチと聖火灯の試作品を披露する中島茂。1960（昭和35）年8月のローマ・オリンピック聖火採火式での写真ではかけていなかったサングラスを、このあたりから常用するようになる。東京都千代田区・赤坂プリンスホテルでの撮影。

◉誰が猫に鈴をつけたのか？

YS－11初飛行の成功で、国外聖火リレーにも一気に楽観ムードが漂ったはずの一九六二（昭和三七）年後半。だが、なぜか計画に目立った進展はなかった。同年一〇月から一一月にかけてはキューバ危機による米ソ対立で世界が騒然としていたが、そんなこととはまったく関係がない。聖火リレー案については、なぜか年末の段階までまったく身動きできない状態になってしまうのである。

同年一二月一五日の聖火リレー特別委員会第三回会合提出用資料には、使用航空機について「空路で聖火を運ぶための飛行機は可能ならば国産輸送機YS－11が望ましい」と書かれており、初飛行成功の余韻を感じさせる。だが、その一方で協議事項について「使用飛行機についてさらに慎重に研究する」と書かれている資料もあって、YS－11にまだ「当確」サインは出ていなかったのだ。

その一方で、組織委員会には次々とYS－11のアドバンテージを印象づける情報が持ち込まれていた。同じ聖火リレー特別委員会第三回会合に「競技部式典課」名義の『航空機YS－11とP2V－7の比較』なる一二月一五日付書類が提出され、YS－11の優位性を大いにアピールしていたのである。

この書類に限ったことではないが、P2V－7を比較対象にしてのYS－11の「メリット」は三つ。まず❶YS－11が与圧客室である、ということ。与圧客室でなければ高い高度を飛べないので、結果的にスピードも上がらないのである。そして、❷搭乗できる人数も六〇人対七人とYS－11が圧倒的に多いこと。さらに、❸離着陸に必要な距離が短いこと……が挙げられる。

特に、三番目の「離着陸のための距離」の問題は大きな利点であり、訪問地の選択にも影響が出て来る重要な要素である。当時のアジア各国において空港事情は今日ほど恵まれたものではなく、必ずしもすべての空港が長い滑走路を持っていた訳ではなかった。したがってYS－11が使えるか使えないかという問題は、国外の訪問地やコースの決定を左右する重要な要素でもあった訳だ。逆にいうと、航空機の機種が決定しないうちは訪問地もコースも確定しないということになる。

問題の『航空機YS－11とP2V－7の比較』という文書には「聖火訪問予定都市の飛行場における適、不適」と題してアテネ、沖縄を含む合計二三か所の空港が候補地として挙げられている。そこでは、YS－11は二三か所すべてに適合していた。それに対して、P2V－7はカブール、ラホール、カトマンズにおいて、離着陸距離の問題と耐圧不足で「不適」。その他も「要検討」の空港が数か所あって、YS－11が圧倒的に有利という内容となっていたのである。

それなのに、聖火リレー特別委員会の資料にはこの段階でも「さらに慎重に研究する」などという意見が出ている。これは一体どういうことだったのだろうか。YS－11に一体何が起きていたのか。

この第三回聖火リレー特別委員会では、YS－11開発中の日航製からもうひとつ奇妙な文書が提出されていた。同社便せんに手書きされた、『聖火輸送のためのYS－11について』という文書である。

内容を見てみると、冒頭でいきなり「第二号機と第三号機とも三九（一九六四）年五月までに聖火輸送用のための設備を完了します」と書いてある。この段階では、聖火空輸のためにYS－11を二機使用する予定だったのだ。その理由は、YS－11が新しい飛行機だったことにある。

開発されたばかりの飛行機では、どうしてもまだ信頼性に欠けるところがある。しかも聖火フライトのような海外の長道中では、何が起きるか分からない。そこで、YS－11を二機並行して飛ばす「雁行飛行」が予定されていたのである。だが、これは当然コストが上がることを意味する。

また、例によってYS－11のメリットが列挙されており、「ネパールの首都カトマンズなどは滑走路が短くてDC－3型しか降りられないのですが、YS－11の離着陸には充分な長さがあります」と離着陸の距離を自賛。だが、問題はその後である。客室の広さや快適さについて「酷熱地獄の飛行場からひんやりしたＹＳ－11に乗り込み、充分に冷えたアイスコーヒーなどを飲んでいるうちにヒマラヤに……ということになると思います」というくだりは笑って見過ごすとしても、操縦に関して「どなたが運航されても操縦は五、六時間もあればマスターできますので、ＹＳ－11になれるための特別な大げさな訓練は必要としません。トヨペットからセドリックに乗りかえるようなもの」と言い切ってしまっているのはいかがなものか。さすがにこれは素人目に見ても、アドバンテージどころか不安を感じずにはいられない内容だろう。あまりに過剰な「楽観主義」が、いささか不自然なのである。

これに対して案の定というべきだろうか、聖火空輸へのＹＳ－11使用にやんわりとクギを刺すような意見も出ていた。同じ第三回聖火リレー特別委員会に文部省から提出された、『聖火リレーの（国外）の予備調査について』という文書がそれである。

こちらは何かを結論づけるような強引さはほとんどないが、ＹＳ－11にまつわる問題点を冷静に挙げている。訪問予定地について周辺環境や滑走路、気象状況などを調査しておくとともに、事前に予備飛行を行って耐熱試験などを行う必要があると指摘しているのだ。

確かに新型の飛行機で一発勝負の聖火フライトは、あまりにもリスキーだろう。仮に故障したとしても、バックアップする体制がない。しかも回るのは、過酷な環境の中東～東南アジア地域である。ならばその予備飛行は、聖火空輸の本番と同じ季節にしなければ意味がない。つまり、夏である。そこから、予備飛行の時期は一九六三（昭和三八）年八月に想定されたのだが、これが問題だった。この文書では「ＯＯＣ（組織委員会）が予備飛行を計画している時期には外国での飛行は不可能である。ＹＳ－11機は昭和三九（一九六四）年四月にならねば海外飛行は可能とはならない」と、最もリスキーな点を単刀直入に指摘している。つまり、テスト飛行をやりたくともＹＳ－11はその時期に間に合わないのである。この一点において、ＹＳ－11の国外聖火空輸は無理筋な話だった。

実はこの問題点は、別に意外な話でも新たな事実でもなかった。ここまでのＹＳ－11に関する資料を見ていれば、すでにすべて出ていることだったのだ。ただ、なぜか不思議と誰も表立ってはそれに触れて来なかった。これは、いわば「猫に鈴を付けた」文書なのである。

誰もが黙っていることをズバリと「空気」を読まずに指摘している点、そしてこれが「文部省」の便せんに書かれていた点……この文書には作成者名が明記されていないが、本書をここまでお読みになった方々ならば、書き手については何となく想像がつくのではないだろうか。お察しの通り、文部省から出向して激務に取り組んでいた、あの中島茂の言動を彷彿とさせるのである。

果たして、この文書は中島が書いたものなのか。今回、この『聖火リレーの（国外）の予備調査について』という資料を取り上げるにあたって、本書ではこの文書の筆跡鑑定を試みた。正式に鑑定人に依頼して、中島の生前の手書き原稿と問題の文書とを照らし合わせたのである。長い年月が経った青焼きコピー文書からの鑑定ではあるが、それでもある程度は分かるであろうと踏んだ訳だ。

結論をいうと、鑑定人からは問題の文書の筆跡と中島の手書き原稿の筆跡とは「同一筆跡」との判断を得た。予想通り、例の文書は中島茂の手によるもののようなのである。

そして、これが中島が抱いていたもうひとつの懸念であった。聖火空輸へのＹＳ－11使用に固執して一向に国外聖火リレー計画が具体化していかないことを、中島は恐れていたようなのである。

航空の分野には「無縁」なはずの中島が、なぜここまで突っ込んだ言及をしたのか。それについては、中島がかつて旧制佐賀高等学校の教員時代に、滑空部の責任者としてグライダーに関わっていたこと（P036参照）を思い起こすべきだろう。中島は必ずしも航空と「無縁」とはいえない。グライダーとはいえ、航空の一端に関わったことのある人間だ。新型機ＹＳ－11の動向に無関心なはずがないのである。

ところがもう一方で、ほぼ同時期に当の日本航空機製造からも同社の荘田泰蔵社長名義で一通の文書が送られている。聖火リレー特別委員会の高島文雄委員長宛てで、日付は一九六二年一二月二六日。その内容は「今後の生産計画からみてＹＳ－11を昭和三九（一九六四）年四月以降において、貴委員会がご計画中の聖火輸送にご使用いただくことは充分可能」と念押しするものだ。早い話が、「聖火輸送には、何卒ＹＳ－11をご採用下さいますようお願い申し上げます」と訴える文書である。こんな文書が特別委員会に送られて来ること自体、不自然といえば不自然ではないか。

そのへんの事情も影響したのか、同年一二月二七日提出の聖火リレー特別委員会『第一次答申』では、「使用飛行機は国産機が望ましいが機種についてはさらに慎重に協議する」とＹＳ－11の使用について一歩後退した表現となっている。どうやら、誰もが何らかの異変を感じ始めたようである。

その件も含め、同日に行われた組織委員会の第三六回会合ではちょっとした紛糾があったようだ。オリンピック東京大会組織委員会による『組織委員会議議題集』によれば、まず「安井委員」が聖火リレー計画全体に関して「本案は組織委員会で慎重に審議し、決定計画を確認の上実施機関である事務局に移すべきである」と力説。さらに「柳田委員」が「機種の選定には、国産機というより民間機ということに比重をおくべきだ」と畳み掛けてきた。この「安井委員」「柳田委員」は、それぞれ衆議院議員の安井謙、柳田秀一と思われる。これに対して組織委員会の事務次長である松沢一鶴は「出来るだけＹＳ－11を使用したい」と答弁したもののタジタジの様子。考えてみれば、聖火空輸というとＹＳ－11とＰ２Ｖ－７の二択しかないということからして、そもそも不自然なのである。

また、「福永委員」（こちらも衆議院議員の福永健司と考えられる）も国外聖火リレー計画に対して「前例に比して過大規模となっているのではないか。予算関係を考慮の上実現可能案を作成すべきである」と発言。ここへ来て、組織委員会内ににわかに微妙な空気が流れ始めた。

ではその頃、肝心のＹＳ－11には一体何が起きていたのか。

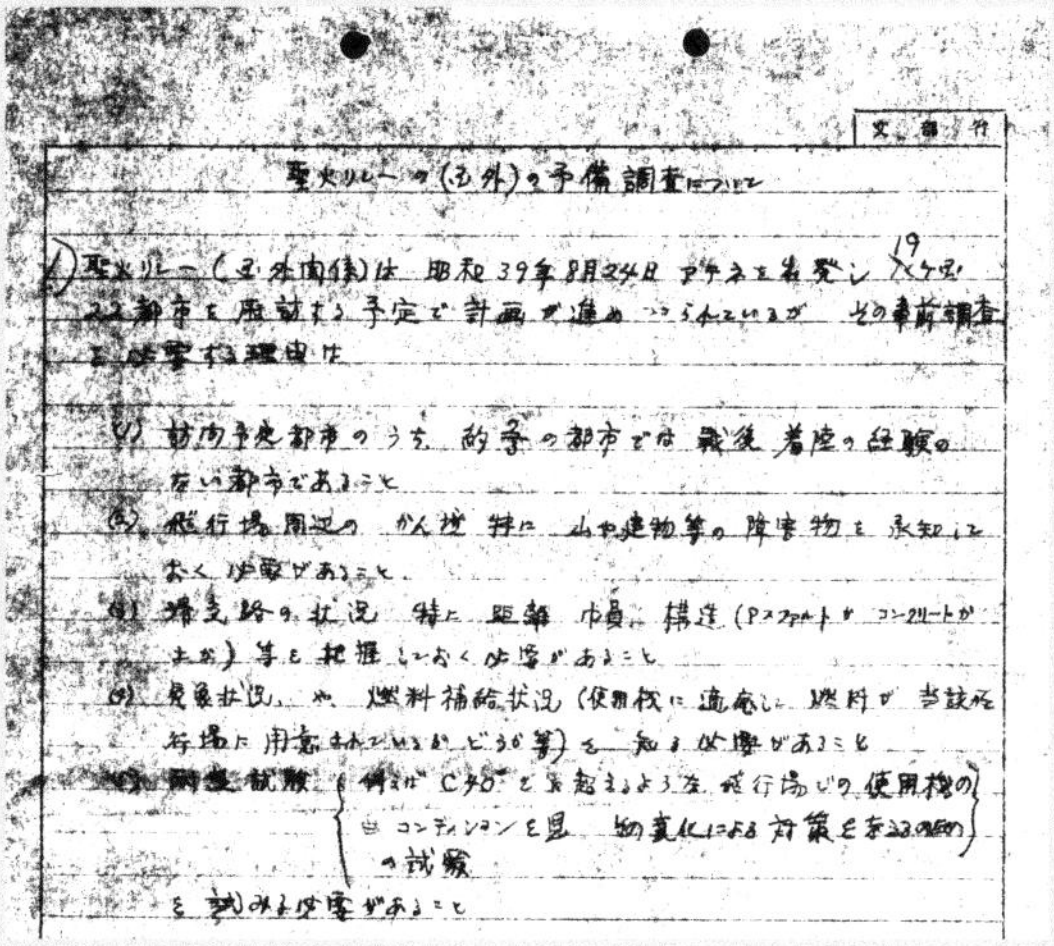

文部省

聖火リレー(国外)の予備調査について

1) 聖火リレー(国外関係)は 昭和39年8月24日 アテネを出発し 19ケ国 22都市を歴訪する予定で計画が進められているが その事前調査を必要とする理由は

(1) 訪問予定都市のうち 約半分の都市では戦後着陸の経験のない都市であること

(2) 飛行場周辺の かん境 特に 山や建物等の障害物を承知しておく必要があること

(3) 滑走路の状況 特に 距離 巾員 構造(アスファルトか コンクリートか 土か) 等を把握しておく必要があること

(4) 気象状況 や 燃料補給状況(使用機に適応した燃料が 当該飛行場に用意されているかどうか等)を 知る必要があること

(5) 耐熱試験 (例えば C を超えるような飛行場での使用機のコンディションを見 物変化による対策をたてるため の試験) を試みる必要があること

文部省から提出されたYS-11に関する文書(提供:秩父宮記念スポーツ博物館・図書館)◉1962(昭和37)年12月15日の第3回聖火リレー特別委員会に提出されたもので、YS-11と国外聖火輸送計画の現状について、冷静ではあるがはっきり問題点を指摘した文書。文部省の便せんに手書きで書かれている。この文書の書面筆跡と生前の中島茂自筆原稿の書面筆跡に関して、同一筆跡か否かの鑑定を鑑定人に依頼した結果、「同一筆跡」との判断を得た。

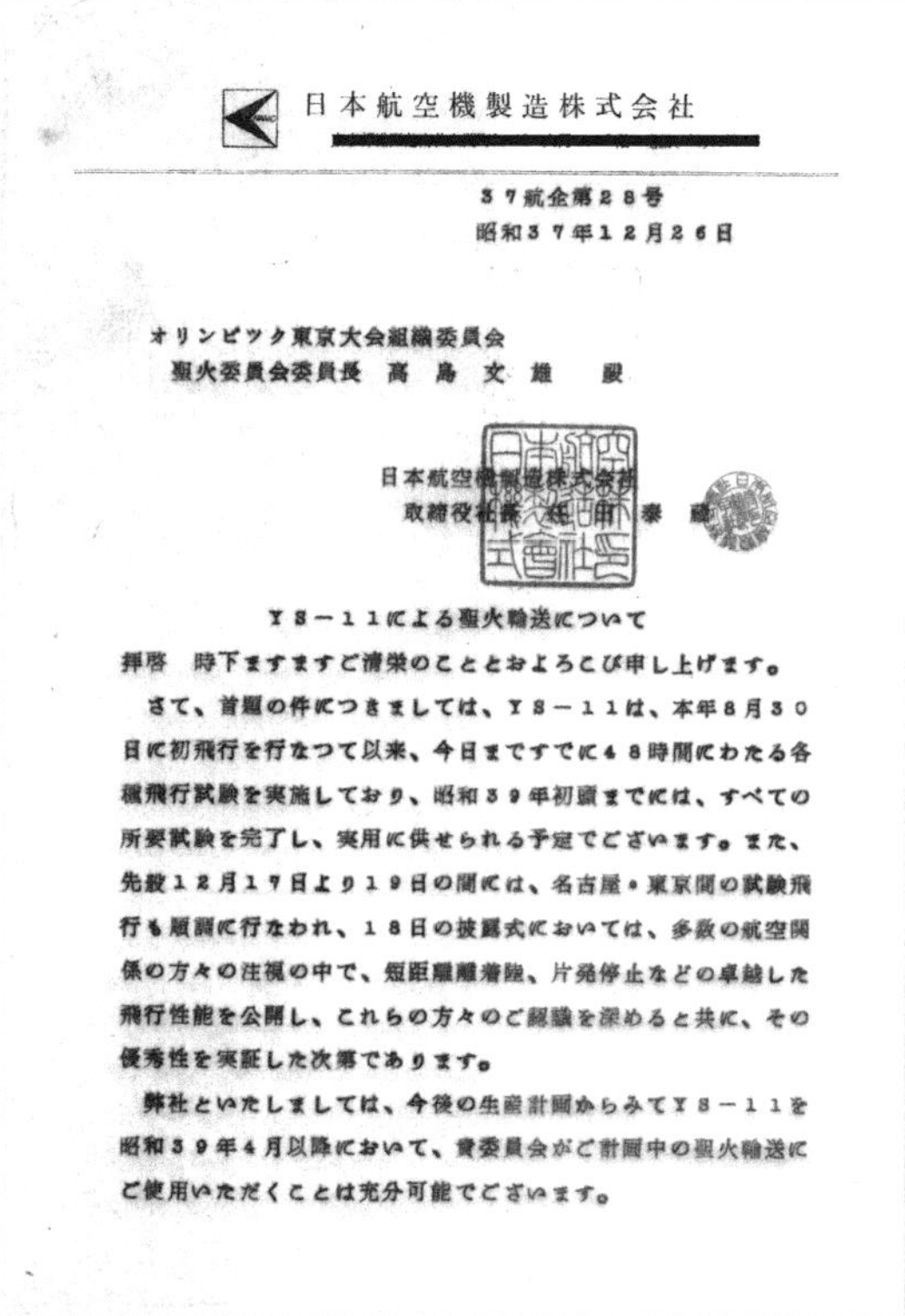

日本航空機製造株式会社

３７航企第２８号
昭和３７年１２月２６日

オリンピック東京大会組織委員会
聖火委員会委員長　高　島　文　雄　殿

日本航空機製造株式会社
取締役社長　荘　田　泰　蔵

ＹＳ－１１による聖火輸送について

拝啓　時下ますますご清栄のこととおよろこび申し上げます。

さて、首題の件につきましては、ＹＳ－１１は、本年８月３０日に初飛行を行なつて以来、今日までですでに４８時間にわたる各種飛行試験を実施しており、昭和３９年初頭までには、すべての所要試験を完了し、実用に供せられる予定でございます。また、先般１２月１７日より１９日の間には、名古屋・東京間の試験飛行も順調に行なわれ、１８日の披露式においては、多数の航空関係の方々の注視の中で、短距離離着陸、片発停止などの卓越した飛行性能を公開し、これらの方々のご認識を深めると共に、その優秀性を実証した次第であります。

弊社といたしましては、今後の生産計画からみてＹＳ－１１を昭和３９年４月以降において、貴委員会がご計画中の聖火輸送にご使用いただくことは充分可能でございます。

YS-11聖火輸送に関する日本航空機製造の文書(提供:秩父宮記念スポーツ博物館・図書館)◉聖火輸送へのYS-11の採用を改めて強く訴える、同社の社判まで押された1962(昭和37)年12月26日付の文書。日本航空機製造の荘田泰蔵社長から聖火リレー特別委員会の高島文雄委員長宛てに送られたもので、このタイミングでこのような文書を送らねばならなかったこと自体、組織委員会のYS-11に対する信頼性がかなり揺らいでいたことをうかがわせる。

3 国外聖火リレーを巡る暗闘

◉初飛行直後の「失速」

一九六二（昭和三七）年の暮れも押し迫って来た一二月二八日朝、名古屋の晴れた空には軽やかに舞い上がるＹＳ－11の姿があった。ただし、これは八月三〇日からテスト飛行を続けているあのＹＳ－11一号機ではない。完成したばかりの試作二号機である。こちらには客室に座席も四〇席備えており、より旅客機らしい佇まいを見せていた。この試作二号機初飛行を報じた一九六二年八月三〇日付朝日新聞の記事は、次のような言葉で誇らしげに締めくくられている。「なお二号機は三十九年夏、東京で行われるオリンピックの聖火リレー候補機になっている」

前日の第三六回組織委員会会合では厳しい意見も飛び出していたＹＳ－11問題だったが、そんな論議がまるで嘘のような記事。だが、そんな記事とは裏腹に、ここ新三菱重工業小牧工場では静かな戦いが繰り広げられていた。八月三〇日に試作一号機初飛行から四か月。あれから実用化に大きく弾みがついたはずのＹＳ－11は、ここへ来て思わぬ事実に直面していたのだ。

飛ばしてみて初めて分かる、振動や横方向の不安定性、舵の効きの悪さ……。悲しいかな、わが国航空機産業における戦後のブランクは、まるでボディブローのように地味に効いていた。

東京の組織委員会での議論を空転させていたものの正体は、実はこれだったのである。

塗装されたYS-11試作2号機（提供：三菱重工業株式会社）◉最終組立段階の試作1号機（奥）と2号機（手前）で、新三菱重工業（現・三菱重工業）名古屋航空機製作所・小牧南工場第2格納庫での撮影。105ページの写真と同一アングルのものだが、こちらは試作2号機が塗装された直後の1962（昭和37）年8月頃ではないかと思われる。

各種試験中のYS-11試作2号機（提供：三菱重工業株式会社）◉YS-11試作2号機が実用飛行試験を始める頃の1964（昭和39）年6〜7月頃に、名古屋空港にて撮影されたものと思われる。なお、脱出口ドアと後方ドアが塗装されていないメタルむき出しの状態のものに取り替えられているが、実用飛行試験を行うにあたって非常脱出装置（脱出スライド）が取り付けられている扉を量産機仕様に変更する必要があり、飛行試験で使っていた扉と交換したためと考えられる。

◉集められた航空のプロフェッショナル集団

国外聖火リレーに使用する機種の選定、それに伴う国外リレーコースの決定が膠着状態に陥っていた一九六三(昭和三八)年三月一九日、聖火リレー委員会の第四回国外小委員会が開催された。

当初は「可能な限り国産機であることが望ましい」とされ、「熱望されている」とまで書かれていたYS-11。だがその後の迷走ぶりから、「機種についてはさらに慎重に協議する」というところまで状況は後退した。それでも、なぜか未だに最終的な方針転換には至らない。YS-11起用に疑念を差し挟む文書を提出した中島茂も、状況に一石を投じたもののその次に打つ手を見出せずにいた。

やはり航空の「素人」が何をいっても、この問題を決することはできないのか。中島茂が、そして聖火リレー委員会の委員長である高島文雄がそう考えたのかどうかは分からないが、この第四回国外小委員会においてはある注目すべき文書が提出された。

『オリンピック東京大会聖火リレーに使用する航空機について』と題されたこの文書では、「聖火空輸専門委員会」という組織を聖火リレー委員会の下に新たに設け、聖火輸送の使用機種を決定する方針が打ち出されていた。つまり、「素人」がいっても聞き入れられないのならば、「専門家=プロ」に検討してもらい、ズバリと直言してもらおう……というのがこの新組織の趣旨である。この文書にも書かれているように、すでに状況は「事務的にも、技術的にも使用機種を最終的に決定しなければならない時期」に来ていた。もはや躊躇している訳にはいかないのだ。

その一方で、この国外小委員会で「YS-11起用の方針に決まった」との報道もあった。文字通り「聖火リレーはYS-11機で」と題された同年三月二〇日付け朝日新聞の記事によれば、「使用飛行機についてはYS-11についての運輸省航空局の正式使用認可が明年三月でないとおりないので正式決定は見合わせたが、YSの方針で一応乗組員、コース、日程、予算などを考えていく」とのこと。一体なぜこのような報道がなされたのであろうか。組織委員会や聖火リレー特別委員会内では、この頃さまざまな駆け引きが繰り広げられていたようだ。

なお、この三月二〇日には国内小委員会も開催。国内最初の着陸地・沖縄で国内リレー初の式典を行い、「沖縄をでた聖火は鹿児島に着陸点火し、ついで宮崎に着陸点火して二道に分れて南からの走者リレーを開始する。引き続いて札幌に着陸点火して北からのリレーを開始し青森において二道に分れる」との方針が打ち出された。これらは三月二八日の聖火リレー特別委員会『第二次答申』にもそのまま受け継がれ、組織委員会に提出された。この時点で、国内リレーは実際に行われたものとほぼ同じかたちの計画となっていたのだ。

もはや一刻の猶予もならない。国外リレーだけが足踏みを続けている訳にはいかないのである。

こうして聖火リレー特別委員会の下部機関として新たに設置された聖火空輸専門委員会は、その第一回会合が一九六三年四月一八日に開かれて早くも本格始動した。集められた人々も錚々たる顔ぶれで、全日本航空事業連合会会長で日本航空社長でもあった松尾静磨を委員長に、運輸省航空局長の栃内一彦、通産省重工業局長の森崎久寿、防衛庁教育局長の堀田政孝など防衛庁を含めた官民合同の航空関係者で構成された、いわば「航空のプロフェッショナル集団」。そこにはYS－11を開発している日航製社長で日本航空協会会長でもある荘田泰蔵も加わったものの、今日残されている資料を見る限りにおいては、荘田が自らのイニシアティブでこの聖火空輸専門委員会の方針を左右したり、YS－11に有利な誘導を行った形跡はまったくない。むしろ「プロ集団」はその冷徹な目で、聖火空輸という特殊なケースにおける航空機のあり方を、シビアに模索していったように思われる。彼らは持てる英知と自らが擁するブレーンを駆使して、次々と具体的な資料を提示し始めた。

それは聖火リレー実行まで一年余りの時点で、初めて持ち込まれた「専門家の視点」だった。

◉型式証明どころではなかった

東京の組織委員会や聖火リレー特別委員会で水面下での暗闘が続いている一方、名古屋の新三菱重工業小牧工場でもYS－11開発関係者の懸命の努力が続けられていた。初飛行の成功で一旦は見事に「浮上」したYS－11を、真の「テイクオフ」に導くための戦いである。

「色々と試験する過程で思うようにいかないのでまた造り変えるとか、とにかく予想外のことがありましてね」と、先に登場した和久光男は二〇〇九年に行ったインタビューで語っている。「それはやはり、設計の経験のなさなんでしょうね」

東京大学工学部航空学科卒で一九六三(昭和三八)年四月に日航製に入社した山之内憲夫も、次のように語る。「問題点が大きすぎて、飛行機を大きく変えなければならなくなったんです」

山之内は東京大学在学中の一九六二(昭和三七)年夏頃に、すでに日航製入社の打診を受けていた。YS－11初飛行前後のことである。「あの頃は外貨を稼ぐとかの意味で、今のMRJとはまた違った意味での期待感はあったと思いますね」

山之内が日航製に入った当初は、YS－11の電気装備関係を手がけていた。それが東京に二か月ぐらいいた後で、すぐに名古屋に呼ばれることになる。「名古屋に飛行試験の要員で行って来いと言われて、昭和三八年六月から昭和四〇年のはじめくらいまでずっと飛行試験をやっていました」

当時は、新たに発覚したYS－11の問題解決のため、日航製が激しく動いていた時期である。

「上反角というんですが、主翼の角度が飛行機の安定には重要なんです。それが最初の設計では二度ほど浅かった」と和久は語る。「フラフラして安定が良くないので、途中で角度を上げることになった。仕方なく主翼の根元の部分

機体の疲労強度試験（提供：和久光男／協力：和久淑子）◉調布飛行場の航空技術研究所調布分室（現・JAXA調布航空宇宙センター飛行場分室）で、YS-11の試作0-2号機（試作2号機とは別物）を使用して1962（昭和37）年7月より疲労強度試験を実施した。機体を主翼と胴体とに分け、大きな水槽に沈めて水圧を加えて試験した。主翼は1963（昭和38）年末、胴体は1965（昭和40）年1月末に終了。また、同試験は主脚についても行われ、1964（昭和39）年3月中旬から10月末にかけて実施されている。

静強度試験（提供：和久光男／協力：和久淑子）◉1962（昭和37）年2月〜1963（昭和38）年3月に新三菱重工業大江工場にて実施。こちらは試作0-1号機（試作1号機とは別物）を使用。試験の最後には翼と胴体接合部が破損するまで両翼を油圧力で引き揚げ、その強度を確認した。

にくさびを打ち込んで、翼を吊り上げたんです。さすがにその後は、最初から直して作りましたけどね（笑）」

初飛行を実現させたはいいが、重大な問題が次々発覚してしまったYS－11。だが、その時にYS－11技術部長だった東條輝雄は、すでに日航製を離れていた。

「日航製での私の面接は東條さんだったんです。当時は技術部長でしたから」と山之内。「でも採用されて行ってみたらいないんですよ（笑）。初飛行後に俺の務めは終わったと、昭和三八年三月に三菱重工に帰っていたんです。問題があっても、大問題とは思っていなかったんでしょう」

だがYS－11が抱えていた問題は予想外に深刻で、解決にはかなりの時間を要することになる。

「YS－11は、六〇人を乗せて一二〇〇メートルの滑走路から離着陸できることを最大の売り物として設計されました」と山之内。「しかし、その影響で舵の問題が出たりした。特に上反角の改修の影響は大きくて、そうした問題の克服で時間がかかってしまったんです」

型式証明を取ろうにも、それどころではない。YS－11の前途には、一気に暗雲が垂れ込めてしまう。

「あの時は、初飛行を飛んだら一年で型式証明を取るつもりだったんです」と山之内。「実際、一年で取れると思い込んでいた。だけど結局、昭和三七年に出てきた問題の解決がなかなか出来なくて、最終的には東條さんが帰って来ることになるわけなんです」

日航製が行う試験飛行なら、型式証明などなくてもできる。だが日本航空や全日空など航空会社が運航するためには、型式証明が必要である。それなしには「商品」にならない。

「型式証明をとって初めて、やっと飛行機は一般で使えるんですからね」という和久光男の言葉が、その状況を的確に表現しているかもしれない。「それまでは、飛行機ではないんですから」

YS－11の開発陣はさまざまな試験を繰り返しながら、初飛行後に噴出した問題の克服をめざした。だがそれと同

試作1号機を背景にした山之内憲夫（提供：山之内憲夫）◉先端にピトー管がついていることから、これは試作1号機による飛行試験と分かる。立っている二人の人物のうち左は山之内、右は技術部第2技術課計測班の中澤勝彦。主翼の上反角を上げる前と見られるため、1963（昭和38）年の撮影で場所は名古屋と思われる。

設計はチームワークだ！

＝東条日航製取締役＝

東条取締役

8月30日の早朝、多くの人人の見守るなかをYS―11は、名古屋の空に飛び立った。それ以来、飛行はまだ数回に過ぎない。試験はこれからであり、機体を落着かせるまでには、なお幾多の改良が必要だろう。

しかし、今のところ、大きな不具合事項もなく、どうやら順調に育って行きそうに思われる。幸いだったと思う。幸いだったと思うにつけ、ここまで漕ぎつけるのに苦労された関係者のご努力を心から有難く感ずる。

「設計はチームワークだ」と云う言葉は、戦時中いくたびか聞いた。そのころは下積で、働く人々を激励する文句かと思ったこともある。しかし、自分で設計主務者としての責任を負わされて、この言葉の意味が切実にわかった気がする。

設計にともなう計

YS-11初飛行にコメントを寄せる東條輝雄（『新三菱名古屋ニュース』第42号・昭和37年9月16日〈新三菱重工業株式会社　名古屋航空機製作所、名古屋機器製作所、名古屋自動車製作所〉／提供：沼口正彦／協力：三菱重工業株式会社）◉当時の新三菱重工業の社内報に、YS-11初飛行に関するコメントを寄せる東條輝雄。この後、1963（昭和38）年3月に東條は日航製を去るが、YS-11のピンチに再び戻って来ることになる。

時期に、組織委員会側は厳しい決断を下す時期を迎えていたのである。

一九六三(昭和三八)年四月に始動した聖火空輸専門委員会は、立ち上がるや否や矢継ぎ早にさまざまな資料を繰り出して来た。それらの資料の多くは、委員長の松尾静磨が社長を務めていた日本航空のスタッフによって作成されたようである。

◉国外聖火リレーコース決定とYS-11の退場

そうした資料のなかでは、同年五月二〇日付の『聖火空輸幹事会の研究報告および問題点』が特に注目に値する。「聖火空輸幹事会」とはおそらく聖火空輸専門委員会の下部組織的なものらしく、運輸省航空局、防衛庁、日本航空、全日空などの「実働部隊」を駆り集めて来たような印象の集団である。この『研究報告および問題点』では、YS-11による聖火空輸を行う前提として「一九六四年七月六日～一八日までの一三日間で極東地域だけでもYS-11による現地飛行を実施する必要がある」と提案。YS-11の起用に伴うリスキーな事情を浮き彫りにした。つまり、例の中島茂が提出した文書(P124参照)と同様の論法である。結局、YS-11聖火空輸の問題は、この一点に尽きる。

この資料に重ねるように提出された『聖火空輸見積説明書』では、「あくまでYS-11の使用前提」として極東地域でのテスト飛行、エンジン空輸なども含めて合計金額一億一四三九万円がはじき出される。巨額のコストが具体的に計上されたのは、さすがにインパクトがあった。

一方、一九六三年八月一五日の組織委員会第四五回会合においては、またしても聖火リレー問題が槍玉に挙げられていた。口火を切ったのは、一九六二(昭和三七)年一二月二七日の第三六回会合で「機種の選定には、国産機というより民間機ということに比重をおくべきだ」とYS-11問題に斬り込んだ、あの柳田秀一委員(P126参照)。この柳田が、「国外聖火リレーにおける訪問都市を減らすように先般の会議で発議されているが、その後の本件の審議状況および使用航空機等について」どうなっているのかと質したことから、その場に不穏な空気が流れ始めた。これを逃さず、これまた第三六回会合で議論に加わった福永健司が噛み付いてくる。

「訪問都市をもっと減らす線で再検討するということは、組織委員会の決定であると思うが、これが（聖火リレー）特別委員会の審議に反映していない」と福永。「特別委員会のあり方に疑問を持つ。むしろ組織委員会内に小委員会を設けることに賛成したい」

これに三人もの委員が賛同したため、議長を勤めていた組織委員会の安川第五郎委員長が「本案の処理上不行届の点を認めるにつき、ご意見を体し急ぎ成案を得て再提案したい」と、何とかその場をまとめた。組織委員会の下に聖火リレーに関する小委員会を直属で作るということは、聖火リレー特別委員会から権限を剝奪することに等しい。もはや、事は穏やかな状況ではなくなっていた。

一九六三年八月一六日の第五回国外小委員会で新たな国外聖火コースが提案されたのは、おそらくこうした流れを反映してのことだ。もはや悠長なことをいってはいられない。上からは組織委員会の厳しい叱責があり、下からは聖火空輸専門委員会のシビアな指摘がある。YS－11に関する最終判断はまだついていなかったかもしれないが、それ「なし」でも飛べるコースを選択する方向で、すでに話は動き出していたに違いない。

一九六三年八月一六日案

アテネ〈ギリシャ〉、イスタンブール〈トルコ〉、ベイルート〈レバノン〉、テヘラン〈イラン〉、ラホール〈西パキスタン〉、ニューデリー〈インド〉、カルカッタ（現・コルカタ）〈インド〉、ラングーン（現・ヤンゴン）〈ビルマ（現・ミャンマー）〉、バンコク〈タイ〉、クアラルンプール〈マレーシア〉、マニラ〈フィリピン〉、香港、台北〈中華民国〉、沖縄（地名は資料の表記のまま。カッコ内注記は著者による）。

それからまもなく、聖火空輸専門委員会は九月二日付で『聖火空輸飛行比較表』という資料も提出。ここではYS－11とP2V－7の二択ではなく、他の民間機も検討対象として扱った。YS－11二機、YS－11とDC－6B併用、DC－6B一機、DC－8一機……など、それぞれのケースでかかる費用を比較したのである。ここで、DC－6B一機なら費用が約二五〇〇万円……と明快な数字が出て来たのは、弁解の余地がない決定的な「一撃」となったのではないか。

一方、新しい国外聖火コース案は九月二一日の第六回聖火リレー特別委員会に提出された。政変やクーデターが度重なるシリア、一九六一（昭和三六）年より第一次クルド・イラク戦争が続いているイラク、同年五月に軍人の朴正熙（後の大統領）がクーデターを起こして軍政が敷かれた韓国など「政情不安な国や、直線的コースから著しく外れる国を除外した」とのことだが、このコース案の「テーマ」はそれだけではなかっただろう。YS－11でないと訪問できない都市を除外した……という点が、この案の主眼だったのではないだろうか。

かくして聖火リレー特別委員会が一九六三年一〇月一日に提出した『第三次答申』には、この新・国外聖火コース案がそのまま盛り込まれた。さらに「聖火リレーの空輸に使用する航空機は、日本航空株式会社所有のダグラス式DC－6B型1機をチャーターしてこれにあてる」と、航空機の選択についてもそれまでのスタンスを一転させた。

翌一〇月二日に開かれた第四七回組織委員会会合ではこの両者が「全員異議なく承認」となり、この時点でYS－11による聖火国外輸送プランは完全に消滅。長きにわたって迷走を続けた国外聖火コースについても、最終決定はまだ先に持ち越されたものの、ようやく一応の決着を見ることになった。

その時、国外聖火リレー実行までに残された時間は、わずか一〇か月余り。

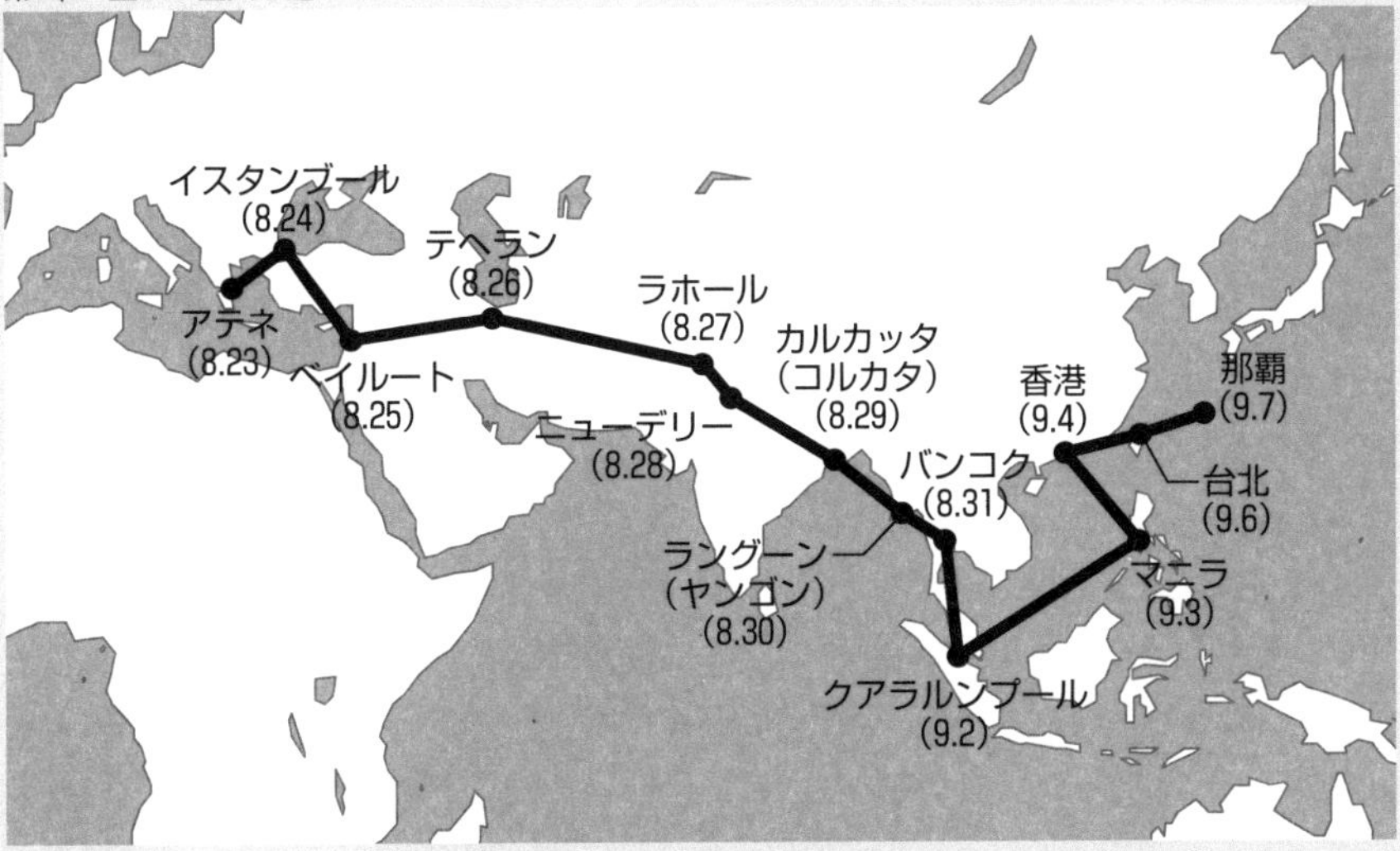

国外聖火リレー・コース1963年8月16日案◉1963(昭和38)年8月16日の聖火リレー特別委員会・第5回国外小委員会に提出されたと思われる国外コース案。前案から9都市減らし、アテネ〜沖縄間で12都市への歴訪を予定したプランに変更。これが実際の国外コースとなった。都市名の下のカッコ内の日付は、実際の到着日を入れてある。

DC-6B「シティ・オブ・トウキョウ」号の正体(提供:日本航空)◉国外聖火空輸に使用されたDC-6B「シティ・オブ・トウキョウ」号の起用については、一般的には「東京五輪にふさわしい」という理由で採用されたとされているが、実際にはそんな単純な話ではない。そもそも「シティ・オブ・トウキョウ」号は日本航空のDC-6Bの中でも最も古い1番機であったため、当時快調だった6番機(「シティ・オブ・ナゴヤ」)を急遽「トウキョウ」号と改名して使用しているのだ。この写真はアテネのヘレニコン空港にて、1964(昭和39)年8月18日に撮影。機首に描かれた「トウキョウ」の文字の下に、元の「ナゴヤ」の文字が透けている。

オリンピック・エッセイ・コンテスト

1964(昭和39)年の東京オリンピックは、「アジアで初めてのオリンピック」を内外にアピールしていた。これを大いに盛り上げようと、日本の伊藤忠商事がアジア諸国の若人に向けてひとつのキャンペーンを行った。その名も「C. Itoh Olympic Essay Contest」。東南アジアの8か国を対象に、高校生たちに東京オリンピックをテーマにしたエッセイを募集したらしい。

これら8か国でそれぞれ1等をとった者たち8人には、賞品として日本への招待旅行をプレゼント。1964年9月5日付マニラタイムスの記事によると、東京オリンピック開催真っただ中の熱気溢れる時期の招待であり、盛りだくさんの内容を用意していたようだ。

まず香港で集合した受賞者たちは、10月9日に羽田の東京国際空港に到着。青山学院高等部の男女生徒から歓迎の花束を受ける。その夜は同年8月31日に竣工なったばかりのホテル・ニューオータニで歓迎ディナー。翌10日は国立競技場に向かい、東京オリンピック開会式に参列する。11日は東京都内観光……といった案配。その後も産経新聞本社やフジテレビ局内、伊藤忠商事東京本社の見学、川崎製鉄(現・JFEスチール)・製鉄所の見学……と予定が目白押し。16日には東京駅から東海道新幹線で京都に向かい、さらに大阪の松下電器(現・パナソニック)の工場などを見学。18日に東京に戻ってそのまま羽田から帰国するという豪華な旅だった。

だが今日、伊藤忠商事自体にもコンテストの記録は現存していない。

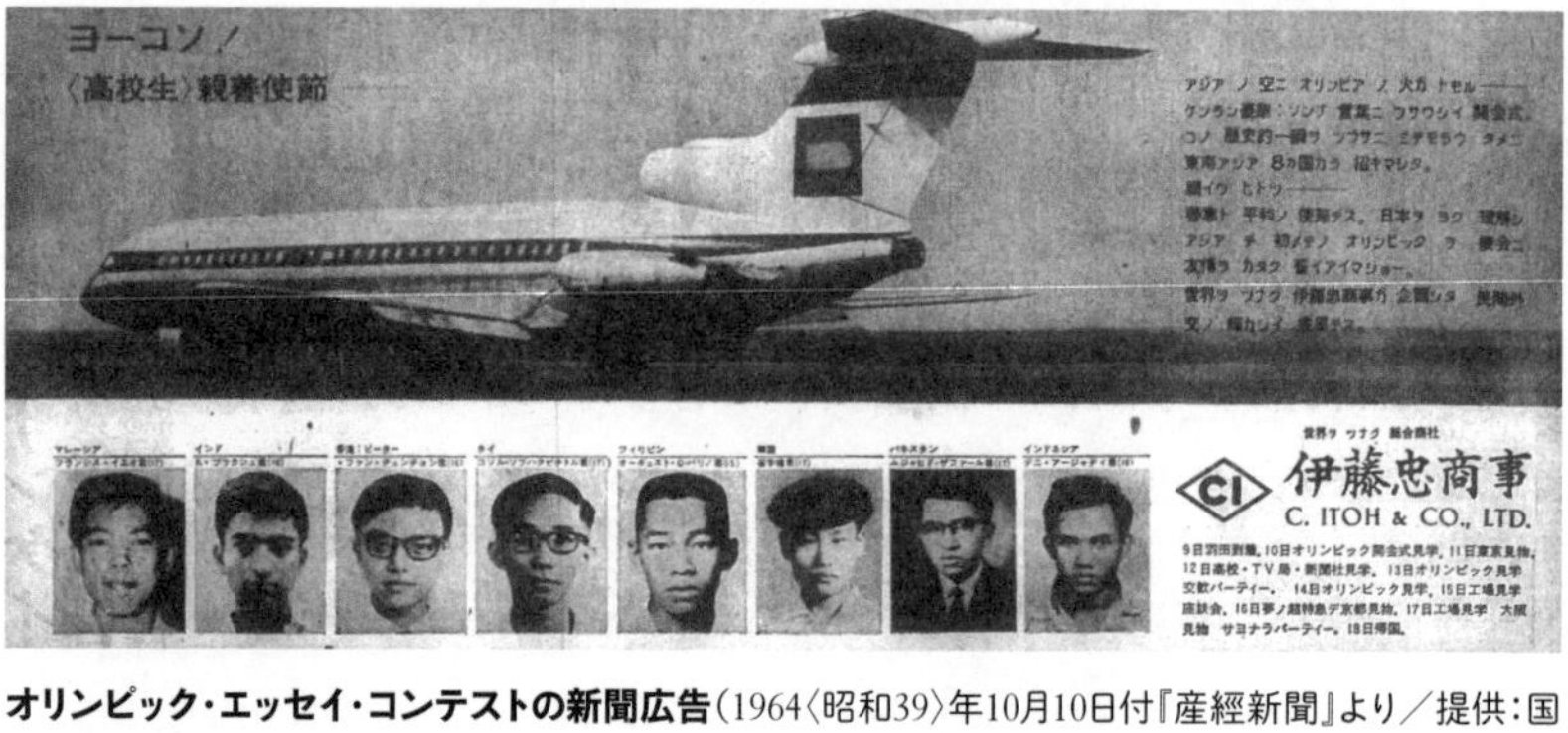

オリンピック・エッセイ・コンテストの新聞広告(1964〈昭和39〉年10月10日付『産經新聞』より/提供:国立国会図書館)●マレーシア、インド、香港、タイ、フィリピン、韓国、パキスタン、インドネシアの受賞者たちの写真が並ぶ

第5章 始まったカウントダウン

ベイルートで水タバコを試す熊田周之助（提供：熊田美喜／協力：阿部美織、阿部芳伸、阿部哲也）◉国外聖火リレーの現地最終調整のために訪問各国を回る「オリンピック聖火国外現地調査団」は、1964（昭和39）年4月2日に出発。写真は日本航空から参加した熊田周之助（左）が、レバノンのベイルートで水タバコを試している様子。一行は4月13日にベイルート入りしている。後方に五輪マークらしきものが見えているところから、レバノン・オリンピック委員会事務所での撮影か。

1　これ以上の足踏みはできない

◉混沌としていた国内聖火空輸

組織委員会が国外聖火リレーコースの是非とYS－11の去就を巡って紛糾していた一九六三(昭和三八)年夏頃、組織委員会にひとりの「新顔」が入ってきた。競技部式典課の課長である松戸節三のスカウトで入ってきたこの男、その名を森谷和雄という。

森谷は一九二八(昭和三)年二月一九日、千葉市に生まれた。その後、千葉県立千葉高等学校、日本体育大学を卒業。千葉高校の先輩である松戸節三の口添えもあって、森谷は母校である千葉高校の教員となった。その後、千葉県立長生高等学校や千葉県立京葉工業高等学校でも教壇に立ったが、千葉高校はそれらのなかで最も長く十数年勤めた。一九五九(昭和三四)年には和子と結婚。だが、家庭を持ってさらに教師生活も充実しつつあった一九六三年に、森谷はまたもや松戸から声をかけられて東京オリンピック組織委員会の仕事に就くことになる。

今まで地元の学校に勤めていた森谷にとっては、組織委員会で働くことはかなりきつかったようだ。「朝が早くて夜が遅い仕事でしたね」と夫人である和子は、当時の森田の暮らしをこう語っている。「朝は千葉から東京に行くわけですから、六時か七時には家を出なくちゃいけない。夜は、帰れなくなって泊まりがけになることもよくありました」

ずっと生まれ育った地元・千葉で教師を勤めて来て、コツコツと仕事を進めていく実直さが身上の森谷。それと華やかな国際的ビッグイベントであるオリンピックとは、まったくイメージが合わないような印象もある。だが、だからこそ松戸は、あえて森谷を呼び寄せたのかもしれない。巨大なスケールで物事が動く東京オリンピックのプロジェクトは、その巨大さゆえに全身に血が通いかねるきらいがあった。それ故、さまざまな誤算と回り道の果てに多大な時間を空費してもいた。もはや、これ以上の足踏みはできない。松戸はそんな組織委員会の仕事に、自らの片腕として誠実に仕事をこなす人物で、絶対の信頼を寄せることのできる森谷が欲しかったのだろう。

森谷が配属された競技部式典課は、開会式・閉会式の運営や聖火リレーの計画実行が最大の仕事である。組織委員会に入った森谷は早速さまざまな会議に顔を出し、そこで行われた論議や課題などをノートに記録して、提出された各種資料をそこに添付していった。そんな森谷ノートには、一九六三年七月二五日に行われた聖火リレー特別委員会・国内小委員会第八回会合以降のやりとりが、非常にリアルなかたちで記録されている。

その森谷ノートで当時の組織委員会内での動きを追っていくと、大揉めしていた聖火の国外リレー案についてはほぼ重要な案件が片付き、国内リレーに関して新たな動きがあったことが分かる。一九六三年一一月一五日の第一〇回国内小委員会で、いくつか気になる発言があったからだ。

この日の会合に出ていたのは、この小委員会の委員長である栗本義彦を筆頭にした面々。ノートによれば、競技部式典課長の松戸節三から「八月六日、九月二三日でコースが決定した」との発言があったようだ。一九六三年八月六日と九月二三日は「国内聖火リレー全国代表者会議（正確な名称は不明）」が開かれた日にあたるので、それぞれの会合の席上で国内リレーコースが議題にのぼり、正式な決定に至ったものと思われる。

問題は会議の冒頭で、参加者に対して次のような報告があったことだ。いわく「国外については松尾社長の快諾を得たのでこれから事務処理する」という一文である。この「松尾社長」とは、聖火空輸専門委員会（P131参照）の委員長で日本航空社長でもある松尾静磨のこと。この一文は、国外聖火空輸におけるＤＣ－６Ｂチャーター要請を日本航空が

「快諾」したということを意味する。

さらに国内聖火空輸については、次のように続けられている。「松尾社長からは全日空に依頼したらどうかとの助言あり。全日空に依頼する様に事務を進める」……どうやら国内空輸に関しては、日本航空社長の松尾から全日空の起用を助言されていたようなのだ。逆にいうと、この時点までは国外空輸だけでなく国内空輸も日本航空が運航を請け負い、同一機種の飛行機で聖火を運ぶことが考えられていた可能性がある。

これを受けてのことだと思われるが、森谷ノートには一九六三年一二月四日の日付でひとつの動きがあったことが記述されている。この日、全日空のふたりの人物が組織委員会を訪れているのだ。そのふたりとは、同社整備部整備管理課長の高橋宰と運航部管理課運航係長・計画課施設係の北村享。打合せの内容は、「沖縄～鹿児島～宮崎～千歳空港までの運航計画」についてとのこと。明らかに、国内聖火空輸についての具体的な話し合いが行われたようなのだ。

さらにその一日後ぐらいの出来事なのだろうか、森谷ノートには全日空から電話があったことが書かれている。電話の内容は、聖火空輸を終えた後の飛行機の乗員数に関する問い合わせだったようだが、注目すべきはこの空輸のための機種についてノートに「FriendShip」と書き込まれていること。まだ決定には至っていなかったようだが、この「フレンドシップ」とは当時の全日空が全幅の信頼を置いていたターボプロップ機、フォッカーF－27フレンドシップのこと。この段階では、国内聖火空輸の使用機種はフォッカーF－27フレンドシップを前提としていたようなのである。

確かに国外リレーでの使用を前提に論議されて最終的にそこからはずされたYS－11を、改めて国内リレーで起用しようなどと考える者はいなかっただろう。この時点では、YS－11の名前が聖火空輸の論議から一切消えてしまっていても、何ら不思議なことではなかったのである。

森谷和雄（左）と松戸節三（右）（提供：熊田美喜／協力：阿部美織、阿部芳伸、阿部哲也）◉森谷和雄は千葉県立千葉高等学校などで教壇に立っていた。その千葉高校の先輩で組織委員会競技部式典課の課長だった松戸節三から声をかけられて、1963（昭和38）年後半より東京オリンピック組織委員会のメンバーとなった。1964（昭和39）年8月14日に香港啓徳空港で撮影されたもの。

フォッカーF-27フレンドシップ（提供：ANA）◉オランダの航空機メーカーであるフォッカーのターボ・プロップ機で、全日空は1961（昭和36）年7月より導入した。一時は同社の旅客の約半数を運んでいたといわれるほど同機を重用し、同機を世界最多である25機も保有していた。写真は1961（昭和36）年6月16日に羽田で撮影。フレンドシップ1番機が、オランダから羽田に到着した様子である。花束を受け取っているのは同機を日本まで操縦してきた日高恵三郎、石崎秀夫の両機長。花束を渡しているのは、出迎えたデ・フォークト駐日オランダ大使と大使館員の令嬢たちである。

◉組織委員会に訪れた「師走」

全世界を震撼させた一九六三(昭和三八)年一一月二二日のジョン・F・ケネディ米大統領暗殺事件、その衝撃もいまだ覚めやらぬ翌一二月。組織委員会は、まさに「師走」の慌ただしさに包まれていた。ただし、それはただの「師走」ではない。年が明ければ、いよいよ東京オリンピックの年。それを目前にしての、もはや後がない「師走」であった。

例の森谷ノートにも、この時期の慌ただしい動きが記録されている。例えば、一九六三年一二月七日(九日?)の国外小委員会第六回会合(ノートでは第一一回と誤記)がそれだ。この会合では組織委員会のおなじみの顔ぶれの他に、外部からある人物がこの小委員会のメンバーとして招かれていた。その人物とは、日本航空の航整副本部長兼運航部長であった森田勝人。国外聖火リレーの全行程を、航空機運航の面から具体化するために呼ばれて来た男である。

森田はこの会合で、一同に今回のフライトについて説明。いわく、アテネからの帰路は小刻みに各都市に降りるため飛行時間が短く、従って現地に着いて出発するまでの間に充分整備ができる。そもそも「(DC—)6Bの信頼性は高い」から不測の事態のための予備日をある程度減らしていいとさえ語った。その自信に満ちた発言は、森田の航空界における長いキャリアに裏打ちされたものだ。

森田は一九〇六(明治三九)年大分県生まれ。六人兄弟の三男坊として育つ。旧制中学卒業後に第三期航空局海軍依託操縦生として霞ヶ浦海軍航空隊に入り、ここで飛行機の操縦術を学んだ。一九二五(大正一四)年一〇月には霞ヶ浦海軍航空隊を卒業し、一九二九(昭和四)年に創設間もない日本航空輸送に入社。日本航空輸送が大日本航空に改組されて終戦に至るまで、同社パイロットとして活躍することになる。その間、海外ルート(中国・韓国・東南アジアなど)の開拓にも従事したが、この戦時中の活動で森田は一躍勇名を馳せることになる。

それは、一九四五(昭和二〇)年のフィリピン失陥直後のことだった。すでにフィリピンの制空権はアメリカ空軍に

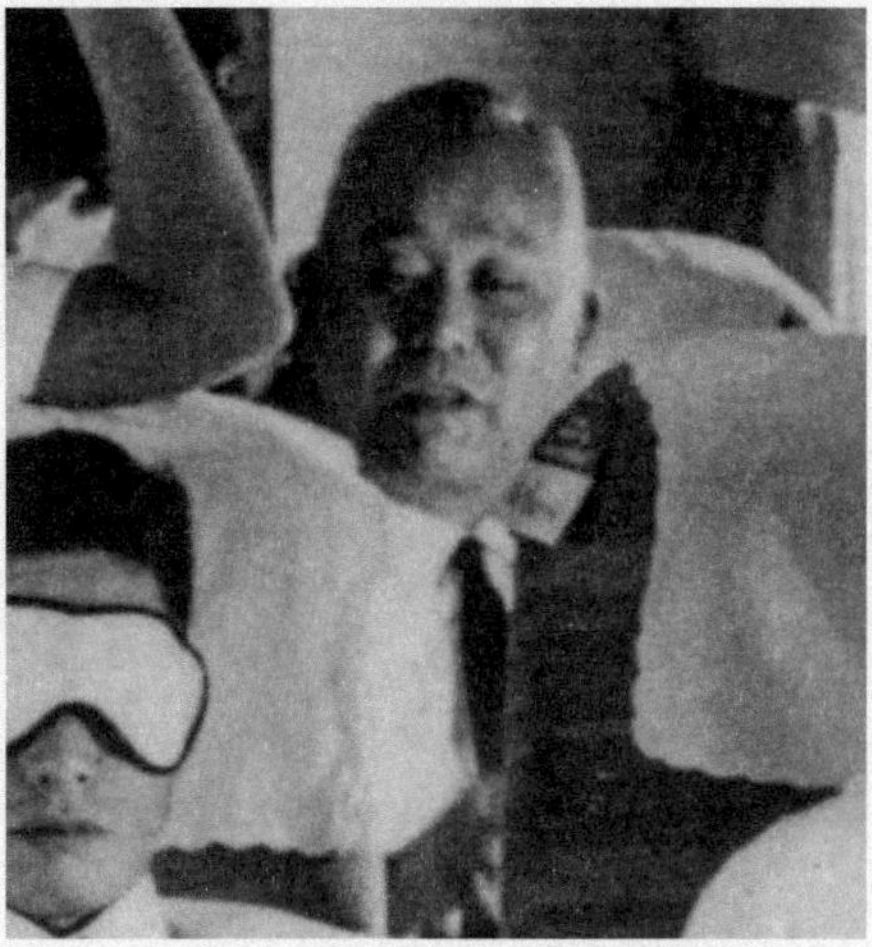

森田勝人（提供：熊田美喜／協力：阿部美織、阿部芳伸、阿部哲也）◉聖火リレー特別委員会・国外小委員会の委員として日本航空から招聘された森田は、その以前にも1963（昭和38）年に集められた「聖火空輸幹事会」（P136参照）のメンバーとして聖火空輸問題に関わっていた。写真は1964（昭和39）年8月～9月、聖火空輸特別機DC-6B「シティ・オブ・トウキョウ」号機内にて撮影されたもの。

徐州陥落取材チャーター機と森田勝人（提供：森田皓一）◉1938（昭和13）年5月25日、徐州会戦で徐州が陥落した後に北支那方面軍司令官の寺内寿一大将と中支那派遣軍司令官の畑俊六大将が揃って徐州入城式を行った。その際の会見取材のため、同盟通信が中島AT-2を借り上げ（チャーター）。そのチャーター機を操縦したのが森田である。写真は徐州にて中島AT-2を背景に撮影、中央の人物が森田である。

奪われていたが、森田はここで一〇日間の決死的飛行を敢行。このフライトによって、フィリピン北部から多数の日本兵を無事に故国に連れ帰ったと伝えられている。当時は戦時中だったこともあってこの事実が一般に広く知られることはなかったものの、森田の大胆不敵な飛びっぷりは一部で大いに賞賛され、知る人ぞ知る「伝説のパイロット」となったといわれている。

そんな森田も、戦後は日本人が航空機を操縦することが禁じられたことから、空に飛ぶ機会を奪われてしまう。運良く「日本進駐に関する事務を促進する」ことに関するGHQ特命によって日本国内で日本人パイロットによる「緑十字飛行」が開始され、森田も大日本航空乗員としてこれに参加。その「凄腕」を大いに生かすこととなるが、それも長くは続かなかった。「緑十字飛行」終了後、森田は東急池上線の長原駅そばに店を出して、乾物やお茶などを売って生計を立てることとなる。

しかし本人の「空への想い」が断ち難かったか、それとも「伝説のパイロット」を周囲が放っておかなかったのか、森田はついに新生・日本航空に入社する。それは、同社が設立まもない一九五二(昭和二七)年二月のことであった。

それでも、森田自身はその後、一切操縦桿を握ることはなかった。戦前と戦後の民間航空は、ガラリと様相を異にしていた。戦前・戦中に自由奔放な「凄腕」ぶりで鳴らしていただけに、森田には戦後の管理された航空界に適応することの難しさが、誰よりもよく分かっていたのかもしれない。

日本航空に入社してすぐに大阪支所次長となった森田は、一九五三(昭和二八)年末に運航部長、一九六三年一〇月からは航整副本部長兼運航部長となっていた。森田が組織委員会に呼ばれたのは、ちょうどこの頃のことである。

ルーティンの運航とは異なる一発勝負の聖火空輸を実行するにあたって、いわば昔気質の「大空のサムライ」である森田の経験とカンが買われたのだろうか。この後、国外聖火空輸の「本番」においても、森田はその存在感を大いに発揮することになる。

さらにこの第六回国外小委員会では、聖火リレー特別委員会の委員長である高島文雄からも国外リレーの式典に関して報告があった。高島は前年の一九六二(昭和三七)年三月に「高島ミッション」と銘打たれた訪問候補地弾丸ツアーを敢行(P088参照)。その前年一九六一(昭和三六)年に聖火リレーコース踏査隊(P074参照)が訪れた中東から東南アジアの各地を改めて回って、陸路案撤回とともに空輸案への賛同を求めた。高島はこの会合でそこまでの経緯を振り返りながら、国外聖火リレーでの式典についての説明を行った。空路から各訪問地へと向かい、その都市の中心地までその国の選んだ選手によりリレーするというのが原則である。各国の担当者に、それぞれの国のプランを送るように頼んであることもその場で報告された。さらに高島は、訪問予定地に「OOC(組織委員会)としては(聖火リレー実行)前に調査のため行かねばならない」とも語っている。これはほぼ四か月後に、オリンピック聖火国外現地調査団(P154参照)として現実のものとなる。

また国内小委員会では、一九六三年一二月一三日に第一一回会合が開かれた。そこでの中心となった議題は、開会式当日の東京都庁から国立競技場に至るコースの問題。国内小委員会のいつものメンバーに加え、東京都オリンピック準備局や消防庁、警察庁、警視庁交通警備課の代表も交えて、国内リレーコースでも文字通り「大詰め」の論議が行われていた。

その一方で、聖火を運ぶための「ウツワ」もそろそろ完成に近づきつつあった。それは一二月一七日、技術小委員会の第六回会合でのことである。その席上で、航空機に積み込むための聖火灯や実際にリレーに使われるトーチなどの検討が行われた。

その場を仕切るのは、技術小委員会の委員長でもある中島茂。そこに燃料に関する専門家として日本石油(現・JXTGエネルギー)、ホルダーについては日本軽金属、トーチについては昭和火薬工業(現・日本工機)から代表者が参加。開発にあたった東京大学工学部教授の安東新午、聖火灯やトーチのデザインを担当した柳宗理も議論に加わった。

まずこの場で出てきたのが、聖火灯を飛行機に積む場合の注意点について。事前に各種のテストが必要ではないかとしており、第三回アジア競技大会の際には三週間にわたって急上昇や急下降、キリモミや宙返りなどの特殊飛行を行ったという発言が出ている。前後関係から、この発言は当日の会合に参加していてアジア大会聖火空輸にも関わった中島茂か参事の松沢一鶴による発言と思われる。だが、アジア大会の時は海上自衛隊のP2V－7を使用していたからこんな無茶ができたので、さすがに日本航空のDC－6Bではキリモミや宙返りはテストできなかっただろう。

次に、聖火灯をデザインした柳宗理が試作品をメンバーに披露した。森谷ノートの記述によれば、柳は次のように発言している。「製作に要する期日が非常にかかるので、この前図面の通りに作成してみた。ワンモーションで操作出来るようにした。プラスチックは非常に強い」

さらに今回提出した聖火灯について、一二月二一日までに実験・修正する、と柳は語った。「出来得ればもう少し透明になる。よごれたものの処理は出来る。すすなら多分落ちる」

扱いやすく、強く、しかも汚れも落としやすい。中島はよほどこの聖火灯が気に入ったのか、「形及びデザイン、これでよいとする」とこの試作品を見るや否や即座に決定していたようだ。

なお、中島は一九六四(昭和三九)年四月三〇日付スポーツ中国でのインタビューにおいて、トーチについても「これ以上のは今のところ考えられない」と自信たっぷりな発言をしているので、相当お気に入りだったことは間違いない。

1964年東京オリンピックの聖火灯（提供：内田次彦）◉聖火を航空機内に持ち込むためには、カンテラの一種のような「聖火灯」を用いていた。東京オリンピックの聖火灯は、第3回アジア競技大会の聖火灯を開発した東京大学工学部教授の安東新午が自ら改良し、本多電機株式会社が制作。デザインは、戦後日本を代表するインダストリアル・デザイナーの柳宗理が担当した。高さ34cm・直径12cmの円筒形で、重さは3.5kg。4トン車が載っても壊れないといわれるポリカーボネート製。灯油を燃料としているが、安全性を考慮して発火点の高いものを使用している。

インダストリアル・デザイナーの柳宗理（©Yanagi Design Office）◉聖火灯、トーチなどをデザインした柳宗理は、1915（大正4）年6月東京生まれ。1940（昭和15）年に東京美術学校西洋画科を卒業し、社団法人日本輸出工藝連合会嘱託となる。戦後は工業デザインの研究に力を入れ、1952（昭和27）年には毎日新聞社主催の第一回工業デザインコンクール（現・毎日デザイン賞）第一席に入選。1957（昭和32）年に第11回ミラノ・トリエンナーレに招待出品されて、インダストリアル・デザイン金賞を受賞。さらに、代表作である家具「バタフライ・スツール」がニューヨーク近代美術館永久所蔵にも選定された。2011（平成23）年96歳で逝去。

2 オリンピック・イヤーの到来

◉「高島ミッション2」出発前のゴタゴタ

ついに一九六四(昭和三九)年のオリンピック・イヤーに突入した組織委員会では、意外にも静かな仕事の滑り出しを見せていたようだ。

あれだけ紛糾した国外リレーのコースとYS－11問題は、すでに無事片付いている。この年の一月一二日に開かれた空輸専門委員会の会合も、最大の議題はシリア上空の通過問題ぐらいのものだった。

国内リレーについては、昨年末より大きな進展は見られなかった。三月二三日には、第四六回国会・オリンピック東京大会準備促進特別委員会第五号に参考人として呼ばれた組織委員会事務総長の与謝野秀が、「今般日本航空のDC－6Bという飛行機をチャーターいたし、また沖縄からは全日本空輸の飛行機をチャーターして空輸する」と発言。この段階では、なぜかまだ全日空が国内聖火空輸に使用する機種は決まっていなかったことが分かる。同様に三月二五日発行の『東京オリンピック／オリンピック東京大会組織委員会会報』二三号でも、「三つの安全灯に分けられて、鹿児島、宮崎、札幌の三都市に、全日本空輸の飛行機(機種未定)で向かう」と書かれている状態だった。

そんな無風状態の組織委員会にこの時期では唯一のさざ波が立ったのが、三月二五日のこと。国外小委員会第七回会合での出来事だった。一九六四年三月二八日付朝日新聞に掲載された、東京五輪に関する『週刊ノート』と銘打った連載コラムにその詳報が載っている。

この会合では、四月に出発する「オリンピック聖火国外現地調査団」の計画について打合せが行われることになっていた。これは前年一二月の第六回国外小委員会（P146参照）の際に話題に上ったもので、聖火リレー特別委員会の委員長である高島文雄自らが団長となり、国外聖火リレーの訪問各地で行われる式典などを現地で最終的に決定するために派遣されるもの。一九六二（昭和三七）年三月から四月にかけて「高島ミッション」（P088参照）と呼ばれる訪問候補地歴訪の旅が行われたが、この旅を起点に二年間にわたって行われてきた国外リレー準備・検討の総仕上げ。いわば「高島ミッション2」とでもいうべき事前調査ツアーである。

組織委員会ではこの事前調査ツアーを行う前に、関係一二か国・地域に聖火リレー実施要綱を送った。ところがこの国外小委員会第七回会合の時点で、これにオーケーと回答して来たのはフィリピン、香港、レバノン、ギリシャ、パキスタンのみ。半数以上は未回答という状態だった。そこで聖火リレーに協力するかどうか分からぬ状況で、事前打合せもないだろうという異議が出たのである。朝日新聞の記事では異議を唱えた委員の名前は明らかにされていないが、「極端にいえばわが国は止めるというところもあろう。そうなれば計画は最初から検討し直さなければならない」といいだした訳だ。朝日の記事ではこれに日本航空の森田勝人も同調したと書かれているが、発言を読むとそれはむしろ困惑していたといった方がいいだろう。「とびとびに一国ずつ抜けるのはいいが、三、四か国もはずれては飛行機の航続距離にも制限がありこれは問題だ」という言葉からは、綿密に立てた運航スケジュールが狂ってしまうことの焦りが感じられる。

一方、代表団を派遣する側の意見としては、「ダメならダメとくるはずだ。返事がないのはイエスの意味だろう」とあくまで楽観視。むしろ「いかなければ進行しない。促進のためにも行く必要がある」という意見がこれを後押しした。

こんな一悶着のあげく、「高島ミッション2」は予定通り出発することになったのである。

◉聖火国外現地調査団を迎えた「熱い」対応

一九六四（昭和三九）年四月二日、ふたりの男が午後二時四〇分出発の日本航空機で旅立った。「高島ミッション2」的色彩を帯びた「オリンピック聖火国外現地調査団」の出発である。

リーダーはもちろん、聖火リレー特別委員会の委員長である高島文雄である。だがこの日の羽田には、なぜか高島の姿はなかった。一九六四年四月三日付朝日新聞によれば、この日に出発したのは組織委員会競技部長の藤岡端と競技部式典課の森西栄一のふたり。後者は一九六一（昭和三六）年の聖火リレーコース踏査隊（P074参照）に隊員として参加し、翌一九六二（昭和三七）年には「高島ミッション」（P088参照）に同行した、あの森西である。訪問予定の各地にすでに二度も足を運び、熟知している点を買われての起用だろう。新聞報道が正しければ、高島本人はこれに先立って出発したか、あるいは後から追いかけて行ったようである。

そしてその高島の出発には、ひとりの男が同行していたかもしれない。それが、日本航空航整企画課から派遣されてきた熊田周之助だ。

熊田周之助は一九二八年七月一八日、東京都墨田区生まれ。父親は大工で、「熊田組」の棟梁。自らが墨田区石原の自宅近くに建築した長屋の大家でもあり、子供時代は豊かな暮らしをしていた。そんな熊田が旧制中学時代の一九四五（昭和二〇）年三月一〇日、東京大空襲によって長屋は全焼。一家は一転して苦しい生活を送ることとなる。熊田もこの時に眼を患ってきつい近眼となり、分厚い近眼メガネをかけるようになった。

戦後は外務省の通訳養成所で英語を習得。夜は早稲田大学の政経二部で学びながら、昼間は進駐軍の仕事に携わるようになる。そこでは、東京都練馬区のグラントハイツ（米空軍家族宿舎）の建設で米軍側担当者E・A・ハーターの通訳として活躍。施工していた東京建物との折衝の場面で、ハーターの厚い信頼を得た。

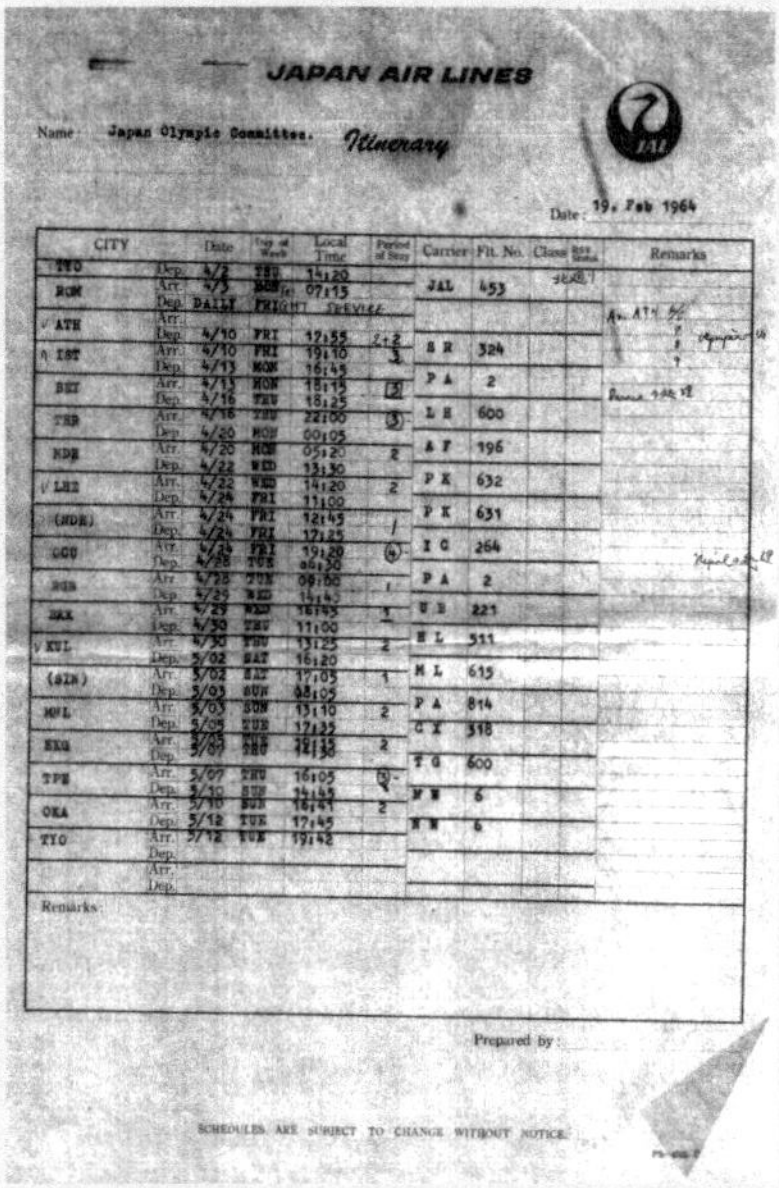
JAPAN AIR LINES

Name: Japan Olympic Committee.　Itinerary

Date: 19. Feb 1964

CITY		Date	Day of Week	Local Time	Period of Stay	Carrier	Flt. No.	Class	RSV Status	Remarks
TYO	Dep.	4/2	THU	14:20		JAL	453			
ROM	Arr.	4/3	FRI	07:15						
	Dep.	DAILY	FRIGHT SERVICE							
ATH	Arr.									
	Dep.	4/10	FRI	17:55	2+2	SR	324			
IST	Arr.	4/10	FRI	19:10	3					
	Dep.	4/13	MON	16:45		PA	2			
BEY	Arr.	4/13	MON	18:15	3					
	Dep.	4/16	THU	18:25		LH	600			
THR	Arr.	4/16	THU	22:00	3					
	Dep.	4/20	MON	00:05		AF	196			
NDE	Arr.	4/20	MON	05:20	2					
	Dep.	4/22	WED	13:30		PK	632			
LHE	Arr.	4/22	WED	14:20	2					
	Dep.	4/24	FRI	11:00		PK	631			
(NDE)	Arr.	4/24	FRI	12:45	1					
	Dep.	4/24	FRI	17:25		IC	264			
CCU	Arr.	4/24	FRI	19:20	4					
	Dep.	4/28	TUE	06:30		PA	2			
RGN	Arr.	4/28	TUE	08:00	1					
	Dep.	4/29	WED	14:45		UB	221			
BKK	Arr.	4/29	WED	16:45	1					
	Dep.	4/30	THU	11:00		ML	511			
KUL	Arr.	4/30	THU	13:25	2					
	Dep.	5/02	SAT	16:20		ML	615			
(SIN)	Arr.	5/02	SAT	17:05	1					
	Dep.	5/03	SUN	08:05		PA	814			
MNL	Arr.	5/03	SUN	13:10	2					
	Dep.	5/05	TUE	17:35		CX	318			
HKG	Arr.	5/05	TUE	20:15	2					
	Dep.	5/07	THU	12:30		TG	600			
TPE	Arr.	5/07	THU	16:05	3					
	Dep.	5/10	SUN	14:45		NW	6			
OKA	Arr.	5/10	SUN	16:47	2					
	Dep.	5/12	TUE	17:45		NW	6			
TYO	Arr.	5/12	TUE	19:42						
	Dep.									
	Arr.									
	Dep.									

Remarks:

Prepared by:

SCHEDULES ARE SUBJECT TO CHANGE WITHOUT NOTICE.

オリンピック聖火国外現地調査団の日程表（提供：秩父宮記念スポーツ博物館・図書館）◉1964（昭和39）年2月19日付で日本航空の便せんにタイプされた、国外現地調査団の日程表。実際にはこの表の日程と若干のズレが生じている。ベイルートの「備考欄」に「Damas（ダマスカス＝シリア問題のこと？）の処理」、カルカッタの同欄に「Nepalの処理」と記入されている点も興味深い。

アメリカ留学中の熊田周之助（提供：熊田美喜／協力：阿部美織、阿部芳伸、阿部哲也）◉熊田は進駐軍で通訳の仕事をしていた際に、グラントハイツ（米空軍家族宿舎）建設の米軍側担当者として民間からやって来たE・A・ハーター（E. A. Harter）の信頼を得る。その縁で1950（昭和25）年12月にアメリカ・ミズーリ州セントルイスのワシントン大学に留学した。写真はそのハーター夫妻と熊田である。

グラントハイツ完成後は同営繕部で働くようになった熊田は、そこで後に妻となる美喜と知り合う。また、グラントハイツ建設時に熊田が通訳として働いた米軍側担当者ハーターの働きかけで奨学金を得て、早稲田を中退。一九五〇(昭和二五)年一二月にアメリカ・ミズーリ州セントルイスのワシントン大学に留学することになる。セントルイスでの留学中は皿洗いのバイトをしながら学び、一九五五(昭和三〇)年一〇月に帰国。就職活動の結果、朝日新聞社と日本航空から採用通知を受けて、一九五六(昭和三一)年二月に日本航空に入社した。

この後、熊田は聖火国外リレーに大きく関わっていくが、それはこのオリンピック聖火国外現地調査団に参加したのが始まりである。おそらく訪問各地の航空事情や空港施設などの実地検分が、熊田参加の理由だっただろう。なお、熊田夫人である美喜の証言によれば、熊田の国外現地調査団出発は四月五日とのことだから、高島も同日に出発した可能性がある。

こうしてギリシャにやって来た高島、藤岡、森西、熊田の国外現地調査団四名は、早速、オリンピアで四月八日と九日の二日間にわたって打合せを行う。ここで決まったことは❶聖火のオリンピア出発は八月二一日、❷式典は従来と異なり、この年の一月に新設された「クーベルタンの森」に重点を置く、❸式典には新国王コンスタンティノス二世(P196参照)も出席する……など。そのほか、クーベルタンの森の燃やされた聖火はここで東京大会終了まで燃やし続けられるという、さらに由緒ありげな趣向も盛り込まれることになった。

一〇日にはアテネ、おそらくその翌日にはトルコのイスタンブールに到着。このあたりの事情は藤岡端が毎日新聞に四月二二日付、二三日付の両日にまたがって寄稿した『聖火コース調査団の旅』というコラムに詳しいが、イスタンブールではエールフランスの空港施設を使わせてもらうべく熊田が大いに尽力したようだ。

レバノンのベイルートに着いたのは四月一三日のこと。ここでは聖火ランナーのために準備するシャツ、パンツ、靴のサイズと数を確認したところ、すべて標準サイズでよいとの回答。レバノン・オリンピック委員会側の中心人物

イスタンブールでの打合せ（提供：熊田美喜／協力：阿部美織、阿部芳伸、阿部哲也）◉1964（昭和39）年4月10～11日頃、トルコのイスタンブールでの打合せ風景。写真左端の日本人が森西栄一、その右が高島文雄、ひとりおいたメガネの人物がトルコ・オリンピック委員会の委員長であるブルハン・フェレク（Burhan Felek）、灰皿でタバコを消しているのが藤岡端。ブルハン・フェレク（1889～1982）はトルコの著名なジャーナリスト、作家であり、スポーツ界の大物。トルコには彼の名前を冠したスポーツ施設が多数存在する（P204参照）。

OLYMPIC TORCH : Nassif Majdalani, a member of the Lebanese Olympic Committee, holds a lighted Olympic torch Tuesday at the Beirut Sports City. From left are : Fumio Takashama, chief of the Japanese Olympic delegation, Taduso Fukioko of the Japanese delegation, Brig. Emile Nassar and Capt. Ghaleb Fahss of the Lebanese Olympic Committee.

Olympic Torch-Lighting Trial Held

ベイルートでのトーチ点火テスト（『The Daily Star : Beirut, Lebanon』April 15, 1964〈The Daily Star〉より／提供：熊田美喜／協力：阿部美織、阿部芳伸、阿部哲也）◉1964（昭和39）年8月14日夜、レバノンのベイルート市内で行われたトーチ点火テストの様子。実際に聖火セレモニーが予定されていたベイルートの「スポーツ・シティ」内水泳場にて撮影。左から高島文雄、藤岡端、レバノン・オリンピック委員会のエミール・ナサール（Emile Nassar）准将、ガレブ・ファース（Ghaleb Fahss）大尉、ナジーフ・マジャラーニ（Nassif Majdalani）。

ふたりが軍人であるためか、「着られない者は走らせない」という軍隊式の発想で片付けられたという。

その後、調査団がイランのテヘランに到着すると、何か都合があったのか競技部長の藤岡端は帰国の途に就き、後から追ってきた式典課長の松戸節三と交代する。四月二一日には六番目の訪問地であるインドのニューデリーに到着して、翌日から打合せに入った。

当初は半分以上の国から返答がなかったことから、協力が得られるか大いに懸念されていた調査団の旅だったが、それは杞憂に終わった。当時、入国制限が厳しかったビルマ(現・ミャンマー)では特別にビザを発行して調査団を歓迎。バンコクや香港などでは、飛行機のタラップから空港の貴賓室までクルマで調査団を運ぶ国賓さながらの対応ぶり。インドやパキスタンなどではまだ具体的な計画が立てられていなかったようだが、それ以外の各国が用意していた聖火リレー・歓迎式典の企画はどれも豪華絢爛で、あまり盛りだくさんなので調査団側が当惑するほどだったという。

台湾はこの時点で東京大会参加がまだ決定していなかったが、「東京オリンピックは日本の名誉だけでなく、アジア全体にとっての名誉です。全力をあげて協力します」と台湾オリンピック委員会会長が挨拶し、空港から市立競技場までのリレーコースをスライド上映で見せながら説明するという熱心ぶり。こうした各国の「熱い」対応に、調査団の面々は大いに安心したようだ。

こうして熊田を除く調査団三名は、五月一二日夜にノースウエスト機で羽田に帰還したのである。

◉土壇場を迎えての心休まらぬ日々

一九六四(昭和三九)年五月二日、東京の空はからりと晴れ渡っていた。

東京・四谷にある旧・赤坂離宮(現・迎賓館赤坂離宮)の裏庭では、今まさに東京オリンピック組織委員会職員たちの運動会が開かれようとしていたところ。おそらく日本でいちばん豪華な場所で行われたこの運動会では、プログラム

テヘランでの打合せ（提供：熊田美喜／協力：阿部美織、阿部芳伸、阿部哲也）◉1964（昭和39）年4月18日頃、聖火国外現地調査団が訪れたイランのテヘランにて撮影。現地要人と握手しているメガネの人物が熊田周之助。その右が森西栄一、氏名不明の現地要人の背後には高島文雄も見える。

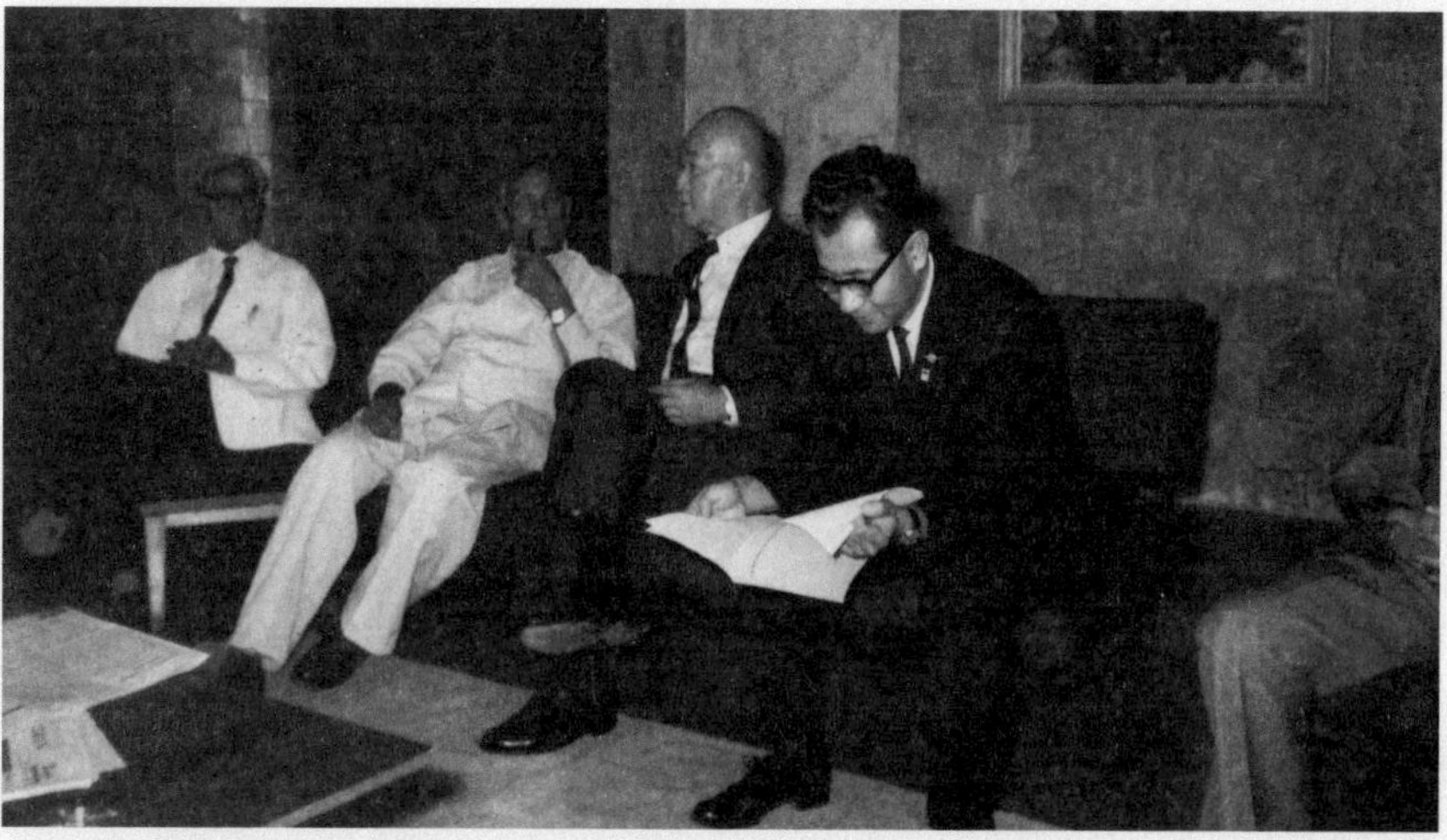

ニューデリーでの打合せ（提供：熊田美喜／協力：阿部美織、阿部芳伸、阿部哲也）◉1964（昭和39）年8月21日～24日に、聖火国外現地調査団が訪れたインドのニューデリーにて撮影。左からふたりおいて、高島文雄、熊田周之助。またニューデリーにおいては、22日夜にネパール・オリンピック委員会代表との会談も行われた（P216参照）。なお、ニューデリー以降のどこかから熊田は別行動をとった可能性もある。

の筆頭にいかにも「らしい」趣向を用意していた。

それは、聖火の入場である。

一九六四年五月九日付読売新聞のコラム『聖火コーナー』にこの時の様子が書かれているが、裏庭の築山でマッチによってトーチを点火。職員のひとりがこれを掲げて一〇〇メートルほど走り、運動会に参加した人々の間で一斉に拍手が起こったという。

組織委員会の運動会として、確かに盛り上がる余興ではあるだろう。だが、この時の拍手には別の意味もあった。そこには、トーチがちゃんと燃えることを証明する意味合いがあったのだ。

実は、組織委員会がトーチに対して神経質にならざるを得ない出来事が起きていた。

オリンピック聖火国外現地調査団が四月の半ばにイランのテヘランに赴いた際、現地の関係者の前でトーチに火をつけたところ、一四分燃えるはずが半分程度で消えてしまったのだ。これに驚いた現地調査団は、慌てて東京の組織委員会に連絡。メーカーに改良を命じてでき上がったのが、例の運動会で披露されたトーチという訳だ。盛り上がりには意味があったのである。

しかし、途中で消えてしまったのにも理由はそれなりにあった。トーチに点火した後にこれを上下に振り回したのがまずかった。一九六四年四月二三日付報知新聞では「イラン・オリンピック委員会関係者」が、前出の五月九日付読売新聞では「調査団」が……と、それぞれ振り回して「しくじった」当人については異なって書かれているものの、そもそもこのトーチは上下に振り回して使うものではない。いくら「水の中に入れても消えない」と保証されていたとはいえ、どんなことをしても大丈夫などということはあり得ないだろう。

オリンピアでギリシャ・オリンピック委員会のシミチェック事務局長に「これこそ完成された傑作」などと絶賛されたのを筆頭に、行く先々で大評判だったトーチに自信を持ち過ぎてしまったのか、要はやり過ぎてしまったのである。

だが、四月二三日付報知新聞に競技部長の藤岡端が「絶対消えないといった直後に消えてしまったので恥をかいた」と発言していたように、今度は関係者の過剰な危機感を煽ってしまったようだ。

前出の読売新聞記事によれば、トーチの燃料は赤リン、二酸化マンガン、マグネシウム、木炭の粉などで、これを均一にまぜて固めたものを円筒に詰めてあるとのこと。だが、上下に振り回しているうちに円筒のなかで燃料の燃えている部分と残りの部分が分離してしまい、それでトーチが消えてしまったらしい。考えてみれば無理もない話なのだが、それでも急遽メーカーを呼びつける事態になってしまったのだから厄介な話である。さらに改良が施された後も「七千数百本のトーチ一本一本をレントゲンで透視して検査する」というのだから、事はまったく穏やかではない。

五月一九日に開かれた第八回聖火リレー特別委員会には、聖火灯やトーチの開発に携わった東京大学工学部教授の安東新午が出席。例の森谷ノートによれば、ここで安東が「火であるから、絶対大丈夫であるという考え方はやめて欲しい」と発言したという。何をどうやっても所詮は火でしかないのだから、これで絶対消えないのかと問われても困る、あくまで聖火灯にバックアップが残っていることを前提に考えてほしい……あまりに厳しい要求に、専門家もたまりかねての発言であろう。

大会開催まで半年を切っているにもかかわらず、聖火リレーの根幹に関わるトーチに暗雲が垂れ込める。そんな不穏な状況を察したのか、ある奇妙な一団が東京に出現したのは同年六月一二日のことだった。白装束に赤いのぼり、ホラ貝を吹きながら都心のビル街を練り歩く……明らかに場違いなその一団こそ、はるばる志賀高原からやって来た山伏の一団である。

一九六四年六月一二日付毎日新聞夕刊によると、彼らはホラ貝の音で東京に巣食う悪魔を退散させ、「東京オリンピックを成功させる」べくやって来たとか。天狗の面をかぶった猿田彦命はじめ九人の神様の面をかぶった山伏たちは、パレードの後で都庁を訪れて厄払いの祈願を行ったという。

しかし、彼らはひょっとすると訪れる場所を間違えていたかもしれない。

それからわずか四日後の六月一六日一三時一分、突然の大災害が新潟を襲った。マグニチュード七・五の新潟地震である。

住家全壊一九六〇、半壊六六四〇、浸水一万五二九七、死者二六。被害は新潟県・山形県を中心に九県に及び、特に新潟市の被災状況は深刻なものがあった。地震発生後一五分ぐらいで襲ってきた津波のために、信濃川沿いなどの低地帯で浸水。火災が昭和石油(現・昭和シェル石油)の石油タンクに引火して、猛火を奮うことになった。さらに被害を拡大させたのが地面から砂と水が噴き出す液状化現象で、同市川岸町の鉄筋コンクリート4階建ての県営アパートが横倒しとなるなど、多くの建物が傾いたり沈下したりした。「東京オリンピックのリハーサル」などといわれて盛大に催された第一九回国民体育大会「新潟国体」が、一一日に終わって間もなくの出来事である。

常に災害に国土を蹂躙され続けているわが国ではあったが、さすがに東京大会を目前に控えてのこの大災害には組織委員会も肝を冷やしたに違いない。しかも、間もなく全都道府県を巡る聖火リレーも行われようというタイミングだ。実際のところ、新潟は「それどころではない」のではないか。

これでは聖火リレー全般に関わっていた中島茂あたりは、心が休まる暇もなかったに違いない。

トーチを持つ高島文雄（『THE TIMES OF INDIA』April 2?, 1964〈Bennett Coleman & Co. Ltd〉より／提供：熊田美喜／協力：阿部美織、阿部芳伸、阿部哲也）●1964（昭和39）年4月24日頃、聖火国外現地調査団としてインドのニューデリーでトーチを点灯する高島文雄。例のテヘランでの「事件」はこのわずか数日前に起きており、同地で式典課長の松戸節三と交代して帰国した競技部長の藤岡端が、組織委員会にトーチ問題を報告した。

新潟地震（提供：新潟市歴史文化課）●新潟国体のわずか5日後に新潟県を中心に発生した新潟地震は、マグニチュード7.5、最大震度5の巨大地震。さらに津波、大火災も発生して被害を拡大した。液状化現象によって鉄筋コンクリートの建物が横倒しになったり沈下したのも特徴的である。この写真は川岸町アパート倒壊被害状況である。

3 いよいよスタートラインへ

◉東條輝雄の「作戦」

「昭和三九(一九六四)年の五月か六月だと思いますよ。それまでは知りませんでした」と、日本航空機製造でYS－11試作二号機の飛行試験に携わっていた山之内憲夫は、同機が聖火フライトに採用されたことを知った時期をこう語っている。「二号機の飛行試験の主任でしたから、二号機というと俺の飛行機という感じでした。だからもし二号機で聖火飛行の話があったなら、少なくとも知っていたはず。でも、(それまでは)言われた覚えはないですね」

このようにYS－11開発の現場では組織委員会での激しい論議はまったく知られることはなく、聖火フライトに採用されるという話もまったく伝わって来てはいなかった。そのまま一度は聖火空輸の命脈を絶たれたかたちとなったYS－11だったが、それが再び聖火リレーの表舞台へと戻ってきたのは果たしていつの頃だったのか。

例の森谷ノートによれば、一九六四(昭和三九)年六月四日に組織委員会でひとつの打合せが行われていた。そこには全日空から「こくりょう」「北村」ほか一名が参加していたようだが、これは同社営業部員の国領茂満(P250参照)、そして一九六三(昭和三八)年一二月四日に全日空が初めて組織委員会の打合せに参加した際にいた運航部管理課運航係長・計画課施設係の北村享のことだと思われる。つまり、国内聖火空輸に関する打合せだ。森谷ノートではこの席上で「機種 Friend ship(決定)」という話になったと記されているので、おそらくこの時点ではYS－11の出る幕はなかったはずだ。さらに翌六月五日には契約打合せとして、日本航空と全日空から代表が参加。ノートの記述では、「JALについては前回の費用打合せと同様な取扱いで契約することに話を決める。全日空については社の契約書持参して、契約内容（中略）が決まり次第、話し合いをもつ」ということになっていた。もはやYS－11は風前の灯である。

だがそんな時期に、水面下で新たな働きかけがあったのではないかという話がある。先に登場した山之内憲夫が、YS－11聖火空輸に関する意外な事実を知っていたのである。「設計部長の東條輝雄さんが、YS－11を聖火飛行に使う案を推したと思います」

一時は日航製を離れて新三菱重工業（現・三菱重工）に戻った東條だったが、YS－11の窮状を知って一九六四年春には日航製に帰って来ていた。「東條さんが帰ってきていろいろ大きな決断をして、それでいろいろな対策の成果が出て、五月くらいに型式証明の目処が立った。はっきり覚えていないけども、その頃に聖火飛行をするという話を聞いたんです」と、山之内は当時を振り返る。「日本では型式証明を出したことがないので、審査官の方も経験が無いわけですよ。アメリカに持って行ったときに『何でこんなことを』なんていわれるといけないから、慎重だったんですよね。あの書類を出さなきゃいけない。こんなデータを出さなきゃいけないと要求が出て来てしまう。それでズルズル延びることを、東條さんは心配していた」

すでに一九六二（昭和三七）年夏の初飛行から二年が経過しようとしていたYS－11だが、ヘタをすると型式証明取得でさらに時間を空費してしまう可能性がある。東條はそこに「聖火空輸」というくさびを打って、これ以上の遅延を防ぐ「作戦」を考えたというのである。

「後になって東條さんは私に言ったんです」と山之内。「あれはうまくいったな、ってね」

◉国産の翼が再浮上

一九六四(昭和三九)年七月一四日、全日空社長の岡崎嘉平太は記者会見の席上で、こうはっきりと宣言した。「オリンピック聖火の国内輸送にYS－11を使うつもりだ」

この岡崎社長の発言は、たちまち翌日の新聞紙面に掲載された。何と「死んだはず」と思われていたYS－11の聖火輸送が、突如、息を吹き返したのである。それは国外聖火リレーの派遣団が出発する、ちょうどひと月前のことだった。

果たしてYS－11のカムバックにあたっては、東條輝雄の「作戦」が功を奏したのだろうか。少なくとも、YS－11が聖火空輸に復帰するための「ある前提」は満たしていたに違いない。長く延び延びになっていた型式証明の取得に目処が立ったのである。

「昭和三九(一九六四)年の四月か五月には、型式証明がこういうスケジュール(八月)で取れそうだと分かっていましたからね」と、山之内憲夫は語る。「六月くらいになったら一号機の飛行試験も全部クリアしていましたし。その時にはもう問題ないと技術屋としては思っていました」

ただしYS－11の聖火空輸復帰には、ひとつの条件も突きつけられていた。沖縄から国内の聖火リレー出発地三か所までの空輸のうち、沖縄〜鹿児島間のみフォッカーF－27フレンドシップを使うことになっていたのである。YS－11単独では、聖火空輸は難しいと思われていたのだ。

その理由はふたつあった。当時の鹿児島空港は霧島市にある現在のものではなく、鹿児島市鴨池に存在した別の空港であった。その鹿児島・鴨池空港の滑走路は、一〇八〇メートルという微妙な長さ。『社報　全日空』一九六四年八月号・No.63(八月一日発行)ではYS－11の離陸滑走路長は(最大離陸重量において)八八〇メートルとなっているが、試験

YS-11の実用飛行試験（提供：和久光男／協力：和久淑子）◉YS-11試作2号機を使っての実用飛行試験の様子。上が大分空港、下が広島空港での様子である。この写真の大分空港は現在の大分市青葉町にあった旧空港で、新空港が1971（昭和46）年に国東半島に完成。広島空港も現在の広島県西区に1961年に開港した旧空港（現・広島ヘリポート）で、三原市に作られた新空港は1993（平成5）年に供用開始している。なお、実用飛行試験は1964（昭和39）年7月20日よりスタートし、8月4日まで各地で続けられた。

続行中の段階ではまだ不確定要素だと考えられても不思議はない。国外聖火リレー検討時には「売り」となっていた離着陸に要する距離が、ここでは皮肉にもYS－11起用をためらわせる要素となっていたのである。

また、中村浩美が書いた『YS－11世界を翔けた日本の翼』（祥伝社）によると「市街地にも近く、また進入路に近接して工場の煙突もあった」という鴨池空港への着陸は、まだできたてホヤホヤのYS－11にとっては不安材料だったに違いない。沖縄～鹿児島間のみフレンドシップ併用という変則フライトは、こうした背景から生まれたプランなのである。

それに加えてそもそも全日空としては、万全の体制で臨みたい聖火空輸には同社が全幅の信頼を置いているフレンドシップを使用することこそ望ましかったはずだ。シビアな言い方をすれば、YS－11に型式証明取得の見込みが立ったというのはあくまで日航製の視点である。そこには何の保証もない。ならば全日空側としては、いざという時のためにフレンドシップをスタンバイさせておきたいと考えるのが当然だろう。逆にいえば、ここに至っての突然のYS－11起用は、その背景に東條「作戦」があった可能性を強く感じさせるのである。

ともかく、YS－11は再び聖火空輸のステージに戻って来た。七月二〇日からは実用飛行試験が各地で行われることになったが、実はこれが「作戦」の総仕上げだったのかもしれない。実用飛行試験がスタートして間もない七月二二日、YS－11はその試験の一環として鹿児島空港に着陸。これによって、同機が鹿児島空港に問題なく離着陸できることが無事に証明された。

ならば、沖縄～鹿児島間だけにフレンドシップを使うなどという、無駄なコストをかける必要はない。かくして全日空は八月一一日、YS－11の型式証明が取れる見通しがついたこと、聖火国内空輸を「YS－11単独」で行うことを発表した。YS－11による聖火空輸に、ようやく決着が着いたのである。

しかしYS－11の型式証明取得は、実際にはまだこれからのことであった。

YS-11の実用飛行試験(提供:和久光男／協力:和久淑子)●YS-11試作2号機を使っての実用飛行試験の様子。上が美保飛行場(米子空港)、下が高知空港での様子である。美保飛行場は1958(昭和33)年に米軍より返還されていたが、まだ当時の名残が残っていた。なお、実用飛行試験開始早々の1964(昭和39)年7月22日、YS-11は鹿児島空港に着陸。国内聖火単独空輸への道を切り開いた。

◉オーダーメイドの「特等席」

こうして国外・国内でそれぞれ使用する航空機が決まる一方で、空輸にあたって聖火を収めるための「ウツワ」が必要になってくる。旅客機が運ぶ「乗客」として、聖火ほどのVIPはいない。VIPならば、それに見合った特等席が要る。しかも、聖火は非常にデリケートな客なのだ。

「組織委員会に呼ばれて、（東京大会のために）働いてはくれないかと言われました」と語るのは、全日空の整備部耐空性管理課係長だった福井裕である。「赤坂の迎賓館にあった組織委員会に松本さんとふたりで行って、具体的には何をすればいいんですかと一時間くらいかけて聞きました」

ここで「松本さん」と呼ばれているのは、全日空の耐空性管理課長だった松本武治郎のことである。松本と福井は、この時点から全日空が行う国内聖火空輸のための「聖火台」の製作に携わることになる。それは、一九六四（昭和三九）年六〜七月頃のこと。福井は一九六三（昭和三八）年にYS－11のための全日空の技術駐在員として名古屋の日航製に派遣されていたが、突然、指示を受けて東京に戻った時のことである。この時には、福井は聖火をYS－11で運ぶとは聞いていなかった。

「（組織委員会からの）帰りの電車の中でどんな台にしようかと松本さんと話してました」と福井は語る。「鹿児島、宮崎、千歳へ行くのに火がついたものを載せるんだから、空港の事務所に説明しておかないとまずいな……と松本さんと一緒に羽田の事務所に行ったんです。すると、そこで今度は『YS－11の一等整備士の資格を取ってほしい』と指示を受けまして……」

その一方で、例の山之内憲夫は次のように証言している。「聖火を載せる台はうちが関わっているんです。その図面を見たのは六月か七月くらい。こういうものを載せるんだなぁと思いましたね」

全日空から参加した福井裕（提供：内田次彦）◉全日空の整備部耐空性管理課係長だった福井裕は、YS-11に据え付けられた聖火台の貢献者のひとりである。写真は1964（昭和39）年9月3日のYS-11試作2号機公開テスト飛行の際の撮影。聖火灯を3個ぶら下げているのが福井である。

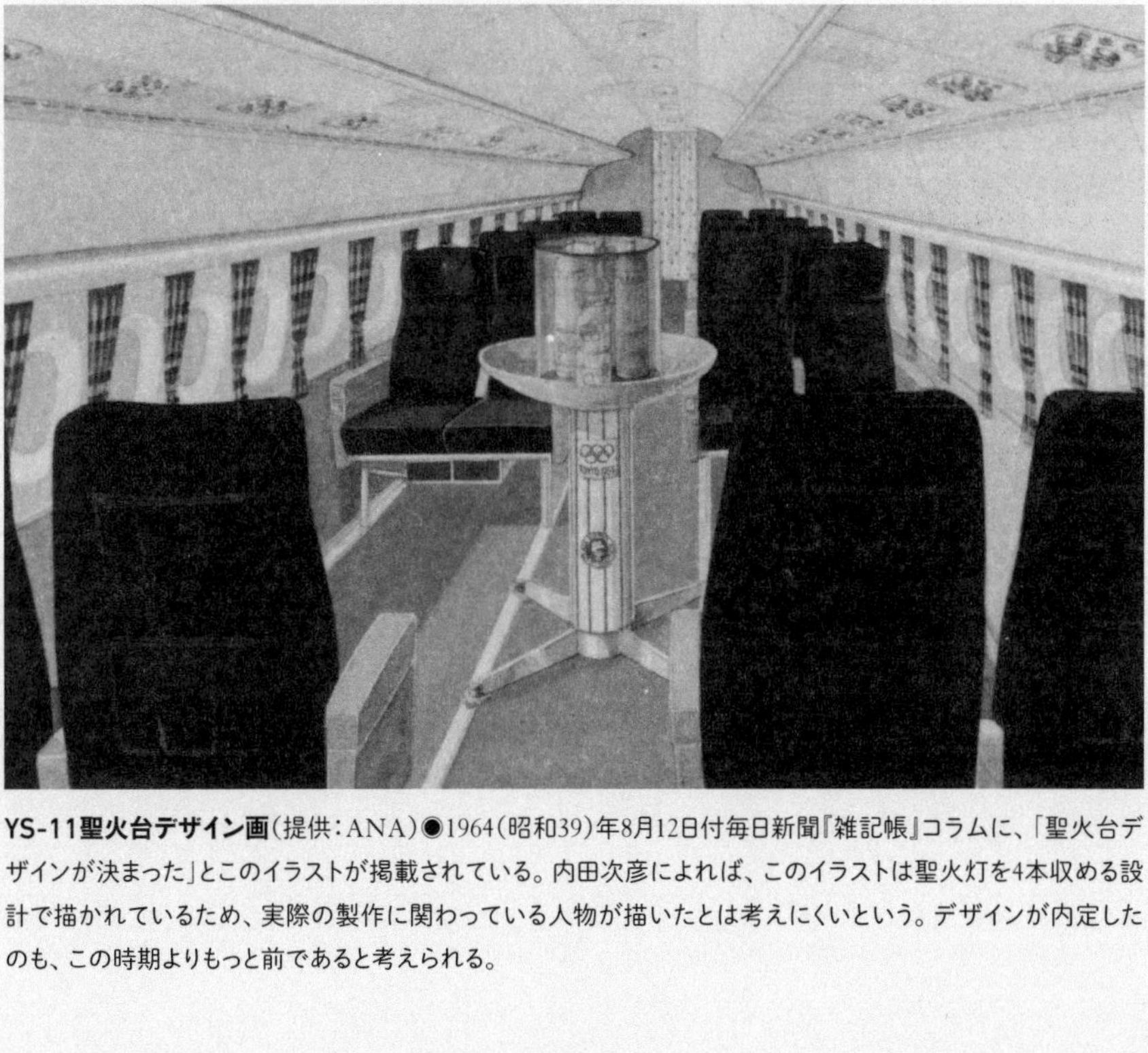

YS-11聖火台デザイン画（提供：ANA）◉1964（昭和39）年8月12日付毎日新聞『雑記帳』コラムに、「聖火台デザインが決まった」とこのイラストが掲載されている。内田次彦によれば、このイラストは聖火灯を4本収める設計で描かれているため、実際の製作に関わっている人物が描いたとは考えにくいという。デザインが内定したのも、この時期よりもっと前であると考えられる。

また、ここでもうひとり別の角度から証言する人物がいる。大丸百貨店の装工事業部（現・J・フロント建装）にいた内田次彦である。「ユーザーとしての全日空から日航製に『内装は大丸にデザインさせてくれ』と話があり、昭和三八（一九六三）年一二月に出向しました。その流れで、内装だけじゃなく聖火を運ぶ台座も大丸で作れということになったんです」

そもそも大丸装工事業部が飛行機の内装に関わったきっかけは、全日空のバイカウント機内のカーテン生地を作ったことから。そこからフレンドシップの内装の話が持ち込まれた。ＹＳ－11も日航製が手がけた内装に全日空からダメ出しが入り、大丸装工事業部が参加することになった訳だ。

こうして装工事業部設計課長の川崎浩、課員の篠田冨士男とともに大丸から派遣された内田次彦は、その時に初めてＹＳ－11と対面することになる。

「興味を持ちましたね。面白い仕事だな、やってみようと思いました」と内田は語る。「ただ、実物（試作一号機）を見たら『これじゃ軍用機だな』というイメージがありました。むき出しなんです。これじゃあ全日空が困るというのも分かると。二号機もむき出しにこそなっていませんが、大昔の旅客機程度の内装でしたからね」

ＹＳ－11で聖火を運ぶ話が具体化して試作二号機が使われることになると、当然、内装はこのままではダメだという話が出て来る。「その時点である程度、大丸のデザインを取り入れたかたちにはなってます」と内田は語る。「天井を張り替えたり、色を明るくしたり。暫定的なものですが」

こうした一連の流れで、機内に聖火を安置するための「聖火台」の製作もスタートしたのである。

では、全日空、日航製、そして大丸……この三者のすべてが「聖火台」の製作に関わったというのだろうか。こうした疑問に対して、内田はためらいなく次のように答えた。「その通りです。みなさんがそれぞれの立場で携わっていたんです」

完成した聖火台(提供:内田次彦)●完成した聖火台を点検する、内田次彦(右)と大丸装工事業部東京事務所長の石村昌男(左)。石村は聖火台の設計には直接関与していなかったが、内田によれば当時、次々に降って湧いてくる課題に即断即決で対応した人物だという。1964(昭和39)年8月末、大丸装工事業部・東京事務所内での撮影。

YS-11試作2号機の機内と聖火台(提供:白木洋子)●聖火空輸に使われたのはYS-11試作2号機で、全日空納品用のものではなかった(同社への初めての引き渡しは翌1965〈昭和40〉年7月)。この写真では、すでに大丸百貨店の装工事業部によって手を加えられた内装になっている。聖火台は、座席を固定するためのレールを利用して設置された。聖火台を見つめている全日空スチュワーデスは、左から板倉(現・白木)洋子、丸邦子。1964(昭和39)年9月3日の公開テスト飛行時(P228、P231参照)に羽田で撮影されたと思われる。

「私は自慢することはないんです。全部、松本さんと大丸の人たちが工夫して作ったんで」と、福井は全日空側の立場で語る。「こういうふうにしたと、私は松本さんから結果だけを教えてもらっていた。全日空側でいえば、私はいちばんの貢献者は松本さんだと思っています」

「全日空の松本さんの下で、福井さんと私が『いつまでにこれを作って』というようなやりとりをして、アイデアを川崎と話して図面を私が書きました。こうして聖火台をふたつ作ったんです。聖火台を機体にどうやって留めるかは、日航製の久世(紳二)さんが考えていました」と内田は聖火台づくりの役割分担を説明して、最後にこう結論づけた。「だから、みなさんが聖火台を作ったというのは、まさにその通りなんですよ」

そんな「総力戦」で臨んだ聖火台の製作は、かなり厳しいスケジュールで行われたようだ。

「話が来て、作るまでほとんど日数がなかったんです」と内田は語る。「五・四ミリほどの厚い鉄板を折り曲げて一二五ミリの鉄管を真ん中に通して。アクリルで円筒形の透明カバーを作ってね」

一方、DC−6Bで国外聖火空輸を担当することになった日本航空でも、機内に据え付けるための聖火台を独自に製作していた。設計したのは、同社客室技術課の内貴邦彦。JALカード会員誌『AGORA』二〇〇〇年九月号の記事によれば、内貴が社内のデザイナーや木工、板金などの技術を持つ社員たちの協力を得て製作したという。こうして見栄えも考慮しつつ聖火灯を固定できる装置を完成させ、客室の座席を二〜三列取り外して据え付けた。なお、聖火台内部には万一に備えた消火器も用意されていたようである。その後、飛行や離着陸の際にもショックで聖火灯の火が消えないことを確認。いよいよ「本番」の日を迎えることになった。

そんな一九六四年八月一一日午後四時半、東京・代々木の岸記念体育会館一階で組織委員会会長の安川第五郎はじめ一〇〇人が出席する「聖火空輸派遣団」の結団式が盛大に開かれた。国外聖火リレーのスタートが、目前に迫っていた。

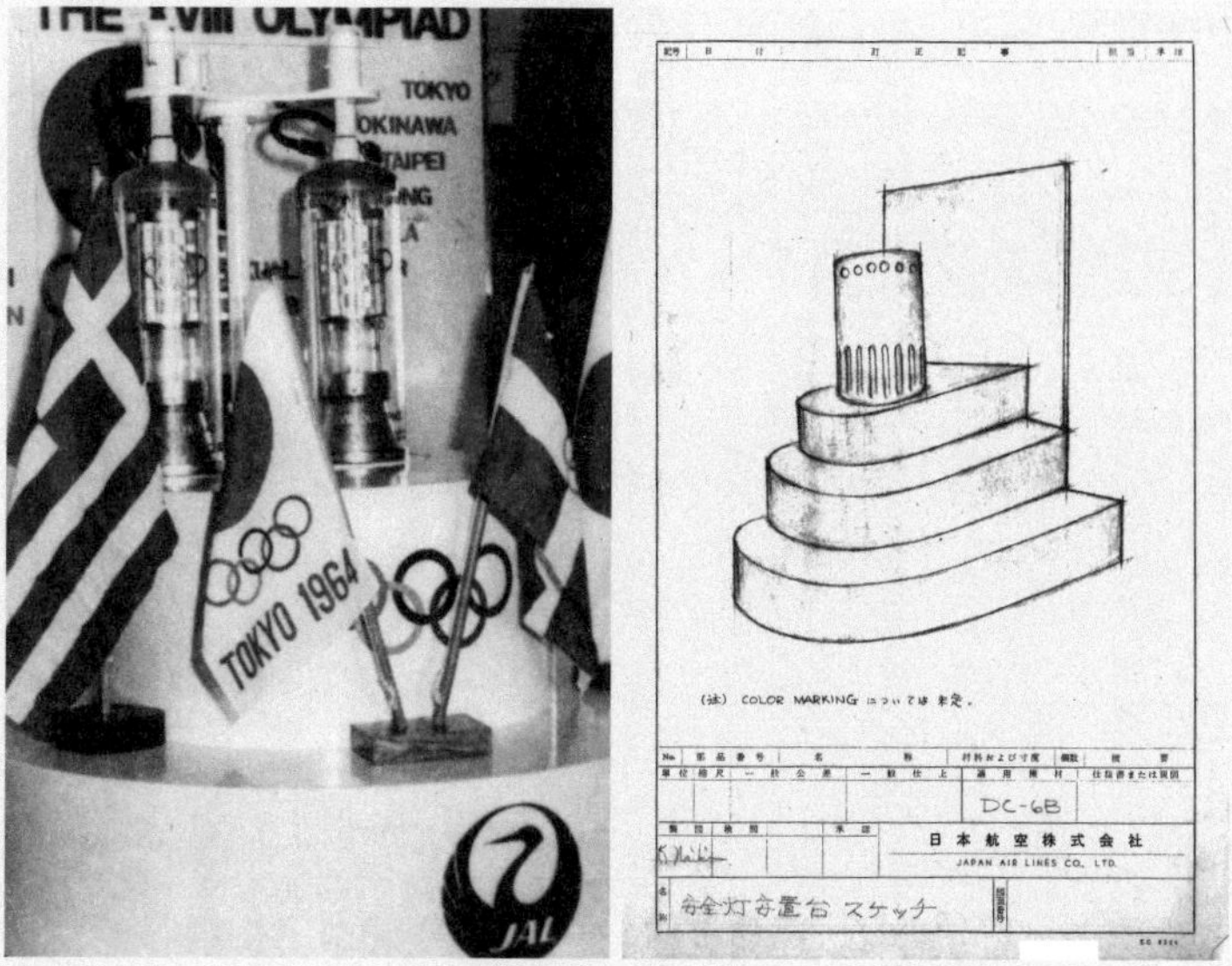

聖火台設計スケッチ(右)と完成品(左)(提供:秩父宮記念スポーツ博物館・図書館〈右〉、日本航空〈左〉)◉右は聖火台の設計用スケッチで、設計した内貫邦彦のサインが入っている。左は完成した聖火台で、DC-6Bの客室中央部に設置され、3つの聖火灯が置かれて固定された。ただし聖火灯は上下動に弱く、エア・ポケットに入ると消えてしまうおそれがあったため、カイロにも火を点して最悪に備えた。

(15)　☆14版☆　昭和39年8月12日　(水曜日)

聖火空輸の壮途祝う

14日アテネに出発　派遣団13人が結団式

ギリシャのアテネから東京に聖火を運ぶ"聖火空輸派遣団"(高島文雄団長)の結団式が十一日午後四時半から、東京・代々木のオリンピック組織委員会の一階ホールで開かれ、安川オリンピック組織委会長ら百人が出席して、一行十三人と日本航空の乗務員十五人の壮途を祝った。空輸団は十四日朝、聖火を運ぶ日航特別機で羽田からギリシャに向かう。"聖火リレーの全コースは国内コースも含め一万六千キロ、聖火十万余人のランナーによってリレーされ、オリンピック史上最大の聖火リレーとなる。

「聖火リレーは、いわばオリンピックの皮切りだ。その成功が、東京オリンピックの成功につながる。あなたがたが聖火といっしょに、無事日本に着く日をみんなで待っている。しっかり頼みます」

オリンピック組織委会長の大役を背負って、ここまで[illegible]ユールを進めてきた安川会長は、[illegible]に、静かな声で激励した。

これに対し高島団長は「じみな仕事だが、ただ一度の失敗も許されぬだけに十分注意してこの重大責任を果たしたい。途中訪れる各国の人たちにも、オリンピックの理想を植えつけ、国際親善を深めたい」と、一同を代表して力強くあいさつ、つづいて団員と聖火空輸にあたる日航乗務員が、紹介され、盛んに拍手を浴びた。

聖火空輸派遣団は、十四日午前八時十分、羽田発の日航特別機

聖火空輸派遣団の結団式であいさつする高島文雄団長(中央)後ろ向き右から安川組織委会長、竹田JOC委員長(オリンピック組織委員会で)

「聖火空輸派遣団」結団式(1964〈昭和39〉年8月12日付『読売新聞』より/提供:国立国会図書館)◉出発を3日後に控えた1964(昭和39)年8月11日午後4時半から、東京・代々木の岸記念体育会館の1階で「聖火空輸派遣団」結団式が開かれた。

◉聖火コース走破隊の静かなる旅路

まだ国内聖火空輸がＹＳ－11かフレンドシップか揺れていた一九六四（昭和三九）年七月三一日、日本から遠く離れたインドの街カルカッタ（現・コルカタ）に、日本人の運転する三台のクルマが到着した。彼らは人呼んで「聖火コース走破隊」。「踏査隊」ではない、「走破隊」である。

話はそこから約三か月前の、一九六四年四月二四日にさかのぼる。この聖火コース走破隊の結成式が、大阪府池田市のダイハツ工業池田第二工場で開かれた。この「走破隊」プロジェクトは、毎日新聞社の主催で行われるもの。ギリシャのオリンピアから聖火コースを陸路で辿っていく……という趣旨は、例の「聖火リレーコース踏査隊（P074参照）」と同様に思える。ただし今回のコースは、すでに一九六三（昭和三八）年八月一六日に決まった実際の国外聖火コースに準じるもの。しかも陸路はカルカッタまで。そこからはクルマを離れて飛行機で訪問。ただしこちらの「走破隊」は国外だけでなく国内も走るということで、最終的には鹿児島から東京をめざす。当然のことながら、朝日新聞社主催の「踏査隊」については充分過ぎるほど意識していただろう。果たして「走破隊」の目的やいかに……。

ダイハツ工業が協賛ということで、提供された車両がコンパクトなファミリーカーであるコンパーノ・ベルリーノ二台とハイライン・トラック一台。走破隊の面々は、毎日新聞大阪本社社会部から隊長の徳岡孝夫、同写真部から南川昭雄、ダイハツ工業から由本一郎副隊長、西田弘、武藤五一の五人。ただし、その後に岩本勝次が追加となって総勢六人で決行となった。

まず先遣隊として、徳岡、南川の毎日新聞からのふたりが五月一六日に羽田からアテネへ出発。同月末には残り四人も出発し、現地で合流した。

六月一二日には、オリンピアにあるクーベルタンの森から満を持して出発。実際の聖火リレーの出発点となるクー

毎日新聞　昭和39年(1964年)　4月24

オリンピア→東京　聖火コース

国産車の走破隊
一万八千キロ　六隊員で結成式

【大阪】オリンピックのふるさと、ギリシャのアテネと東京を国産自動車で結ぶ、オリンピア―東京聖火コース走破隊（毎日新聞社主催、ダイハツ工業協賛）の結成式が二十三日正午、大阪府池田市神田町のダイハツ工業池田第二工場で行なわれた。毎日新聞社から坂田大阪本社代表、同校松編集局長ら、ダイハツ工業から小田社長、藤井副社長らが出席、新型車コンパーノ組立工場に並んだ走破隊のコンパーノ・ベルリーナ二台、ハイライン・トラック一台が披露された。そうけ色と紺色の車体に日の丸、オリンピック・マークもあざやかな三台の車は、紙吹雪と拍手の中を、エンジンの音も快調に試走した。

走破隊は徳岡孝夫隊長(三四)＝毎日新聞大阪本社社会部、南川昭雄(三〇)＝同写真部と由本(ゆもと)一郎(三九)西田弘(三四)武藤五一(三五)岩本勝次(三七)＝いずれもダイハツ工業社員＝の五隊員。車は近く日本郵船"長門丸"に積み込まれ、アテネの外港ピレウスへ向かい、六人の隊員は五月下旬、現地に向かう。六月上旬、オリンピック聖火が点火されるオリンピアの"聖なる森"を三台の車に分乗して出発、イスタンブール、アンカラ（トルコ）ベイルート（レバノ

拍手を浴びて試走するコンパーノ・ベルリーナ＝ダイハツ工業池田第二工場で

聖火コース走破隊結成式を報じる記事（1964〈昭和39〉年4月24日付『毎日新聞』より／提供：国立国会図書館）◉大阪府池田市神田町のダイハツ工業池田第2工場で、1964（昭和39）年4月23日正午から走破隊結成式が行われた。コンパーノ・ベルリーノ2台とハイライン・トラック1台が披露され、紙吹雪と拍手に送られながら試走した。

ースがあった。見た目はきれいだが、消費者のみなさんもこんなのにだまされないよう注意してほしい。

・ロビー氏が十五日明らかにしたところによると、現在IOCの内部でブランデージ会長をやめさせる動きがある。ロビー氏はブラン

先発の隊長らが出発

聖火コース走破隊　オリンピックの故郷ギリシャのオリンピアから、インドのカルカッタまで国産車で走破、さらに東京まで旅客機を使って聖火コースを乗りつぐ「オリンピア―東京・聖火コース走破隊」（毎日新聞社主催、外務省後援、ダイハツ工業協賛）の徳岡孝夫隊長（毎日新聞大阪本社社会部員）南川昭雄隊員（同写真部員）は、十六日午後一時四

羽田を出発する徳岡隊長㊥と南川隊員

走破隊の先遣隊が出発（1964〈昭和39〉年5月17日付『毎日新聞』より／提供：国立国会図書館）◉1964（昭和39）5月16日午後1時45分、隊長の徳岡孝夫と南川昭雄の毎日新聞メンバーが、聖火コース走破隊の先遣隊として羽田空港からエア・インディア機でカルカッタ経由アテネに出発した。なお、クルマは4月末か5月初めに日本郵船の「長門丸」に積み込まれ、アテネの外港ピレウスに向けてすでに出発していた。

ベルタンの森からスタートするというあたり、空から行く聖火リレー・コースを、陸路からなぞっていこうというコンセプトは明確だ。見た目からしてゴツいニッサンキャリヤーを使って走った「踏査隊」に対して、あくまで小型軽量なコンパーノ・ベルリーノで行く「走破隊」と、対抗意識もなかなかのものである。

こうして七月三一日の午後六時一五分、オリンピアを出発してからちょうど五〇日目にあたるこの日に、走破隊はインドのカルカッタへとやって来た。ここが走破隊の国外コースでは、陸路の最終目的地である。その時、距離計は一万六〇〇三キロを指していた。

一九六四年八月二日付毎日新聞には、この走破隊カルカッタ到着を伝える記事が掲載されている。そこには、隊長の徳岡による独白のような一文が綴られていた。「私たちは聖火を飛行機で運ぼうという東京オリンピック組織委員会の決定に、なにか割り切れないものを感じる」……なるほど、ここに至ってこの「走破隊」の意図が、少々透けて見えてくるのである。

「もし地上を走れば、それは何億人かの人々がこの〝アジアの誇り〟を、また平和と友愛の五輪精神を分かち合う機会を与えたことだろうに」……御説ごもっとも。まったくその通りではある。そして、中東からアジアの国々をこのファミリーカーで走り抜けたという実績は注目に値する。

だが、残念ながらこの「走破隊」には、「踏査隊」や実際の空輸派遣団にのしかかっていた「聖火リレーのプランを決める」「実際に聖火を運ぶ」ことの計り知れない責任とプレッシャーがない。このコメントには、その本当の困難さを推し量る発想が決定的に欠けていた。

この後、「走破隊」は一旦解散。由本副隊長らふたりは空路帰国し、徳岡隊長らは他のリレー訪問地を空路で訪問してから帰国して、国内で再スタートすることとなる。実際にはかなりの部分で空路を選択せざるを得なかったという点にも、おのずからその限界が垣間見えていたのである。

ギリシャを行く聖火コース走破隊（提供：ダイハツ工業株式会社）◉1964（昭和39）年6月12日午前7時45分（日本時間午後2時45分）、聖火コース走破隊はオリンピアにあるクーベルタンの森から旅をスタートさせた。この日は聖火トーチを持ったランナーが実際に辿るコースを忠実になぞって、アテネまで357キロを快走した。写真はアテネを走る走破隊。後方にはアクロポリス遺跡が見える。

新聞　昭和39年(1964年)　8月2日　(日曜日)　13版　(14)

聖火コース隊、陸路を走破

炎暑の1万6千キロ

50日目、カルカッタへ

【カルカッタ三十一日、〔?〕特派員】水田が終わって町並みがはじまる狭い道に昭和〔?〕の二階バスと、半裸体の歩行者、牛がひしめいている。異様な混乱の中を、私たちはゆっくりと進む。七月三十一日午後六時十五分（現地時間）オリンピア東京聖火コース走破隊は、ついに陸路コース最終目的地カルカッタにゴールインした。六月十二日午前七時四十五分、オリンピック競技のふるさとオリンピアを出た日から数えてちょうど五十日目である。

アラシや洪水乗り越え

ユーラシア大陸を東へ東へ走り続けてきた白と紺のコンパーノ・ベルリーナと赤色のハイライントラックは、夕暮れどきのカルカッタの交通マヒをさけて、町の中心地ビクトリア・メモリアルの前に静かに車を休めた。エンジンをとめ、サイドブレーキを引いたが、六人の隊員はしばらくぼんやりとシートにもたれたまま、〔?〕台の車から外に出ようとしない。距離計は一万六千三〔?〕キロをさしている。オリンピアからの長かった〔?〕日、最終日のこの日の午前五時四十分ボドガヤを出てから四百八十キロ、一気に走ってきたのだ。

「これでおしまいだな」「そうだ、日本に帰ってからのコースを続いてはね」やっとわれに返り、車の外に出て、手をとりあう。ビクトリア・メモリアルの白い大理石ドームが、ベンガルの夕空に浮き残っている。ベルリーナの車体はドロにまみれ、〔?〕サオの日の丸の横っ腹はバグダッドでうけたひっかき傷。三台の車のボンネットの上の五輪マークだけが五月中旬日本を出たときのままにあざやかだ。

ギリシャ、トルコ、シリア、レバノン、ヨルダン、イラク、クウェート、イラン、アフガニスタン、パキスタン、インド――隊員たちはあらためて通過してきた国々をふり返る。

四十九度の炎天をはじめ、砂アラシや洪水に痛めつけられた〔?〕

最終コースのインドにはいると自転車に乗った人々が急に多くなる（〔?〕川特派員撮影）

聖火コース走破隊、カルカッタに到達（1964〈昭和39〉年8月2日付『毎日新聞』より／提供：国立国会図書館）◉1964（昭和39）年7月31日、オリンピアを出発してからちょうど50日目に聖火コース走破隊はインドのカルカッタ（現・コルカタ）にゴールイン。これが国外陸路コースの終点で、この後の国外コースはすべて空路で訪問。中断の後、9月14日に鹿児島から国内コースがスタート。9月22日に東京・明治公園の絵画館前にゴールインした。

「幻」の東京大会からの大願成就

東京オリンピックの開会に向けて、日本には海外からさまざまな客人が押し寄せて来た。もちろんアスリートやジャーナリスト、オリンピック目当ての観光客も大勢やって来たが、なかにはひと味もふた味も違うお客様も……。

特に異色だったのは、西ドイツの写真屋エーリッヒ・ディーツ、その助手ヘルムート・ビューラー、登山家カール・モンタの3人。最年長のディーツは戦前の「幻」の東京大会からその見物を熱望。1964(昭和39)年の開催が決まるや、それを「特別なもの」とするために自動車旅行を計画した。購入したマイクロバスには五輪マークを描き、助手のビューラーを伴って1964年2月16日にインスブルックから出発。ギリシャからはほぼ聖火コースをたどり、7月6日にはセイロン島(現・スリランカ)のコロンボに到着した。ここで、たまたま東京まで徒歩旅行中だったモンタも意気投合して同行。現地の日本大使館の好意もあって船旅に切り替え、26日に神戸に到着した。こうしてインスブルックのルッガー市長からもらった紹介状を頼りに、東京のある人物のお宅に辿り着いた。

1964(昭和39)年8月28日付産経新聞に取り上げられた記事によれば、ディーツらは28日に東京都知事の東龍太郎を訪ねて旅行途中の8か国から集めたメッセージを手渡し、東京大会成功を祈って激励する予定……と書いてある。

果たしてこのメッセージは、現在でも都庁のどこかに残されているのだろうか。

昭和39年8月28日金曜日　14版　<14>

五輪めざし　半年がかりで東京入り

西独のエーリッヒ・ディーツさん

24年目に実現

助手連れ自動車

途中八か国で　メッセージ

徒歩旅行の登山家も

ディーツたちの自動車旅行を報じる記事(1964〈昭和39〉年8月28日付『産経新聞』より/提供:国立国会図書館)●右から2番目の立っている人物がエーリッヒ・ディーツ。

第6章 賽は投げられた

オリンピアで採火式を務める巫女たち（提供：熊田美喜／協力：阿部美織、阿部芳伸、阿部哲也）◉東京オリンピックの聖火採火式が1964（昭和39）年8月21日、ギリシャのオリンピアにて行われた。中央で火のついたトーチを掲げているのは、巫女役の女優アレカ・カッツェリ。

1 「シティ・オブ・トウキョウ」号の旅立ち

◉聖火を待ち受ける動乱の地

長きにわたった準備と計画の果てに、ついに始動しようとしていた国外聖火リレー・プロジェクト。しかし国外聖火リレーを前にした一九六四（昭和三九）年八月、ギリシャから日本までの聖火の旅を迎える周囲の状況は、必ずしも平穏なものとはいえなかった。

この聖火リレーがスタートしようとしていた時期、最も大きな問題となっていたのは「キプロス危機」である。東地中海に浮かぶ美しい島国キプロスは、当時の人口約六〇万人のおよそ八割がギリシャ系、残り二割がトルコ系という民族構成で、これが常に同国の火種となっていた。特に少数派のトルコ系住民がどうしても圧迫されるかたちとなり、背後にいたトルコとギリシャ両国も対立した。聖火リレー目前の八月七日には、トルコ空軍がキプロスのトルコ系住民「保護」のために同国北部を空爆して対立は一気にエスカレート。これは、トルコとギリシャがメンバーとなっているＮＡＴＯ（北大西洋条約機構）の崩壊にもつながりかねなかった。今回の聖火リレーにとって何よりもまずいのは、ギリシャが聖火の「母国」であり、トルコが聖火がアテネを出発して最初の訪問地であったこと。一九六二（昭和三八）年一〇月に国外リレーコースを決定した際には、訪問地からシリア、イラク、韓国といった「紛争の火種がくすぶっている」国々をわざわざコースからはずしたが、今回はさすがにギリシャをはずす訳にはいかない。時期的にも場所的にも最悪の出来事である。

だが、実は「キプロス危機」だけが問題ではなかった。聖火が通過しようとしていた当時の中東〜東南アジア地域は、まるで「火薬庫」のような状態だったのである。

ビルマ（現・ミャンマー）は、一九六二（昭和三七）年にクーデターで軍政に移行したばかり。一九六四年九月四日付読売新聞の記事によれば、当時の同国は在留外国人はほとんどいない状態で、五人以上集まる時には集会届けを出さねばならないという不穏な空気が流れていたようだ。

マレーシアは一九六三年にマラヤ連邦にシンガポール、北ボルネオなどを加えて成立した国だが、これに伴って同国はインドネシア、フィリピンとの外交関係が断絶。特にインドネシアとの対立が深刻化して、マレーシア領でのインドネシア・ゲリラの活動が頻発していた。しかも、実はマレーシア自体も内紛の可能性を抱えていたのだ。その理由は、マレー系住民と中国系住民の対立である。結果的にこれが原因で、一九六五（昭和四〇）年には中国系住民の多いシンガポールがマレーシアから独立するという事態にまで行き着いてしまう。

そのインドネシアはマレーシアへの対応を見ても分かる通り先鋭化した政策を執るようになり、国際的に孤立。当時のインドネシア大統領スカルノは、一方で中国への接近を図っていく。これはスポーツの世界でも同様だった。ジャカルタで開かれた一九六二年の第四回アジア競技大会では、主催国インドネシアが中国やアラブ諸国との連携を強化すべく台湾とイスラエルに対する参加要請状を出さなかったのだ。当然、ＩＯＣはこれに抗議して正式な大会としての承認を拒否。日本選手団も参加か否かの厳しい選択を迫られたが、結局は参加。これが、最終的には東京大会組織委員会会長の津島壽一、事務局長の田畑政治の辞任につながっていくことになってしまう。アジア大会後にはインドネシアのオリンピック委員会がＩＯＣから脱退し、一九六三年に中国を含むアジアやアフリカ諸国等を集めてＧＡＮＥＦＯ（新興国スポーツ大会）を開催した。これに国際陸上競技連盟、国際水泳連盟などが反発。ＧＡＮＥＦＯ参加選手の資格を停止すると警告し、ＩＯＣもこれを支持した。その後、インドネシアは改めてＩＯＣに復帰したものの、火種は東京大会開催直前まで残されることとなる。

この件については、興味深い文書が外務省外交史料館に残されている。在インドネシアの藤井臨時代理大使から時の外務大臣である椎名悦三郎に宛てて出された、一九六四年七月二四日付の公信案（電信文などを送る場合の原稿）がそれだ。内容は、組織委員会が「もしインドネシア政府が希望すれば聖火ルートを変更してインドネシアを通過させる可能性を再検討する」と言明したとの東京発アンタラ通信電に対する、インドネシア・スポーツ省のラトメーテン次官の発言を伝えたもの。確かに、インドネシアが成立間もないマレーシアと激しく対立するなど過激になっていく前の一九六二年八月四日案においては、聖火はジャカルタにも訪問することになっていた（P112参照）。

だが、ラトメーテン次官はこの件について、ＩＯＣに対する同国の国民感情が芳しくないために聖火も歓迎されない可能性があるので、決定済みのコースを変更するには及ばないと発言していた。実際には、組織委員会が聖火のインドネシア通過を模索していた事実はなかったようだが、このインドネシア側の頑さからその後の東京大会への同国参加問題の難航ぶりが早くも予想された。

また聖火リレー訪問地ではないが、通過コースの至近距離にあるベトナムでも大事件が起きていた。一九六四年八月二日、北ベトナム沖のトンキン湾にいたアメリカ海軍駆逐艦「マドックス」に対して、北ベトナムの魚雷艇が南ベトナムの艦艇と間違えて攻撃を加えてしまうトンキン湾事件が起こったのだ。後年、事件の過程でアメリカによる捏造があったことが明らかになったが、この出来事を契機にアメリカはますます泥沼のベトナム戦争に自らのめり込んでいく。

とてもじゃないが「オリンピックが世界をひとつにする」などとはいっていられない状況下を、聖火と「シティ・オブ・トウキョウ」号は潜り抜けなければならなかったのである。

夕刊）　28230号

トルコ、30機で攻撃

キプロス　安保理でも応酬

【ニューヨーク＝加藤特派員八日発】トルコ空軍機の空襲事件で緊迫したキプロス情勢を検討する国連安全保障理事会は八日午後八時六分（日本時間九日午前九時六分）からニールセン議長（ノルウェー）司会のもとに、キプロス、ギリシャ、トルコ三国の代表も参加して開かれた。ロシデス・キプロス代表は「トルコ艦船がキプロスに一時間の距離まで迫っている」と事態の急迫を訴え、ついでエラルプ・トルコ代表が発言し「空襲は軍事目標に対する"警察行動"である」とその正当さを主張した。

【ニコシア八日発＝ロイター】キプロス政府スポークスマンは八日夜「トルコ空軍の戦闘機三十機が三時間にわたり、キプロス西北部のギリシャ系住民地区七町村をロケットや機関銃で攻撃した結果、住民二十四人が死亡、約二百人が負傷した」と語った。

砲艦が炎上

【ニコシア八日発＝AP】トルコ空軍機は八日、キプロス西北岸ピリリア岬のいくつかの町に対しロケット砲と機関銃で一連の攻撃をおこなった。クセロス港ではトルコのジェット機四機がギリシャ系住民の砲艦を攻撃して炎上させた。ニコシアの国連軍司令部によると、この攻撃で少なくともギリシャ系の乗組員五人が死亡、十三人が負傷した。

キプロス政府の発表によると、トルコ機八機が四機ずつにわかれてポリス、ポモス、パヒヤモス、クセロスの各町およびトルコ系のコッキナ村周辺のギリシャ系陣地を攻撃した。

【アンカラ八日発＝AP】サチル・トルコ首相は八日、政府スポークスマンとして「トルコ空軍のジェット機がキプロス島マンスーラ地区で攻撃を[illegible]めた」と次のように発表した。

ギリシャ系のマカリオス大統領がマンスーラ地区のトルコ系島民をみな殺しにしようとしている行動からみて、トルコは国連および同盟国にこの行動をやめさせるよう要請した。しかし、われわれはなんの成果も得られなかった。トルコ空軍のジェット機は現在、マンスーラ地区周辺でギリシャ系軍用車両を攻撃している。攻撃はすでに一時間続いている。

政府発表によると、八日の攻撃に参加したトルコ空軍機は三十機である。

【ニコシア八日発＝AP】キプロスの国連平和維持軍当局は八

32隻の艦

キプロ

【ニューヨーク＝加藤特派員八日発】八日開かれた緊急安保理は、同日午前、まず、トルコが、また同日午後キプロス政府が、それぞれ開催を求めたもので、トル

キプロス危機を報じる新聞記事（1964〈昭和39〉年8月9日付『朝日新聞』夕刊より／提供：国立国会図書館）◉1964（昭和39）8月8日、トルコ空軍機がキプロス西北岸ピリリア岬のギリシャ系住民地区のいくつかの町に対して、ロケット砲と機関銃で攻撃。その後、トルコ艦船も攻撃を加えるに至って事態はさらに深刻化した。なお、同国は1974（昭和49）年以降、南北に分断された状態になっている。

"東京五輪に参加"

インドネシア　スカルノ大統領表明

スカルノ大統領

前オリンピック担当相の川島正次郎氏（自民党）は十九日、スカルノ大統領を東京・赤坂の料亭に招待、インドネシアの東京オリンピック参加問題について懇談した。この結果、二十五日からインスブルックで開かれるIOC（国際オリンピック委員会）総会に出席する東IOC委員が同総会でインドネシアは東京オリンピックに参加したいとの強い希望があることを説明、これが承認されれば、インドネシアは喜んで東京オリンピックに参加することが明らかとなった。

東氏近くIOC総会で説明

この日の懇談で川島氏は、ブランデージIOC会長に日本からインドネシアにオリンピック参加の招待状を発送したいとの了解を求めるよう東IOC委員と話がついているので、もし招待状が送られることになった場合、インドネシアは同大会に参加する意思があるかどうかとスカルノ大統領に確かめた。

これに対しス大統領は「招待状がくれば喜んで参加するし、インドネシアとしてもそのための選手養成も行なっている」と参加の意思を明らかにし、しかも参加できることになればインドネシアの女子民族舞踊団約六十人を東京に派遣して、アジアで初のオリンピックに協力する用意もあると語ったものである。

東京大会へのインドネシア参加を表明するスカルノ大統領（1964〈昭和39〉年1月20日付『読売新聞』より／提供：国立国会図書館）◉1964（昭和39）年1月19日、マレーシアとの紛争の問題などで池田勇人首相と会談するため来日していたインドネシアのスカルノ大統領は、前・オリンピック担当相の川島正次郎と懇談。この結果、同月25日から開かれるIOCインスブルック総会で、IOC委員の東龍太郎からインドネシアが東京大会に参加を希望していることを説明することになった。

◉ア・ハード・デイズ・フライト

一九六四（昭和三九）年八月一日、東京である一本の映画が公開された。その名もズバリ、『ビートルズがやって来るヤァ！ヤァ！ヤァ！』（一九六四）。実は日本で初めてビートルズのレコードが出たのは、『抱きしめたい』のシングルが発売された同年二月五日のこと。当時はまだテレビの衛星中継もなく、インターネットなどもない時代。海外のニュース……それも芸能関係の情報が日本に到達するのは、現在とは比較できないほど遅かった。だが、レコード発売に続いての主演映画公開で、それは完全に火がついた。ファンがスクリーンに映る四人の姿に熱狂し絶叫するだけでなく、勢い余ってスクリーンを切り取ってしまう事態まで起こったというのだから想像を絶している。そんな若い女性たちの興奮が、映画館で最高潮だった八月半ばのこと……。

全日空スチュワーデスの板倉（現・白木）洋子は、神戸の西宮から来た従姉から何日か前の新聞を渡され、その紙面を見て目を丸くしていた。その新聞は、一九六四年八月一二日付け日本経済新聞。全日空による国内聖火空輸をYS－11一本で行うという、八月一一日の発表を記事にしたものだ。問題は、空輸に関わる乗員の顔ぶれ。そこには、なぜか自分の名前も入っているではないか。だが、板倉はそんな話は聞いていない。

「私は、内示を受ける前に新聞記事で知ったんですよ」と板倉洋子は語る。「私の従姉が、新聞に名前が出てると記事に赤線を引いて届けてくれて、それで初めて自分が聖火のフライトに乗ることを知りました。会社からは全然聞いていなかったのでびっくりしましたよ」

このようにあくまで板倉は寝耳に水だったようだが、聖火空輸の陣容はすでに固まっていた。この時点で、聖火空輸はスタートの号砲が鳴る寸前。それは、国外空輸も同様だった。

全日空の板倉洋子が自分の聖火空輸への参加を知ったタイミングとほぼ同時期、八月一四日の羽田空港は、朝から大いに賑わっていた。いよいよこの日、日本航空のＤＣ－６Ｂ「シティ・オブ・トウキョウ」号が聖火を受け取るためにギリシャへ出発するからである。

このフライトに乗り込む国外聖火空輸派遣団の団長は、聖火リレー特別委員会で委員長を務めて来た高島文雄、副団長は競技部式典課長の松戸節三である。

意外な起用としては、日本航空の熊田周之助がこの派遣団に抜擢されたことだろう。この年の四月～五月に聖火リレー訪問予定地を事前打合せのために次々訪れた、聖火国外現地調査団（P154参照）のメンバーである。ただし、今回はあくまで組織委員会側の人間として委嘱されての参加で、その肩書きは「団長秘書」。熊田の夫人である熊田美喜によれば、目的地に着くとタラップを真っ先に降りて、現地の関係者と高島のその日の行動について打合せするような、文字通り高島の秘書のような役回りだったとのこと。例の聖火国外現地調査団に同行した際に、高島に気に入られての起用だったのだろうか。熊田はこの旅でカメラの腕前を遺憾なく発揮し、貴重な記録を残した。

そして、聖火リレー特別委員会の三つの小委員会を掛け持ちしていた中島茂、例の議事録ノートを残した競技部員の森谷和雄らが肝心要の聖火係に任命された。

加えて一行には市川崑監督の『東京オリンピック』撮影スタッフ三名のほか、一二名のメディア関係者が同行していた。その報道関係者をケアする報道係が、ＰＲジャパン社から組織委員会に派遣されていた菅野伸也という人物だ。

菅野は一九三五（昭和一〇）年九月二一日生まれ。米国メイン州ベイツ大学留学後は外務省入りを希望していたが、偶然にベイツ大学の先輩だったＮＨＫ解説委員の平沢和重と知り合い、その紹介でＰＲジャパン社に入社。同社の社員として組織委員会で海外広報の仕事に携わるようになった。

これらの人物プラス数名といったところが聖火空輸派遣団の陣容だが、当然ながらこれとは別に「シティ・オブ・トウキョウ」号に乗務する日本航空クルーの面々が、日本航空聖火空輸特別派遣団として彼らの旅をサポート。その団長には、同社の航整副本部長兼運航部長で聖火リレー特別委員会の国外小委員会にも参加していた森田勝人（P146参照）が選ばれた。

なお、この「シティ・オブ・トウキョウ」号が実際には「シティ・オブ・ナゴヤ」号（JA6206）の機体を使用していることは前述の通り（P139参照）だが、当初は「ナゴヤ」ではなく「シティ・オブ・オオサカ」（JA6205）が使用されるはずだった。これは『聖火空輸チャーターの実施について』という七月六日付けの日本航空社内文書（後に七月二四日に手書き修正が入っている）で分かったことだが、「ナゴヤ」と交代した「オオサカ」号は非常時の予備機になっていた。ちなみに予備機「オオサカ」号の輸送要員としてはシドニー・E・ジョイナー、ロバート・J・バンブリー、ジェームズ・V・メフォードの三機長をはじめ機関士に至るまで外国人乗務員が担当。実は日本航空は一九五一（昭和二六）年の運航開始時は外国人パイロットによる運航だった経緯もあり、長い期間にわたって相当数の外国人乗務員を抱えていた。なかでも機長として名が挙がっていたジョイナーは、一九五一年一〇月二五日に戦後初の民間航空定期便として東京～大阪間を飛んだマーチン202型機「もく星」号や、国際線開設のための試験飛行として一九五三（昭和二八）年一一月二三日と一二月三日に東京～サンフランシスコ間を飛んだ〝本家〟「シティ・オブ・トウキョウ」号のパイロットも務めた超ベテラン。聖火フライトに備えて、まさに万全の体制が敷かれていたのである。

ともかく、賽は投げられた。国外聖火空輸派遣団と日本航空聖火空輸特別派遣団、そして「シティ・オブ・トウキョウ」号は、こうしてアテネに向けて旅立つ日を迎えた訳だ。

出発に先立ち、午前七時から羽田の空港ターミナル二階の特別室で壮行会、さらに七時半から聖火灯授与式が行われた。そんな一連のセレモニーを終えた後で、DC-6B「シティ・オブ・トウキョウ」号は午前八時一〇分に羽田を出発したのである。

「出発した日のことは、小さいトラブルのことだけ覚えています」と語るのは、日本航空クルーのひとり、早川欣之

整備員の早川欣之(提供：早川欣之)◉写真はパキスタンのカラチで宿泊したホテルにて、1964(昭和39)年8月17日か18日に撮影。

羽田空港出発前の聖火灯授与式(提供：日本航空)◉1964(昭和39)年8月14日、羽田空港で出発直前に行われたセレモニー。組織委員会事務総長の与謝野秀(左)から聖火空輸派遣団の団長である高島文雄(右)に聖火灯が手渡された。高島の後方には副団長の松戸節三のほか、中島茂、熊田周之助、森谷和雄らがおり、与謝野の左側には東京都副知事の鈴木俊一(後の東京都知事)らしき姿も見えている。

聖火空輸派遣団の集合写真(提供：熊田美喜／協力：阿部美織、阿部芳伸、阿部哲也)◉左から2人目の帽子を手に持った人物が日本航空の森田勝人、その後ろから顔を出しているのが熊田周之助、その右にいる2人のサングラスをかけた人物のうち右側が中島茂、さらにその右に2人おいて聖火空輸派遣団の高島文雄団長、その右にひとりおいてメガネの人物が副団長の松戸節三。写真の中央あたりには菅野伸也、森谷和雄らの顔が見える。新たに発見された資料から、1964(昭和39)年8月14日に香港啓徳空港にて撮影されたものと判明。

である。「離陸してから天井から水が落ちて来た。エアコンを冷やしたら水が溜まって、傾いた時に漏れてきたんです。でも、後は何も覚えてないな」

早川は「シティ・オブ・トウキョウ」号に乗り込んだ整備員のひとりで、同機の状態をチェックするのが仕事だった。

「空港に降りてきて故障があるかないか、飛べるか飛べないか、直せるか直せないかを判断する。OKとなればフライトログにサインする。その資格を持っていました」

「トウキョウ」号は水漏れ以外は特に問題もなく、その日の午後に香港に到着。翌一五日朝には香港を発ってバンコクへ到着。さらに一六日にはカルカッタ（現・コルカタ）に着陸、同日にカラチに到着して二泊……と移動していく。

だが、一八日朝にカラチを出発後にキプロス上空を通過してアテネを目指すはずが、途中で急遽コース変更という話が持ち上がる。キプロスが紛争中のため、上空通過を回避しようという訳である。日本航空特別派遣団の団長である森田勝人も「万一のことを考えて、また、聖火リレーという重い任務を考え、より安全をはかった」と八月一八日付読売新聞記事でコメントしていた。

だが、アテネに向かう前に給油のためダーランに一時間ほど着陸した際にも、特にキプロスについてのネガティブな情報はなかった。そこで予定を再度変更。一八日午後二時過ぎにはキプロスのニコシア空港から上空通過のOKが出て、午後二時三九分に無事に上空を通過した。

後は何も彼らを阻むものはない。ただ、アテネを目指すのみである。

それとほぼ同じ頃、遠く離れた日本では、聖火台に点火する東京大会聖火リレー最終ランナーに早稲田大学教育学部一年の坂井義則を起用することが最終決定していた。

There was more than a whiff of the Tokyo Olympics when this big plane roared into Dum Dum on Sunday on its way to Athens. It carried two Olympic torches (which are inset into the picture, top right). The Japanese passengers, sport officials and journalists, stopped for tea and a pleasant chat, and gave Patrika an exclusive picture (and an exclusive look at the torches) See Story.

Olympic torch (unlit) whips past Dum Dum

BY A STAFF REPORTER

A giant Japanese airliner. carrying a lot of Japanese sporting officials and Japanese journalists

starting place for the setting off on the long trail to where the games will be staged.

The Japanese passengers were

「シティ・オブ・トウキョウ」号、カルカッタに到着（『Amrita Bazar Patrika : Calcutta』August 17,1964〈Amritabazar Pvt. Ltd.〉より／提供：菅野伸也）◉1964（昭和39）年8月16日、「シティ・オブ・トウキョウ」号はインドのカルカッタ（現・コルカタ）にあるダムダム空港（現・ネータージー・スバース・チャンドラ・ボース空港）に到着。現地でインド・オリンピック委員会の事務局長P. Guptaやベンガル・オリンピック委員会の会長Bhupati Mozumdarなどスポーツ関係者の出迎えを受けた。ただし現地には宿泊せず、90分程度の滞在だったようだ。

ダーランでの聖火空輸派遣団メンバー（提供：池田宏子、池田剛）◉アテネに向かう往路の途中、サウジアラビアのダーラン空港ターミナル・ビル前で1964（昭和39）年8月18日に撮影。中央の帽子とサングラスの人物が中島茂、右端の人物が森谷和雄、左端のカメラを持った人物が熊田周之助である。写真ウラのメモでは気温が50度と書いてあったが、8月19日付『朝日新聞』夕刊では気温40度とのこと。いずれにせよ酷暑であったことは間違いないようである。

2 オリンピックの母国で

◉万事さすがのギリシャ流

「シティ・オブ・トウキョウ」号は一九六四(昭和三九)年八月一八日午後四時五〇分(日本時間午後一一時五〇分)、ついにギリシャのアテネに到着した。

早速、高島文雄と派遣団の面々は、宿舎のヒルトンホテルでギリシャ・オリンピック委員会のドゥーマ聖火委員長と打合せに入る。だが、八月一九日付朝日新聞夕刊によれば、その結果は日本側スタッフを暗澹たる気分にさせてしまった。採火式の進行や詳細について尋ねても、「式典担当者が現地に行ってしまったのでよく分からない」とお話にならなかったというのだ。「採火式がとどこおりなくすむかどうか自信がなくなった」と、聖火係の中島茂も首を傾げてしまう始末である。

同日夜には、派遣団と別に組織委員会会長の安川第五郎もアテネ入り。同じ夜には、中島茂、森谷和雄、菅野伸也、熊田周之助らが報道陣などと一緒に、一足先にオリンピアに向けて出発した。

「着いた日の夜遅く、バスで行きました」と語るのは、日本航空整備員の早川欣之である。普段なら派遣団と同行することがない日本航空クルーだったが、この時はたまたまオリンピア行きのバスに乗ったようだ。「アテネからオリンピアまで結構遠くて、向こうには朝に着いた。狭い幅の谷間を通ってね。びっくりしたのは、我々が乗ったベンツ

聖火空輸派遣団がアテネに到着（提供：日本航空）◉1964（昭和39）年8月18日、アテネのヘレニコン空港（現在は新空港開港に伴い廃港）に到着した聖火空輸派遣団。上の写真は、ギリシャの民族衣装を着た女性に花束をもらう聖火空輸派遣団・団長の高島文雄。下の写真は、左側に立つ制服に帽子をかぶったサングラスの男性が日本航空聖火空輸特別派遣団の団長である森田勝人。そこから右へ高島文雄、ギリシャ・オリンピック委員会のラパス総務主事、副団長の松戸節三、サングラスの男性が聖火係の中島茂、ギリシャ・オリンピック航空のスチュワーデスと前出の民族衣装を着た女性、その女性の後方に見えているのが森谷和雄である。

のバスが八段ギアだったことかな」

「すごいところを走ったんです」と語るのは、報道係の菅野伸也だ。「切り立った崖みたいなところに架かってるちゃちな橋を、大きなバスが渡らなきゃいけない。トイレ休憩か何かで降りた時に見て、おっかないなぁと。オリンピアは相当に辺鄙なところでしたね」

ところがオリンピアに着いて早々、報道陣を世話する菅野は肝を冷やす出来事に直面する。

「着いたら新聞記者のホテルが取れてなかった」と菅野。何とギリシャ・オリンピック委員会の失態だった。「小さな町だから民宿みたいなものしかない。私は坂道だらけの町を走り回って、一軒一軒訪ねてようやく用意できたんですよ」

だが、一難去ってまた一難。採火式リハーサル前日ということで記者会見を行ったのだが、ギリシャ側で雇った通訳が日本人留学生の女の子。これが何ともまずかった。「慣れてないし詳しくないから言葉が出ない。そのうち記者は怒って来るし」と、菅野は苦笑気味に振り返る。結局、ギリシャ側担当者から菅野が英語を通訳するように頼まれ、その日は何とか収まった。しかし翌二〇日のリハーサルを迎えてみると、ギリシャ側担当者が語った進行とはまるで違うではないか。これには菅野も苦笑いするしかなかったようだ。「さすがギリシャだなと思い知らされましたね」

◉採火式の主役たち

一九六四(昭和三九)年八月二〇日、オリンピアでは朝一〇時から採火式のリハーサルが厳かに行われていた。日本はじめ各国の報道陣、記録映画撮影班たちの前で当日の主役を務めたのは、ギリシャの女優アレカ・カッツェリ。彼女は文字通り採火式の「ベテラン」であった。

カッツェリは一九一七(大正六)年一〇月一九日、アテネ生まれ。何と彼女は一八歳の時、初めて聖火採火式に参加

アテネでのスチュワーデスたち（提供：日本航空）◉アテネのパナシナイコ・スタジアム真向かいに設置されている「ディスコボロス」（円盤投げ像）を前にした記念撮影で、一番右が「シティ・オブ・トウキョウ」に乗務した加治木（現・柴田）洋子。その左がオリンピック航空のスチュワーデスである。パナシナイコ・スタジアムは元々が紀元前6世紀の竣工といわれ、1896（明治29）年の近代オリンピック第1回大会の会場となり、1964（昭和39）年8月22日夜の歓迎式典にも使われた。また、銅像はギリシャ人彫刻家コンスタンディノス・ディミトリアディスが1924（大正13）年のパリ五輪時のコンテストで金賞を獲得したもののレプリカである。（協力：GreeceJapan.com）

採火式リハーサルでの主巫女役アレカ・カッツェリ（提供：菅野伸也）◉採火式リハーサルの合間に、主巫女役を演じるアレカ・カッツェリにお土産として日本製カメラを渡す菅野伸也。撮影は1964（昭和39）年8月20日のリハーサル時で、サインは来日した際の同年10月8日にカッツェリ当人が書いたもの。

することになる。それも、一九三六（昭和一一）年のベルリン大会聖火リレーのための採火式。つまり近代オリンピック史上でも最初の採火式である。その時、主巫女を務めたのはKoula Pratsikaという女性。カッツェリはその傍に付き添う補佐的な巫女に過ぎなかったが、彼女の聖火との縁はもうこの時に始まっていた。

一九四二（昭和一七）年に初舞台を踏み、その後、国立劇場のステージに立つベテラン女優となる。一九五〇年代からは映画にも出演。若い頃は主演映画を数多く撮り、主演ではないもののメリナ・メルクーリ主演、ジュールス・ダッシン監督の世界的ヒット作『日曜はダメよ』（一九六〇）、イレーネ・パパス主演、マイケル・カコヤニス監督の『エレクトラ』（一九六二）などの出演作は日本公開もされている。一九五六（昭和三一）年のメルボルン大会採火式では、主巫女として参加。続く一九六〇（昭和三五）年のローマ、そしてこの東京……と採火式のヒロインを連続登板する。

「実はまだオリンピックを実際に見たことがないのです。こんどこそ東京へ行きたかったのですが」と、カッツェリ本人は八月一九日付朝日新聞の記事でそう語っていた。

こうして迎えた八月二一日の採火式当日。今回の採火式の「売り」は、ギリシャ国王直々の採火式参列である。この年の三月六日に王位を継承したばかりのギリシャ国王コンスタンティノス二世が、わざわざ採火式にやって来るのだ。

採火式自体は、ギリシャ・オリンピアのヘラ神殿跡で行われた。二一日午前一〇時四五分（日本時間午後五時四五分）にアレカ・カッツェリらによって採火された聖火は国王コンスタンティノス二世に手渡され、さらに国王からリレー第一走者のゲオルゲ・マルセロス選手へと渡された。いよいよ東京の国立競技場へと至る、壮大な聖火リレーの幕が切って落とされたのである。聖火係の中島茂らは、早速この走者とともにギリシャ国内リレーに帯同するためその場を離れた。

高島文雄ら残りの派遣団員たちは、式典後にコンスタンティノス二世の謁見を許された。報道係の菅野伸也はその時のことを笑いながらこう語っている。「高島さんは団長でありながら何もいわない人でしたね。王様の別荘でお茶

メルボルン大会の聖火採火式でのアレカ・カッツェリ（提供：カンタス航空／協力：株式会社プラップジャパン）
◉1956（昭和31）年11月2日、オリンピアで行われたメルボルン大会の聖火採火式。女優アレカ・カッツェリが1936（昭和11）年のベルリン大会採火式以来の参加を果たし、初めて主巫女として取り仕切った。

オリンピアでの聖火採火式（提供：熊田美喜／協力：阿部美織、阿部芳伸、阿部哲也）◉1964（昭和39）年8月21日、オリンピアのヘラ神殿跡での採火式の様子。アレカ・カッツェリらによって採火された聖火は、ギリシャ国王コンスタンティノス2世に手渡された。組織委員会会長の安川第五郎らVIPは、ギリシャ・オリンピック委員会手配のオリンピック航空特別機でアテネからアンドラビダ空軍基地に向かい、そこから陸路で採火式に乗り込んだようだ。（協力：GreeceJapan.com）

会に呼ばれたときも、ハローぐらいで何もいわない。リップサービスも何もない人だったですからね。あれにはまいった」

見かねた菅野は、コンスタンティノス二世に結婚のお祝いをいった。デンマークの王女アンナ＝マリアとの婚約を話題にしたわけだが、コンスタンティノス二世は「君たちが南に帰る時、わたしは北に行くんだよ」と答えたという。派遣団が聖火を運んでいる間に、自身は婚約者を迎えにデンマークへ行くと語ったのである。実際にコンスタンティノス二世は、同年九月に結婚式を挙げている。

しかし、その後のコンスタンティノス二世には厳しい運命が待っていた。一九六七（昭和四二）年のクーデターで、軍政化したギリシャを脱出する羽目になったのだ。さらに一九七四（昭和四九）年には不在中に君主制が廃止され、結果的にギリシャ最後の国王となってしまう。コンスタンティノス二世にとって、東京大会採火式は国王として最初で最後の採火式参列となったのである。

一方、ギリシャ国内を運ばれた聖火は、二二日夜にアテネ入り。パナシナイコ・スタジアムでの式典（口絵P04参照）を経て同国の最終走者の手でヘレニコン空港に届けられ、ギリシャ・オリンピック委員会のラパス総務主事から安川会長に手渡された。

ここからは、聖火空輸派遣団の仕切りである。聖火トーチは高島団長から聖火係の中島茂の手に渡り、中島が聖火灯二基に点火。この聖火灯は空港特別室に保管され、出発まで兵士たちに警護された。ただ、中島は聖火灯の状態を心配して、ホテルと空港を何往復もしたようである。

翌二三日朝、聖火は空港特別室から「シティ・オブ・トウキョウ」号に移された。午後二時一五分（日本時間午後九時一五分）に「シティ・オブ・トウキョウ」号はヘレニコン空港を離陸。いよいよ距離にして空輸一万五五〇八キロ、地上七三二キロ、海上三キロの合計一万六二四三キロにおよぶ、国外聖火リレーの旅がスタートしたのである。

ピルゴス市での聖火中継（提供：熊田美喜／協力：阿部美織、阿部芳伸、阿部哲也）◉1964（昭和39）年8月21日午後0時50分（日本時間午後7時50分）、聖火ランナーはオリンピアから約20キロ離れたピルゴス市に到着。オリーブの並木に囲まれた市の中央にあるコンスタンチノス広場には歓迎会場が設けられ、多くの人々を集めてセレモニーが開かれた。

派遣団がアテネから出発（提供：日本航空）◉1964（昭和39）年8月23日、聖火空輸派遣団を乗せた「シティ・オブ・トウキョウ」号は、アテネのヘレニコン空港を出発した。写真は左から、日本航空聖火空輸特別派遣団の団長である森田勝人（敬礼をしている人物）、聖火空輸派遣団・団長の高島文雄、同副団長の松戸節三、聖火係の中島茂である。

3 中東からアジアへ

◉「トウキョウ」号から見た風景

アテネ出発から、DC－6B「シティ・オブ・トウキョウ」号の聖火空輸の旅がついに始まった。

「当時のレシプロ（エンジン）の飛行機ではいちばんいいですからね」と、日本航空整備員の早川欣之はDC－6B起用の理由を推察する。「ロングレンジを飛ぶのではなくて、短い区間を飛んだり降りたりするのに適していた。逆にジェット機のDC－8などは、チョコチョコ飛ぶものじゃない。それにジェット機はまだ技術が完成していなかった。6Bは信頼性が高かったからね」

DC－6B「シティ・オブ・トウキョウ」号は一行にとって単なる交通手段としてだけではなく、長い道中を過ごす場所でもあった。彼らはそこで、寄港地にいるより長い時間を過ごすのである。

「でも、着いたら組織委員会の人は私たちクルーとは別です」と早川は語る。「ホテルは同じでも行動は別。彼らはお客様ですから。飛行機からも先に降りるしね」

今と違ってPBB（旅客搭乗橋）を使わず、タラップから降りてくる時代である。派遣団は飛行機から降りる際に、現地のメディアも含めて必ず写真を撮られる。そのため飛行機を降りる順は、❶空港手続きや通関に関わる日本航空や

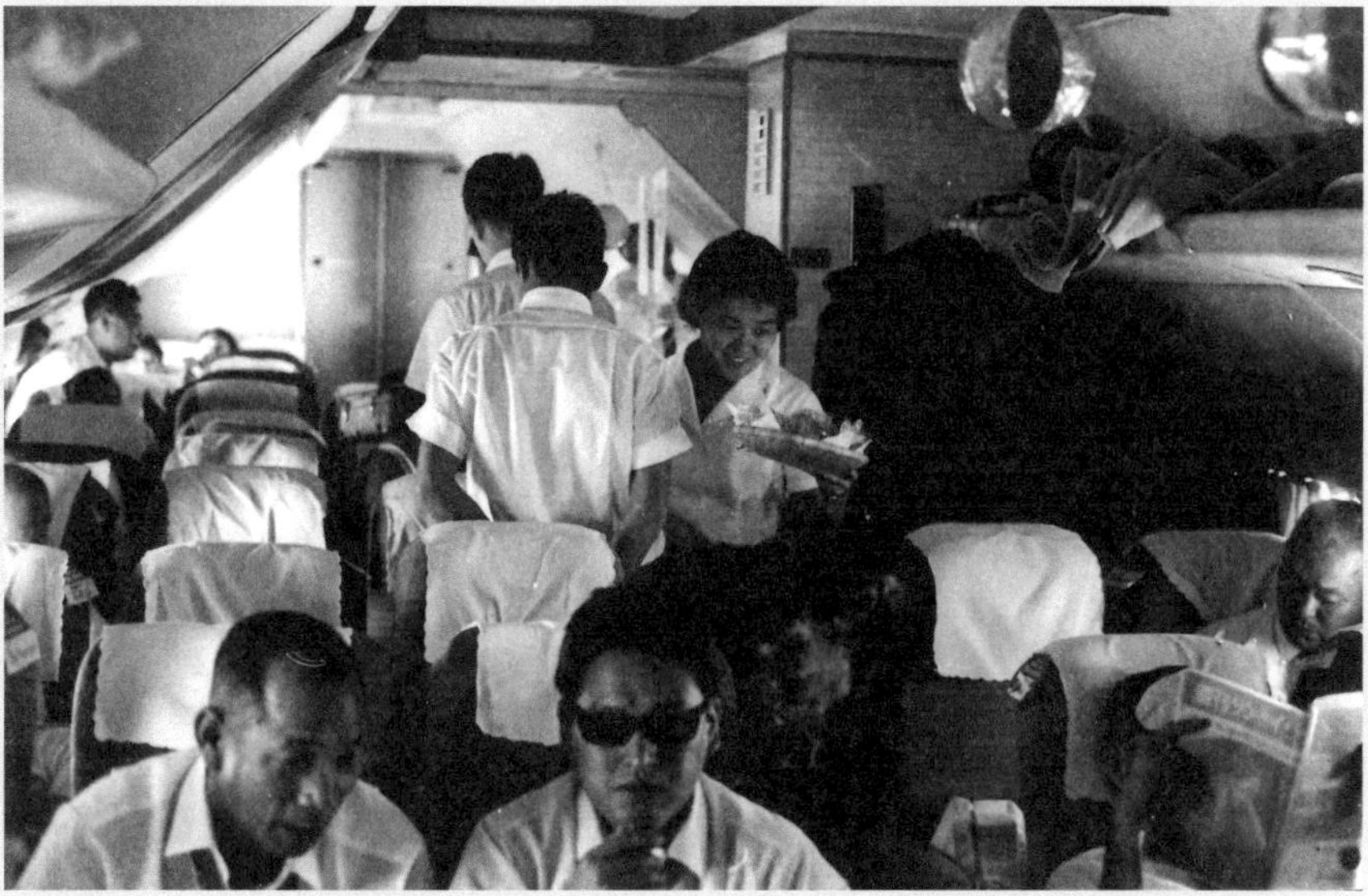

「シティ・オブ・トウキョウ」号客室内の様子（提供：池田宏子、池田剛）◉写真の手前左が、聖火係の中島茂。写真には写っていないが、中島のすぐ前には聖火台が設けられている。中央に立っているのは、スチュワーデスの加治木（現・柴田）洋子。右端には日本航空聖火空輸特別派遣団の団長である森田勝人がいる。

「シティ・オブ・トウキョウ」の3機長（提供：日本航空）◉パイロットの制服を着ている人物は、左から富田多喜雄、大川五郎、増子富雄の3機長である。国外聖火空輸の寄港地のどこかにある、日本航空の支店で撮影されたものと考えられる。

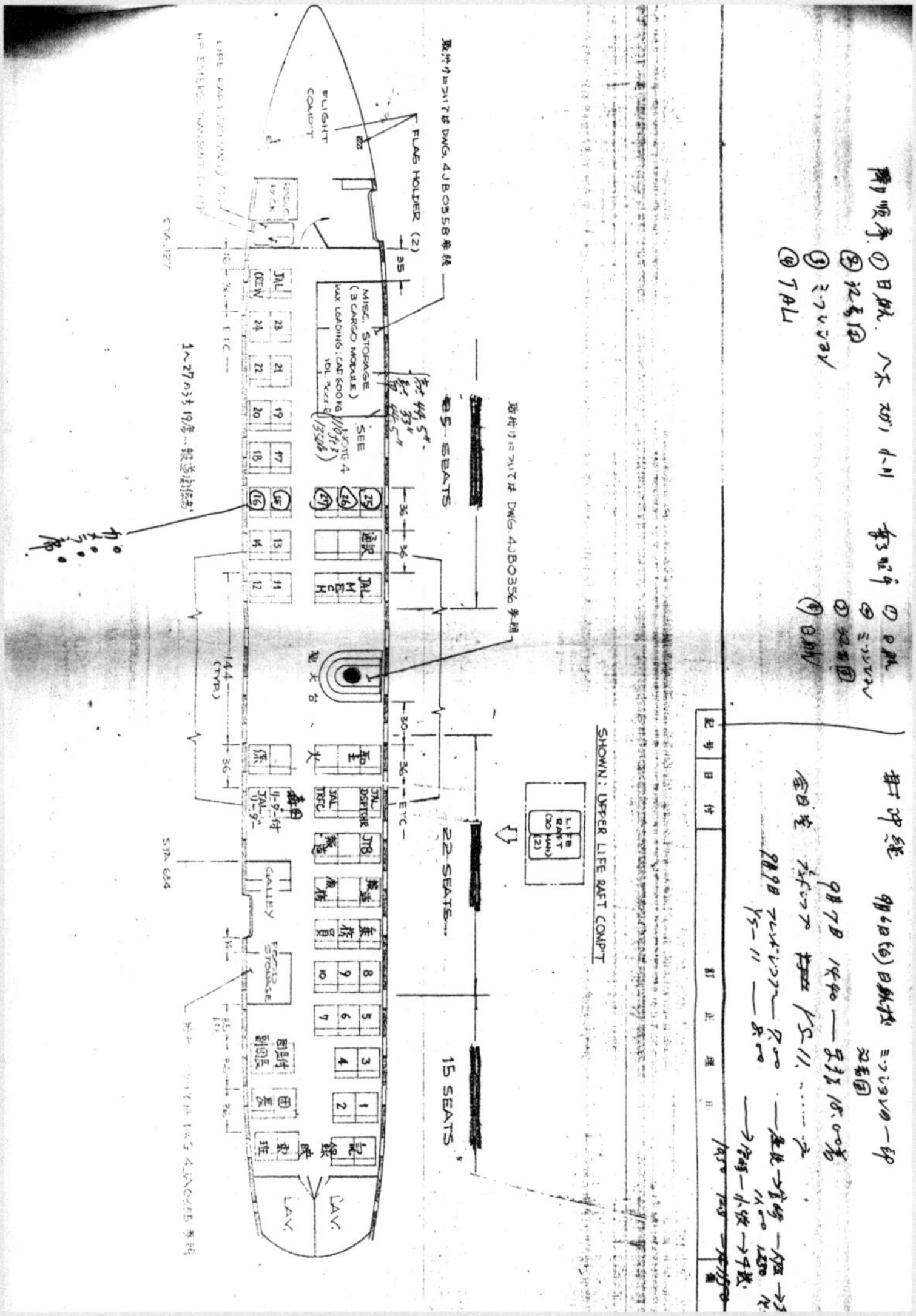

聖火輸送特別機「シティ・オブ・トウキョウ」号の機内レイアウト図（提供：池田宏子、池田剛）◉客室中央部に聖火台があり、そのすぐ後方（図では聖火台右側）に中島茂や森谷和雄ら聖火係の席がある。そのすぐ後ろの列に日本航空聖火空輸特別派遣団・団長の森田勝人の席、さらに末尾から2列目に聖火空輸派遣団・団長の高島文雄の席があり。その1列前には「団長付」の熊田周之助と副団長の松戸節三の席があった。最末尾は記録映画スタッフの席である。また、図の左上には手書きで飛行機から降りる順番が書き留めてあった（P200参照）。聖火係の中島茂が所蔵していたもの。

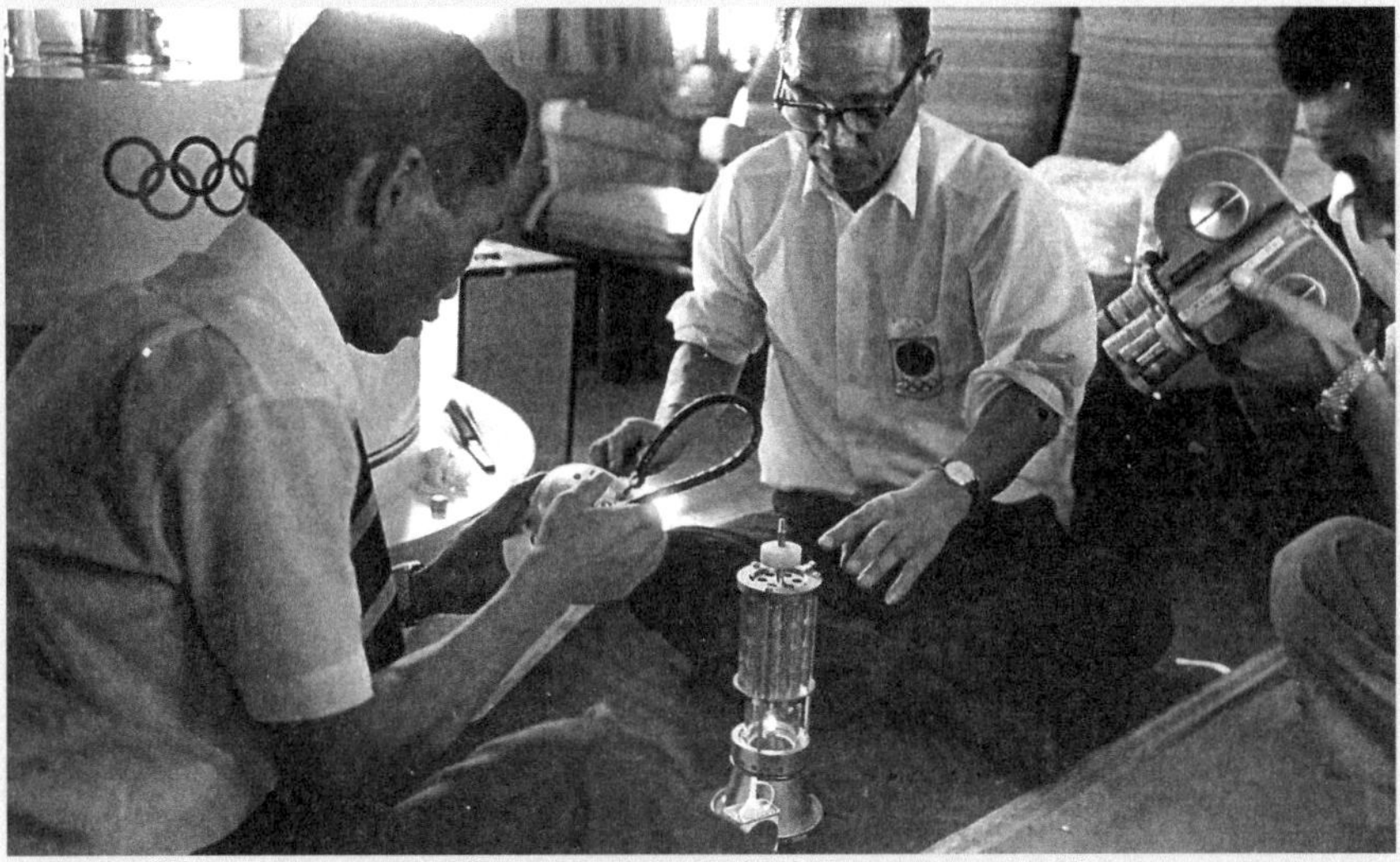

機内での聖火灯の手入れ（提供：池田宏子、池田剛）◉客室内に据え付けられた聖火台の前で、聖火灯の手入れをする聖火係の中島茂（メガネの人物）。左端の人物は、同じく聖火係の森谷和雄のように見えるが不明。右側からは記録映画の撮影が行われているのも見える。

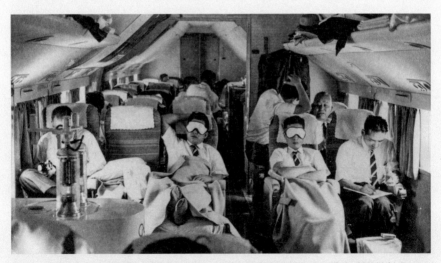

「シティ・オブ・トウキョウ」号客室内の様子（提供：熊田美喜／協力：阿部美織、阿部芳伸、阿部哲也）◉こちらはP201の写真とは異なり、聖火台が写っている。聖火灯に隠れて顔は見えないが、左端の人物は聖火係の中島茂。同じ列の右端には、几帳面にノートをつけている森谷和雄の姿も見える。その後方の席には、日本航空聖火空輸特別派遣団・団長の森田勝人がいる。

日本交通公社（現・株式会社ジェイティービー）担当者、❷記者団、❸聖火空輸派遣団、❹日本航空の乗員……と決められていた。「記者団が彼らの写真を撮るので、私たちは後から降りるか反対側の扉から出ていくんですよ」

◉光が失われた日

「その聖火リレーを行なっておりました東南アジアのトルコ国において、その年の八月二十八日午後四時四十分に左目を失明したのでございます（原文ママ）」

これは聖火空輸派遣団で聖火係を務めていた中島茂が、一九七〇（昭和四五）年に母校である佐賀県立三養基高等学校（旧制・佐賀県立三養基中学校）の創立五〇周年記念式典で行った講演（P034参照）の一節である。講演の冒頭で、中島はこんな衝撃的事実をサラリと語っていた。長く患っていた彼の左目は、聖火リレー本番の過労からついにトルコで光を失ってしまったのだ。

ただし、中島はこの講演のなかで日付を間違えている。実際には一九六四（昭和三九）年八月二三日。仮に「午後四時四十分」という時刻だけは正しいとすれば、アテネを発った「シティ・オブ・トウキョウ」号が初の訪問地イスタンブールに到着する直前に、「それ」は起きた。だが、中島は周囲に悟られまいとしていたのだろうか。その事実に気づく者は、誰もいなかったようである。

「目のことは何も知らなかった」と、報道係を務めた菅野伸也は語る。「思えば、あの人がいちばん仕事をしていましたよね。だけど絶えずニコニコ。そういえば聖火をカイロに入れて、そのカイロを中東から彼はお腹に巻いていた。でも旅行中は、そのことも誰も知らなかったんです」

周囲が中島の異変に気づかぬまま、飛行機は八月二三日午後五時九分（日本時間午後一一時九分）、イスタンブールのイエシュルコイ空港に到着。軍楽隊が歓迎マーチを演奏し、トルコ・オリンピック委員会の会長ブルハン・フェレク

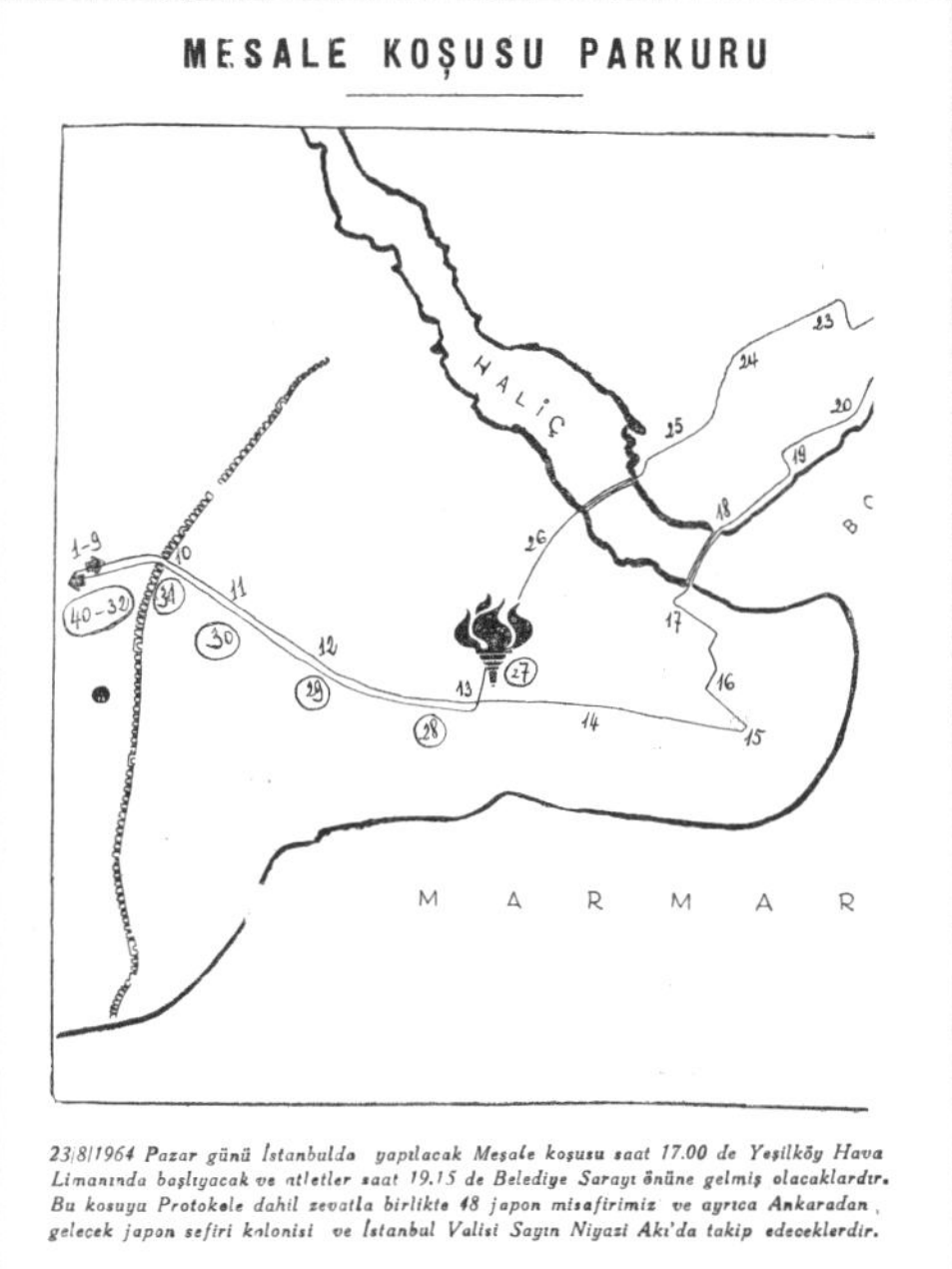
MEŞALE KOŞUSU PARKURU
HALİÇ
MARMAR
23/8/1964 Pazar günü İstanbulda yapılacak Meşale koşusu saat 17.00 de Yeşilköy Hava Limanında başlıyacak ve atletler saat 19.15 de Belediye Sarayı önüne gelmiş olacaklardır. Bu koşuya Protokole dahil zevatla birlikte 48 japon misafirimiz ve ayrıca Ankaradan gelecek japon sefiri kolonisi ve İstanbul Valisi Sayın Niyazi Akı'da takip edeceklerdir.

イスタンブールでの聖火リレー・コース（『ISTANBUL HAFTASI／THE WEEK IN ISTANBUL』21 August 1964 - No.481〈Reklam-Dekor Matbaasi〉より／提供：池田宏子、池田剛）●現地の情報誌に掲載された、聖火リレーのルート・マップ。地図の左側ワクの外にイエシュルコイ空港があり、聖火はそこから数字の順に回っていく。途中、橋を渡って金角湾の向こう岸に渡り、再度橋を渡って戻って来るというコースを辿る。マップ中央部の聖火アイコンが描いてある地点が市庁舎で、そこに着いてからセレモニーが行われた。（協力：Yunus Emre Enstitüsü トルコ文化センター）

イスタンブール市庁舎前での聖火台点火（提供：熊田美喜／協力：阿部美織、阿部芳伸、阿部哲也）●1964（昭和39）年8月23日午後7時10分（日本時間24日午前1時10分）、聖火は市庁舎に到着。建物前の広場にある池のほとりに特設の聖火台が設けられ、ランナーはそこに聖火を点火した。一行がイスタンブールに滞在する間、聖火はここで兵士に護衛されながら燃え続けた。

(P157参照)と駐トルコ大使の宮崎章が機内に入る。やがて派遣団の高島文雄団長とフェレク会長が腕を組んでタラップを降りて来るという、親密さをアピールする演出だ。その後、空港から市庁舎をめざす聖火リレーが始まった。キプロス紛争を巡って険悪になっているギリシャから来た聖火。だが、トルコ人は意外にも聖火を盛大に歓迎していた。おそらく派遣団一行は、これにホッと胸をなで下ろしたに違いない。ただ中島ひとりだけが、複雑な思いをじっと胸の内に収めていた。前にも取り上げた一九七二(昭和四七)年一月五日付毎日新聞夕刊のコラム『ひと』(P119参照)では、目の病気について「しょんないですワ」とアッサリ片付けてもいた中島。だが、実際のところはどうだったのだろうか。前述の母校での講演では「個人的には東京オリンピックを恨んでおります」と語って笑いをとっていた中島だが、決して笑える話ではないだろう。実は、それこそ本当の本音ではなかったのか。

さらに一行は翌八月二四日昼過ぎにイスタンブールを出発。同日夕方にレバノンのベイルートに到着する。空港で「シティ・オブ・トウキョウ」号を迎えたのは、子供たちの手描きによる何枚もの日の丸の小旗。当時、この街には商社マンやその家族など一五〇人からの日本人がいたという。

同日は、市内の「殉教者広場」と「スポーツ・シティ」内水泳場(P157参照)でセレモニーを実施。八月二七日付けスポーツニッポンによれば、レバノンのオリンピック委員会のエミール・ナサール(P157参照)がクルマの窓から聖火灯を外に突き出しサイレンを鳴らして突っ走るという、派遣団メンバーが肝を冷やす珍事も起きたようだ。この後、派遣団はベイルートで二泊して一息入れるが、中島にとっては心労から解放されたつかの間の休暇だったに違いない。

しかし、一九七五(昭和五〇)年に始まったレバノン内戦は、この「中東のパリ」をすっかり荒廃させてしまった。現在では聖火リレーの興奮もすでに大昔の伝説のようなものかもしれない。

そんな最中の八月二五日、遠く離れた日本では吉凶両方のニュースが報じられた。良いニュースは、あのYS－11がついに念願の型式証明を取得したこと。そして悪いニュースは、よりによって東京大会開催間近のこのタイミング

ベイルートでの聖火リレー（提供：熊田美喜／協力：阿部美織、阿部芳伸、阿部哲也）◉1964（昭和39）年8月24日、体育施設が並ぶ「スポーツ・シティ」の水泳場で行われたセレモニーの模様。飛び込み台に設けられた聖火台にランナーが点火した後、水泳大会が開催された。

YS-11が型式証明を取得（提供：和久光男／協力：和久淑子）◉1964（昭和39）年8月25日、YS-11は型式証明を取得。元・日航製パイロットの沼口正彦によれば、型式証明の交付は正式には午前11時30分。YS-11試作2号機には全日空のマーキングが施され、東京五輪エンブレムも付けられて「聖火」号の装いとなっている。なお、山之内憲夫によれば五輪エンブレムはペイントされたものではなく、巨大ステッカーを機体に貼ったもの。写真は、愛知県西春日井郡豊山村の三菱重工小牧工場第5格納庫にて同日に撮影。

で、千葉県習志野市でコレラが発生。死亡者まで出た……ということであった。

●幻のイラン浴衣娘大集合

日本の浴衣を着たイランの女子高校生約四〇〇人が、競技場への最終ランナーの到着を迎えて走路に花をまく……。一九六四(昭和三九)年四月二二日付報知新聞は、そんな砂漠の蜃気楼でも見るかのような光景が、聖火リレー・セレモニーのなかで実現するかもしれないと報じた。

その案は、国外聖火リレー計画の事前確認をするために旅立った聖火国外現地調査団(P154参照)が、同年四月一七日か一八日にイランのテヘランで現地の担当者と打合せした時に飛び出した。当初から各国は豪華な聖火歓迎行事を計画していたが、特に華やかだったのがイラン案。際立って異彩を放っていたのが、この「浴衣のイラン女子高生」のプランである。式典の後には、女子高生たちは扇子を持って「日本調」のマス・ゲームも行う。「調査団はユカタとセンスの見本を急いで送るよう組織委員会に連絡をとった」とも書いてあるので、これは本気のプランだったはずだ。

調査団の帰国後、第八回聖火リレー特別委員会に『国外聖火リレー最終打合せ報告事項』という資料が提出された。同年五月一九日付で作成されたこの資料のテヘランの欄にも、「日本の着物を着た女高生」の件が書いてある。確かにその計画は存在した。

さらに同年八月一〇日付毎日新聞は、七月末に東京の組織委員会に対して、イランのオリンピック委員会から分厚い式典計画書が送られて来たことを報じている。そこにも「最終ランナーのコースには日本の着物をきた女子高校生が花を敷き……」という内容が盛り込まれていたようだ。

では、浴衣の大量調達は可能だったのか。当時の浴衣業界は現在と事情が異なり、四〇〇着の発注があっても一日でこなせる数量で価格も安価だった。つまり、実現の可能性は大だった。

عکس بالا تحویل مشعل المپیک وسیله‌رئیس هیئت سرپرستی حمل مشعل از یونان به ژاپن به‌آقای احمد ایزدپناه‌نماینده‌کمیته ملی المپیک ورئیس فدراسیون دوومیدانی را در جلو هواپیما نشان میدهد.

メヘラバード空港での聖火引き渡し（1964年8月27日付『エッテラーアート』〈エッテラーアート研究所〉より／協力：アリ・ヘジャズィヤン、イラン文化センター）◉1964（昭和39）年8月26日、テヘランのメヘラバード空港における聖火引き渡しの模様。トーチを持っているのが派遣団団長の高島文雄、左の受け取ろうとしている人物がイラン・オリンピック委員会代表で陸上競技連盟会長のアフマド・イーザッドパナー。ほかに、イラン・オリンピック委員会事務総長のアミール・アミンもこの場にいた。なお、8月27日付『読売新聞』によれば、テヘランに向かう途中のイラク上空で、イラク・オリンピック委員会より派遣団に無電で祝福のメッセージが寄せられたという。

メヘラバード空港での歓迎風景（提供：熊田美喜／協力：阿部美織、阿部芳伸、阿部哲也）◉1964（昭和39）年8月26日、テヘランのメヘラバード空港にペルシャ発祥のポロの選手たちが馬に乗って待機しているのが分かる。このほかに、古代戦士の扮装をしたレスリング・チームが首から金メダルを下げて登場。その後、ポロ選手たちは馬で、レスリング世界チャンピオンのゴラムレザ・タクティーをはじめとするレスラーたちは14台のジープで、それぞれ聖火リレーに同行した。

それでは、果たして実際に浴衣を着た大勢のイランの女子高生たちは登場したのか。

一九六四年八月二六日午後五時二〇分(日本時間午後一〇時五〇分)、テヘランのメヘラバード空港に「シティ・オブ・トウキョウ」号が到着した。一行を出迎えたのは、イラン・スポーツ界の要人たちと、レスリング・重量挙げ・陸上競技チームメンバーたち。ペルシャ発祥のスポーツであるポロの選手たちも競技服で馬に乗って集合した。早速、聖火リレーが開始され、馬に乗ったポロ選手たち、レスラーや重量挙げ選手の乗ったジープがランナーに同行。聖火リレーはファラ・パハラヴィー競技場へと向かって行った。問題はこの競技場に入ってからである。

結論からいうと、どうやら「浴衣のイラン女子高生」の出番はなかった。何よりイランの代表的な新聞『エッテラーアート』と『ケイハン』が、この件にまったく言及していないのだ。

両紙の内容を参考にすると、午後六時半~四五分にファラ・パハラヴィー競技場に最終ランナーが入場。競技場に設置された聖火台に点火してセレモニーは開幕した。イラン・オリンピック委員会の会長で国王の弟であるシャープール・ゴラムレザー・パハラヴィーがスピーチを行い、まず行われたのは女子の二〇〇メートル走競技。「浴衣のイラン女子高生」はこれに化けたのではないか。

なぜ「浴衣」が消えたのかについては憶測の域を出ないが、四〇〇人もの女子高生を夜中までのイベントに動員することに人々の抵抗があったのかもしれない。時はモハンマド・レザー・パハラヴィー国王の時代。当時、日本ではパーレビ国王と呼ばれたこの王は、アメリカの支援の下に強引な近代化、西欧化を断行。女性のヒジャブ着用の禁止なども強行されていたが、イランの人々の一般的な感覚からいえば、夜中に女子高生の群舞など好ましくなかったのではないか。

その後、独裁政治や格差の拡大が国民の反発を招いて、一九七九(昭和五四)年にイラン革命が勃発。国王モハンマド・レザーは国外に脱出することになってしまう。幻と消えた「浴衣」プランも所詮は「パーレビ国王」時代の徒花で、その

مشعل المپیک از تهران گذشت

مشعل المپیکروی‌دست «پیمانی» قهرمان سابق دو و میدانی بسوی استادیوم فرح در حرکت است درمسیر مشعل المپیک هزاران نفر از مردم تهران این مراسم باشکوه را تماشا کردند .

مشعل المپیک ۱۹٦٤ که در شهر مقدس و قدیمی «المپیا» در یونان برافروخته شده دیروز طی تشریفات مخصوصی به تهران رسید و ساعت ده صبح امروز از تهران حرکت داده شد .

مراسمی که بهمین مناسبت در استادیوم فرح برگزار شد والاحضرت شاهپور غلامرضا پهلوی نیابت ریاست عالیه کمیته ملی المپیک ایران طی نطقی گفتند :

در جهان آسایش و نیکبختی ملت ها ، بستگی بصلح کامل دارد . صلحی که از حسن تفاهم بین‌المللی بدست می آید .

ورزش عامل موثریست برای صلح ، زیرا تندرستی ونشاط و زیبائی و راستی و آزادگی ودوستی متقابل از صفات ستوده و مشترک ورزشکاران جهان است . دربدنهای سالم متناسب ، روحی وجود دارد که از کژی و پستی دوری میجوید . ورزشکار حقیقی انسانی نیرومند ، خوش نیت و انسان دوست و فداکار است .

مشروح جریان ورود مشعل المپیک را در صفحه ۱۱ مطالعه فرمائید.

قهرمانان دو کیلومتر به‌کیلومتر مشعل‌ها را روشن میکنند

مشعل المپیک

بقیه از صفحه ۱

وسیاه که از نمدهای سرخ و سبز پوشیده شده بود ایستاده بودند .

درکنار باند ۱٤ جیپ که هریك بانام یکی از قهرمانان ایران مشخص شده واولین اتومبیل متعلق به غلامرضا تختی بود قرارداشت . جمعیت مستقبلین ، به فرودگاه که معمولا دراین ساعت از روز کاملا خلوتست وفعالیتی ندارد ، شور و هیجان فوق‌العاده‌ای داده بود .

ساعت ۵و۲۰ دقیقه بود که هواپیمای «شهرتوکیو» متعلق به شرکت هواپیمائی ژاپن که روی آن با حروف بزرگ نوشته شده بود : «مخصوص حمل مشعل المپیک» درروی باند فرودگاه متوقف شد .

خارج شدند. این چراغ درکوه المپ یونان باشعله مقدس روشن شده و باآتش همین چراغ است که تمام مشعلهای بین راه (یونان ــ ژاپن) یکی پس از دیگری روشن میشوند .

ابتدا آقای امیر امین دبیرکل کمیته‌ملی المپیک ایران خطاب به آقای تاکاشیما وسایر اعضای هیئت ژاپن چنین گفت :

اینجانب بهترین و بزرگترین موفقیت های شما را درکوششی که برای تشکیل بازیها ی المپیک ۱۹٦٤ توکیو بکار برده اید آرزومندم

آنگاه طی تشریفات خاصی ، مشعل به آتش مقدس روشن شد

درساعت شش و نیم آخرین دونده مشعل وارد استادیوم ورزشی فرح پهلوی شد . درآنجا والاحضرت

テヘラン市内での聖火リレー（右写真＝1964年8月27日付『エッテラーアート』〈エッテラーアート研究所〉、左写真＝1964年8月27日付『ケイハン』〈ケイハン研究所〉より／協力：アリ・ヘジャズィヤン、イラン文化センター）◉右写真は、メヘラバード空港からの最初の1キロ区間を走る元陸上競技チャンピオンのゴルヴェルディ・ペイマーニー。左写真は、1キロごとのランナー交代でトーチに火を移す様子。

مشعل المپیک بوسیله ارساگاز روشن شد

مشعل المپیك درسر راه مسافرت خود ازکوه‌المپ به ورزشگاه بزرك مسابقات بین‌المللی توکیو در تهران برای اولین‌بار توقف کوتاهی نمود واین‌شعله ورزشی وفرهنگی‌جهان شانزده ساعت‌میهمان مردم پایتخت بود .

شرکت سهامی اجاق روشن (ارساگاز) که‌متخصص تهیه تاسیسات گاز در ایران است این شعله جاویدان را در مدت توقف خود دراستادیوم فرح نگاهداری نمود .　　آ ـ ۱۸۹۹٦

競技場の聖火台に点火（1964年8月29日付『エッテラーアート』〈エッテラーアート研究所〉より／協力：アリ・ヘジャズィヤン、イラン文化センター）◉1964（昭和39）年8月26日午後6時半すぎ、ファラ・パハラヴィー競技場に最終ランナーが入場。特設された聖火台に点火してセレモニーが始まった。マンスール大統領らも出席して行われたセレモニーではイランの古式スポーツ「ズールハーネ」の演技などが行われ、聖火に絡めて古代ペルシャの王ホーシャング・シャーにまつわる『炎の発見』の歴史劇を上演した後、盛大な花火で幕を閉じた。

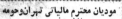

政策と同じく無理な企画だったのかもしれない。

◉「火」を熱望した人々

一九六四（昭和三九）年八月二七日午前八時一五分（日本時間午後一時四五分）、イランの人々の盛大な見送りを受けながら、「シティ・オブ・トウキョウ」号はテヘランのメヘラバード空港を出発した。それから間もなくの同日午後六時、アテネから日本に帰国した組織委員会の安川第五郎会長が羽田空港に到着。同行した会長秘書の鷲山哲朗は、万一に備えて聖火の入ったカイロを持参して帰国していた。

八月二七日午後六時五分（日本時間午後一〇時五分）には、「シティ・オブ・トウキョウ」号はラホールの空港に到着。パキスタン・オリンピック委員会会長のラナ・ハミド食糧相らが出迎えた。九月一日の朝日新聞夕刊によれば、翌二八日の聖火出発が朝一一時過ぎというのに九時には全コースに走者がついていたという案配で、古都は一丸となって聖火を歓迎していた。

翌二八日午後三時一〇分（日本時間午後六時四〇分）には、一行はラホールを出発。同日午後五時五分（日本時間午後九時三五分）にインドの首都ニューデリーのバラム空港に到着した。この年はどこも異常気象に見舞われ、インドも豪雨のため食糧危機に陥っていた。しかしこの日は快晴に恵まれたこともあって、日印両国旗を持った小中高校生たちなど大歓迎の人波が押し寄せた。ニューデリーではすでに八月二三日に聖火リレー試走会まで行われており、力の入り方が違っていた。同市の「銀座」的繁華街コンノート・プレイスでは、国外リレー初の女子走者も登場した。

翌八月二九日にはバラム空港まで聖火リレーが行われ、午前一一時半に空港に到着すると今度はさよならセレモニー。そんな諸々が終了した後、派遣団は空港ビル内貴賓室において「ある重要なイベント」を行った。「例外的な特例」としての、聖火のネパールへの「分火」である。

ラホールでの歓迎式典（提供：熊田美喜／協力：阿部美織、阿部芳伸、阿部哲也）●パキスタンのラホールにて1964（昭和39）年8月27日に撮影。中央に座っている聖火空輸派遣団・団長の高島文雄が首に首飾りをかけていることから、到着直後の午後5時過ぎに行われた空港での歓迎式典と思われる。

ニューデリーでの聖火セレモニー（提供：熊田美喜／協力：阿部美織、阿部芳伸、阿部哲也）●1964（昭和39）年8月28日、インドのニューデリーにおけるセレモニー。右の写真はバラム空港における式典で、後方のテントに派遣団の高島文雄が座っている。トーチを持っているのは、インド陸上界のホープであったグルバチャン・シン・ランダーワ（Gurbachan Singh Randhawa）選手と思われる。左の写真は市公会堂での歓迎式で、舞台の席で一番右に座るのが高島文雄、その左は駐インド日本大使の松平康東と思われる。

話の発端は、ネパールのオリンピック委員会が一九六二(昭和三七)年に国王の弟バスンダラ・ビール・ビクラム・シャハ王子によって設立されたことにさかのぼる。東京大会はネパールにとって初参加。それゆえ、この国の聖火招致に対する情熱には並々ならぬものがあった。それに先立つ一九六一(昭和三六)年一〇月に聖火リレーコース踏査隊(P074参照)が同地を訪問した際も、一〇月六日にバスンダラ王子出席の打合せ会で綿密な計画が練られたという。それは、カトマンズ空港から聖火リレーを行い、一九六二年に新設される予定だった国立競技場に運んで式典を開催。翌日は、この国立競技場からインド国境まで三日かけてリレーするというものだった。

その後、聖火リレーコース踏査隊の調査結果なども踏まえつつ陸路リレー案は却下。しかし空輸案でコースが検討されるようになっても、ネパールへの聖火訪問の計画自体は残っていた。

当初、国外聖火リレーで使用される飛行機は、YS－11が想定されていた。当時の資料ではカトマンズ空港の滑走路長は三七七〇フィート(約一一四九メートル)と訪問予定地のなかで断トツに短く、短い滑走路でも離着陸できるYS－11でなければカトマンズ訪問は難しかったのだ。したがって一九六三(昭和三八)年一〇年に国外聖火リレーでのYS－11使用の可能性がなくなった時点で、聖火のカトマンズ訪問案も消滅してしまう(P138参照)。しかし、ネパールは諦めなかった。

外務省外交史料館には、当時の外務大臣である大平正芳から駐インド日本大使の松平康東らに宛てた、一九六四年五月二三日発信の『聖火リレー(ネパールへの聖火分火)』という公信案が残されている。それによれば、一九六三年一〇月にいわゆるプレオリンピックとして東京国際スポーツ大会が開催された時から、ネパール側は組織委員会に聖火訪問を繰り返し要請していたらしい。自分たちでインドに飛行機を派遣するから、「分火」した聖火を回せないかという話である。YS－11での国外聖火空輸が消滅した直後から、早くもネパール側はこのような話を持ちかけていたのだ。

競技部式典課の森谷和雄が記録したノートによれば、一九六三年一二月七日の第一一回聖火リレー特別委員会・国

ネパール代表団への聖火受け渡し（提供：熊田美喜／協力：阿部美織、阿部芳伸、阿部哲也）◉1964（昭和39）年8月29日、ニューデリーのバラム空港ビル内貴賓室におけるネパール代表団への聖火受け渡しの様子である。右端が派遣団の高島文雄団長、その左が駐インド日本大使の松平康東と思われる。黒い帽子の右側はネパール・オリンピック委員会副会長のナラ・SJB・ラナ（Nara Shumsher Jang Bahadur Rana）、左側はスーシル・SJB・ラナ（Sushil Shumsher Jang Bahadur Rana）である。。

ネパール王室専用機の出発風景（提供：朝日新聞社）◉1964（昭和39）年8月29日、ニューデリーのバラム空港から聖火を持参して出発するネパールの王室専用機の様子。中央の黒い帽子をかぶって聖火灯を掲げているのが、ネパール・オリンピック委員会副会長のナラ・SJB・ラナ。日本側からは聖火係の森谷和雄（写真右端）ら聖火空輸派遣団2名と、駐インド大使館員の三宅多津次も同行した。

外小委員会でこのネパール問題が議題に上っている。だが、こうしたネパール側の熱望に対して、高島文雄は一貫して「今までの考え方からすれば、却下」「火を分けっぱなしでは何かおかしいと思う」とつれなかった。ネパールを許すとアフガニスタンにも分火しなくては……とキリがなくなることを恐れたようである。これに対して、式典課課長の松戸節三は「どこかで火をまとめることは出来ないか」と、何とか話をとりなそうとしていた。

事態が急展開したのは、一九六四年四月に聖火国外現地調査団(P154参照)が訪問予定地に出かけた時のこと。四月二二日にネパール・オリンピック委員会代表がニューデリーまでやって来て、高島文雄たちとの会談がセッティングされた。同年五月一九日の第八回聖火リレー特別委員会でもこの時の模様について触れているが、それによるとネパール側は「空いている時間で何とか処理させて欲しい」「盛大な式典を行い、青年に希望を与えたい」と強く要望したという。これが高島たちの心を動かしたのか、一転して分火による聖火の「非公式訪問」が決まった訳である。

では、聖火ネパール訪問の条件とはどのようなものだったのか。先に挙げた一九六四年五月二三日発信の公信案によれば、あくまでネパール側の責任で実施するものなので、使用されるトーチも必要数量だけ原価で分けるというかたちをとっていた。また、カトマンズからの聖火返却が間に合わなかった場合でも、「シティ・オブ・トウキョウ」号はそれを待たずに出発。遅れてインドに到着した聖火分火は、その場で消してしまうことが決まっていた。他の聖火訪問地と比べてこの扱いはいささか「冷たい」感じがしないでもないが、同じく聖火訪問を要望していた都市が他にも存在していたことを考えれば、こうした扱いの違いはある程度仕方なかったのかもしれない。

こうして一九六四年八月二九日、カルカッタのバラム空港ビル内貴賓室にネパール・オリンピック委員会副会長で警察庁長官だったナラ・SJB・ラナ率いる代表団がやって来る。もちろん、聖火空輸派遣団から念願の聖火灯を受け取るためである。八月三〇日付東京新聞によれば、ラナ副会長は「りっぱな式典をして日本の期待にそうつもりです」と語り、うれしそうに何度も高島と握手をしていたという。ネパール代表団は王室専用機で午前一一時五七分(日本時

カトマンズにおける聖火リレー（提供：Y.P. Lohani／協力：在ネパール日本人会、Manindra R. Shrestha）●1964（昭和39）年8月30日、セレモニー会場である閲兵場からの帰路の様子である。上の写真を見ると、ランナーには東レ製の東京五輪エンブレム・ユニフォームは支給されなかったので、「OLYMPIC TORCH RELAY NEPAL-1964」と描かれた独自のユニフォームを着用していたことが分かる。下の写真は、最終ランナーであるY.P. Lohani（右）のトーチに聖火を点火する森谷和雄。ネパールの帽子「トピ」をかぶっている点にもご注目いただきたい。

間午後三時二七分)出発。聖火係の森谷和雄ら二名、駐インド大使館員の三宅多津次も同行した。「ネパールに行く時は全員で見送りました」と菅野伸也は語る。「森谷さんは皆さんに気を使う人で、国際的なイベントに慣れてない感じはしましたけど、あの人を悪くいう人はいなかったな」

その後、派遣団も午後〇時二〇分(日本時間午後三時五〇分)にバラム空港を出発。午後三時五四分(午後七時二四分)にカルカッタ(現・コルカタ)に到着した。

さて、カトマンズに向けて出発した聖火は、その後どうなったのか。

当時を知る現地の人々によれば、カトマンズ空港に到着した聖火はそこから五人のランナーによってリレーされ、「閲兵場(Tundikhel)」へと運ばれた。当初の予定とは異なり、この閲兵場がセレモニー会場となったようである。一夜明けた八月三〇日には、閲兵場からカトマンズ空港まで再度五人のランナーでリレー。空港から、再び王室専用機でカルカッタに運ばれた。

森谷夫人の和子も、生前の森谷からこの話は聞いていた。「ネパールの話はよくしていましたね。王族に呼ばれて、俺は緊張しちゃったよって。粗相があったらいけないからといってました」

しかし二〇〇一(平成一三)年六月、ナラヤンヒティ王宮内でビレンドラ国王をはじめとする王族が多数殺害されるという惨劇が発生。その真相は「藪の中」となったが王室の威信は著しく傷つけられ、二〇〇八(平成二〇)年五月にネパール王室は廃止に追い込まれてしまうのだった。

話を一九六四年に戻すと、八月三〇日午前一〇時(日本時間午後〇時)にネパール王室専用機はカルカッタに到着。聖火は無事に派遣団に戻された。しかし今日、東京五輪の聖火がエベレストの国ネパールを訪問したことを知る人はほとんどいないのである。

カトマンズ空港からの出発風景（提供：Y.P. Lohani／協力：在ネパール日本人会、Manindra R. Shrestha）◉1964（昭和39）年8月30日、分火した聖火を載せてカトマンズ空港を出発する王室専用機ダグラスDC-3（9N-RF2）。このDC-3は滑走路が短いカトマンズ空港でも離着陸可能な航空機で、当時のネパール航空（Royal Nepal Airlines Corporation - RNAC）の主力機でもあった。

カルカッタでの聖火返還（提供：池田宏子、池田剛）◉1964（昭和39）年8月30日、カルカッタ（現・コルカタ）のダムダム空港（現・ネータージー・スバース・チャンドラ・ボース空港）での聖火灯返還の模様と思われる。返還のため訪れたネパール側の代表はスーシル・SJB・ラナ、聖火灯を受け取っている後ろ姿の人物は聖火係の中島茂である。

東京五輪を巡るエトセトラ……………………6

五輪中継のスター・ウォーズ

1964(昭和39)年の東京オリンピックは、本格的な「テレビ五輪」の幕開けとなった。テレビ中継そのものは、何と戦前1936(昭和11)年のベルリン大会から実験的に行われていたが、東京では人工衛星を使ったライブ映像を海外に送信した。だが、実はそれは決してスンナリ実現した訳ではなかった。

1963(昭和38)年11月にリレー2号衛星を使った日米テレビ通信実験は成功した(そこで送受信されたのはケネディ大統領暗殺のニュース)が、その後、計画は膠着状態へ。日本側はテレビ中継に対応した新衛星の打ち上げを期待したが、NASAが予算的にも技術的にも渋り出したのだ。そこで日本の郵政省は、1964年4月24日にすでに存在するシンコム2号で中継実験を行い、これを成功させた。ただし、シンコム2号は電話専用の通信衛星のため、テレビ中継用としては長時間使えず、画質も中程度。つまりこれは「保険」で、日本側はさらなる新衛星に期待をつなぐことになった。

こうして同年8月19日に打ち上げられたのが、新たな衛星シンコム3号。これによって、10月10日の開会式は米国に実況中継された。

だが、米国を代表して中継映像を受信していたNBCテレビが、12日に受信を中断。新聞報道では、NBCは受信映像を1日遅れで他社に配信し、空輸した録画映像を自社で先に放映していたため、本国で大揉めしたらしい。しかし、これも映像送信先をCBSに切り替えることで決着。東京大会の衛星中継にはそんな裏のドラマがあったのである。

毎日新聞 (夕刊) (日刊) 昭和39年(1964年) 4月2

郵政省 実施に踏切る

東京五輪の世界テレビ中継

シンコム2号実験ほぼ満足

3号衛星さらに折衝

シンコム衛星の模型

ILO委

シンコム2号での中継実験成功を報じる記事(1964〈昭和39〉年4月24日付『毎日新聞』夕刊より／提供：国立国会図書館)◉日本側はシンコム2号での成功によって、五輪中継の「保険」をかけた。なお、シンコム3号による東京五輪テレビ中継にNBCテレビが非協力的だった理由は、同社が東京大会の独占放映権を持っていたことにあった。実はNBCが独占していたのは空輸による録画およびフィルムの放映権だけ。つまり、衛星中継を行えば行うほどNBCにはうまみがなくなってしまうのだ。まだ衛星中継が一般的でない時代ゆえの話である。

第7章 聖火が日本にやって来る

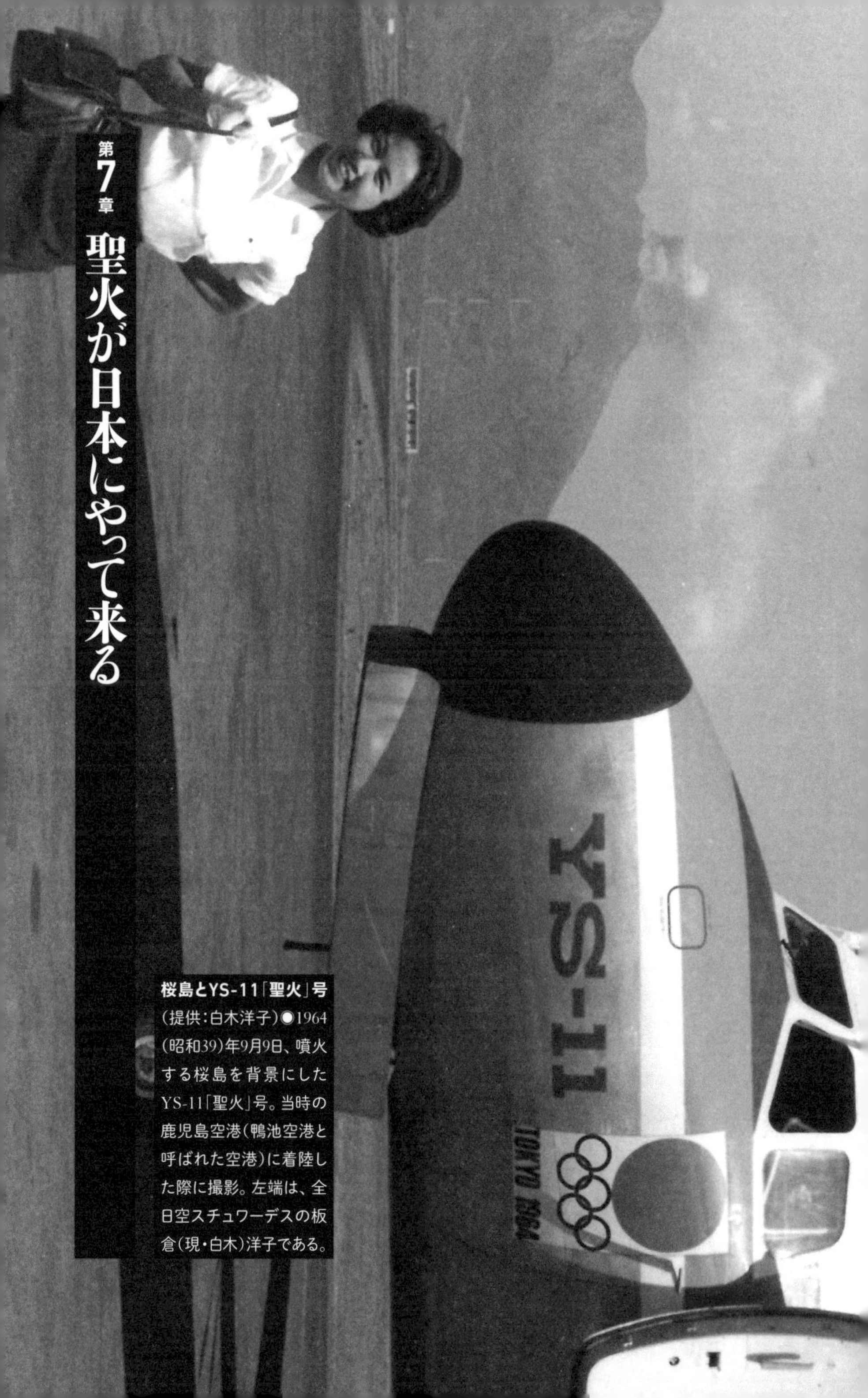

桜島とYS-11「聖火」号（提供：白木洋子）◉1964（昭和39）年9月9日、噴火する桜島を背景にしたYS-11「聖火」号。当時の鹿児島空港（鴨池空港と呼ばれた空港）に着陸した際に撮影。左端は、全日空スチュワーデスの板倉（現・白木）洋子である。

1 暗雲垂れ込める東洋の旅

◉いわくつきの土地へ一人旅

「カルカッタ(現・コルカタ)の飛行場に着いたら、掘っ建て小屋みたいな飛行場で真っ暗なんです」と語るのは、派遣団で団長通訳を務めた渡辺(現・久野)明子である。渡辺は一九六四(昭和三九)年八月二八日、移動中の派遣団を待つために単身インドのカルカッタにやって来た。

渡辺は慶應大学在学中に一年半アメリカに留学し、帰国の翌年一九六四年の三月に卒業して組織委員会に入った。彼女が所属したのは渉外部。そこでは海外関連のことを一手に引き受けており、IOCの役員が来日すると競技施設を案内するなど忙しい日々を送っていた。そこに降って湧いたのが聖火リレー派遣団の一員として同行する話だった。部長から打診された渡辺は大いに喜んだという。「新卒の私がまさか選ばれるなんて。本当に嬉しかったですね」

国外聖火リレーではもうひとり女性の通訳が起用され、彼女がアテネからニューデリーまでを担当、渡辺はカルカッタ以降を担当することになった。そこで、前述のカルカッタ到着の話になる訳だ。

「たったひとりですごく不安でした。危険なところなので、カルカッタの飛行場に着いたらJALの方が迎えに来てくれて、ホテルまで連れていってくれるからと言われただけ」と渡辺はその心細さを語った。「JALのバッジを付けた日本人の方が近づいてきたときは、本当にほっとしました」

カルカッタでの高島文雄（提供：池田宏子、池田剛）◉カルカッタ（現・コルカタ）は給油等のために立ち寄ったのでセレモニーや聖火リレーはなかったが、それでも現地スポーツ関係者や群衆約1000人が出迎えた。中島茂が所蔵していたこの写真の裏には、「元・労働大臣、元IOCメンバー」というメモも書かれていた。1964（昭和39）年8月29日に撮影されたと思われる。

出発する聖火空輸派遣団（提供：菅野伸也）◉出発のため「シティ・オブ・トウキョウ」号に乗り込む聖火空輸派遣団一行。タラップの一番手前で帽子を手に持って挨拶しているのが、報道係の菅野伸也。そのすぐ上に、通訳の渡辺（現・久野）明子の姿も見える。渡辺が写っているということから見て、この写真はカルカッタ以降の国外聖火リレーで撮影されたものである。

空港で聖火リレー開始（提供：熊田美喜／協力：阿部美織、阿部芳伸、阿部哲也）◉雨に濡れたラングーン（現・ヤンゴン）のミンガラドン空港での聖火リレー開始の様子。上の写真は派遣団の高島文雄団長（右端）からトーチを渡される、ビルマ（現・ミャンマー）・オリンピック委員会会長のKhin Nyo大佐。下の写真は高島（左）と中島茂（右）である。1964（昭和39）年8月30日に撮影。（協力：ミャンマー連邦共和国駐日大使館）

ラングーンでの聖火リレー（提供：熊田美喜／協力：阿部美織、阿部芳伸、阿部哲也）◉1964（昭和39）年8月30日、ビルマ（現・ミャンマー）のラングーン（現・ヤンゴン）にて行われた聖火リレーの様子。上の写真は左端が日本航空から組織委員会に委嘱された熊田周之助、中央のふたりは現地の女性聖火ランナー。下の写真は、女性聖火ランナーと沿道の応援の人々。ミンガラドン空港からボージョー・アウンサン競技場までの道のりで行われた聖火リレーでは、16キロの行程を32人の聖火ランナーで走り継いだ。

実はカルカッタが「危険なところ」なのは、組織委員会もよく分かっていた。一九六一（昭和三六）年の聖火リレーコース踏査隊が、この街で旅費を盗まれている（P082参照）のだ。

「カルカッタでは気をつけていました」と、日本航空整備員の早川欣之は語る。「こういうことをするな、部屋に誰も入れるなとか、いろいろな注意事項があの時ありましたから」

踏査隊の苦い経験は、ちゃんと派遣団への注意事項として活かされていたのである。にもかかわらず、よりによってそのカルカッタへ若い女性の一人旅をさせたのだから無茶な話だ。

「JALの方がディナーの迎えに来てくださるので着替えをしようとしたら、電話が鳴るんです」と渡辺は語る。「インド人の男性の声で、あなたは日本人だろう、ぜひあなたと会いたいというんです。驚いて受話器を置くと、今度はドアを叩くんです。もう生きた心地がしませんでした」

初日がこんな状態なので、翌二九日に派遣団と合流できた時には、渡辺はすっかり安堵したようである。「ホテルに着いた派遣団のみなさんが私の顔を見て、ここまでひとりでよく来たね、これから一緒にがんばりましょうといってくださって。ほんとうにホッとしたのを覚えています」

ここカルカッタは給油等のため、そしてネパールからの聖火の返還のために立ち寄ったので、セレモニー等は特になかった。一行は三〇日午後〇時二二分（日本時間午後三時五二分）にカルカッタを出発。次の寄港地ビルマ（現・ミャンマー）のラングーン（現・ヤンゴン）には、同日午後四時四分（日本時間午後六時三四分）に到着した。ミンガラドン空港は雨模様だったが、リレーが進んでいくうちにスッカリ晴れ上がった。聖火が向かう先はボージョー・アウンサン競技場。そこでセレモニーが開催された後、サッカー試合が行われた。そして翌三一日、派遣団一行はラングーンを離れたのである。

その頃、日本でのコレラ騒ぎは……二七日以降に新たな患者や保菌者が現れなかったことから、最初のヤマは越えたと発表。東京大会の関係者も、みな胸をなで下ろしていたところであった。

歓迎レセプションの様子（提供：熊田美喜／協力：阿部美織、阿部芳伸、阿部哲也）◉1964（昭和39）年8月30日、ビルマ（現・ミャンマー）のラングーン（現・ヤンゴン）にて行われた歓迎レセプションの様子。左から、聖火灯に赤いリボンを結んでいる駐ビルマ大使・小田部謙一の夫人、オリンピック聖火歓迎チーム会長のHla Maung中佐、ビルマ・オリンピック委員会会長のKhin Nyo大佐。（協力：ミャンマー連邦共和国駐日大使館）

ボージョー・アウンサン競技場での聖火イベント（提供：熊田美喜／協力：阿部美織、阿部芳伸、阿部哲也）◉聖火リレー最終走者が走り込んだ競技場は、ボージョー・アウンサン競技場である。その名前はビルマ独立運動の指導者で、アウンサンスーチー国家顧問の父親でもあるアウンサン将軍にちなんだもの。ここに運び込まれた聖火は、電光掲示板上に設置された聖火台に点火。その後、競技場ではサッカー試合が開催された。1964（昭和39）年8月30日の撮影。

◉緊張の東南アジア諸国

その後も国外聖火リレーは順調に進み、一九六四(昭和三九)年八月三一日にバンコク、一日の休日を挟んで九月二日にはクアラルンプール……と予定をこなしていった。

「どこの国でも空港に着くと、組織委員会用の車が待っているんです」と渡辺明子は語る。「先頭車両は高島団長とその国のオリンピック関係の偉い方。私はいつも中島(茂)さんと予備火を載せた二台目の車に乗っていました。万が一、途中で火が消えたらそれを使うことになっていたんです」

聖火リレーにおける聖火係メンバーの気の使いようは、尋常ではなかった。九月八日付け朝日新聞によれば、中島茂はほかの人々がレセプションに呼ばれている間も、ひとりタクシーを飛ばして翌日のリレーコースを予習。八月二七日付けスポーツニッポンによれば、「毎晩聖火が消えた夢をみてしまう」くらい思い詰めていたらしい。

トーチの燃焼時間は、標準仕様でわずか約六分間。その間に一区間を走らなければならない。

「でも、そんなことを知らない沿道の観衆はランナーを取り囲んでしまう」と渡辺は語る。「それで車の窓を開けて、〝どいて！火が消えちゃう！〟と英語で怒鳴っても通じない。日本語で怒鳴った方が真に迫って効果がありました」

ところがクアラルンプールでは、またしても冷や汗をかく事態が起きた。前出の九月八日付け朝日新聞によれば、「トーチが消えた」という知らせが飛び込んで来たのだ。実は走り終えたランナーが燃え尽きたトーチを持っていただけだったのだが、中島らは生きた心地がしなかっただろう。

マニラではフィリピン航空従業員のスト突入で「トウキョウ」号の寄港が危ぶまれたが、軍と警察が派遣団の安全を保証すると明言。予定通り九月三日にマニラ入りすることができた。

そして同じ九月三日、日本ではすでにYS－11が聖火空輸の試験飛行を成功させていたのである。

バンコクでの聖火リレー（提供：朝日新聞社）◉聖火空輸派遣団は1964（昭和39）年8月31日午後4時52分（日本時間午後6時52分）、バンコクのドンムアン空港に到着。国立競技場まで合計23人による聖火リレーを行った。また、派遣団はバンコクで、ベイルート以来2回目の休日を過ごしている。ここに掲載した写真は、9月1日付『読売新聞』によれば女性ランナーにトーチを渡す「チャムナン・バンコク市長」を撮影したもの。ただし、正確にはバンコクはいわゆる「市」ではなく「首都府」「都」といった「県」レベルの行政範囲であり、本来は「バンコク市長」とはいわない。（協力：タイ王国大使館・文化広報部）

スンガイベシ空港前での高島文雄団長（提供：熊田美喜／協力：阿部美織、阿部芳伸、阿部哲也）◉1964（昭和39）年9月2日午後5時10分（日本時間午後6時40分）、「シティ・オブ・トウキョウ」号はクアラルンプールのスンガイベシ空港に到着した。この空港は現在はマレーシア空軍などが使用しており、国際空港としての役割は1965（昭和40）年からはスバン空港、1998（平成10）年からはクアラルンプール国際空港に移っている。（協力：マレーシア政府観光局　東京支局）

スタジアム・ネガラでの聖火歓迎セレモニー（提供：熊田美喜／協力：阿部美織、阿部芳伸、阿部哲也）◉1964（昭和39）年9月2日、クアラルンプールのスタジアム・ネガラでの歓迎セレモニーの模様と思われる。スタジアム・ネガラはマレーシア初の室内競技場。なお、派遣団一行がクアラルンプールを離れた9月3日には、インドネシア・ゲリラ上陸によって「政府が翌9月4日より非常事態を宣言する」というニュースが発表された。

マニラ空港に到着した聖火空輸派遣団（提供：熊田美喜／協力：阿部美織、阿部芳伸、阿部哲也）◉1964（昭和39）年9月3日午後3時13分（日本時間午後6時13分）、「シティ・オブ・トウキョウ」号はマニラ空港に到着した。軍楽隊が『マブハイ』の曲を演奏し、色鮮やかな服を着た少女たちが団員たちにレイをかけた。左のメガネの人物が団長の高島文雄、右のサングラスの人物が聖火係の中島茂である。

END OF MANILA STOPOVER

Escorted by a motorcycled honor guard, Pedro Bayuga carries the Olympic Flame towards the Manila International Airport yesterday for its departure for Hongkong on the penultimate stage of its trip from Mt. Olympus in Greece to the Tokyo Olympics next month. The flame arrived in Manila, the 10th city in its route, Thursday and was enshrined at the Rizal Football Stadium overnight. It will reach Japan Sept. 9.

AIRPORT RITES

Albert Williams, an athlete of the University of the Philippines, PAAF president Antonio de las Alas (partly covered), and Fumio Takahashi, head of the Olympic torch relay party, hold the torch aloft at the Manila International airport just before Williams set out to begin the nine-kilometer relay to the Rizal Football Stadium yesterday. The Olympic Flame is here for an overnight stopover en route to Tokyo for the 1964 Olympics starting Oct. 10.

マニラでの聖火リレー（右写真＝『The Manila Times』Sept. 4, 1964 、左写真＝『The Manila Times』Sept. 5, 1964〈The Manila Times Publishing Co., Inc.〉／Clips of THE MANILA TIMES are archival documents of the National Library of the Philippines.）◉右の写真は、空港での聖火受け渡しの様子。一番右が団長の高島文雄、中央の顔が隠れた人物がフィリピン・オリンピック委員会のアントニオ・デラサラス（Antonio de las Alas）会長、左が第一走者アルバート・ウィリアムズ（Albert Williams）で、彼は母親が日本人で2歳まで東京で育ったという。聖火はリレーで、この2年後にはビートルズ公演に使用されるリサール・メモリアル・スタジアムまで運ばれた。左の写真は、1964（昭和39）年9月4日の空港への帰路である。

トーチの炎も大丈夫

聖火輸送機のテスト成功

東京オリンピックの聖火はきょう　崎、千歳に空輸する国産ジェット　東京間で行なわれ成功した。
マニラに到着したが、この聖火を　・プロップYS−11"聖火号"の　この朝、第一回のテストは午前八
九日沖縄で受け取り、鹿児島、宮　公開テスト飛行が三日朝、小牧−　時四十四分、小牧空港を離陸した

眼下に晴れの舞台……　駒沢競技場上空を飛ぶYS−11＝毎日新聞社機「金星号」から写す

YS-11の聖火空輸公開テスト（1964〈昭和39〉年9月3日付『毎日新聞』夕刊より／提供：国立国会図書館）◉1964（昭和39）年9月3日午前8時44分、小牧空港を離陸したYS-11試作2号機こと「聖火」号は、機内中央に据え付けられた台に聖火灯を載せて飛行テストを開始。午前9時47分に羽田に着いた。さらに組織委員会事務次長の佐藤朝生、競技部長の藤岡端や全日空クルーを乗せて離陸。東京上空を旋回した。写真は国立競技場上空を飛ぶYS-11「聖火」号。なお、元・日航製パイロットの沼口正彦によれば、9月4日にも全日空クルーのための訓練飛行が5時間25分行われたという。

2 嵐を呼ぶドラゴン

◉暴れん坊ルビー参上

一九六四(昭和三九)年九月四日、香港啓徳空港には断続的な強い雨が降り続いていた。そんなどんよりした空の下、聖火空輸派遣団を乗せた「シティ・オブ・トウキョウ」号は午後六時二一分(香港夏期時間のため日本時間同じ)に同空港に着陸した。

この時、香港には台風一七号(ルビー台風)が東から接近中で、マニラから香港に向かう際にも大回りで避けて飛んで来たのだった。だから、天候の悪化はすでに分かっていた。

「風は強かったと思う。飛行機に乗っている間じゅう心配してましたから」と報道係の菅野伸也は語る。「マニラでも香港に行くのを延ばそうかと話はあったんだけど、最終的に大丈夫と」

派遣団は到着早々、香港航空気象台と打ち合わせに入る。九月六日付読売新聞によれば、台風は香港島南の一八六キロのところを通るため、飛行機の係留は必要ないとのこと。この時、関係者は聖火リレーのことは気にしていたが、誰も飛行機のことはあまり心配していなかった。

啓徳空港で聖火は派遣団の高島文雄団長から香港オリンピック委員会のサレス会長と現地の第一走者の手に渡され、リレーが開始される。九龍地区を南西に走り抜け、九龍の船着き場から香港総督専用のランチに載せられた。これが、

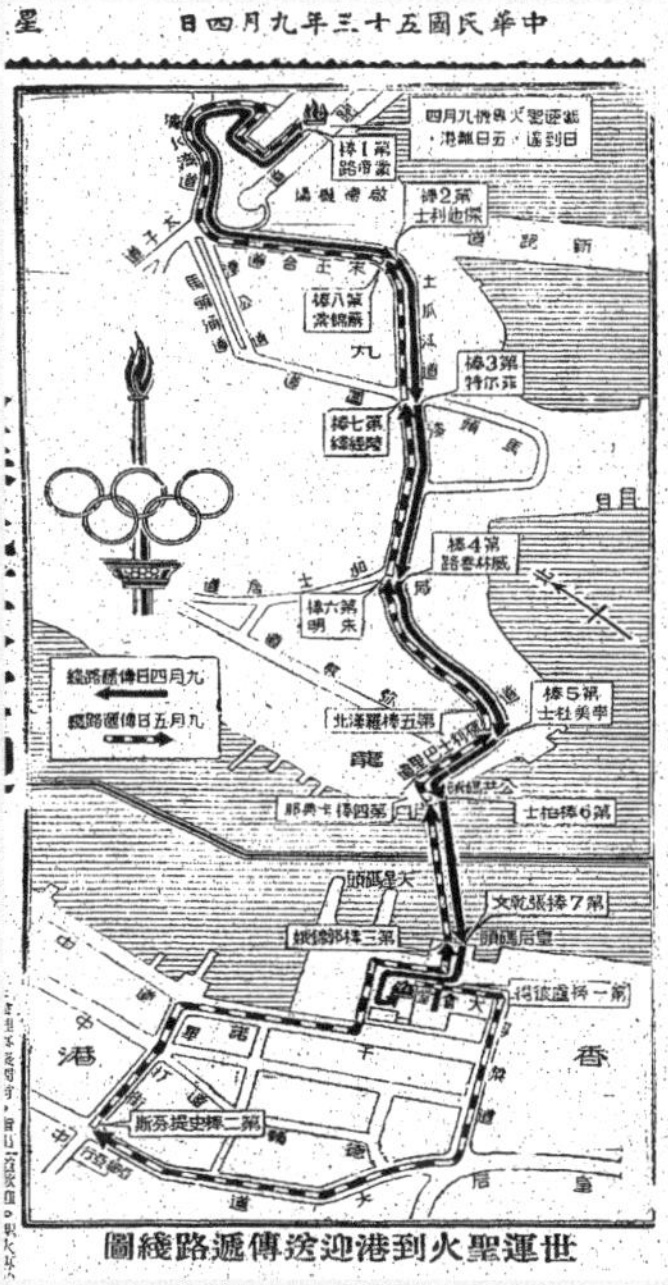

香港の聖火リレーコース（1964〈昭和39〉年9月4日付『香港工商日報』より／Image courtesy of the Robert H. N. Ho Family. Clips of the Kung Sheung Daily News are archival documents of the Hong Kong Central Library）◉聖火の香港到着を伝える新聞記事に掲載されていた聖火リレーコース。地図の最も上部に啓徳空港が描かれており、そこから地図を下に降りていき九龍地区を通過。九龍船着場から船に乗って、地図では下方の香港島に渡ってシティ・ホール（香港大會堂）に辿り着くまでが1964（昭和39）年9月4日の往路で、翌5日の復路はそのまま来た道を戻る予定であった。

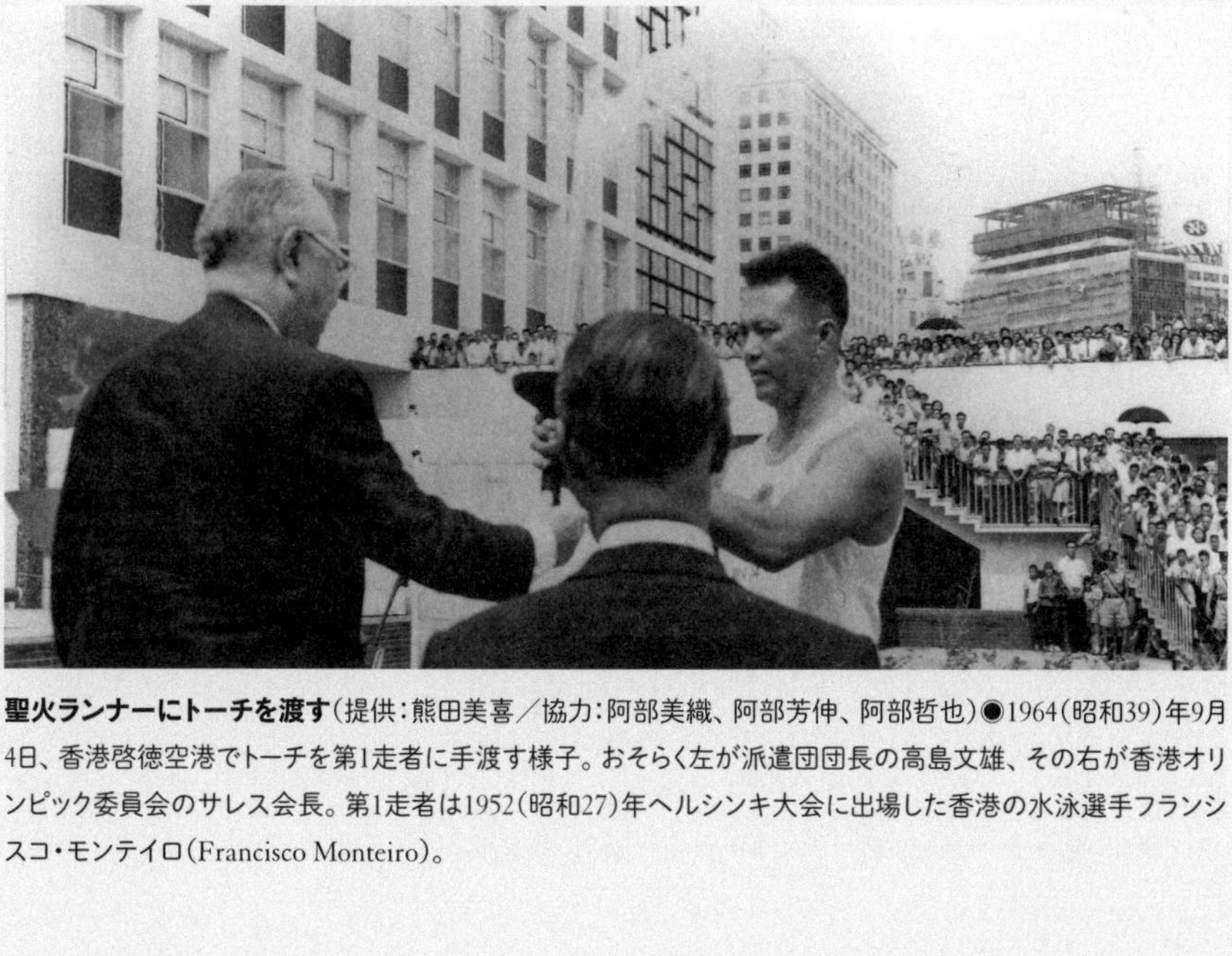

聖火ランナーにトーチを渡す（提供：熊田美喜／協力：阿部美織、阿部芳伸、阿部哲也）◉1964（昭和39）年9月4日、香港啓徳空港でトーチを第1走者に手渡す様子。おそらく左が派遣団団長の高島文雄、その右が香港オリンピック委員会のサレス会長。第1走者は1952（昭和27）年ヘルシンキ大会に出場した香港の水泳選手フランシスコ・モンテイロ（Francisco Monteiro）。

国外聖火リレー中で唯一の水上移動となる。

「水上ボートで聖火を運ぶ時、ランナーの着ている服は雨でびしょびしょ」と通訳の渡辺明子は語る。「台風が近づいていたので風も強く、いつトーチの火が消えるかはらはらしました」

こうして香港島に渡った聖火はシティ・ホール（香港大會堂）に到着して、リレーは当日の予定を終了。歓迎イベントの後、聖火は建物内の音楽ホールに安置された。

だがその夜、事態は急変した。ルビー台風こと台風一七号がその猛威を奮い出したのだ。

日本と香港の新聞各紙の報道から見てみると、九月五日付の工商晩報によれば、香港島と九龍地区との水上交通が四日の午後一一時頃に中断。九月五日付読売新聞夕刊によれば、気象庁調べで台風一七号は五日午前九時現在、香港の南東一五〇キロにあり、五日夜には香港東側の大陸を通過の見込みで、半径一〇〇キロ以内の海上は風速二五メートル以上の暴風雨となっていた。こんな天候の悪化を受けて、五日午後一時には日本航空香港支店から同本社に連絡が入る。同じ九月五日付読売新聞夕刊によれば、啓徳空港が五日朝から六日午前零時まで閉鎖となったため、「シティ・オブ・トウキョウ」号の出発は二四時間延期されることになったという。つまり、当初予定されていた五日午後〇時四五分から翌六日の同時刻へと、出発が大幅に変更されたのである。

日本航空から聖火空輸派遣団に委嘱され、高島文雄の「団長秘書」を務めていた熊田周之助のメモによれば、香港オリンピック委員会のサレス会長は「聖火は香港に一時間でも長くステイしたいのだ。喜ぶべき現象」と語っていたという。だが、これはあまりにも能天気な発言だった。

日本国内で聖火を待ち受けていた関係者たちにとって、間際でのスケジュール変更は重大問題だった。最も影響を被ったのは、国外リレーの終点で国内リレーの出発点でもある沖縄である。

九月五日付読売新聞夕刊によれば、香港にいる聖火空輸派遣団は「日程がつまった場合、本土内のリレーの予備日

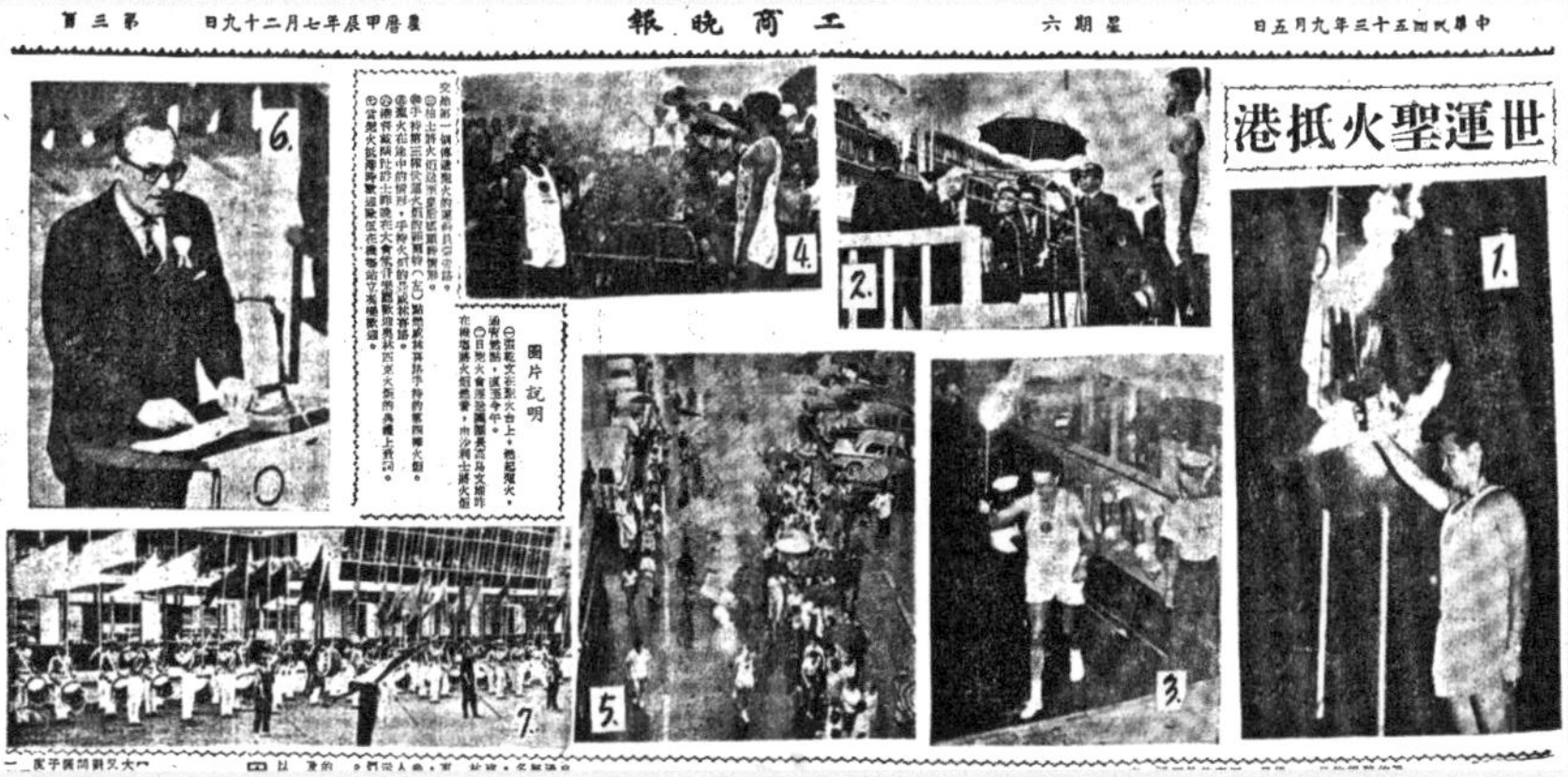

中華民國五十三年九月五日　星期六　工商晚報　農曆甲辰年七月二十九日　第三頁

世運聖火抵港

圖片說明

香港での聖火リレーを伝える新聞記事（1964〈昭和39〉年9月5日付『工商晩報』より／Image courtesy of the Robert H. N. Ho Family. Clips of the Kung Sheung Evening News are archival documents of the Hong Kong Central Library）◉1964（昭和39）年9月4日の聖火リレーの様子。写真は右上から左下の順で、（1）4日の第7走者（最終走者）の張乾文が、シティ・ホールの聖火台に点火。（2）高島文雄団長の目の前で、香港オリンピック委員会のサレス会長が第1走者に聖火を渡す。（3）聖火がクイーンズロードを通過。（4）第3走者から第4走者へと渡る聖火。（5）聖火の煙が沿道になびく様子。（6）香港総督デイビッド・トレンチによる歓迎のスピーチ。（7）空港到着時の歓迎のブラスバンド演奏。

香港シティ・ホールでの歓迎イベント（提供：熊田美喜／協力：阿部美織、阿部芳伸、阿部哲也）◉1964（昭和39）年9月4日夜に行われた、シティ・ホール（香港大會堂）における聖火歓迎イベント。写真右下に、点火された聖火台が見える。その後、聖火はここで夜通し燃やされることになっていた。

がいっぱいなので、沖縄の日程をつめることがありうるとの事前の相談はしてある。最悪の場合には、沖縄に火をおろすだけで、飛行機は本土に向かうことも考えられていた」と語っていたとのこと。しかし、事はそれほど単純ではなかった。

沖縄は、聖火を熱望して準備を重ねて来た。簡単に「日程をつめる」などと割り切るわけにはいかない。九月五日午後一時四五分、聖火出迎えのために羽田から沖縄に向かった組織委員会の与謝野秀事務総長は、「沖縄出発の日時はおくれた分だけ延ばすことになるだろう。国内のコースは二〜三日の余裕がとってあるから、ここで調整できる見通しだ」などと語っていたが、これもあまりに楽観的に過ぎた。本土のどの都道府県も、譲ろうなどという気持ちはありそうもなかった。おまけに香港の気象台当局の発表では、「台風の速度がおそく、停滞しそうなので、聖火は六日中に出発できないかもしれない」と報じられていて、事態はさらに悪化する可能性もあった。

九月五日午後五時半、同日沖縄入りしたオリンピック組織委事務総長の与謝野秀、東京都副知事の鈴木俊一らと沖縄聖火リレー実行委員長の当間重剛らは那覇市東急ホテルで善後策を協議するが、話し合いはなかなかまとまらない。二四時間遅れでも沖縄の全日程四日間を予定通りやりたい沖縄と、沖縄の日程を一日短縮して後の日程を円滑に進めたい国内関係者では、話は平行線にしかならないのだ。最終的には、午後七時二〇分に当間委員長が「沖縄に一日遅れで着く聖火は、予定通り九日朝に鹿児島に出発。沖縄滞在が一日短縮されることで島内を回りきれない分は、分火によって予定のコースを走る」と発表。ネパールのカトマンズで使った、あの「分火」作戦である。

こうして何とか話がまとまった頃、関係者にさらに追い打ちをかけるニュースが飛び込んで来た。九月六日付読売新聞によると、香港にいる日本航空聖火空輸特別派遣団の森田勝人団長から日本航空本社に緊急連絡が入ったのは、九月五日午後九時三〇分のこと。何と「シティ・オブ・トウキョウ」号の補助翼（エルロン）と操縦系統が破損して、飛行不能になったというではないか。

ルビー台風の襲来（提供：熊田美喜／協力：阿部美織、阿部芳伸、阿部哲也）◉香港でのルビー台風（昭和39年台風17号）の猛威。おそらく1964（昭和39）年9月5日、宿泊していた香港ヒルトン・ホテルの部屋から駐車場を撮影したものであろうか。「団長秘書」を務めていた熊田周之助の撮影によるもの。

沖縄での与謝野事務総長記者会見（提供：沖縄県公文書館）◉「シティ・オブ・トウキョウ」号が香港で足止めをくったことに伴い、沖縄での聖火リレーの日程が不透明となった。そこで事態の収拾を図るために、組織委員会の与謝野秀事務総長が沖縄で関係各位と善後策を協議することになる。写真は左から2人目が与謝野秀、その右が聖火沖縄リレー実行委員会の当間重剛委員長。1964（昭和39）年9月6日、那覇市の聖火沖縄リレー・プレスセンターにて撮影。

◉台風一過、香港を脱出せよ

「シティ・オブ・トウキョウ」号が壊れた。そのニュースは、日本側関係者に衝撃を与えた。

一九六四（昭和三九）年九月六日付読売新聞と九月七日付毎日新聞、そしてJALカード会員誌『AGORA』二〇〇〇年九月号の記事を総合すると……九月五日朝八時頃より風が強くなってきたため、派遣団は「シティ・オブ・トウキョウ」号を格納庫に入れてもらえるように空港側と交渉。しかし、当時はイギリス植民地だった香港では「イギリス系の飛行機が優先」。「シティ・オブ・トウキョウ」号は暴風雨のなかで、吹きさらし状態になってしまう。このため日本航空香港支店の久賀太整備主任らが同機に乗り込んで、八時間にわたってエンジンをかけながら機首を風に向け続けた。しかし、瞬間最大風速五五メートルの強風で飛んできた異物が翼を直撃。これによって、補助翼の一部が予想以上に破損して飛行不能となったようである。

「翌朝、空港に行ったらそうなっていたんです」と語るのは、日本航空の整備員である早川欣之だ。「飛行機の入口から縄が垂らしてあって……タラップがなかったんで、縄を垂らして降りたらしい。夜中から朝まで修理していたという話でしたね」

そんな早川にとって、このアクシデントはまさに想定外だったという。「飛んでいる時ならまだしも、まさか地上で。しかもオンラインのエアポート（自社定期便が運航している空港）ですから、スッカリ安心していた。ここでこんな事態になるとは、思ってもいませんでしたね」

日本航空はただちにジェット機のコンベアCV880M「アヤメ」号を代替機として手配し、香港へ向け出発させることを決定した。少しでも時間を稼ぐためのジェット機投入である。

こうして翌九月六日の午前六時一二分、穂苅明治機長が操縦する代替機「アヤメ」号は、「トウキョウ」号の部品を積

工商晚報

露比接近香港時風力驟然增強
中午前改懸十號風球
在本港西南方大約三十里掠過

颱風影响飛機停航
聖火在港多留一日
在大會堂花園之聖火移送入音樂廳

露比風力強
正面襲長洲
相信災情十分嚴重

小評
聖火帶來的光明

（警方裝甲車在暴風雨中出動巡邏）

ルビー台風の香港接近を報じる新聞記事（1964〈昭和39〉年9月5日付『工商晩報』より／Image courtesy of the Robert H. N. Ho Family. Clips of the Kung Sheung Evening News are archival documents of the Hong Kong Central Library）◉ルビー台風（1964年台風17号）が風力を増しながら、香港に接近しつつあることを報じる記事。紙面の右下部分には台風の影響で飛行機が飛べなくなり、聖火が香港に1日余計に滞在することになったという記事もある。左下の写真は、巡回警備のために暴風雨のなかを出動する警察の装甲車。

エルロンを損傷した「シティ・オブ・トウキョウ」号（提供：朝日新聞社）◉「シティ・オブ・トウキョウ」号の損傷した補助翼（エルロン）を調べる整備員。これによって「トウキョウ」号は飛行不能となり、派遣団は代替機に乗り換えることになってしまった。1964（昭和39）年9月5日、香港啓徳空港での撮影である。

んで羽田を出発。同日午前九時五七分、香港啓徳空港に到着した。

さらに同日午前一〇時三〇分、香港シティ・ホール紀念花園に設けられた聖火壇の前に、東京大会参加国の国旗がずらりと掲げられる。ここからは九月七日付の華僑日報の記事を参考に語っていくと、この日、天候はすっかり回復。ちょうど日曜日ということもあり、市民たちが大勢集まって来た。一〇時四〇分にはシティ・ホール前に香港オリンピック委員会のサレス会長と秘書の梁兆綿が到着し、ブラスバンドの演奏や五色のユニフォームの体操チームの演技が始まる。一一時には聖火空輸派遣団の高島文雄団長も到着して、ようやく聖火リレーの帰路がスタートすることになった。九月四日のコースを逆走して、啓徳空港まで聖火を運ぶのである。午後〇時一五分、啓徳空港に最終ランナーの蘇錦棠が滑り込み、香港オリンピック委員会のサレス会長の手を経て、再び高島文雄ら派遣団の手に聖火が戻って来た。天候も代替機も聖火も……すべてのカードは派遣団の手中にあった。

安心した派遣団の一行は、空港内のレストランで現地の接待を受けた。香港の高級日本料理店「金田中」から日本人ウェイトレスも派遣され、日本酒や寿司が振る舞われたのである。出発予定の午後二時四五分まで、久々に憩いのひとときである。

「お寿司が出たことは覚えています」と渡辺明子は語る。「空港ターミナルだったかしら、ビュッフェみたいに美味しそうなお料理が並んでいて」

こうして腹ごしらえした一行は、コンベアCV880M「アヤメ」号に乗り込んだ。操縦桿を握るのは、「シティ・オブ・トウキョウ」号と同じく富田多喜雄機長。聖火台は移設できないので、聖火係の中島茂が自ら聖火灯を手で抱えていくことになった。

「中島さんは、車の中以外では聖火を抱かせてくれなかった」と渡辺。「他人には抱かせなかった。絶対に消すまいという義務感、責任感で」

WAH KIU YAT PO

風姐露比襲港各街頭受破壞情形

英皇道月明樓建築棚架吹塌

德輔道西建築棚倒塌橫壓馬路上

尖沙咀碼頭海浪打上馬路

北角雲華大廈竹棚吹塌

軒尼詩道建築地盤竹棚吹塌

大道東灣仔官校前百年大樹被吹倒

ルビー台風の被害状況を伝える新聞記事（1964〈昭和39〉年9月6日付『華僑日報』より／Image courtesy of South China Morning Post）◉ルビー台風（1964年台風17号）による香港の被害状況を伝える新聞記事。瞬間最大風速55メートルの強烈な暴風雨は、香港各地に深刻な爪痕を残していった。

圖片說明：護送聖火離港的唯一女接力員郭錦娥，右圖是她手持火炬步下碼頭登輪前的情形，左圖是她站在船頭過海時的英武姿態。

船に乗った女性聖火ランナー（1964〈昭和39〉年9月7日付『香港工商日報』より／Image courtesy of the Robert H. N. Ho Family. Clips of the Kung Sheung Daily News are archival documents of the Hong Kong Central Library）◉1964（昭和39）年9月6日、女性ランナーの郭錦娥がトーチを持って乗り込んだスターフェリーは、6艘のロイヤルボートに護衛されて九龍公衆埠頭へ向かった。

ところが、ここでまた信じられないようなトラブルが発生してしまう。離陸体勢に入った「アヤメ」号が滑走路入口近くまで来たとたん、主翼の二番エンジン（飛行機側から見て左から二番目）が突如不調に陥ってしまったのだ。離陸を中止した「アヤメ」号は、滑走路で立ち往生である。

仕方なく派遣団は「アヤメ」号から降りて、再び空港内のレストランで待機。整備士たちはその場で修理を試みたが、復旧はすぐには無理と判明した。もはや万策尽きたか。

ここで日本航空聖火空輸特別派遣団の森田勝人団長が目をつけたのが、香港～東京定期便（JL七〇二便）の機材として啓徳空港にいた「カエデ」号。故障した代替機「アヤメ」号と同じコンベアCV880M型のジェット機というのも好都合だった。かくして派遣団は今度は「カエデ」号に乗り込み、六日午後五時三分（日本時間同じ）に啓徳空港から離陸。この時点で聖火空輸派遣団は立て続けに襲って来た不運から逃れ、ようやく香港を後にすることができた。国外聖火リレーの最後にして最大の危機は、こうして幕を閉じたのである。

なお、九月六日付け読売新聞が「香港五日発＝ＡＦＰ」電として伝えたところによれば、この台風一七号による香港の被害は死者一五人、行方不明二五人、負傷者二五四人に及んだ。

その後、「アヤメ」号は予定から二六時間以上遅れた同日午後五時二五分（日本時間午後六時二五分）、台湾の台北・松山空港に到着している。

「台湾は身内的な感じがしましたね」と菅野伸也は語る。「日本語が飛び交っていましたからね。歓迎もそんな親しみのある感じ。一歩、日本に近付いたなと感じましたね」

一方、九月七日付け朝日新聞によれば、「シティ・オブ・トウキョウ」号は九月六日夜にほぼ整備を終え、七日早朝に台北に飛ぶことになっていた。台北に到着した「シティ・オブ・トウキョウ」号に再び乗り込んだ派遣団は、最後の訪問地・沖縄の那覇へ向けて飛び立ったのである。

「カエデ」号機内での聖火（提供：池田宏子、池田剛）◉第2の代替機として、啓徳空港にいたコンベアCV880M「カエデ」号を起用。「トウキョウ」号の聖火台を移設できなかったので、聖火灯は中島茂が自ら手で持って運んだ。

中華民國五十三年九月七日

再會吧，聖火！

聖火の日本側への引き渡しと香港出発（1964〈昭和39〉年9月7日付『香港工商日報』より／Image courtesy of the Robert H. N. Ho Family. Clips of the Kung Sheung Daily News are archival documents of the Hong Kong Central Library）◉1964（昭和39）年9月6日に啓徳空港にて撮影。上の写真は、派遣団の高島文雄団長に聖火が返還される様子。下の写真は、派遣団が「カエデ」号に乗り込む様子で、上段は左が高島、右が中島茂、下段の右が熊田周之助。

聖火昨晚抵台北

仿古毛公鼎用作聖火台

我世運徽章採梅花形

【本報訊】世運聖火昨午離港，於傍晚抵台北，在松山機場舉行迎火典禮後，分廿二棒，在台北市區接力傳遞一週。這個從八月廿一日在希臘奧林匹克亞村引燃的聖火，是自有世運以來，第一次經過台灣。遊行市區後，它將被放在市立體育場聖火台（見下圖），長夜照燿，今天上午就離台北。

我國這次是選用仿古的毛公鼎，來點燃世運的聖火，據設計聖火台的彭漫君說：選用仿古的毛公鼎作為世運聖火台，有幾個寓意深遠的原因：

第一、毛公鼎鑄於西周宣王時代，和紀年前七七六年奧林匹克運動會的起源時間很接近。

第二、這個鼎內有四百九十一字的篆刻文字，經甲骨文專家……

台湾への聖火到着を報じる新聞記事（1964〈昭和39〉年9月7日付『工商晩報』より／Image courtesy of the Robert H. N. Ho Family. Clips of the Kung Sheung Evening News are archival documents of the Hong Kong Central Library）◉1964（昭和39）年9月6日に台北に到着した派遣団と聖火について報じた記事。写真は、台北市立体育場に特設された聖火台。西周代の作で陝西省岐山県で発見されたとされる三足の器「毛公鼎（もうこうてい）」をかたどったもので、高さ3メートル余、重さ800キロの堂々たる仕上がりであった。

3「やっと帰ってまいりました」

◉その一点を沖縄は譲れなかった

三〇〇〇人もの群衆が固唾を飲んで見守りながら、なぜか不思議な静寂に包まれた白昼の飛行場。一九六四（昭和三九）年九月七日午前一一時四五分、ここは沖縄・那覇空港である。

送迎デッキまで溢れ返っている人々は、もちろん聖火を載せた「シティ・オブ・トウキョウ」号を待ち受けていた。やがて正午に「トウキョウ」号が空港に到着した時、その静寂は一転して歓喜の嵐として爆発する。そこには、沖縄の人々が抱いていた積年の思いが込められていた。

終戦後、アメリカの統治下にあった沖縄。四半世紀以上の間、沖縄が日本にとって「外国」同然の場所となっていたことは、周知の事実である。一九五二（昭和二七）年には沖縄住民側の政府である「琉球政府」が設立されたが、権限は極めて限られたもの。実際には、米国民政府（USCAR）が絶対的な権限を掌握していた。だが、その状況を今日の我々がリアルに感じるのは非常に難しい。

聖火リレーの訪問地として「沖縄」が初めて浮上したのは、一九六二（昭和三七）年七月四日。組織委員会内に発足した聖火リレー特別委員会、その第一回会合でのことである（P106参照）。しかし、その後は微妙な話も多かった。外務省外交史料館に保存されている『オリンピック聖火リレー・コースに関する件』という一九六二年一一月一三日付の文

那覇空港に到着した聖火空輸派遣団（提供：沖縄県公文書館）◉1964（昭和39）年9月7日の正午、那覇空港に「シティ・オブ・トウキョウ」号が着陸した。上の写真は、騒然とする空港内の状況。下の写真は、到着直後の歓迎式典。派遣団の面々は、右端2人目から報道係の菅野伸也、通訳の渡辺明子（プラカードの少女に隠れた白い帽子の人物）、団長秘書の熊田周之助、ひとり置いて聖火係の森谷和雄、同じく中島茂、副団長の松戸節三。

奥武山競技場でのセレモニー（提供：熊田美喜／協力：阿部美織、阿部芳伸、阿部哲也）◉1964（昭和39）年9月7日、那覇空港から約4キロ離れた奥武山競技場に第3走者の宮城康次選手（当時、首里高3年）が入場、競技場に設けられた聖火台に点火した。同競技場には朝から人々が集まり、開門時刻の午前11時には2万人の観衆で満員で、子供たちによるマスゲームや海の伝統行事を陸上で行う「地ハーリー」などが盛大に行われた。

書には、組織委員会側が米国大使館のサタリン一等書記官から「聖火が日本領土に到着する最初の土地が沖縄であるということは云わないで欲しい」との要望を受けたことが書かれていた。沖縄が「日本領土」では困るというのだ。

また、一九六四年四月には沖縄聖火リレー実行委員会の計画案が紹介されたが、そこには聖火リレーに沖縄の選手のほか、アメリカのハイスクールの生徒も加えるとあった。これも組織委員会の「実行案」では「各走者は一六〜二〇歳の日本人」となっていたものを、沖縄聖火リレー実行委員会からの要請で変更したもの。ズバリといえばアメリカ側のゴリ押しである。

こんな話は、リレーが目前になってからもいくらでもあった。九月七日付読売新聞によれば、沖縄でリレーした後の「分火」した聖火について、アメリカ側の聖火リレー実行委員は「消せばいい」と極めてクールな発言をしたという。彼らの意識は、明らかに沖縄の人々とはズレていた。

こんな状況下で、万難を排するかたちで何とか実現に漕ぎ着けた沖縄の聖火リレーなのである。聖火の沖縄到着が遅れた際に、沖縄聖火リレー実行委員長の当間重剛らがリレー日程完遂の一点だけは何としても譲れなかったのは、無理のない話だったのだ。

九月五日付読売新聞では、沖縄では従来、式典の際にまず星条旗を揚げて次に日の丸……となっていた段取りを、「開催国である日本に敬意を表して」という理屈で日の丸を先にしたエピソードを紹介している。実は沖縄では、日本国旗を自由に掲揚することすらできなかった。「東京オリンピック」の「聖火」が到着した時の歓喜の爆発には、こうした背景があったのである。

JALカード会員誌『AGORA』二〇〇〇年九月号には、那覇空港到着時の記者会見で日本航空聖火空輸特別派遣団の森田勝人団長が語った言葉が予想外に沖縄の人々に大ウケして、本人が大いに驚いた話が紹介されている。この時、森田は安堵感から何の気なしにこう語っていた。

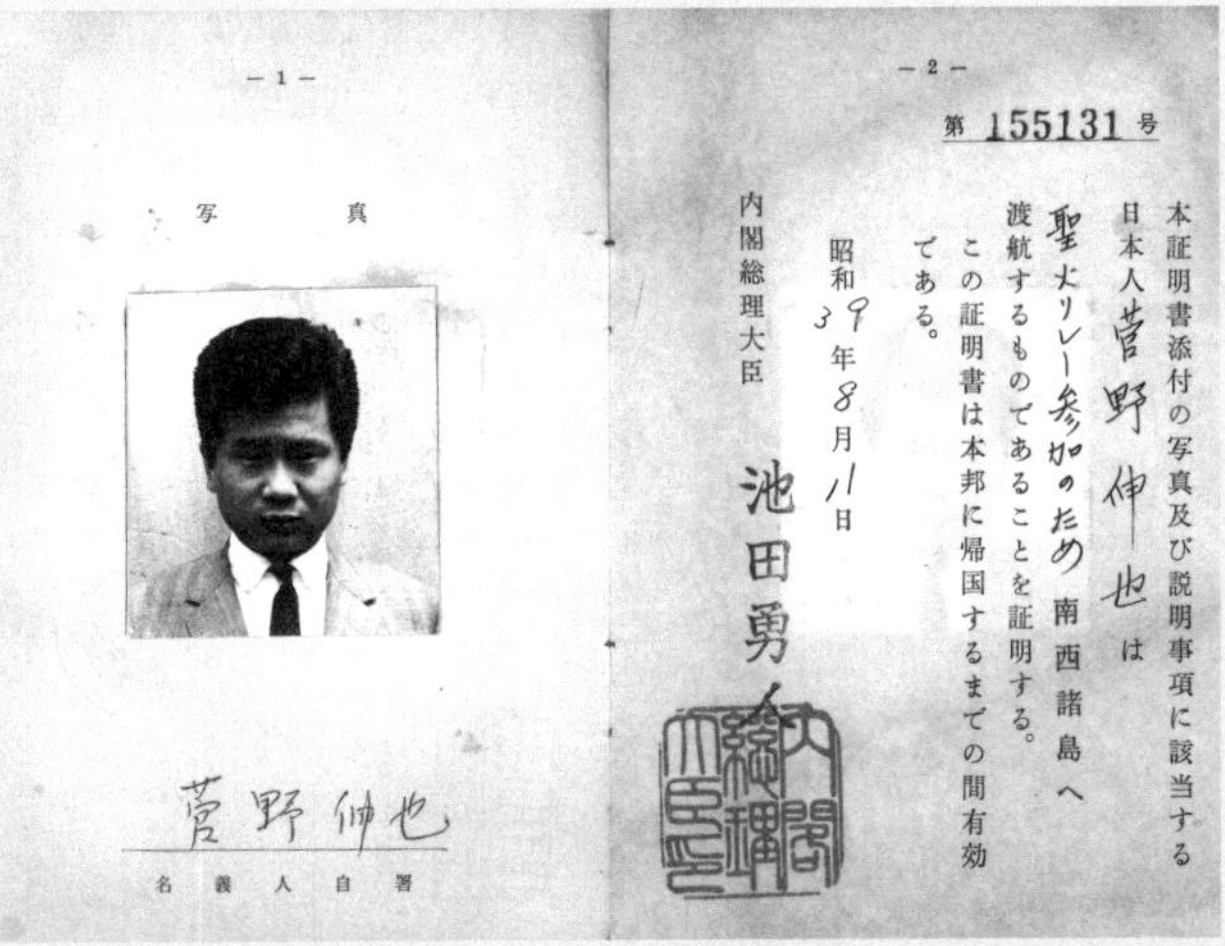

—1—

写真

菅野伸也

名義人自署

—2—

第 155131 号

本証明書添付の写真及び説明事項に該当する

日本人 菅野伸也 は

聖火リレー参加のため 南西諸島へ

渡航するものであることを証明する。

この証明書は本邦に帰国するまでの間有効である。

昭和39年8月11日

内閣総理大臣　池田勇人

沖縄渡航用の身分証明書（提供：菅野伸也）◉当時、日本本土から沖縄に渡航する場合には、日本政府と総理府が発行する「身分証明書」が必要だった。これは聖火空輸派遣団・報道係の菅野伸也が持っていた「身分証明書」の中面ページである。「聖火リレー参加のため南西諸島へ渡航する」という一文があることにご注目いただきたい。

沖縄での聖火リレー（提供：沖縄県公文書館）◉沖縄での「聖火リレー」自体は1958（昭和33）年の第3回アジア競技大会に次ぐ2度目のものだったが、今回はその時と違って「日の丸」の掲揚が許された。一方、聖火が沖縄に到着した9月7日には、コザのセンター通りに掲揚された日の丸を米兵3人が破って踏みつけるという事件も起こっていた。写真は1964（昭和39）年9月8日、具志頭村（現・八重瀬町）での撮影。この後、聖火は久志村（現・名護市）で「分火」されて、翌日の本土空輸のために那覇市へ戻された。

「やっと日本に帰ってまいりました」

それは当時の沖縄の人々が抱いていた感情を、図らずも代弁する言葉となったのかもしれない。

◉YS－11「聖火」号の晴れ舞台

一九六四（昭和三九）年九月八日早朝、羽田空港に向けて名古屋・小牧空港を飛び立った一機の飛行機があった。全日空マークとロゴ、東京五輪エンブレムを機体に付け、「聖火」号と名付けられたYS－11試作二号機である。一九六二（昭和三七）年七月の第一回聖火リレー特別委員会直後に名前が上ってから二年余。ついに、YS－11による聖火空輸が現実のものとなったのである。

「聖火」号が到着した羽田では、全日空の乗員や栗本義彦（組織委員会・聖火国内リレー小委員長）率いる国内聖火空輸団らが出席して壮行会が行われた。そんな華やかな場面に、新聞発表で自身の聖火フライト参加を知った全日空スチュワーデス・板倉（現・白木）洋子（P186参照）も参加していたことはいうまでもない。やがて東京消防庁のブラスバンド演奏と羽田小学校の学童ら、送迎デッキの数多くの群衆に見送られ、「聖火」号は午前一〇時二〇分に羽田空港を出発。鹿児島での給油を経て、一行は午後四時半に那覇空港に到着した。板倉はその時の那覇空港の印象を、こう語っている。「JALさんが運んだ聖火が島内をリレーしていたので、空港は静かでしたね」

九月七日にDC－6B「シティ・オブ・トウキョウ」号が運んで来た聖火は、興奮のなかで島内をリレー中。YS－11「聖火」号の那覇到着とほぼ同じ頃の八日午後五時二〇分に、聖火は久志村（現・名護市）に到着。そこで再度「分火」で聖火灯に移され、派遣団聖火係の中島茂とともにクルマで那覇市に移動。翌日の本土空輸のために、琉球政府の主席室に一晩安置されていた。

「組織委員会の方々のほか、パイロット、スチュワーデスも業務終了後すぐに降機しました」と語るのは、機内の聖

出発前の「聖火」号と日航製スタッフ(提供：沼口正彦)◉1964(昭和39)年9月8日早朝、羽田に向かって出発する前のYS-11「聖火」号を背景にした、日本航空機製造スタッフの記念写真。パイロットの制服を着た5人の一番左がYS-11聖火フライト「幻の第4のパイロット」である沼口正彦、同じく一番右が聖火フライトのパイロットを勤めた長谷川栄三。その長谷川からひとり置いた右が、同社飛行整備部整備課の和久光男(P104参照)である。

羽田出発前の聖火フライト関係者たち(提供：白木洋子)◉1964(昭和39)年9月8日、羽田空港にて撮影。左から、日航製パイロット長谷川栄三、全日空・運航部長の松前未曽雄、日航製社長の荘田泰蔵、全日空パイロットの飯塚増治郎、ひとり置いて全日空パイロットの藤村楠彦、スチュワーデスの丸邦子、同・板倉洋子。実際にはもうひとりのパイロット、日航製の沼口正彦もこのフライトに参加していたはずだが、なぜか新聞記事や数々の書籍などには沼口の記述はなく当日の写真にも写っていない。『社報　全日空』1964年9月号No.64には沼口の乗務に関する言及があり、「但し、沼田(注・沼口の誤記)操縦士は国内空輸にのみ従事」と記述されている。

火台設計にも関わった全日空の福井裕（P170参照）。福井もこのフライトに同行していたのだ。「私と日航製から来た三人の整備士、整備員は飛行後点検や補給後の確認を終えてからホテルへ行きました」

「聖火」号で到着した一行は、この夜は那覇市内の東急ホテルに一泊する。

翌九月九日、ついにYS－11晴れの舞台がやって来る。早朝六時四〇分にアメリカ空軍軍楽隊演奏のマーチのなか、あの中島茂の手で聖火が那覇空港に運ばれて来たのだ。だが、歓送セレモニーが行われたものの、参会者はわずか二〇人余り。九月九日付読売新聞夕刊によれば、「二日前の熱狂的歓迎にひきかえ、さびしい歓送風景だった」ようだ。沖縄側としては「リレーはまだ続行中」ということだったのだろうか。「聖火」号の晴れ舞台は、午前六時五八分の出発でひっそりと開幕する。

だが、このフライトに搭乗した全日空営業部員の国領茂満（P164参照）にとっては、ここからが正念場だった。『社報全日空』一九六四年一〇月号・No.65には『聖火をみつめて』という国領自身の手記が掲載されているが、それによると搭乗客のチェック、鹿児島で途中降機する客の荷物のチェック、そして入国書類の作成……などなど、いきなりさまざまな激務、雑務が押し寄せて来たという。前述のように「外国」同然であった沖縄との行き来では、「CIQ」（出入国手続に関わる行政機関）とのやりとりが不可欠。前日の沖縄入りでも同様の手続きはあったが、その時にはまだ余裕があった。だが、この日は聖火輸送の本番。分刻みのスケジュールが決まっていて、失敗は許されない。ところが航空自衛隊のジェット練習機T－33のエスコートが始まると、生まれて初めて見た訳でもないのに報道陣は窓に集って右往左往。書類を集めようにもいうことを聞かないのだ。

こうして「聖火」号は、午前八時三九分に鹿児島空港に到着。ここが「本土」では最初の聖火到着地ということで盛大に聖火歓迎セレモニーが始まったが、国領は入管に提出する書類を記入したりパスポートを揃えたりで、そんなものを見ている暇などなかった。

聖火台と「第4のパイロット」沼口正彦（提供：沼口正彦）◉聖火フライト「幻の第4のパイロット」である沼口正彦は、間違いなく1964（昭和39）年9月9日当日の「聖火」号機内に乗っていた。これがその証拠である。座席上の収納棚に花束が置いてあることから、フライト当日の撮影であることが確認できる。制服を着ていることから見て、いざという時のバックアップのために乗っていた可能性が高い。また、聖火台に乗っている聖火灯から、リボンが下がっていることにもご注目いただきたい。おそらくこのリボンは、8月30日にビルマ（現・ミャンマー）のラングーン（現・ヤンゴン）で、小田部駐ビルマ大使夫人が結んだものと思われる（P227、口絵P10参照）。

鹿児島空港でのセレモニー（提供：ANA）◉1964（昭和39）年9月9日、鹿児島空港で行われたセレモニーの様子。聖火トーチを掲げているのは、本土第1走者・鹿児島高校体育助手の高橋律子である。

那覇空港出発前の「聖火」号（提供：白木洋子）◉1964（昭和39）年9月9日朝、那覇空港で出発を前にしたYS-11「聖火」号。聖火受け渡しセレモニーの後、鹿児島に向けて出発した。

この鹿児島で、聖火の第一コースがスタート。国領たちの奮闘によって、「聖火」号は歓迎式典終了前に定刻で離陸できたのである。

◉熱狂と飛行機酔いの一日

一九六四(昭和三九)年九月九日午前九時五五分、YS－11「聖火」号は第二コース起点の宮崎空港に到着。沖縄での出発こそ寂しいものだったが、鹿児島に続いての歓迎ぶりに、YS－11の初陣は徐々に「晴れ舞台」らしくなってきた。

だが、そんな華やかさと裏腹に、ひっそりと聖火に寄り添う男たちもいた。国外聖火空輸派遣団の中島茂、森谷和雄、菅野伸也たちである。ただし菅野によれば、自身は個人的な事情だったという。

「確かに僕もYS－11で札幌に行きました」と菅野。「でも、それは親父が札幌に住んでいたので乗せてくれとついていったんでね。別に聖火につき合った訳じゃない」

中島と森谷については、九月八日付朝日新聞の中島茂を取り上げた記事に「YS－11で鹿児島、宮崎、札幌に飛ばねばならない」と書いてあるので、「聖火係」としての責任感から同行したのだろう。ただし国内では、中島たちはまったく前面には立っていない。彼らはあくまで「国外」の派遣団。国内では黒子に徹していたのだ。

次に札幌・千歳空港に向かう前に、「聖火」号は名古屋に立ち寄る。ここは単に給油などのために降りたので、式典などはなかった。乗員たちはここで、ホッと一息入れたかもしれない。

名古屋離陸後は、千歳まで日本海側の航路を飛ぶ。だが日本海側上空には前線があったため、天候は悪化。それでも札幌到着時刻の関係で、悪気流のなかを飛ばねばならない。YS－11は揺れに揺れまくった。これには記者たちどころか、スチュワーデスの板倉洋子さえダウンしてしまう。

「前日からの緊張と寝不足で私も気分が悪くなりました」と板倉。「何とか一通りの客室業務をこなしましたが、我

宮崎空港に降り立った聖火(提供:白木洋子)◉鹿児島空港に次いで、YS-11「聖火」号は宮崎空港に着陸。多くの人々や鼓笛隊などが出迎えるなか、第1走者の小林高校3年・野辺広幸の手に聖火が手渡された。午前10時10分にリレーはスタートし、聖火は宮崎神宮へ。聖火の宮崎スタートは、実は1940(昭和15)年開催が予定されていた「幻」の東京オリンピックの際に提案されていた構想であった(P050参照)。

千歳空港でのセレモニー(提供:福井裕)◉「聖火」号は、霧雨のなかを千歳空港に無事に着陸。詰めかけた約1万人の歓迎を受けた。空輸派遣団団長代理の野沢要助から千歳高校2年生の小仲恵子が聖火灯を受け取り、北海道知事の町村金五を経て第1走者の自衛隊員・笹野弘康に手渡された。写真はそのセレモニーの様子で、左側にはファンファーレ演奏などを担当した陸上自衛隊第一特科団音楽隊が見える。

慢できなくなり後部席で毛布をかぶって三〇分ほどダウンしてしまいましたね」

「私は聖火をじっと見ていました」と全日空の福井裕は語る。「前から六列目の席が後ろ向きになっていて、そこから聖火台を眺めていた。揺れると聖火が消えるかもしれないですから。〝お前の仕事はそれだ〟と松本(武治郎・全日空耐空性管理課長)さんにいわれていたんです」

それでも津軽海峡上空に差し掛かる頃には、天候も回復して来た。室蘭上空付近では、航空自衛隊のF－86Dが現れ、YS－11の両側で翼を振りながらエスコート。千歳はもう近い。

「戦闘機のパイロットの顔がハッキリ見える近さで飛んでいました」と板倉。「私はさっきまで気分が悪かったことも忘れて、夢中でエスコート機の写真を撮っていました」

こうして午後三時五五分、「聖火」号は第三・四コースの起点・札幌千歳空港に到着。YS－11は無事その使命を果たしたのである。間もなく夕暮れの千歳空港を後にした「聖火」号は、今度は太平洋側上空を一路羽田空港に向かう。羽田到着は、その夜の午後七時過ぎのことであった。

「帰路は皆様無事に大役を務めた安堵感で、柔らかな空気が機内を包んでいました」と板倉は当時を振り返って語る。

「早朝から一五時間近くの勤務でしたが、疲れより無事終えられたことで頭の中がカラッポになった感じでしたね」

「聖火」号が羽田に到着する一日前の九月八日午後六時三二分には、「シティ・オブ・トウキョウ」号も羽田に戻っていた。長い長い聖火の空の旅が、ここに幕を閉じたのである。

だが、実は聖火空輸はまだ続いていた。例の「分火」された聖火が、沖縄でリレーを続けていたのである。結局、この「分火」の聖火は沖縄での日程を終えた後、組織委員会参事の松沢一鶴の手で日本航空の那覇～福岡定期便「トワダ」号に載せられた。「トワダ」号は那覇を九月一一日午後三時五〇分に出発して、福岡板付飛行場に午後五時一五分に到着。第一コースの聖火と合流させるべく、その夜、熊本県庁へと運ばれたのだった。

羽田に着いた聖火空輸派遣団、左端は高島団長、後方はシティ・オブ・トウキョウ号

【宮崎発】聖火リレー第二コースの聖火は、九日午前九時五十三分宮崎空港に着き、同日は空港から宮崎神宮を経て第二コースの起

空輸派遣団
羽田へ帰る

ギリシャのオリンピアから沖縄まで一万六千㌔、十二か国、十二都市の聖火国外リレーの大役を果たした、聖火空輸派遣団、高島空輸団長ら六人と、日航乗務員十五人は、八日午後六時三十二分、先月十四日の出発から二十五日ぶりに、日航特別機「シティ・オブ・トウキョウ号」で、東京・羽田空港へ帰ってきた。

聖火空輸派遣団の帰還（1964〈昭和39〉年9月9日付『読売新聞』より／提供：国立国会図書館）●1964（昭和39）年9月8日、YS-11「聖火」号による国内聖火空輸を前に、国外聖火リレーをやり遂げた聖火空輸派遣団一行が「シティ・オブ・トウキョウ」号に乗って羽田に到着。8月14日の出発から25日ぶりの帰還であった。記事の写真は、一番左が団長の高島文雄、その右が副団長の松戸節三。一番右端の人物は、通訳の渡辺明子であると思われる。

沖縄の聖火を福岡へ空輸（提供：沖縄県公文書館）●「分火」後に沖縄でのリレーを終えた聖火は、聖火沖縄リレー実行委員会の米側委員長ウィリアム・R・ライリー米軍大佐（右）から組織委員会参事の松沢一鶴（左）に渡された。背後にあるのは、聖火を福岡板付飛行場に運ぶDC-8「トワダ」号。1964（昭和39）年9月11日、那覇空港にて撮影。交通史研究家の曽我誉旨生氏によれば、「トワダ」号は那覇～福岡定期便のJL904便と考えられる。JL904便は通常はコンベアCV880で運航されていたが、この時は何らかの理由でDC-8で運航されていたようだ。

東京五輪を巡るエトセトラ………………………7

聖火リレーの光と影

1964(昭和39)年9月9日よりスタートした国内聖火リレーによって、全国各地は興奮のるつぼと化した。リレーが行われた地域ではランナーに運ばれる聖火を一目見ようと、沿道には観衆がひしめく状況。だが、それが思いがけぬトラブルに発展することもあった。

例えば10月2日には、名古屋城内の愛知県体育館に着いた聖火を撮ろうとしたアマチュア・カメラマンが、無理に前に出ようとしたことから大混乱。前の方に並んでいた老人や子供たちが押しつぶされ下敷きとなった。この日の体育館前の人出は県警本部によれば約3万人というから、混乱は必至だったのかもしれない。

この手のパニックは全国各地で起きていたようだが、9月15日長崎県東彼杵郡東彼杵町樋口、国道34号線の彼杵川橋で起きた小型トラックによる交通事故は悲惨だった。彼杵川橋には約2キロ離れた国道205号線・国道34号線の三叉路中継点に聖火を見に行こうとしていた人々の列ができていて、トラックはそこに突っ込んでしまったのだ。結局、この事故で5人が死亡、3人が重軽傷という惨事になってしまう。

また10月1日には新潟県新発田市大手町一地内の国道で、聖火リレーを見るため待っていた婦人とその2歳の孫に災難が降り掛かった。道路に飛び出した孫を止めようとした婦人が、小型三輪に撥ねられ重体という事故が起きてしまったのだ。

また開会式前日10月9日には、東京都庁に到着する聖火を見物中の会社員が、脳卒中を起こして死亡する悲劇も起きている。

名古屋城内で大パニック(提供:朝日新聞社)◉1964(昭和39)10月2日、名古屋城内の愛知県体育館に到着する聖火見たさに大パニックが発生した。

第8章 東京オリンピック1964

沖縄の分火が第1コースの聖火と合火（提供：朝日新聞社）●1964（昭和39）年9月12日、分火されて沖縄本島を回っていた聖火は、熊本県庁前で第1コースの聖火と合流した。新聞記事の写真はその際の様子で、右がその日の最終聖火ランナーである川島弘範。左の琉球衣装の女性が、セレモニーに参加した熊本沖縄県人会のメンバーである又吉三陽子である。点火は当初、熊本知事の寺本広作が行う予定だったが、点火一時間半前に又吉に変更するという粋な計らいを見せた。

1 点火前夜

◉列島に聖火を「出前」

一九六四(昭和三九)年九月一一日、那覇から福岡へと空路で運ばれた聖火は熊本県庁に安置されて、翌一二日には鹿児島を起点に進行中の第一コースの聖火に合流した。それから約一か月をかけて、聖火は四つのコースで全国を巡りながら一〇月一〇日の東京を目指していく。

そんな国内聖火リレーでは、ある特殊な器具が大いに威力を発揮した。それは「出前機」。名前の通り、蕎麦屋が自転車やバイクで出前をする際に、後方の荷台に取り付けて使う例の器具である。聖火ランナーを後ろから伴走するクルマには、常にバックアップ用の聖火灯が積まれていた。しかし、聖火灯は上下の揺れに弱いということで、その衝撃を和らげるために用いられたのがこの出前機である。聖火空輸派遣団で通訳を務めていた前出の渡辺明子は、この出前機起用の発案者についてこう語っている。「これこそ日本人の知恵ね。あれは中島さんのアイディアだったんです」

渡辺によれば、中島茂が国外聖火リレー出発前の会議の席上で「いいアイディアがある」と発言したのが発端だというのだ。その時は飛行機内での使用を想定していたようだが、実際にはどうやらリレーの伴走車内で応用されたらしい。中島茂のユニークな発想は、ここにも活かされていた。

こうして各地を順調に回っていった聖火は、一〇月一日にあの新潟地震(P162参照)に襲われた新潟市にもやって来た。

「出前機」に据え付けられた聖火灯（提供：沖縄県公文書館）◉「出前機」はエビス吉野麺機製作所（後のエビス麺機製作所）の製品を応用したものだが、今日この会社は存在していない。1964（昭和39）年9月8日、那覇市の琉球政府行政ビルでの撮影と思われる。

熊本での合火セレモニーのスナップ（提供：小浜良子／協力：熊本沖縄県人会事務局）◉1964（昭和39）年9月12日、熊本県庁前での合火セレモニーで熊本沖縄県人会のメンバーが撮影したもの。写真に写っている人物の名前は不詳である。

新潟県営陸上競技場にやって来た聖火（1964〈昭和39〉年10月2日付『新潟日報』より／提供：国立国会図書館）◉第3コースの聖火は1964（昭和39）年10月1日に新潟県入りし、歓迎セレモニー開催中の新潟市の新潟県営陸上競技場に午後4時8分に到着。新潟県知事の塚田十一郎が、地震直前の6月11日まで開催されていた第19回国民体育大会「新潟国体」（P162参照）の聖火台に点火した。写真上は、再び火が灯った県営陸上競技場の聖火台、写真下はこの日の最終ランナーで新潟高校2年生の斎藤一幸。

そこでは、聖火はまるで「復興の狼煙」のように燃え盛ったのである。

◉オリンピアの巫女、東京に降臨

一九六四(昭和三九)年一〇月二日の夜、羽田に到着したひとりの外国人女性がいた。その名はアレカ・カッツェリ。八月二一日の採火式で、主巫女役を務めたあのギリシャ女優である。

実は彼女は採火式準備の際に、日本側関係者から「東京へ招待する」といわれていた。だが、その後まったく音沙汰なし。おそらくは無責任な安請け合いだったのだろうが、これを知った富士写真フイルム(現・富士フイルム)社長の小林節太郎が自ら彼女を招待。この日の来日となった訳だ。カッツェリはこの日本滞在中に、東京大会絡みのイベントに頻繁に顔を出していく。

そんなカッツェリの日本初仕事は、到着した翌日三日に国立競技場で行われた本番直前の開会式リハーサル。観客も入れて本番さながらのテストが行われたが、カッツェリが古代ギリシャ風衣装に身を包んで、なぜか聖火台の横で最終ランナーの坂井義則と並んで撮影された写真が残されている。その他にも歌舞伎観劇やら京都見物、テレビ番組『スター千一夜』出演と、すっかりオリンピック・ムードの日本で東奔西走の慌ただしい日々を送っていたようだ。

やがて一〇月七日に第四コースと第三コースの聖火が東京都庁に到着。八日には第二コース、開会式前日の九日午後一時一二分には第一コースの聖火が都庁入りして、すべての聖火が集結。その場にはカッツェリも立ち会った。その後、これらの火は四人のランナーによって都庁を出発。皇居二重橋前広場の聖火集火式会場に移動する。午後四時には、トーチを渡された東京都知事の東龍太郎らが皇居前に設けられた聖火台に点火。その合図を送ったのも、またカッツェリであった。さらに、午後六時から後楽園球場で「オリンピック東京大会前夜祭」を開催(P274参照)。ここでもアレカ・カッツェリは「聖火の使者」の大役を務め、翌日の開会式への期待を盛り上げたのだった。

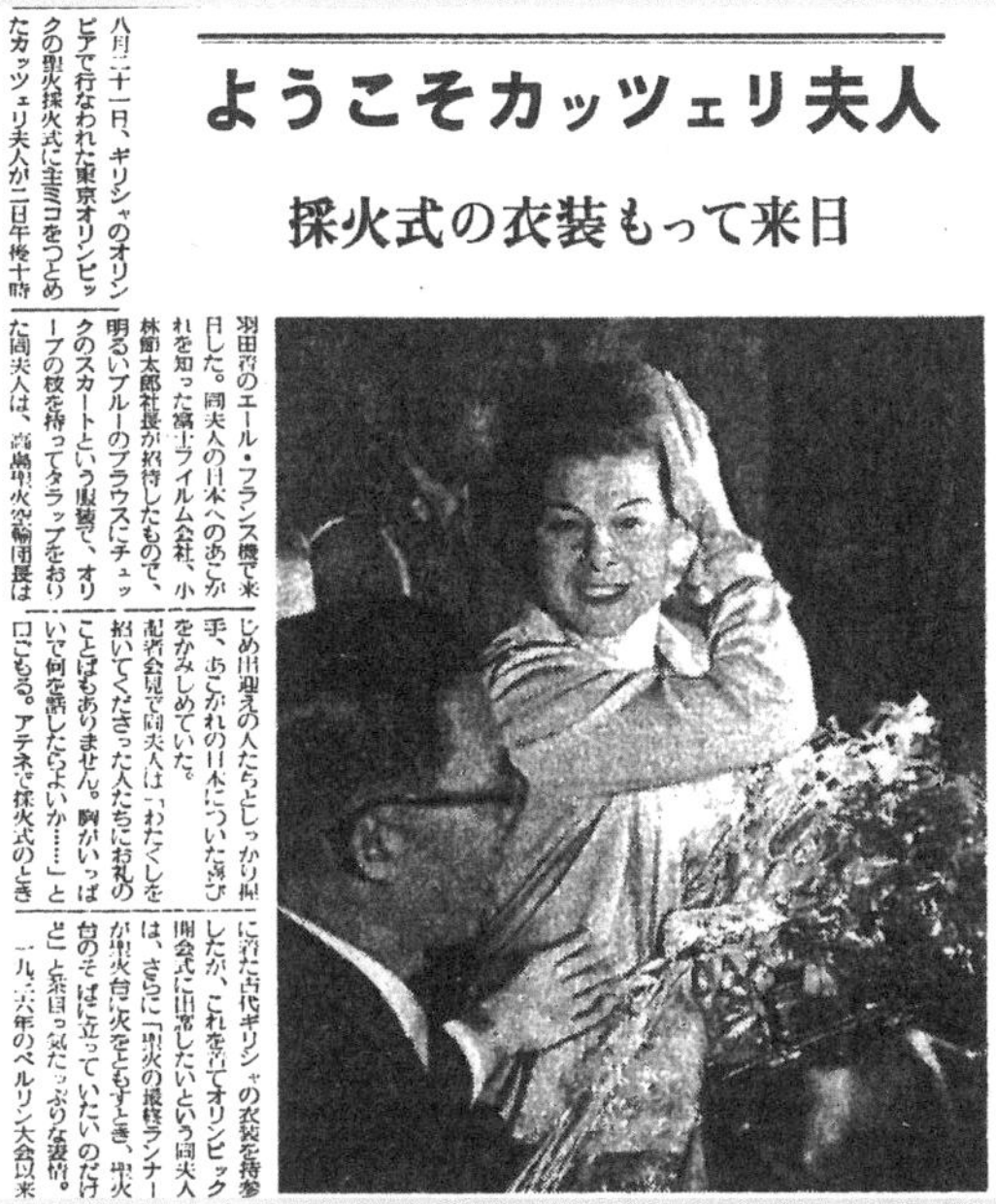

ようこそカッツェリ夫人

採火式の衣装もって来日

八月二十一日、ギリシャのオリンピアで行なわれた東京オリンピックの聖火採火式に主ミコをつとめたカッツェリ夫人が二日午後十時

羽田着のエール・フランス機で来日した。同夫人の日本へのあこがれを知った富士フイルム会社、小林節太郎社長が招待したもので、明るいブルーのブラウスにチュックのスカートという服装で、オリーブの枝を持ってタラップをおりた同夫人は、高島聖火空輸団長はじめ出迎えの人たちとしっかり握手、あこがれの日本についた喜びをかみしめていた。

記者会見で同夫人は「わたくしを招いてくださった人たちにお礼のことばもありません。胸がいっぱいで何を話したらよいか……」と口ごもる。アテネで採火式のときに着た古代ギリシャの衣装を持参したが、これを着てオリンピック開会式に出席したいという同夫人は、さらに「聖火の最終ランナーが聖火台に火をともすとき、聖火台のそばに立っていたいのだけど」と茶目っ気たっぷりな要請。一九三六年のベルリン大会以来

羽田に到着したアレカ・カッツェリ（1964〈昭和39〉年10月3日付『毎日新聞』より／提供：国立国会図書館）◉1964（昭和39）年10月2日夜10時、聖火採火式で主巫女に扮したギリシャ女優アレカ・カッツェリが、エールフランス機で羽田空港に到着。聖火空輸派遣団団長の高島文雄ら出迎えの人々の前に、オリーブの枝を持参してやって来るという洒落た登場ぶりだった。彼女の来日は、富士写真フイルム（現・富士フイルム）社長・小林節太郎の招待で実現した。

皇居前での聖火集火式（提供：千代田区広報公聴課）◉1964（昭和39）年10月9日午後3時45分に4人のランナーによって都庁を出発した聖火は、午後3時55分に2万5000人の観衆で溢れ返る皇居二重橋前広場に到着。トーチを手渡された東京都知事の東龍太郎ら4人が、午後4時にアレカ・カッツェリの右手が高く挙げられたのを合図にステージの上に据えられた聖火台に点火した。写真は、4人のランナーが東都知事らにトーチを渡すところ。

2 点火当日

◉同じ空の下、ふたつの開会式

東京に、ついに一九六四(昭和三九)年一〇月一〇日がやって来た。

だが快晴の空の下、実際のオリンピック開会式に先立つこと数時間前、もうひとつの「開会式」が開催されていたことをご存じだろうか。それは国立競技場からほぼ北西に八キロの位置にある、杉並区立馬橋小学校でのことである。これについては一〇月一一日付産経新聞の記事に詳しいが、馬橋小学校では「本家」と同じ日に、子供たちによる「模擬開会式」が行われたのだ。

こちらのスタートは午前八時一〇分。校門からの各国選手団の入場で式は始まったが、この「選手団」はもちろん一年から六年までの全校児童。プラカードや各国の国旗を掲げて、ちゃんと九四か国の選手団が行進した。さらに五輪旗が登場したが、これは家庭部の五〜六年生が一週間かけて作った縦一・五メートル、横二メートルの労作。ファンファーレは音楽部員が担当し、祝砲と共に舞い上がる一〇羽のハトは飼育部員が世話をしたもの。同校では二学期初めから準備を重ねて、この日に備えて来た。その結果、手作りの「開会式」を実現したのである。

もちろんこちらの「開会式」も、クライマックスは聖火である。トーチは中性洗剤の容器を丸めて作ったもので、そこからバケツの聖火台に点火。子供たちの見事な計画と抜群のチームワークによって、開会式は立派に成功した。

昭和39年10月11日 日曜日 <16>

ボクらの開会式

本物そっくりの演出

杉並区 馬橋小 児童らがチエしぼる

聖火、五輪旗、ハトも舞う

都内総合版

本版へのお知らせは下記の電話をご利用下さい
(231) 7111
内線 435・436

サンケイ電話ニュースは
(271) 4261
4271

アリアテレビ

馬橋小学校の「開会式」（1964〈昭和39〉年10月11日付け『産経新聞』より／提供：国立国会図書館）◉杉並区立馬橋小学校が1964（昭和39）年10月10日の東京オリンピック開会式当日に開催した、もうひとつの「開会式」。同校では8人の児童集会員とクラブ部長10人で「馬橋小オリンピック組織委員会」を結成して、開催までの計画を練ったという。

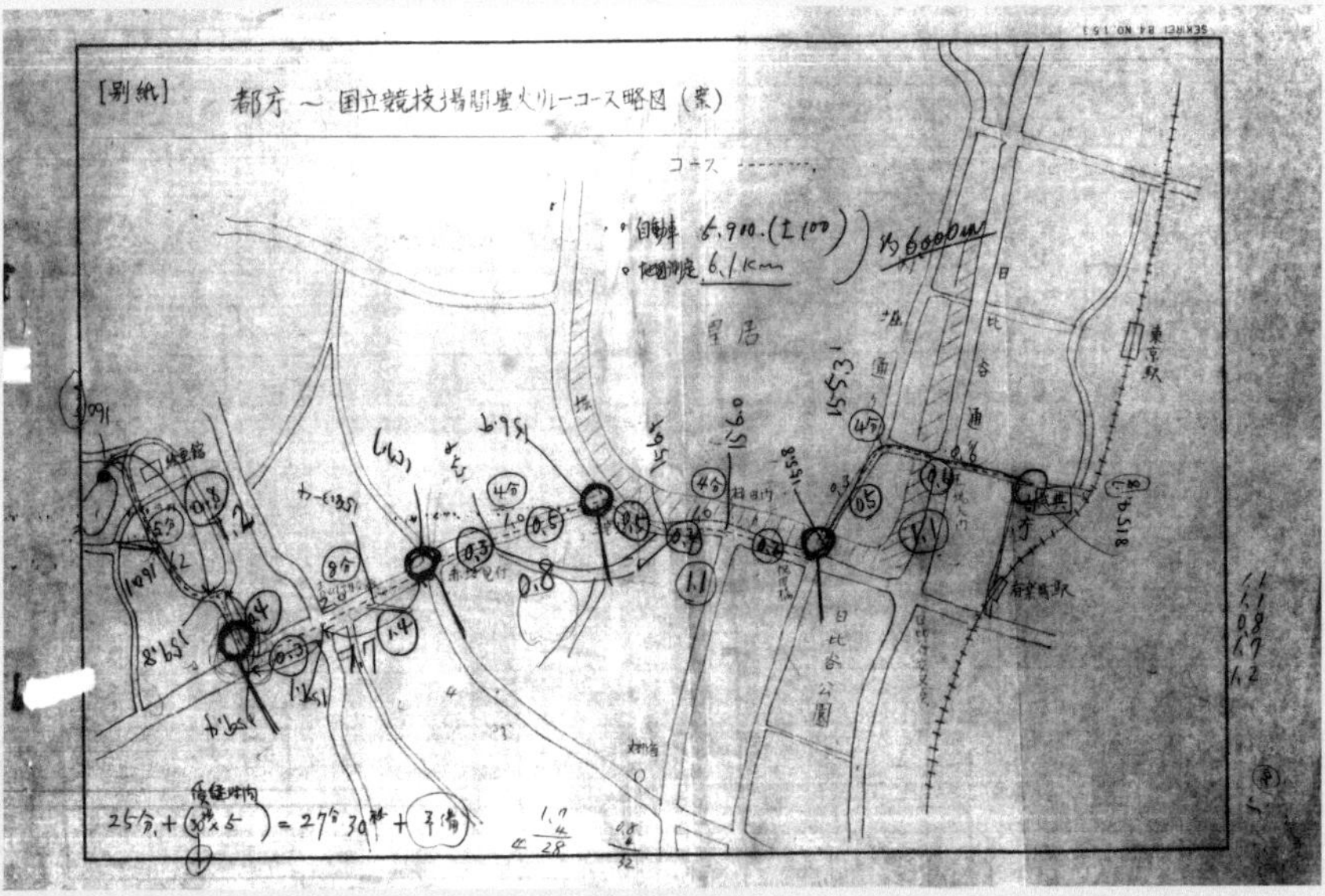

都庁～国立競技場間の聖火リレー・コース略図（提供：森谷和子）◉競技部式典課の森谷和雄が自身のノート（P143参照）に貼り付けた、都庁～国立競技場間の最終リレー・コース略図。1963（昭和38）年12月末段階のものと考えられる。各区間でテストの結果、かかった時間なども書き込まれた貴重なものである。

さて、今度はいよいよ「大人たち」の番である。

ここからは新聞各紙の報道、警視庁の『オリンピック東京大会の警察記録』、組織委員会による『オリンピック東京大会　開閉会式実施要項』を参考にして追っていく。午前一〇時、国立競技場開門と同時にスタンドは観衆で埋まっていった。午後一時五〇分には各国旗が一斉に掲揚され、同時にオリンピック序曲が演奏開始。八分後には天皇陛下が式場にご臨場。午後二時からは、ギリシャ選手団を皮切りにマーチに乗って各国選手団の入場行進がスタートした。

一方、皇居二重橋前広場の聖火台から採られた聖火は、午後二時三五分に同広場を出発。沿道を埋め尽くす大観衆のなかを、最後の聖火リレーが都内を走り抜けた。第七引継地点の神宮プール前で聖火は最終ランナーである坂井義則に渡され、時間調整後の午後三時七分に坂井は競技場内に入って来た。拍手と歓声のなか、坂井はバックスタンドの中央階段を一気に駆け上がり、聖火台の脇に立ってトーチを高く掲げる。そしてトーチを聖火台に近づけて……。

同時に聖火台の裏側では、式典課員で開・閉会式聖火担当の柏崎旭と聖火台製作に関わった日新工業（現・株式会社にっしん）の社員たちが、「その瞬間」を固唾を飲んで待ち受けていた。坂井が聖火台にトーチを傾けた瞬間に最も引火しやすい状態にするため、ピッタリ点火七秒前にコックをひねり、プロパンガスを噴出させねばならないのだ。

結果は広く知られている通り。聖火台からはパッと華やかな炎が燃え上がった。

つい先ほどの日本選手団入場の際には、ラジオ実況を行ったNHKアナウンサー鈴木文弥が「この日を迎えるその道は、まことに長く、本当に険しくさえあったのであります」とマイクに向かって熱く語った。それは「幻」と消えた一九四〇（昭和一五）年の東京大会を念頭においての、今回の実現に対する感慨を吐露したコメントである。だが、語られた言葉はそっくりそのまま、今回の聖火リレー計画にもいえることだった。開会式の現場にいた組織委員会の人々は、さぞや感慨深かったことだろう。「大人たち」は回り道に回り道を重ねて、苦難の果てにこの時を迎えたのである。

聖火台点火、それは一九六四年一〇月一〇日午後三時一〇分のことであった。

続々と競技場に入って行く各国選手団（提供：新宿区立新宿歴史博物館）●午後2時から始まった入場行進のために、続々と競技場へと向かう各国選手団。写真はガーナの選手団で入場は34番目、その前は統一ドイツである。後ろからイギリスがやってくるのも見える。

深紅の炎　勢いよく
トーチ高らかに坂井君

電光板の大時計が三時八分をさしたとき、トラックの千駄ケ谷ゲートから白いけむりが流れ、その中からトーチをかざした坂井君が走ってきた。ワッとスタンドがどよめく。

聖火台に向って坂井君は台に立ち、トーチを高らかにささげた。一瞬、興奮にきれ目ができたように、場内がしずまる。

点火——聖火台からこぼれ落ちるように勢いよく、ギリシャの火がいま東京で燃える。そのほのおの色は深紅だった。場内の興奮はクライマックスに達した。

外人記者席で、ある記者が「アトミック・ボーイ（原爆の子）がいま平和の火をともした」とタイプをたたいた。大観衆のまなざしも原爆の子でなく、平和の、新しい時代のトビラをたたく原子の火であってくれ、との願いがこもる厳粛な瞬間だった。

坂井君が点火の一瞬、燃えあがる聖火

聖火台に点火（1964〈昭和39〉年10月10日付『朝日新聞』夕刊より／提供：国立国会図書館）●聖火最終ランナーの坂井義則が、聖火台にトーチを近づけて点火する瞬間。森谷ノートによれば、聖火台はプロパンガスを1時間につき80〜120キログラム程度使用。500キロ・ボンベを1日8本消費するものだったようである。なお、聖火台製作に携わった日新工業（現・株式会社にっしん）の社員たち7人は、閉会式の24日まで聖火台上で3交代で寝ずの番をして聖火を守り続けた。

◉聖火リレーはまだ終わらない

一九六四(昭和三九)年一〇月一〇日の開会式で聖火台に点火され、聖火リレー計画はすべて完了した……はずだった。だが、まだそこで終わりではなかった。

実は分散している会場に聖火を運ぶため、五つに分火する必要があったのだ。開会式終了後の午後五時、聖火台下のテラスで分火式が行われ、東京都副知事の鈴木俊一、埼玉県五輪事務局次長の栗原伝次郎、千葉県教育長の山下重輔、長野県聖火リレー実行委員会長の風間和夫、神奈川県オリンピック課長の稲垣直太の五人が聖火灯を抱えて競技場を出発。ただし、これは形式上のものだった。

実際には翌一一日午前七時半、江東区東雲のヘリポートから「聖火空輸特別ジェット・ヘリコプター」と銘打たれた三菱シコルスキーS－61Nが離陸。真っ先に向かったのは埼玉県である。午前七時五〇分に戸田野球場に着陸。聖火灯はそこから戸田町役場に移動して、さらに戸田漕艇場の聖火台まで三人のランナーがリレー。午前九時半に点火された。一方、ヘリは戸田から東京都世田谷区の駒沢オリンピック公園へ向かい、午前八時一五分に同公園の野球場用地に着陸。聖火灯はクルマで中央広場に運ばれ、八時二〇分に聖火台に点火された。ここで一旦東雲に戻ったヘリコプターは、午後四時に再び離陸して神奈川県へ。午後四時一五分、藤沢市の相模工業大学(現・湘南工科大学)校庭に着陸。そこから江ノ島ヨットレース場、さらに相模湖のカヌー会場へと運ばれた。

次回の一四日は雨天のため、ヘリ輸送を断念。聖火はまずクルマで長野市立川中島中学校校庭に運ばれ、そこから上田市を経て軽井沢総合馬術競技場までリレー。もう一方は午前一〇時二五分にクルマで千葉県の県営球場へ運ばれ、花園中学校までリレー。翌一五日、すぐ脇の東大検見川総合競技場で点火された。厳密には、東京大会の聖火リレーはここですべて終了したのである。

聖火空輸特別ヘリコプター（撮影：Geta-o／協力：インターネット航空雑誌ヒコーキ雲）◉江東区東雲のヘリポートから飛び立つ「聖火空輸特別ヘリコプター」三菱シコルスキーS-61N。分火された聖火のうち、戸田漕艇場、駒沢競技場、江ノ島ヨットレース場、相模湖カヌー会場はヘリ輸送されたが、10月14日の軽井沢総合馬術競技場と東大検見川総合競技場は、雨天のためクルマによる輸送となった。ただし、この写真の撮影は10月15日ということである。

江ノ島での聖火点火（提供：藤沢市文書館／協力：藤沢市東京オリンピック・パラリンピック開催準備室）◉1964（昭和39）年10月11日、聖火を載せたヘリが午後4時15分に藤沢市の相模工業大学（現・湘南工科大学）校庭に着陸し、午後5時からリレーがスタート。午後5時30分、最終ランナーの間宮康昭が江ノ島ヨットハーバーに設けられた聖火台に点火すると同時に、それを祝福する花火が打ち上がった。

3 鎮火

◉聖火は夕闇に消えた

東京大会が開催されていた一九六四(昭和三九)年一〇月一〇日から二四日の間、世界は少しも平穏ではいなかった。むしろ、いつもより大きな出来事が立て続けに起きていた。

一二日にはソ連が三人乗り宇宙船「ボスホート1号」を打ち上げ、米ソの宇宙開発競争でソ連がまたしても一歩先んじることとなった。「ボスホート1号」の宇宙飛行士三人は、東京上空に差し掛かった際に東京大会にメッセージも送っている。このニュースは科学の進歩に関する明るい話題だったが、「ボスホート1号」が地球に戻ってまもなくの一〇月一五日、同じソ連からもっと衝撃的なニュースが飛び込んで来るではないか。何と当時のソ連首相で党中央委員会第一書記のニキータ・フルシチョフが、突如辞任したというのである。もちろん、これは辞任といっても実際は失脚であった。さらに一六日、今度は中国が初の核実験を強行する。開催直前まで揉めた台湾の国名問題といい、東京大会は終始、参加していない中国に揺さぶられ続けた大会だったといえるかもしれない。

また、例のGANEFO(新興国スポーツ大会)問題が尾を引いた結果(P183参照)、結局、九日に北朝鮮選手団は東京を離れ、一〇日の開会式直前にインドネシア選手団も羽田から発った。

そんな波乱がありながらも、東京大会は無事に会期を終えることになる。二四日の閉会式終盤、遥かオリンピアか

中国ついに核実験

原爆一個、きのう西部地域で

世界首脳会議開け

政府声明 核兵器の全面廃棄に

自衛に当然の権利

政府声明全文

毛沢東主席

ソ連政変

中国の核実験強行（1964〈昭和39〉年10月17日付『読売新聞』より／提供：国立国会図書館）◉中国政府は1964（昭和39）年10月16日午後11時（日本時間17日午前0時）に、同日午後3時（日本時間同日午後4時）に西部地区にて原子爆弾の爆発実験を行った。核兵器の全面禁止と廃棄を目指すための実験……という独自な理屈での強行だったが、折りからのソ連の政変、進行中だったアメリカ大統領選（投票日は同年11月3日）を睨んだ絶妙なタイミングで行われたものだった。

消えゆく聖火（提供：朝日新聞社）◉1964（昭和39）年10月24日の東京大会閉会式終盤、IOC会長アヴェリー・ブランデージの閉会宣言の後、この大会のために長い時間をかけ、多くの人々の力を借りてはるばる運ばれて来た聖火が、ゆっくりと夕闇のなかに消えていった。同日午後5時43分のことであった。

ら運ばれて来た聖火は、静かに夕闇に消えていったのだった。

◉オデッセイの果てに

オリンピアからの聖火空輸が終了した後の一九六四(昭和三九)年九月初旬以降、このプロジェクトに関わった者たちはそれぞれ別の道を歩み始めた。

同年九月中旬には、特命を帯びて新たに羽田空港に集められた男たちの姿があった。彼らは東京大会に参加する選手団を乗せた世界各国からのチャーター機に対応すべく、日本航空社内から選抜された「オリンピックハンドリングセンター(OHC)」の面々である(P068参照)。そのメンバーのなかに、つい何日か前まで聖火空輸派遣団の一員として「シティ・オブ・トウキョウ」号に乗り込んでいた熊田周之助の姿もあった。熊田は聖火リレーから離れた直後に、今度は本業の飛行機の分野で東京大会に貢献していたのである。

その東京大会終了後、聖火を運んだ二機の飛行機は、それぞれ対照的な運命をたどっていた。

まず、全日空の「聖火」号として国内聖火空輸を担ったYS－11試作二号機は、一九六五(昭和四〇)年四月一日より今度は日本国内航空の塗装で日本の空にお目見えすることになった。同社はYS－11を初めて定期路線(東京～徳島～高知線)に就航させることになり、日航製からこの試作二号機をリースして使ったのである。そのものズバリの「聖火」という愛称を付けられ、YS－11は日本の空で活躍を始めたのである。

またYS－11全体としても、当初多発したトラブルは日航製の技術者や航空会社の整備士たちの努力によって次々と改善。元々堅牢に作られた飛行機だけにやがて高い信頼性を獲得していった。

一方、日本航空のDC－6B「シティ・オブ・トウキョウ」号こと「シティ・オブ・ナゴヤ」号を待っていたのは、いささか寂しい運命だった。栄光の聖火フライトからわずか二年後の一九六六(昭和四一)年に、国外に売却されてしまったのだ。日本航空社内誌の『おおぞら』一九六六年七月号によれば、売却先は南米はペルーの航空会社カンパニア・デ・アビアション・フォーセット社。同機は五月二二日午後七時、羽田を出発して新天地ペルーへと向かった。すでに愛称も「ナゴヤ」に戻されていた同機は、聖火を運んだ機体とは特に意識されずに売却されたのだろうか。

なお、日本航空におけるDC－6Bは、一九六九（昭和四四）年に姿を消した。

組織委員会の競技部式典課に勤め、コツコツとノートに記録を綴っていた森谷和雄は、一九六五年まで組織委員会にいた。「オリンピックの仕事は三年は続いていたと思います。最後の一年は残務処理でした」と妻の和子も証言している。

組織委員会の仕事を終えた森谷は再び教員に戻り、最後には母校の千葉高校に赴任。同校には定年まで在籍した。妻の和子によれば、千葉高校は家からも近かったので自転車で通っていたという。森谷がオリンピックと関わりを持つことは、その後二度となかった。

ＰＲジャパン社から組織委員会に派遣されていた菅野伸也は、東京大会関係の仕事を一九六四年一二月で切り上げ、ドイツのデュッセルドルフでの新たな仕事に取り組むことになった。その後はパリに日本文化センターを作るための仕事で渡航するなど、多忙な日々を送る。さらに一九七〇（昭和四五）年には帝人に移籍するが、途中、東京大会の縁で一九七二（昭和四七）年の札幌冬季大会など国際的スポーツ・イベントに何度か駆り出されることがあったという。

聖火リレー特別委員会で委員長を務め、聖火空輸派遣団の団長でもあった高島文雄は、一九六八（昭和四三）年七月二日に胃潰瘍のため東京・九段坂病院で亡くなった。

採火式の巫女アレカ・カッツェリは、一九六四（昭和三九）年一〇月一〇日の開会式で初めて聖火台への点火を目撃。彼女は来日時に「メキシコ大会でも採火したい」と語り、東京大会で主巫女役を「引退」することを否定した。しかし一九六八年八月二三日、オリンピアで行われたメキシコ大会のための聖火採火式に、カッツェリの姿はなかった。

戦前の「伝説のパイロット」で日本航空の聖火空輸特別派遣団の団長だった森田勝人は、一九六五(昭和四〇)年五月に空港グランドサービスに移籍して常務取締役に就任した。

聖火を守り抜いた中島茂は、一九六九(昭和四四)年に文部省を退官して日本体育協会の事務局長に就任。一九七〇(昭和四五)年四月に体協に入った佐藤則夫(現・蕨市体育協会副会長)によれば、女性職員にお茶ちょうだいと言って茶碗を持って来させては、自分でウイスキーを注いで昼間から飲んでいたという。「カラダも大きく一見取っ付きにくい印象でしたが、入ったばかりの私のような若い人間にも気さくに話しかけてくれましたよ」と佐藤はその人物像について語っている。ざっくばらんなキャラクターは、体協入りした後も変わらかったようだ。

聖火リレーコース踏査隊(P074参照)に隊員として参加した森西栄一は、一九六二(昭和三七)年の高島ミッション(P088参照)、一九六四年春の聖火国外現地調査団(P154参照)……と聖火に関わる海外出張には毎回出向きながら、なぜか国外聖火リレーの本番には呼ばれなかった人物である。彼は組織委員会での仕事が終わった一九六五(昭和四〇)年に日産自動車に入社し、元々好きだった「クルマ」の道へ進む。一九七〇(昭和四五)年には、念願だった第一八回サファリラリー出場のためケニアのナイロビへ出発。しかし、その前に小手調べとしてベブシコーラ・ラリーに参加しようとしたのが仇となった。

運命の一九七〇年二月一三日、ナイロビ北方約一六〇キロのナクル付近で、自身が運転するクルマが突っ込んで来たトラックと正面衝突。森西は妻と一歳になったばかりの愛娘・佐波吏を遺して、まだ三七歳の若さで帰らぬ人となったのである。

日本体育協会・事務局長時代の中島茂（提供：佐藤則夫）◉1970（昭和45）年5月30日に撮影された、那須高原での体協の職員旅行の写真である。同年4月に体協に入った佐藤則夫（現・蕨市体育協会副会長）は日本体育協会が最初に職員を一般応募した時に入ったひとりで、最初は総務に配属されたために事務局長だった中島氏を間近に見る機会が多かった。その佐藤によれば、中島は元・役人なのに役人らしからぬ歯に衣着せぬ発言をしていたという。

最晩年の森西栄一（提供：岩倉佐波吏）◉1969（昭和44）年～1970（昭和45）年頃、晴海の自宅アパートにて撮影。抱いているのは一人娘の佐波吏で、撮影当時まだ1歳前後の頃と思われる。森西がサファリラリー参加のために日本を発つのは、それから間もなくのことであった。

東京オリンピック前夜祭

開会式を明日に控えた1964(昭和39)年10月9日、午後4時前から皇居前広場で4つのコースの聖火を合流させる聖火集火式が行われた。あとは開会式を待つばかり……ではなく、この日はもうひとつ東京大会を迎えるにあたってのイベントが待ち構えていた。その名も「東京オリンピック前夜祭」(P260参照)。聖火の東京到着を祝うとともに、外国人選手や海外観光客を歓迎するのがその目的である。

その計画は同年8月26日に行われた、東京都の聖火リレー実行委員会で決定したもので、主催は東京都、後援は組織委員会。集火式イベントが終わった後の九日午後六時から、後楽園球場で行われた。入場は無料だったらしく、そのおかげか3万数千人もの観衆が集まった。

午後6時が過ぎると照明灯がパッと消えて、皇居前から分けてきた聖火を持ったランナーが登場。会場内に設けられた聖火台に点火する。ここで聖火を採火したアレカ・カッツェリが登場し、東京大会の成功を祈るスピーチを行う。カッツェリはこの日の午後は出ずっぱりで、オリンピアの巫女を演じ続けた。

さらに子供たちの鼓笛隊パレードに続いて東京母の会連合会1500人による『東京五輪音頭』の大群舞が始まり、場内は手拍子で応えた。

その後もマス・ゲームや『神田囃子』、梯子乗りなどの出し物が相次ぎ、会場に集まった三笠宮ご夫妻やブランデージIOC会長、東京大会役員や選手団らの盛んな拍手を受ける。こうして開会式前日の夜は、賑やかに更けていったのである。

こだます祝福の大歓声
はなやかに東京五輪前夜祭
燃えあがる聖火台を背に観衆にあいさつするカッセリ夫人(右)＝後楽園球場で
カッセリ夫人もひと役
民謡踊りに盛んな拍手

前夜祭で挨拶するアレカ・カッツェリ(1964〈昭和39〉年10月10日付『朝日新聞』より／提供：国立国会図書館)◉この日のカッツェリは、終始聖火に同行してフル出場の観があった。

第9章

冬のオデッセイ

札幌冬季大会のスタンプ（提供：村上和敏、村上光輝／協力：千歳市総務部市史編纂室）●北海道放送が作った札幌大会のスタンプ。大会前から札幌三越デパートに置いてあり、自由に押せるようになっていたという。各競技や競技会場を象ったものなど、およそ20種類程度のスタンプがあったと思われる。

1 寒い季節にやって来た聖火

◉札幌も悲願達成

一九六二(昭和三七)年五月一二日付朝日新聞に、「『札幌が適地』と結論」と題されたある小さい記事が掲載されていた。冬季オリンピックを日本に招致するための招致準備委員会が、その最適地を札幌と結論づけたという内容だ。招致を予定しているのは一九六八(昭和四三)年の第一〇回冬季大会。実際にはフランスのグルノーブルで開催された大会である。

この記事が出た当時は、まだ例の「高島ミッション」が聖火リレー予定地を回った直後のこと。そんな時期に、すでに「札幌五輪」が始動していたのか。

いや、札幌五輪はそれに先立つこと四半世紀以上前にすでに始動していた。

一九四〇(昭和一五)年に開催が予定された「幻」の東京オリンピック開催決定に伴い、札幌での冬季大会開催も決定。しかし、すべてが水泡に帰したのは広く知られている通りだ。

ところが戦後、一九五九(昭和三四)年に夏季大会の東京開催決定で「札幌五輪」も再燃。第一〇回冬季大会招致では一九六四(昭和三九)年一月のIOCインスブルック総会でグルノーブルに敗退するが、すぐに一九七二(昭和四七)年開催の第一一回冬季大会に軌道修正。一九六六(昭和四一)年四月のIOCローマ総会で、札幌はついに開催地に決定した。

「札幌が適地」と結論
冬季五輪の招待準備委

一九六八年の冬季オリンピック大会を日本に招致しようという招致準備委員会は、十一日夜八時から東京・丸ノ内の丸ノ内ホテルで開かれ、「もし一九六八年の冬季オリンピックを日本に招致するならば北海道の札幌市が適地である」という結論を出した。この結果、十一日で招致準備委員会は解散、今後は札幌市が日本オリンピック委員会へ呼びかけ、日本オリンピック委員会が冬季オリンピックに立候補するということになれば、正式に国際オリンピック委員会へ立候補の名乗りをあげることになる。札幌は日本が戦争のため返上した一九四〇年の第五回冬季オリンピックの開催地に決っていた。なお日本オリンピック委員会では札幌の呼びかけによって冬季オリンピックに日本が立候補するかどうかを近く協議する。

竹田恒徳招致委員長の話　いろいろ調査、協議した結果、札幌が最適であることになった。あとは一切札幌市にお任せすることになる。六月モスクワで開かれるIOC総会にはいまのところ特別に意思表示はしない模様だ。

会期16日案などを承認
五輪組織委

オリンピック組織委員会は十一日午後二時から東京・旧赤坂離宮内事務局で第二十八回の組織委員会総会を開き、六月四日からモスクワで開かれるIOC総会に提出する会期十六日案、戸田ボート・コース問題、各種目の実施要綱など報告書を総務委員会の原案通りの承認した。

しかし大会の報道にIBMを利用する問題については、国産品を利用する余地は皆無か、IBMについてもっと具体的な説明がほしいという意見があり、次の総会（月末）でもう一度討議することになった。

屋根はつり橋式に
五輪屋内競技場の模型発表

第10回冬季大会招致に関する記事（1962〈昭和37〉年5月12日付『朝日新聞』より／提供：国立国会図書館）◉1968（昭和43）年開催の第10回冬季大会招致をめざす招致準備委員会が、国内の候補地の中で札幌が最適地であると決定したことを報じる記事。紙面の下の方には、東京大会の屋内競技場模型が発表された記事が掲載されている。なお、この第10回大会は、実際にはフランスのグルノーブルで開催。同大会は、クロード・ルルーシュ監督による記録映画『白い恋人たち』（1968）で有名な大会となった。

札幌冬季オリンピック招致用ポスター『スキーの源流』（著作権者・上野愛より提供／協力：北海道立近代美術館）◉札幌は招致再チャレンジで、カナダのバンフなどを下して1972（昭和47）年開催の第11回冬季大会開催地に決定した。これはその際の招致用ポスターで、作者は東京大会招致ポスターも手がけた栗谷川健一（P040参照）。栗谷川はこれに先立ち、1968（昭和43）年の第10回大会札幌招致用ポスターも制作している。

いわば、三〇年来の悲願達成だ。

そんな冬季大会には、夏季とはまた違った聖火にまつわるドラマがあった。

◉地味に扱われ続けた冬季大会

冬季オリンピックは夏季大会に遅れること三〇年、一九二四(大正一三)年にフランスのシャモニー・モンブランで第一回大会が開催されたということになっている。ただし、当時は試験的に実施されたもので、後日、「第一回」として認定されたという。この経緯を見ても分かる通り、冬季大会は夏季大会の華やかさと比べるとどこか「添え物」的な色彩があった。そんないささか地味なイメージは、その後も長い間、冬季大会につきまとい続けていたのである。

それは、冬季大会の「聖火」にも当てはまる。

オリンピックに聖火が最初に登場したのは、一九二八(昭和三)年の第九回アムステルダム大会でのこと(P046参照)。当然のことながら、夏季大会前の一九二八年二月に開催されたサンモリッツ第二回冬季大会には聖火が存在していない。次の一九三二(昭和七)年レイクプラシッド大会ではどうだったかといえば、公式報告書を隅々まで見ても聖火らしきものの存在は見当たらない。現地レイクプラシッドの「Regional Office of Sustainable Tourism」等に問い合わせても、やはりこの大会では聖火はなかったということである。

では、冬季大会で初めて聖火が登場したのはいつのことだろうか。

どうやら、それは一九三六(昭和一一)年のガルミッシュ・パルテンキルヘン大会でのことのようである。明らかに聖火を灯すための塔とおぼしきものが、会場にそそり立っていたのだ。当時の日本の新聞報道でも、これを「聖火」と称している。同年はベルリン大会の年でもあり、そこではオリンピック史上初めて聖火リレーが実施された(P048参照)。同じドイツのガルミッシュ・パルテンキルヘン大会でも、「冬季大会に聖火を導入」という画期的なことを行ったとい

吹雪を衝いて―壯烈・オリムピツク開會式

本社優空輸 門司電送

寫眞説明 【上】各國選手の宣誓式【右下】オリムピツクの聖火と山砲隊の祝砲【左下】獨逸ボグネル選手の宣誓

ガルミッシュ・パルテンキルヘン大会開会式を報じる記事（1936〈昭和11〉年2月20日付け『東京朝日新聞』より／提供：国立国会図書館）◉1936（昭和11）年2月6日に行われた、ガルミッシュ・パルテンキルヘン大会開会式の様子。上の写真は各国選手の入場、左下がドイツのボグネル選手による宣誓、右下が問題の聖火塔である。山砲隊が祝砲を次々と撃ち、鐘が鳴らされるなか、シャンツェのそばに建てられた塔のてっぺんに聖火が点火された。

サンモリッツ第5回冬季大会の聖火（提供：Bibliothek St. Moritz）◉1948（昭和23）年に開催されたサンモリッツ第5回冬季大会では、競技場スタンド横に建てられた時計塔の屋上に、こぢんまりとした聖火台が設けられた（口絵P15参照）。写真に写る女性はスイスとアラスカの市民権を持つパール・イスラー（Pearl Isler）という人物とのことだが、今日ではその正体は現地サンモリッツでも不明である。

う訳であろう。ナチス・ドイツは、盛り上げ方をよく分かっていたのである。ただし、聖火を導入しながらもリレーをやるところまでは至らないあたりが、冬季大会の「添え物」たる所以かもしれない。

ここで早くも定着したのか、戦争による中断を挟んだ一九四八(昭和二三)年サンモリッツ第五回冬季大会にも聖火は登場。この大会での聖火については、興味深いエピソードが散見できる。なお、この件については、現地の図書館「Bibliothek St. Moritz」への問い合わせに対する回答による。

フォルカー・クルーゲ(Volker Kluge)が書いた『Olympische Winterspiele. Die Chronik』という書籍には、サンモリッツ大会の聖火の「出どころ」に関する言及がある。それによるとスイス・オリンピック委員会事務総長ジーン・ウェイマン(Jean Weymann)が一九九一(平成三)年のインタビューのなかで、聖火がまったく風情もなくマッチで点火されたこと、それを点火したのがおそらくIOC会長だったジークフリート・エドストロームだったことを回想しているというのだ。「マッチ一本、聖火のもと」とはかなり興ざめな話ではあるが、実際のところはそんなものだろう。おそらくその前のガルミッシュ・パルテンキルヘン大会でも同様だったに違いない。

一方、ヴァルター・ボルゲル(Walter Borger)の『Olympic Torch Relays』という書籍によれば、サンモリッツ大会組織委員会メンバーで後にサンモリッツ観光局マネジャーとなったペーター・カスパー(Peter Kaspar)が、聖火はイタリアのジェノヴァからリレーされたと証言している。しかし、これには著者自身が「おそらくロンドン大会と混同しているのだろう」と異議を唱えている。現地にはその時に使われたはずのトーチも、その模様を記録した写真も現存していないからだ。やはりサンモリッツ大会では、聖火は存在していたが聖火リレーは実施していなかったのだろう。

こうして、聖火は冬季大会においても「定番」となっていく。それが聖火リレーへと発展したのは意外にも早く、次の一九五二(昭和二七)年オスロ大会においてのことだった。

オスロ大会は、第一章でも述べたように日本選手団が戦後初めてオリンピックに復帰した大会である(P018参照)。

ソンドレ・ノルハイム(提供:The Ski Museum in Holmenkollen／協力:駐日ノルウェー王国大使館)◉「近代スキーの父」ソンドレ・ノルハイム(Sondre Norheim)は1825(文政8)年6月10日モルゲダール村生まれ。子供時代からスキーに夢中だったノルハイムは、それまで単に滑るだけだったスキーに屋根からジャンプしたり急斜面を滑降するなどのさまざまな技術を編み出し、スキー板の改良も行った。1884(明治17)年には米国に移住。1960(昭和35)年に米国スコーバレーで開催された冬季大会で聖火をノルハイムの暖炉から採火したのは、おそらくこのことも理由のひとつであろう。1897(明治30)年に死去。

ソンドレ・ノルハイムの生家(提供:The Ski Museum in Holmenkollen／協力:駐日ノルウェー王国大使館)◉ノルウェー最南部、オスロの西にあるテレマーク県モルゲダール村にある小さな農場の一角がノルハイムの生家である。この写真はそのノルハイムの生家を写したもので、ふたつの家のうち右側が住居であり、問題の暖炉もそちら側にある。

それがなぜか同年七月開催のヘルシンキ夏季大会で復帰……といわれてしまうのが、何度も繰り返しているように「添え物」扱いの悲哀かもしれない。

だがこのオスロ大会では、聖火リレーの実施という冬季大会としては画期的な趣向が盛り込まれた。それでは、組織委員会は代表をギリシャのオリンピアに派遣したのだろうか。

否。実は彼らは、本国ノルウェーを一歩も出ていない。ギリシャ側がわざわざ持って来る訳もない。では、彼らは聖火をどのように採火して、どこからどのようにリレーして来たのか。その炎の「出どころ」を探ってみると、関係者の冬季大会に対する考え方が透けて見えてくる。

実はオスロ大会の聖火は、同国のモルゲダールという村で採火された。それも、ある古い家の暖炉から採られたのである。ただし、それはただの暖炉ではない。ノルウェーが誇る「近代スキーの父」ソンドレ・ノルハイムの生家にある暖炉から採火されたのだ。同大会の公式報告書は、「ノルウェーでは何世紀にもわたって夜間のスキーには松明が使用されてきた」とも語っている。一九五二年二月一三日の採火の際には、一九一〇（明治四三）年〜一九一一（明治四四）年のアムンゼン南極探検隊に参加したオラフ・ビアランドが松の焚き木に点火。この炎で、聖火ランナーならぬ聖火スキーヤーのトーチに点火した。まさに、二段構えの「国の誇り」が聖火を採火したという訳である。トーチはこの後、九四人のスキーヤーたちによって開会式の競技場へと運ばれた。

今日の感覚では、聖火がオリンピアで採火されないことに奇異な印象を受ける。しかし、冬季大会はあくまで雪と氷に閉ざされた北ヨーロッパの産物であり、地中海的なギリシャの明るい太陽のイメージとは今ひとつ結びつかなかったのかもしれない。そもそも開催国ノルウェーには、「ウィンタースポーツならこちら」という自負もあったのだろう。それはスキー発祥の地としての誇りなのだ。

次の一九五六（昭和三一）年のコルティナ・ダンペッツォ大会では、引き続き聖火リレーを踏襲。だが、火の「出どころ」

ソンドレ・ノルハイム家の暖炉（提供：The Ski Museum in Holmenkollen／協力：駐日ノルウェー王国大使館）◉1952（昭和27）年2月13日にオスロ冬季五輪のための聖火を採火している様子。松の焚き木に火をつけているのは、1911（明治44）年のアムンゼン南極探検隊に参加したオラフ・ビアランド（Olav Bjaaland）。一緒に写っている10歳Olav Tveitenは、地元の少年である。この後、1960（昭和35）年のスコーバレー大会、1994（平成6）年のリレハンメル大会（ただし、後にオリンピアで採火した聖火と合流）の合計3回の大会において、この暖炉から聖火が採火された。

聖火リレー・スキーヤーのトーチに点火（提供：The Ski Museum in Holmenkollen／協力：駐日ノルウェー王国大使館）◉1952（昭和27）年2月13日、ノルハイム家の暖炉で採火された火を、松の焚き木から最初のリレー・スキーヤーであるOlav Mikkelsen Hemmestveitのトーチに点火。ここからオスロまでのスキーによる聖火リレーがスタートした。

が一変。聖火は開催国イタリアの首都ローマで採火されたのである。

一応、オリンピアから運ばれた三脚台を使って、同年一月二二日に古代ローマの神殿として名高いユピテル神殿の階段で採火。ローマを起点にしたのは、一九六〇(昭和三五)年夏季大会のローマ開催がすでに決定していたから……と公式報告書には書かれているが、理由になっているようでなっていない。ローマ大会の聖火リレー中継点がいずれも由緒ある場所ばかり選ばれていたこと(P066参照)を見ても、ギリシャの歴史と伝統への何らかの対抗意識があったようにしか思えない。

ただ、採火後の聖火はチャンピーノ空港にクルマで運ばれ、そこから飛行機でヴェニス空港に向かった。「歴史と伝統」を一日置いて、冬季五輪の聖火リレー初の「空輪」が行われたのである。

ヴェニスからズエルまではランナーが聖火を運び、ズエルから先はスキーヤーが受け継いだ。こうして開会式の一月二六日には、聖火はコルティナ・ダンペッツォの競技場へと運ばれている。

このようにコルティナ・ダンペッツォの聖火リレーには、一応「古代ギリシャ対ローマ帝国」というポリシーらしきものがあったようにも思われる。問題はその次、一九六〇(昭和三五)年スコーバレー大会である。アメリカでの開催ということで、式典委員会の委員長には超大物ウォルト・ディズニーを起用。会場周囲には各競技を象った雪の彫像を設置したり、開・閉会式に派手に花火を打ち上げるなど、盛り上げどころを心得た演出を見せていた。だが、肝心要の聖火リレーがいけない。

実はこの大会では、冬季大会初のオリンピアでの聖火採火を狙っていたらしい。さすがディズニーといいたいところだが、良かったのはそこまで。IOCのオリンピック・スタディ・センターによる『Torches and Torch Relays of the Olympic Winter Games from Oslo 1952 to PyeongChang 2018』によると、採火式の打診をギリシャ・オリンピック委員会に行ったのは、信じ難いことに大会約一か月前。これでは準備ができないとギリシャから蹴られたため、何と今度はノルウェーに泣きついた。例のソンドレ・ノルハイムの暖炉、まさかの再登板である。ここで同年一月三一日に採火された聖火は、例によってスキーヤーのリレーで山を下り、その後はクルマでオスロに向かった。オスロでは開催中のノルウェー・スキー選手権の会場でオラフ国王に聖火を捧げた後、空路ロサンゼルスへ。ロサンゼルスではオリンピック・メモリアル・コロシアムでセレモニーが行われ、そこから陸路をスコーバレーまで運んだ。しかし同大会の公式報告書には、このあたりの経緯はまったく書かれていない。公式報告書の内容だけを見る限りでは、二月一八日の開会式の当日にいきなり唐突に聖火が降って湧いたような書かれ方なのである。アナウンサーのビル・ヘンリーが聖火の歴史と伝統について説明を始め、それが終わるか終わらないかのところで突如リトル・パプース・ピークの頂上に聖火リレーのスキーヤーが出現し、その場でオスロ大会金メダリストのアンドレ・ミード・ローレンスにバトンタッチされた……という案配だ。さすがに公式報告書では採火を巡る舞台裏などには触れたくなかったのだろうか。ただしソンドレ・ノルハイムは一八八四(明治一七)年に米国に移住しているので、実は聖火の由来にはそれなりの理由があったともいえる。

結局、冬季大会で聖火をギリシャから運ぶようになったのは、一九六四(昭和三九)年のインスブルック大会から。一月二二日にオリンピアで採火された聖火は、二三日に飛行機に載せられてアテネのヘレニコン空港を出発。二四日にウィーン空港に到着した聖火は陸路を運ばれ、二九日の開会式にスタジアムへと運ばれた。これ以降、冬季大会もギリシャから聖火を運ぶようになったのである。

このように、冬季大会が夏季大会と比較してどこか地味に見られがちだったことを反映してか、冬季大会の聖火もまた、何となく「融通が利き過ぎ」な扱いをされてきた。そもそも聖火そのものが「後付け」の歴史だったことを考えれば、それも無理のないところだったのである。

◉冬季札幌を南国沖縄で景気づけ

一九七二(昭和四七)年の札幌大会は、日本で初めて開催された冬季オリンピック大会である。それは前述したように、戦前からの悲願達成であった。だが、その聖火リレーに関しては、華々しい記憶に彩られた東京大会のそれと比べると非常に語られる機会が少ない。それはいろいろな意味で、「冬季大会」ならではの宿命というべきものではあった。

そのあたりの事情は、札幌組織委員会の動きを見れば一目瞭然である。同組織委員会の会議議事録でも最も早い段階で聖火リレーについて言及されたのが、一九七〇(昭和四五)年二月七日の第一七回組織委員会会議。式典専門委員会委員長である竹田恒徳の発言が、問題の本質をストレートに物語っている。「採火は過去の例も検討の結果、ギリシャのオリンピアとするが、東京大会と異なりアジア各国をリレーすることは、南方諸国は冬季競技がないことから、今回は海外リレーをせずに飛行機で直接日本へ運ぶことで意見の一致をみた」と竹田は語っている。東京大会の時とは異なり、ウィンタースポーツにほとんど縁がない中東～東南アジア地域で「冬季大会のリレー」をやったところで盛り上がらないだろうという訳だ。すでにこの時点で、札幌の聖火リレーが東京大会のそれとはまったく異質のものとなることはほぼ間違いなかった。

この段階では日本における到着地、その後の国内リレーなどについては未定となっていたが、同年四月二〇日に開かれた第一八回会議においては国外・国内ともかなり明確なかたちになってくる。前出の竹田恒徳の発言によれば、国外は「アテネから南廻りの日本航空定期便を利用することを検討中」となっていた。注目すべきは「定期便」という点である。アテネ～日本を運ぶ航空機も、各地に降りて聖火リレーを行うのでなければ、わざわざチャーター機を仕立てることはないという訳だ。さらに国内については、「大会年の一月二日頃東京を起点として東日本の一都一三県を東西二コースで青森で合流、青函連絡船で函館に渡ることを一応内定した」とある。ここでも国外コースと同じく「ウィンタースポーツに縁の薄い西日本」での聖火リレーはやらないことになっているのである。長くもつれた東京大会とは異なり、札幌大会の聖火リレーはほぼこの時点で骨子が固まっていた。

では、札幌大会の聖火リレー計画は、一体誰が具体的に動かしていたのか。それは、式典専門委員会の下にある聖火リレー小委員会によって論議されていた。その委員長の名は中島茂。東京大会聖火リレーの立役者だった、「ミスター聖火」とでもいうべきあの中島である。

中島が札幌でも聖火に関わることになった経緯は、一九七一（昭和四六）年一二月三〇日付夕刊フジが詳しく伝えている。中島本人は片目まで潰す羽目になった東京大会の経験から「サッポロはごかんべん願いたい」という気持ちだったが、「聖火リレーはナカやんをおいてない」という周囲の声に押されて結局担ぎ出されてしまったらしい。果たしてその胸中はいかなるものだったのか。

一九七〇年六月一九日に開かれた聖火リレー小委員会の第三回会合に提出された資料には、国外リレーの日本での到着地に関する当時のプランが提示されている。『札幌オリンピック冬季大会　聖火リレー実施要項（案）』という一枚の文書がそれだ。これによると「アテネから東京までは日航定期便及び……によって輸送」と書かれていて、まだ日本での到着地については明確にされていない。「……」の部分はブランクになっていて、後から書き込めるようになっていたのだ。

これが同年夏になる頃には、事情がかなりハッキリしてくる。八月七日に開かれた第五回式典専門委員会あたりで、国外リレーの日本側到着地が「沖縄」であることが明確になっていたようなのだ。中島が残した第五回会合の資料には、中島本人によるメモも書き込まれている。それによると、「一二・二九アテネ発、一二・三〇沖縄着、三一滞在、一・一元旦・東京着」と日にちまで確定していったらしい。「沖縄〜羽田のみチャーター機使用」という点も、この段階で決まっていたようである。ただし、すでに全日空が運ぶことになっていたかどうかは不明である。

本来はウィンタースポーツと無縁の「沖縄」がここで浮上して来た理由は、もちろんオリンピック・イヤーが沖縄本土復帰の年だったからだろう。一九六九(昭和四四)年の佐藤栄作とリチャード・ニクソンによる日米首脳会談の結果、一九七二年の沖縄返還はすでに決まっていた。これを大いに意識したということは間違いない。

そして、そんな沖縄上陸のプランを立てたのは、またしても中島のようだ。先の夕刊フジの記事によれば「東京五輪での聖火リレーに費やされた金はざっと一億三千万円、札幌は一千万円ちょっと」とのこと。確かに東京大会ほど潤沢な予算ではなかったらしく、しかも冬季大会はイメージが地味だ。そこで中島は、冬季のハンデを払拭すべく復帰間近の沖縄に目をつけた。三〇日に沖縄に着いた聖火は、翌三一日に島内をリレー。除夜の鐘とともに年が明けたところで、奥武山陸上競技場で「聖火奉祝大会」が行われる。ここにNHKの「ゆく年くる年」の中継を絡めるという訳だ。

一九七〇年八月の段階ではさすがに詳細は決まっていなかっただろうが、沖縄で年を越して大いに盛り上げ、元旦に東京に着くというプランだけはでき上がっていた。「沖縄をたつのは三十一日でもいいんだが、ムリに一日延ばしたんです」と、中島も夕刊フジでコメントしているのである。

こうして準備万端整って、札幌大会の聖火プロジェクトがついにスタート。国外空輸を担当するのは、東京大会と同じく日本航空だ。ただし今回はアップデート版となって、アテネからの空輸には同社の主力ジェット機DC－8が使われた。そして、前述の理由で今回はチャーター機ではなく定期便。一九七一年一二月二九日パリ発南廻り東京行きJL四六二便を、この時だけ特別にアテネおよび沖縄に臨時寄港させた便となった。だが、その機内にはあの中島茂の姿はなかった。

一九七一年一二月一一日に開かれた第二九回組織委員会会議での採火派遣団メンバー決定の際には、組織委員会副会長で式典専門委員長の竹田恒徳が団長として選出され、「聖火のスペシャリスト」である中島茂も現地に乗り込むこ

アテネ・ヘレニコン空港に到着した聖火（『おおぞら』1972年2月号〈日本航空〉より／提供：日本航空）◉1971（昭和46）年12月28日にオリンピアの聖アルティス神殿で採火された聖火は、29日にアテネのヘレニコン空港に到着。ちなみに1970（昭和45）年2月7日の第17回組織委員会会議で式典専門委員会委員長・竹田恒徳が「採火は過去の例も検討の結果、ギリシャのオリンピアとする」と発言したように、札幌大会でも当初は聖火の「オリンピア採火」が絶対条件という訳ではなかったようだ。

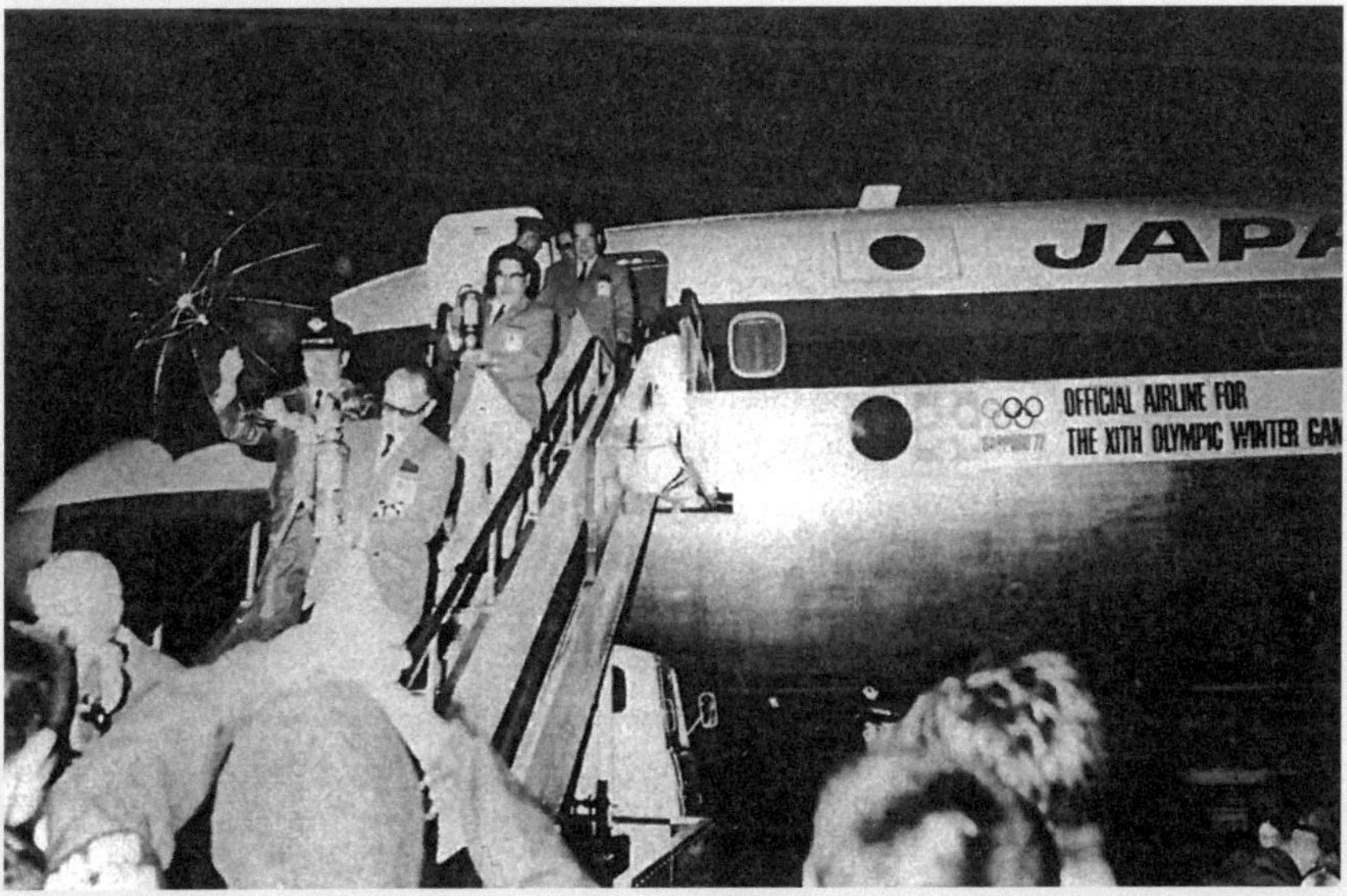

沖縄・那覇空港に聖火が到着（『おおぞら』1972年2月号〈日本航空〉より／提供：日本航空）◉1971（昭和46）年12月30日夜、札幌五輪の聖火は日本航空のジェット機DC-8、定期便JL462便によって雨の那覇空港に到着した。翌31日には島内リレーが行われ、明けて1972（昭和47）年1月1日に、全日空ボーイング727-200のチャーター便によって東京に運ばれた。

とになっていた。しかし実際には日本体育協会の予算編成が忙しかったため、中島はギリシャ行きは断念せざるを得なかったようなのである。そもそも今回は途中で小刻みに降りてリレーを行う訳でもなく、ほぼ空路で運んでくるだけ。わざわざ中島自身が出馬するまでもなかったのかもしれない。こうして一二月二八日にオリンピアで採火した聖火を、二九日にアテネのヘレニコン空港で受領して出発。DC－8は三〇日に沖縄に到着した。

だが、やはり中島は聖火を人任せにはできなかった。何とか時間を捻出して、聖火を迎えるために沖縄に勇躍乗り込んだ。島内の聖火リレーを経て、年明け一月一日の沖縄からの空輸は、全日空のボーイング727－200。こちらも東京大会を踏襲しての国内運航である。そして日本航空と同様に、全日空も主力ジェット機を投入。ただし、こちらはチャーター機での運航となった。

全日空機で東京・羽田空港に運ばれた聖火は一旦、国立競技場に運ばれる。その後、本州内を北上するリレーがスタート。だが、聖火はまたしても空を飛ぶことになる。

青函連絡船「大雪丸」で函館に運ばれた聖火は三つに「分火」され、そのうちふたつが函館空港から稚内と釧路に空輸されたのだ。運んだのは、横浜航空の双発レシプロ機セスナ402－Aである。

横浜航空は、元々「横浜訓盲学院航空事業部」として一九五二(昭和二七)年に設立された。盲学校が航空会社を運営しているという点がいささか奇妙であるが、同校理事長の息子ふたりにパイロット経験があったことがその理由である。だが、この聖火空輸直後の一九七二年五月三〇日に「そよかぜ」号墜落事故が発生して運航停止となり、一九七四(昭和四九)年には日本近距離航空(現・エアーニッポン)に吸収。結果的に、聖火輸送は横浜航空「最後の栄光」となったのであった。

聖火灯を持つ中島茂（提供：ANA）◉1972（昭和47）年1月1日、那覇空港から羽田に到着した全日空ボーイング727-200から、中島茂（サングラスの人物）が聖火灯を持って降りてくる様子。右の聖火灯を持った人物は同・組織委員会委員の青木半治。

全日空特製の聖火用収納ボックス（提供：ANA）◉全日空ボーイング727-200の客室に据え付けられていた、聖火灯を安置するための収納ボックス。

函館空港を出発する聖火（提供：朝日新聞社）◉1972（昭和47）年1月20日午前11時過ぎ、横浜航空の2機のセスナ402-Aが聖火を乗せて函館空港から稚内と釧路に向かうところ。横浜航空は1952（昭和27）年に設立。当初は不定期路線や遊覧飛行などの運航を行っていたが、1966（昭和41）年に紋別～札幌・丘珠空港線で定期便運航を開始した。

2 時代は変わる

◉「持っていた」男の不在

一九九八(平成一〇)年、三たび日本に聖火の季節が巡ってきた。長野冬季大会の開幕である。

札幌に続く冬季大会の日本開催となった長野だが、実はこの大会も札幌と同じく、一九四〇(昭和一五)年の「幻」の大会以来の「雪辱」であったことを知る人は少ない。「幻」の冬季大会開催地選定にあたって札幌と競っていた志賀高原、菅平、野沢が、一九九八年長野大会の競技会場となっていたのだ。実に、ほぼ半世紀ぶりのリベンジである。

その聖火リレーの方針は、本番の約一年前に長野県知事の吉村午良によって明らかにされた。一九九六(平成八)年一二月一〇日の県会代表質問に答えて、「全国三ルートを走り、長野市で一つにする」と語ったのだ。同月一八日には聖火リレーのスポンサーにコカ・コーラが決まり、その契約締結と概要計画の発表が行われた。国外は札幌と同じくギリシャから日本へダイレクトに空路で運ぶものの、国内は全都道府県を回る盛大な聖火リレーである。

その国外空輸を担当したのは、東京大会以来三度目の日本航空。一九九七(平成九)年一二月一七日に成田出発フランクフルト経由で、ボーイング747特別便(JL五四一七便)を運航。今回はチャーター機で、長野市長の塚田佐を団長とする公式採火団を乗せてアテネへと向かった。

しかし肝心のオリンピアでの採火式で、想定外のことが起きた。雨がパラつく悪天候のため凹面反射鏡が使えず、リハーサルで採火した火を使って儀式を行うことになったのだ。これがケチのつき始めだったのか、この後、長野大会の聖火リレーには厄介な問題が持ち上がるのだが……。

一二月二二日には、聖火を携えてアテネを出発(ＪＬ五四一八便)。二三日に成田に到着した聖火は東京に運ばれ、年が明けた一九九八年一月四日に三つに「分火」。千歳、鹿児島、那覇へとそれぞれ空輸されることになる。従来の聖火空輸では、国外はＪＡＬ、国内はＡＮＡと棲み分けが出来ていた。当然、今回も国内の聖火空輸はＡＮＡの管轄と思いきや、どうもそうではなかったようなのである。千歳、鹿児島、那覇のいずれも、ＪＡＬの国内線定期便で運ばれたらしいのだ。では、なぜ今回に限ってＡＮＡではなくＪＡＬが国内も運んだのだろうか。

ハッキリと断定はできないが、それには近年のオリンピック事情が絡んでいるようだ。

一九八四(昭和五九)年のロサンゼルス五輪から、オリンピックは大きな変貌を遂げた。組織委員会の委員長ピーター・ユベロスが、スポンサー契約の方法を一新。一業種一社限定によって、より高額の協賛金を得るスタイルをとるようになった。以後は、ＩＯＣもそれを踏襲しているのだ。

逆にいうと、それ以前はオフィシャル・スポンサー等の規定は今よりずっと緩かった。それが証拠に、東京大会・札幌大会においてＪＡＬは「オフィシャル・エアライン」ではあったが、国内聖火空輸はＡＮＡが担当していた。しかし、「ロス以後」の長野ではそうはいかなくなったのではないだろうか。そして、長野の「オフィシャル・エアライン」は従来同様ＪＡＬ一社のみ。そのため、国内もＪＡＬ担当だったようなのである。一事が万事、長野では多くの点でそれまでと事情が異なっていた。

そんななかでの最大のトラブルが、国内リレーで「聖火が消えた」ことだろうか。

発端は、一九九八年一月七日。西日本・太平洋ルートの宮崎で県庁前をスタートして間もなく、聖火が突然消えた。同じ頃、東日本ルートの青森でも、リレーが始まった直後に報道車のカメラマンが聖火が消えているのを発見。この日は強風のせいもあって、聖火はその後も何度か消えたようだ。これを皮切りにして、聖火がリレー最初の一週間で八回も消えるという異常事態が発生。途中でトーチを改良するなどの対策を施したが、依然として聖火は消え続けた。そもそも長野のトーチは東京・札幌とは異なり、火薬燃料が内蔵されたものではなくガスボンベを装着させるもの。そんな相違が、思わぬトラブルを引き起こしたのか。煙を出さずに環境に優しいという触れ込みで導入したガスボンベ式だったが、それがまさかの仇となってしまったのだ。

これに限らず、聖火ランナーにタレントや著名人を多数起用するなど、長野の聖火リレーは随所にそれまでとは異なる点が散見された。そして、何よりも大きな違いがあった。

あの中島茂が、そこにはいなかったのである。

札幌大会で聖火リレーを無事終わらせた中島は、一九七四(昭和四九)年には日本体育協会を去り、国立競技場の理事と日本体育施設協会の理事を兼任。その後、文部省在籍時から講師をしていた二松學舍大学の教授となるが、一九八五(昭和六〇)年にそこも退職した。

国立競技場と日本体育施設協会の理事を辞した後は、オリンピックとの関わりもなくなった。当然、長野にもまったく関わっていない。長野は、中島不在の下で行われた初の聖火リレーだったのである。実際、東京・札幌大会の成功は中島だけでなく多くの人々が協力した結果であり、いないからといって何が変わる訳でもなかったかもしれない。だが、中島はじめ東京大会に貢献したほとんどの人々が不在となった長野では、何かが微妙に異なっていた。逆にいえば、東京・札幌大会で火を守り通した中島は、確実に何かを「持っていた」男だったのである。

隠居後の中島は、当時のサマランチＩＯＣ会長が一九九一(平成三)年に長野を訪れた時に特別列車に乗って来たと聞いて、「お召し列車なんぞに乗りやがって」と大いに腹を立てていたという。

長野大会の聖火が新千歳空港に到着（提供：朝日新聞社）◉1998（平成10）年1月4日午後9時40分、聖火を載せた日本航空の羽田～新千歳定期便（JL527便）が新千歳空港に到着。聖火は特製の容器に納められたハクキンカイロ製のカイロで運ばれた。ほかの二か所に関しても同様に運ばれたようで、羽田～鹿児島は1月5日付『南日本新聞』によると同日午後8時過ぎに到着、東京～那覇も1月5日付『沖縄タイムス』によると同夜に到着している。

二松學舍大学で退官特別記念講義を行う中島茂（提供：池田宏子、池田剛）◉中島茂は文部省在籍時から二松學舍大学で講師をしており、後年には教授となったが1985（昭和60）年に退官。当時、中島は70歳であった。同年1月18日に行われた退官特別記念講義のテーマは、『日本人の健康・体力の現状と問題点　その対策を含めて』。

◉「聖火の季節」の終わり

それから、また長い時が流れた。

東京大会・国内聖火空輸機のYS－11試作二号機は、一九七九（昭和五四）年四月に全日空整備に買われて半年余り後に、特に惜しまれることもなく解体。かつて聖火空輸に関わり、当時は全日空整備の業務部長だった福井裕は、この件を知らなかった。後日それを聞いた福井は、「何でそんなことを」と絶句したという。

そんなYS－11は、高い評価を得ながらもコストやビジネス面の甘さが露呈。一九七三（昭和四八）年には製造中止となってしまった。その後、航空法の改正で改修を義務づけられることになり、機体としても退役に追い込まれてしまう。わが国の民間定期路線におけるYS－11ラストフライトは、二〇〇六（平成一八）年九月三〇日、日本エアコミューターの沖永良部発鹿児島行きであった。

聖火採火式の巫女アレカ・カッツェリは、一九九四（平成六）年九月一一日にアテネで死去。

日本航空の派遣団長だった森田勝人は、在職中の一九七五（昭和五〇）年三月一一日に逝去した。

聖火空輸派遣団に委嘱された熊田周之助は、一九八五（昭和六〇）年六月に日本航空からニッコー・インフライト・ケータリング・カンパニー（NICC）に移籍してロサンゼルスに駐在。一九八九（平成元）年八月の退社後もロスに留まり二社の顧問を務めたが、一九九五（平成七）年一二月末に引退。翌一九九六（平成八）年六月に、ロスでこの世を去った。

競技部式典課の森谷和雄は千葉高校の先輩で式典課長だった松戸節三とその後も交流があったが、一九九六年七月一二日に死去。松戸も三年後の一九九九（平成一一）年に亡くなった。

「ミスター聖火」中島茂は、その後もオリンピックと関わりを持つことはなかった。晩年は鎌倉の老人施設で暮らし、二〇〇七年（平成一九）年二月二日についに永遠の眠りについたのである。

YS-11のラストフライト（提供：日本エアコミューター）◉2006（平成18）年9月30日、日本エアコミューターの沖永良部発鹿児島行きの3806便で、日本の定期航空路を飛ぶ民間航空機としてのYS-11はすべて退役となった。鹿児島空港着は予定より10分遅れの午後5時40分。写真は、その鹿児島空港でラストフライトを終えたYS-11と同機のクルーたち。

晩年の松戸節三と森谷和雄（提供：森谷和子）◉母校の千葉高校時代からの先輩・松戸節三の期待に応えた森谷和雄は、東京大会の組織委員会でもその重責を充分に果たした。ふたりの交流は、その最晩年に至るまで続いたのである。この写真が撮影された状況は不明だが、1993（平成5）年前後のものと思われる。

結婚立会人は7万5000人

東京オリンピックの開会式を、そのまま自分たちの個人的セレモニーにしてしまった人たちがいるといえば、信じられるだろうか。1964(昭和39)年10月10日、東京大会開会式が始まったばかりの国立競技場で、結婚式を挙げてしまったふたりがいたというのだから驚きである。これはジョークでもフェイクでもなく、正真正銘の実話だ。

結婚式を挙げたのは近喰司と秋元昌のふたり。まるで入場行進してくる各国選手団のように、揃いのアズキ色のブレザーに身を包み、胸には五輪マークという念の入れようだ。

そもそもは、新郎が昭和10年生まれであることから結婚式を10月10日にしようと考え、その日が東京大会開会式当日であると気づいたので思い立ったとのこと。そこから友人・親戚など総動員でハガキを出して、何とかふたり分の入場券を確保。そこに新郎の友人である名古屋市の住職と立会人も同席させたいと、さらに入場券を求めて奔走。その準備に約1年を費やしたというのだから並大抵の話ではない。

かくして開会式当日、午前10時の開門から間もなく、国立競技場17番ゲート観客席で、友人の住職による仏式結婚式がスタート。開会のファンファーレとともに指輪の交換をして、式は滞りなく終わった。

新郎の近喰司いわく「参加することに意義があるのだから、自分たちも参加しようと思った」とのこと。組織委員会「公認」などではまったくないが、当時はこれがまだ大目に見られた良き時代だったのだろう。

開会式での結婚式の様子(提供：近喰司)●1964(昭和39)年10月10日、東京大会開会式当日の国立競技場で撮影。

エピローグ——祭りのあと

聖火採火式の巫女たちと中島茂（提供：池田宏子、池田剛）◉聖火採火式の巫女役の女性と東京オリンピック聖火係の中島茂。ただし、これは東京オリンピックのための聖火採火式ではなく、1960（昭和35）年8月12日のローマ・オリンピック聖火採火式かそのリハーサル時にギリシャのオリンピアで撮影されたもの。

◉黄ばんだ一枚の紙片

私が本書を制作するために、東京オリンピック聖火係として辣腕を奮った中島茂の親族のお宅にお邪魔したのは、二〇一七(平成二九)年八月のはじめのことであった。

東京ではあまり聞くことがなくなった蟬の声が、頭上から土砂降りのように降って来る猛暑の日、私がこのお宅を訪れたのは新たな資料探しのためだった。中島が遺した聖火リレーに関する品々を改めて点検して、まだ見つかっていない「お宝」を発掘するのがこの日の目的である。案の定、最初に見せていただいた時には気づかなかった写真や資料が山ほど出てきて、私を大いに喜ばせた。若き日の中島の写真を見つけられたことも、今回の収穫である。生前に会うことはなかった中島だが、私は数々の写真を通じて、同じ時間を共有したかのような親しみを感じるようになっていた。

そんな中島の写真のなかでも私の最高のお気に入りは、ローマ・オリンピック聖火の採火式リハーサル日にオリンピアで撮られたと思われるモノクロ写真である。

休憩中にリラックスして腰を下ろしている巫女の扮装のギリシャ女性たちを従えるように、その場にしゃがんでいる中島。苦笑しているようにも微笑んでいるようにも見えるその表情が、中島の親しみやすいキャラクターをうかがわせる。まさに、その人となりを物語っているような写真だ。

そんな一枚を含め、数多くの写真や印刷物をテーブルに広げながら、私は「宝物殿」のなかの資料を漁っていた。そして、ついに見つけてしまったのである……「それ」を。

黄ばんだ小さい紙片……それは新聞の切り抜きだ。

一九七二(昭和四七)年七月二四日付朝日新聞のコラム『青鉛筆』。香港警察の警部ジョン・コリンズという人物が英国本国に転勤となり、送別会の席上で「ある告白」をしたという内容だ。

それによると……一九六四（昭和三九）年に東京オリンピックの聖火が香港を訪れた時のこと、香港シティ・ホールに持ち込まれた聖火が、なぜか真夜中に突然消えてしまったというのである。聖火を見張っていたコリンズ警部はまっ青になり、周囲に誰もいないのを確かめた後、ポケットからマッチを出して「再点火」した。日本側はそうと知らずに聖火リレーはそのまま進行。マッチで付けた聖火は、東京大会が行われた国立競技場の聖火台を飾った。「幸い大会にケチがつかず、こちらはクビがつながりました」という警部の言葉でオチ……となっていた。「折りから台風が近づいていた」と書かれているから、おそらく九月四日の夜ということだろう。

去って行く者が最後に無責任に語る「武勇伝」や「今だから話そう」的な打ち明け話ほど、アテにならないものはない。少なくとも、ある程度は「盛っている」と疑ってかかった方がいい。また、「東洋人たちの祭典」の興奮からは蚊帳の外だった人物が、徹夜の聖火警備に駆り出されたという微妙な感情も考慮に入れる必要があるだろう。それにしても……あの壮大な旅路だった東京大会聖火リレーについて多少なりとも調べていた私としては、思わず絶句せざるを得ない内容ではあった。

このコラムが新聞に掲載された一九七二年七月は、中島が札幌オリンピック聖火リレーや式典等の大任から解放され、一段落ついていた時期である。それから約四半世紀の間、日本に聖火が戻って来ることはなかった。中島が聖火に関わることも、それ以降は一切なかったのである。

中島茂がこの切り抜きを取っておいた真意は、今となっては分からない。ただ、テーブルの上のモノクロ写真の中でギリシャの巫女たちを従え、私に向かって笑みを浮かべているだけだ。

「わーし、どーも、いい加減がでけんのです」

何千何万もの僧侶が一斉に経を唱えているかのように、外には激しい蟬時雨が降っていた。

あとがき

本書は、私の前作『航空から見た戦後昭和史』のなかで取り上げた東京五輪の聖火空輸の話を基に、新たな要素を盛り込んで全面的に作り直し、一冊の本にまとめたものである。

実は前作を発表した直後から、私は「どうして聖火空輸だけで一冊の本にしなかったのか?」と多くの人に問われることになった。告白すると私自身も、前作を制作中に「この素材だけで一冊できないか?」とチラリと考えてもいた。そして皮肉なことに、前作発表直後から新たな資料などが手に入ったりもした。新たな証言者と出会うこともできた。そして前作が「航空本」と見なされることで、なかなか航空ファン以外の人々に知られることができなかったということもある。そうした諸々の事情もあって、私はこの物語を改めて紹介することを決意したわけだ。

「二番煎じ」かと問われれば、まさに「二番煎じ」である。だがこの素材は、むしろ煎じれば煎じ詰めるほど濃厚な味がにじみ来る。仮に前作をお読みになった方でも、間違いなく別の面白さを感じていただける極上の「二番煎じ」だ。これほど有名なエピソードなのに、今日まで正しく語られていない。これはもっと語られるべき物語なのだ……と私はここで強く断言したい。

このような事情から、本作は前作に引き続いて多くの方々のご協力を得ることになった。

元・日本航空アーカイブズセンターの古賀大輔氏、全日空白鷺会・東京の元・会長である茂垣多恵子氏には前作同様に本作にも多大な貢献をいただいた。この方々を抜きに本書は存在しない。

公益財団法人日本体育協会・資料室の佐藤純子氏、秩父宮記念スポーツ博物館・図書館の須藤順子氏と井上裕太氏、ANA／全日本空輸株式会社広報室の大田優美子氏、黒滝祥子氏（二〇一六年当時）、大槻恭子氏（二〇〇九年当時）、元・同社総務部・資料管理所の渡邊伊知郎氏、羽田正博氏（二〇一六年当時）、同社広報室・羽田チームの内田陽一氏、日本航空アーカイブズセンターの金子泰夫氏（二〇一六年当時）、日本航空株式会社広報部の城戸崎和則氏と西岡秀訓氏、同・門間鉄也氏（二〇〇九年当時）、三菱重工業株式会社・広報部名古屋グループの池谷光彦氏と下間生子氏、元・同社名古屋航空宇宙システム製作所広報チームの竹内功学氏（二〇一六年当時）、同・史料室の岡野允俊氏（二〇〇九年当時）、沖縄県公文書館の豊見山和美氏と喜久里瑛氏（二〇一六年当時）、外務省外交史料館の山下大輔氏、一般財団法人日本航空協会の長島宏行氏と苅田重賀氏、同・航空図書館の中村優子氏、所沢航空発祥記念館の近藤亮氏、海上自衛隊鹿屋航空基地・広報室長の鈴木仁二尉、鹿屋市政策推進課の前田和信氏、近畿日本ツーリスト株式会社の五十嵐光代氏、千葉県文書館の飯島渉氏、長野市立川中島中学校の長谷川功氏、佐賀大学同窓会事務局の篠崎萬佐恵氏、三養基高等学校同窓会の牛島理恵氏、兵庫県立夢野台高等学校の森本利幸氏、大阪体育大学企画広報室の皆様と中島由雄氏、井上靖文学館の徳山加陽氏、熊本沖縄県人会事務局の許田重治氏と許田素子氏、National Library of the Philippines の Jean S. Ico氏とSusan J. Fetalco氏、Flughafen München GmbH の Bettina Schaller氏とSandra Pleyer氏、GreeceJapan.com の永田純子氏、株式会社プラップジャパンの堀越さゆり氏、駐日ノルウェー王国大使館広報部の皆様、フィンランド大使館広報部の秋山悦子氏、Yunus Emre Enstitüsü トルコ文化センターの Onur Cem Yilmaz氏、ミャンマー連邦共和国駐日大使館の Khaimar Wint Zin Thant氏、タイ王国大使館・文化広報部の橋本たみ氏、マレーシア政府観光局東京支局の皆様、Regional Office of Sustainable Tourism/Lake Placid CVB の Sue Cameron氏……などの方々にも、多大な貢献をしていただいている。

なかでもノルウェーにあるSkiforeningen（The Ski Museum）のÅslaug Midtdal氏、Bibliothek St. MoritzのDora Filli氏、そしてKungliga biblioteket（National Library of Sweden）のSofia Klockars氏と渡邊幸奈氏には、東京からの執拗なメールでのお願いに親切にご対応いただいた。イラン文化センターのヤクビ・ハニエ氏と森島聡氏にも散々無理を聞いていただいた。皆さんには感謝しかない。

そして日本オリンピック委員会の冨吉貴浩氏と秋葉将秀氏（二〇一六年当時）、国際オリンピック委員会（IOC）のAline Luginbühl氏、The Olympic Studies CentreのEstel Hegglin氏にも深くお礼申し上げたい。

また、故・中島茂氏ご親族の池田宏子氏と池田剛氏、故・熊田周之助氏ご親族である熊田美喜氏、阿部芳伸氏、阿部美織氏、阿部哲也氏の皆様、故・森谷和雄夫人の森谷和子氏、故・森田勝人氏ご子息の森田皓一氏、聖火空輸派遣団で報道係を務められた菅野伸也氏、同じく派遣団で通訳を務められた久野明子氏、元・日本航空整備士の早川欣之氏、元・日本航空機製造株式会社の山之内憲夫氏、同・沼口正彦氏、元・大丸百貨店装工事業部の内田次彦氏、元・全日空客室乗務員の日高幸子氏、白木洋子氏、元・全日空整備士の福井裕氏と安江悦三氏、故・森西栄一氏ご息女の岩倉佐波吏氏、聖火リレーコース踏査隊に一時同行した本城信氏、元・在インド日本大使館職員の三宅多津次氏……には貴重な証言や数々の写真・資料をご提供いただいた。もし本書が面白く興味深い内容になっていたとしたら、それは私の力ではなくこの方々の功績であると白状しなくてはいけない。二〇〇九年当時に取材にご協力いただいた故・和久光男氏の夫人である和久淑子氏にも、併せてお礼を申し上げたい。

さらに、前作に引き続いて航空技術監修としてご協力いただいた東京大学大学院教授の鈴木真二氏、資料提供のみならず何度も相談に乗っていただいた交通史研究家の曽我誉旨生氏にも、ここで改めてお礼を申し上げたい。航空には所詮ど素人の私が本書をカタチにできたのは、このお二人の力があればこそである。また、突然の私からの問い合わせに快く応えていただいた、郵便学者の内藤陽介氏にもここで感謝の言葉を述べさせていただく。

本書の企画立ち上げのヒントを与えてくれただけでなく香港との交渉等で協力してくれた本山光氏、多忙な身にもかかわらず香港新聞記事の翻訳で力を貸してくださった藤田尚子氏、各国のオリンピック公式報告書の詳細を調べてくれた私の旧友・沖山崇氏、インタビュー内容のテキスト化で協力してくれたAKIRA text createの山本晶氏、イランでの現地取材をしてくださったアリ・ヘジャズィヤン氏、同じくネパールでの調査・取材で協力してくださった在ネパール日本人会・会長の菅沼一夫氏、副会長の高田英明氏とサンガラウラ京子氏、制作中のアドバイスなど力を貸してくれた金子真理氏、私がかつて在籍していた株式会社アーク・コミュニケーションズでの上司・成田潔氏にも大いに感謝したい。最後に、この本を発表する機会をくださった原書房代表取締役社長の成瀬雅人氏、編集担当の百町研一氏にも改めてお礼申し上げたい。本書はこれらの方々の力をお借りすることで実現することができたもので、私ひとりでは到底無理であった。恥ずかしながら、このことだけは告白しなくてはならないだろう。

飛行機の発達が東京五輪の国外聖火リレーを空前のワールドワイドな規模に広げたことは、改めていうまでもない。そして戦後初の国産旅客機YS－11開発の動向は、このオリンピックの聖火リレー計画を終始揺さぶり続けていた。本書が東京五輪聖火リレーのエピソードのなかでも、特に「空輪」にこだわった理由はそこにある。本書が国外聖火リレーを詳細に扱いながら、国内リレーについては空輪だけにとどめた理由も同様である。国内リレーについては新聞、テレビなどで頻繁に取り上げられるはずで、私ごときが出しゃばるまでもない。その点については、既存のメディアの方々にお任せすることにした。

本書を制作していて常に驚かされたのは、東京オリンピック聖火リレーを受け入れた中東から東南アジアにかけての人々の盛大な歓迎ぶりである。例の北京オリンピックでの聖火リレーが大荒れになってしまって以来、開催国以外での大規模な聖火リレーは御法度になってしまった。そんな今日びの殺伐とした状況を考えると、「たかが火一本」を運んで来ることに大勢の人々が一喜一憂し、持ち込む側も特別な意図を持たず、迎える国々も諸手を挙げて大歓迎するという光景は、まことに驚くべきことに思える。あの頃は今よりもずっと健全で、善かれ悪しかれ人々は純朴だったのだと思わざるを得ない。

「オリンピックが世界をひとつにする」などという底抜けに楽天的な考えを無条件に受け止めることは、さすがに今日の感覚ではとてもできない。しかしあの時代に漂っていたいい意味での大雑把さやダイナミズムは、現代の自分からすると正直言って羨ましい気がする。本書ではそうした人々のイノセンスや健全さを、何とか今の人々に分かるように再現してみたつもりである。

ただし、本書を作るにあたって「昔は良かった」的ノスタルジーで塗り固めたり過度に美化することは、できる限り避けたつもりである。それは今の読者にとってシラジラしいだけでなく、当時の関係者にとっても迷惑なことだろうと思うからだ。私は単なる部外者に過ぎず、当時を知る方々からはお怒りを買うところもあるかもしれないが、その点だけは見失わないように心がけた。

実際のところは、東京オリンピックそのものも聖火リレーの計画も決してスムーズに動いていたとは言い難い。では、それらがなぜ最終的に成功裏に終わったかといえば、すべて「現場」の力が抜きん出ていたからだとしかいいようがない。厳しい条件や無理のある計画を何とかフォローし、襲いかかる困難を乗り越えていったのは、「現場」にいた「個人」一人ひとりの力である。聖火リレー計画の動向を終始左右していた、ＹＳ－11の開発自体もまた同様であった。

これは日本という国の在り方に通じる点であり、今日の私たちにもいえることだと思う。ここで再び五輪の季節を迎えるにあたって、その理由や功罪も含め、私たちはそこから多くのことを学ぶ必要があるのではないだろうか。

インターネットやメールもパソコンもなかった時代にあれほどの大事業を成し遂げた「現場」の力には、まことに敬服すべきものがある。私も今回の本を制作するにあたっては、当時の人々の「現場」の力に思いを馳せつつ、その何百分の一でもあやかりたいと思いながら作業を進めた。
もし今回の本が成功であったとすれば、それは当時の「現場」の力が守護霊のように甦り、この本を後押ししてくれたからに違いない。元々、私が何もしなくても、この物語自体に力があり十分面白いのである。私としては、多くの方々の知られざる貢献について、もしこの本でいくらかでも光を当てることができたのならば身に余る光栄である。
願わくは、当時の関係者の皆様に対して恥ずかしくない内容であることを祈って。

二〇二〇年東京オリンピックまで一〇〇〇日を切った東京にて。

夫馬信一

刊スポーツ新聞社）
◉『報知新聞』1964年4月1日～1964年8月27日（報知新聞社）
◉『スポーツニッポン』1964年7月1日～1964年8月30日（スポーツニッポン新聞社）
◉『東京新聞』1964年7月9日～1964年8月29日（中日新聞東京本社）
◉『熊本日日新聞』1964年9月13日（熊本日日新聞社）
◉『長崎新聞』1964年9月15日（長崎新聞社）
◉『新潟日報』1964年10月2日（新潟日報社）
◉『千葉読売』1964年10月14日朝刊（読売新聞社千葉支局）
◉『夕刊フジ』1971年12月30日（フジ新聞社）
◉『北海道新聞』1972年1月20日（北海道新聞社）
◉『信濃毎日新聞』1997年9月5日～1998年1月22日（信濃毎日新聞社）
◉『沖縄タイムス』1998年1月5日～8日（沖縄タイムス社）
◉『南日本新聞』1998年1月5日朝刊、2006年10月1日朝刊（南日本新聞社）
◉『中日新聞』2015年2月7日朝刊（中日新聞社）
◉『The Manila Times』Sept. 3-5, 1964（The Manila Times Publishing Co., Inc.）
◉『The Daily Star : Beirut, Lebanon』April 15, 1964（The Daily Star）
◉『THE TIMES OF INDIA』April 25 ?, 1964（Bennett Coleman & Co. Ltd）
◉『Amrita Bazar Patrika : Calcutta』August 17,1964（Amritabazar Pvt. Ltd.）
◉『Hong Kong Tiger Standard』August 15, 1964（Sing Tao Newspaper Limited）
◉『ISTANBUL HAFTASI／THE WEEK IN ISTANBUL』21 August 1964 - No.481（Reklam-Dekor Matbaasi）
◉『エッテラーアート』1964年8月27日、8月29日（エッテラーアート研究所）
◉『ケイハン』1964年8月27日（ケイハン研究所）
◉香港公共圖書館（Hong Kong Central Library）所蔵資料：
『香港工商日報／The Kung Sheung Daily News』1964年9月4日、同年9月7日（香港：工商日報有限公司）
『華僑日報／Wah Kiu Yan Po』1964年9月6日、9月7日、同年9月8日（華僑日報有限公司）
『工商晩報／The Kung Sheung Evening News』1964年9月5日、同年9月7日、1971年12月31日（香港：工商日報有限公司）
◉ブログ『吹浦忠正（ユーラシア21研究所理事長）の新・徒然草』
◉『Hellenic Olympic Committee - Official Website』
◉『Takhte Jamshid Cup』Website
◉『Sondre Norheim - the Skiing Pioneer of Telemark』Website
◉『公益財団法人日本オリンピック委員会』Website
◉『The Internet Movie Database』Website
◉『MBCアーカイブス　昭和のふるさと／国産旅客機YS-11「びわ娘」がPR』（MBC南日本放送）

◉『航空宇宙人名録』昭和57年度版（日本航空新聞社）
◉『航空年鑑』1980年版（財団法人日本航空協会）
◉『逓信省航空局　航空機乗員養成所物語／（17）陸軍直轄の航空輸送部隊』徳田忠成（WEB版『航空と文化』2008.05.15〈一般財団法人日本航空協会〉）
◉『逓信省航空局　航空機乗員養成所物語／（25）終戦と大日本航空の解散』徳田忠成（WEB版『航空と文化』2009.01.15〈一般財団法人日本航空協会〉）
◉『半世紀前の型式証明　YS-11の頃』藤原洋（『航空と文化』2013夏季号No.107〈一般財団法人日本航空協会〉）
◉『オリンピック東京大会沖縄聖火リレー／1960年代前半の沖縄における復帰志向をめぐって』豊見山和美（『沖縄県公文書館研究紀要』第9号・2007年3月〈沖縄県公文書館〉）
◉『沖縄県公文書館だより　Archives47号』2014年8月発行（沖縄県公文書館）
◉『Chronicle of Thailand: Headline News Since 1946』Nicholas Grossman（Editions Didier Millet）
◉『Public Administration in Southeast Asia: Thailand, Philippines, Malaysia, Hong Kong, and Macao』Evan M. Berman（CRC Press）
◉『現代の香港を知るキーワード888』小柳淳、田村早苗・編（三修社）
◉『シリア：新時代の到来と対イスラエル政策の今後』青山弘之（『イスラエル内政に関する多角的研究／平成13年度外務省委託研究報告』財団法人日本国際問題研究所編）
◉『大戦末期の英語教育 - 旧専門学校を中心に』南精一（『日本英語教育史研究』第16号・2001〈日本英語教育史学会〉）
◉『わが外交の近況（第9号）』昭和40年7月（外務省）
◉『長野県スポーツ史』（信濃毎日新聞社）
◉『軽井沢町誌　歴史編（近・現代）』（軽井沢町）
◉『戸田ボートコースと漕艇の歩み』（戸田市立郷土博物館）
◉『学友』第十六号（川中島中学校生徒会）
◉『克己心　川中島中学校三十周年記念誌』（長野市立川中島中学校）
◉『克己心　川中島中学校開校五十周年記念誌』（長野市立川中島中学校）
◉『千葉県教育要覧　昭和39年度版』（千葉県教育委員会）
◉『第三期航空局海軍依託操縦生　卒業紀念』大正拾四年拾月（霞ヶ浦海軍航空隊）
◉『基地のあゆみ　開隊25周年記念』（海上自衛隊鹿屋航空基地）
◉『鹿屋市誌』（鹿屋市）
◉『かのや市役所だより』昭和32年11月10日、昭和33年2月28日、同年3月31日（鹿屋市役所）
◉『飛行機物語　羽ばたき機からジェット旅客機まで／中公新書1694』鈴木真二・著（中央公論新社）
◉『ダイナミック図解／飛行機のしくみパーフェクト事典』鈴木真二・監修（ナツメ社）
◉『飛行機がよくわかる本／ヴィンテージ飛行機の世界』夫馬信一・著／鈴木真二・監修（PHP研究所）
◉『航空から見た戦後昭和史／ビートルズからマッカーサーまで』夫馬信一・著／鈴木真二・航空技術監修（原書房）
◉『大阪朝日新聞』1937年3月17日（大阪朝日新聞社）
◉『東京朝日新聞』1928年7月29日～1938年3月29日（東京朝日新聞社）
◉『朝日新聞』1952年2月14日～1998年1月5日朝刊（朝日新聞社）
◉『読売新聞』1964年1月20日朝刊～1964年10月10日朝刊（読売新聞社）
◉『毎日新聞』1952年2月16日夕刊～2006年10月1日朝刊（毎日新聞社）
◉『産經新聞』1964年8月26日朝刊～1964年10月12日夕刊（産經新聞社）
◉『日本経済新聞』1964年8月12日、2006年10月1日（日本経済新聞社）
◉『日刊工業新聞』1962年9月13日（日刊工業新聞社）
◉『都新聞』1936年8月1日（都新聞社）
◉『西日本新聞』1960年8月13日朝刊、2006年10月1日朝刊（西日本新聞社）
◉『スポーツ中国』1964年4月30日（中国新聞社）
◉『日刊スポーツ』1964年4月10日、11日、15日（日

◉『ギリシャの旅／オリンピアにて聖火点火式を見る』井上靖（『井上靖全集　第二十六巻』〈新潮社〉所収）
◉『日本交通公社七十年史』（財団法人日本交通公社）
◉外務省外交史料館所蔵資料：
分類番号I'. 1. 10. 0 4-6-11『国際オリンピック大会関係／第18回東京大会（1964）／聖火リレー関係）』、分類番号I'. 1. 10. 0 4-6-12『国際オリンピック大会関係／第18回東京大会（1964）／諸国関係者の輸送関係（含む観客）』
◉『創立五十周年記念号　養基』（佐賀県立三養基高等学校）
◉『旧制佐賀高等学校　菊葉』第29号、第34号、第39号・創立八十周年特集号（菊葉同窓会本部）
◉『第九回卒業記念　兵庫縣立第二高等女學校』撮影編輯・小島寫眞舘／昭和十三年三月（兵庫縣立第二高等女學校）
◉『わが陸上人生　ランナーとして記者として』中島直矢
◉『JALグループ50年の航跡　Contrail of JAL Group 1951-2001』（日本航空）
◉『日本航空40年の軌跡』（日本航空）
◉『日本航空社史　1951-1981』（日本航空）
◉『おおぞら』1960年8月号～1974年11月号（日本航空）
◉『AGORA』2000年9月号（日本航空）
◉『大空への挑戦　ANA50年の航跡』編集・ANA50年史編集委員会（全日本空輸株式会社）
◉『限りなく大空へ　全日空の30年』編集・全日空30年史編集委員会（全日本空輸株式会社）
◉『大空へ二十年』編集・全日空社史編集委員会（全日本空輸株式会社）
◉『社報　全日空』1964年8月号NO.63、同年9月号NO.64、同年10月号NO.65、1966年2月号NO.81、1970年10月号NO.134、1972年2月号NO.150、同年9月号NO.157、増刊号No.177（全日本空輸株式会社）
◉『昭和47年の回顧と将来の計画』昭和47年12月（全日空広報室）
◉『全日空客室乗務員OG会「白鷺会」30周年記念誌』（全日空白鷺会）
◉『全日空白鷺会会報誌　白鷺』第30号・平成18年8月、第39号・平成25年6月、第40号・平成26年6月（全日空白鷺会）
◉『shirasagi』vol.54・2008年12月10日発行（全日空白鷺会・大阪）
◉『全日空白鷺会大阪会報・しらさぎ』Vol.65・2017.5（全日空白鷺会・大阪）
◉『国産中型輸送機YS-11』（日本航空機製造株式会社）
◉『株式会社大丸装工事業部20年の歩み』昭和54年11月発行（株式会社大丸）
◉『YX／767開発の歩み』（航空宇宙問題調査会）
◉『航空遺産継承基金アーカイブス／YS-11　国産旅客機44年の航跡　記録集』（財団法人日本航空協会航空遺産継承基金事務局）
◉『YS-11エアラインの記録』（日本航空技術協会）
◉『YS-11　世界を翔けた日本の翼／祥伝社新書』中村浩美（祥伝社）
◉『NAMC NEWS No.23 - September 1964』（日本航空機製造株式会社）
◉『新三菱名古屋ニュース』第42号・昭和37年9月16日、第49号・昭和38年1月1日（新三菱重工業株式会社　名古屋航空機製作所、名古屋機器製作所、名古屋自動車製作所）
◉『三菱重工名古屋ニュース』昭和39年10月16日発行号（三菱重工業株式会社）
◉『日経デザイン』1998年6月号（日経BP社）
◉『週刊カメラタイムズ』No.675・1964年9月22日（カメラタイムズ社）
◉『中公新書547／空とぶカメラマン』山田照夫（中央公論社）
◉『日本ヒコーキ物語　北海道篇』平木國夫（冬樹社）
◉『日本航空史（昭和戦後編）』編集　日本航空編纂委員会（財団法人日本航空協会）
◉『航空輸送の歩み：昭和二十年迄』大日本航空社史刊行会編（財団法人日本航空協会）
◉『月刊航空情報』第6集・1952年4月、1964年11月号・No.184、同年12月号・No.185、1965年1月号・No.186（酣燈社）
◉『航空人名録』昭和36年度版、昭和42年度版（日本航空新聞社）

vom Organisationskomitee der IX. Olympischen Winterspiele in Innsbruck 1964)
- 『Torches and Torch Relays of the Olympic Summer Games from Berlin 1936 to Rio 2016』(The IOC Olympic Studies Centre)
- 『Torches and Torch Relays of the Olympic Winter Games from Oslo 1952 to PyeongChang 2018』(The IOC Olympic Studies Centre)
- 『Olympic Review』No.50-51／November - December 1971、No.150／April 1980 (COMITÉ INTERNATIONAL OLYMPIQUE)
- 『第一回アジア競技大会報告書』昭和二十六年十月三十日(財団法人日本体育協会)
- 『第二回アジア競技大会報告書』昭和30年5月20日(財団法人日本体育協会)
- 『第3回アジア競技大会報告書』1959年3月31日(財団法人日本体育協会)
- 『第三回アジア競技大会聖火リレー報告書』(オリンピック東京大会組織委員会競技部)
- 『アジア競技大會會報』第1号・昭和32年3月25日発行、第5号・昭和32年10月25日発行、第6号・昭和32年12月15日発行、第7号・昭和33年2月25日発行(第3回アジア競技大会組織委員会)
- 『財団法人日本体育協会要覧』昭和二十三年十二月一日(財団法人日本体育協会)
- 『体協時報』第37号・昭和29年12月発行、第40号・昭和30年5月発行、第41号・昭和30年6月発行、第176号・昭和43年7月発行(日本体育協会)
- 『わが回想録』安川第五郎(百泉書房)
- 『聖火は消えて』安川第五郎(ダイヤモンド社)
- 『月刊水泳』昭和40年7月号／第160号(日本水泳連盟)
- 『第1回アジア競技大会(1951年)への日本の参加経緯』田原淳子、池田延行、波多野圭吾(報告書・体育研究所プロジェクト研究)
- 『オリンピックと資本主義社会3：オリンピック招致と日本資本主義』内海和雄(『人文・自然研究』第2号〈一橋大学〉／一橋大学機関リポジトリ)
- 『千歳恵庭岳におけるオリンピックの記憶／札幌オリンピック滑降競技周辺史』守屋憲治(『「新千歳市史」機関誌・志古津　過去からのメッセージ』編集・千歳市総務部総務課〈千歳市〉)
- 『自民党30年の検証・8／東京オリンピック』(『月刊自由民主』1985年8月号・通号389号〈自由民主党〉)
- 『東京オリンピック1964デザインプロジェクト』(東京国立近代美術館展覧会図録)
- 『なぜオリンピックを東京に招致しようとするのか：オリンピックと都市東京1940－1964－2016』清水論(Center for the Study of Body Culture)
- 『オリンピックはなぜ、世界最大のイベントに成長したのか』マイケル・ペイン著　保科京子、本間恵子・訳(サンクチュアリ出版)
- 『オリンピック・マーケティング　世界NO.1イベントのブランド戦略』アラン・フェラン、ジャン＝ルー・シャペレ、ベノワ・スガン　原田宗彦・監訳(スタジオタッククリエイティブ)
- 『Olympische Winterspiele. Die Chronik』Volker Kluge(SVB Sportverlag Berlin GmbH)
- 『Olympic Torch Relays』Walter Borger(Agon)
- 『オリンピック東京大会・聖火』宮崎県観光課・聖火リレー県実行委員会総務部(宮崎県)
- 『第18回オリンピック東京大会／神奈川県』(神奈川県)
- 『TOKYO OLYMPIAD 1964』(共同通信社)
- 『美と力：1964 Tokyo Olympics』(読売新聞社)
- 『オリンピック東京招致記念／東京オリンピック』編者：山田米吉、鈴木良徳、川本信正、大谷要三(日刊旭川新聞社)
- 『オリンピックと日本スポーツ史』昭和27年7月5日発行(財団法人日本体育協会)
- 『OLYMPIA→TOKYO 30000キロ／聖火の道をもとめて』(日産自動車)
- 『聖火の道ユーラシア』麻生武治、森西栄一(二見書房)
- 『オリンピック聖火踏査の旅』麻生武治(『水利科学』25号・1962年6月号〈水利科学研究所〉)
- 『道を拓く／ダイハツ工業一〇〇年史』2007年9月発行(ダイハツ工業株式会社)
- 『毎日グラフ』1964年10月4日号(毎日新聞社)
- 『ローマから東京へ』井上靖(『井上靖全集　第二十三巻』〈新潮社〉所収)

ンピック冬季大会組織委員会・式典専門委員会・聖火リレー小委員会)
◉『報告書　第十二回オリンピック東京大會』(第十二回オリンピック東京大會組織委員会)
◉『第十二回オリンピック東京大會　東京市報告書』(東京市役所)
◉『第十回オリムピック大會日本代表一行名簿』(財団法人大日本體育協會)
◉『オリンピック第十六巻第五號』昭和十三年五月(財団法人大日本體育協會)
◉『GIOCHI DELLA XVII OLIMPIADE ROMA MCMLX - CERIMONIA DE APERTURA : PROGRAMMA UFFICIALE』(Centro Programmi del Comitato Organizzatore)
◉『PROGRAM for the OLYMPIC TORCH RELAY - September 3 and 4, 1964』(Philippines National Olympic Committee)
◉『The Ninth Olympiad Being the Official Report of the Olympic Games of 1928 Celebrated at Amsterdam』(The Netherlands Olympic Committee／Amsterdam J. H. de Bussy, Ltd.)
◉『The XIth Olympic Games Berlin, 1936 Official Report Volume I & II 』(Organisationskomitee Fur die XI. Olympiade Berlin 1936 E.V.)
◉『The Official Report of the Organising Committee for the XIV Olympiad』(The Organising Committee for the XIV Olympiad, London 1948)
◉『The Official Report of the Organising Committee for the Games of the XV Olympiad Helsinki 1952』(The Organising Committee for the Games of the XV Olympiad Helsinki 1952)
◉『The Official Report of the Organising Committee for the Games of the XVI Olympiad Melbourne 1956』(The Organizing Committee of the XVI Olympiad, Melbourne, 1956)
◉『The Eqestrain Games of the XVI Olympiad Stockholm 1956』(The Organizing Committee for the Equestrian Games of the XVIth Olympiad)
◉『The Games of the XVII Olympiad Rome 1960 - The Official Report of the Organizing Committee』(The Organizing Committee of the Games of the XVII Olympiad)
◉『MEXICO 68』(The Organizing Committee of the Games of the XIX Olympiad)
◉『Montrèal 1976 Official Report／Games of the XXI Olympiad Montréal 1976』(The Organizing Committee of the 1976 Olympic Games)
◉『Games of the XXII Olympiad Moscow 1980／Official Report of the Organising Committee of the Games of the XXII Olympiad, Moscow, 1980』(The Organising Committee of the Games of the XXII Olympiad, Moscow, 1980)
◉『Official Report of the Games of the XXIIIrd Olympiad Los Angeles, 1984』(The Los Angeles Olympic Organizing Committee)
◉『Games of the XXIVth Olympiad Seoul 1988 Official Report』(Seoul Olympic Organizing Committee)
◉『Official Report - III Olympic Winter Games Lake Placid 1932』(III Olympic Winter Games Committee)
◉『IV. Olympischen Winterspiele 1936 Amtlicher Bericht』(Organisationskomitee für die IV. Olympischen Winterspiele 1936)
◉『RAPPORT GÉNÉRAL sur les Ves JEUX OLYMPIQUES D'HIVER ST-MORITZ 1948』(COMITÉ OLYMPIQUE SUISSE SECRÉTARIAT GÉNÉRAL, LAUSANNE)
◉『VI Olympiske Vinterleker／Olympic Winter Games - Oslo 1952』(The Organising Committee of the VIth Winter Olympic Games)
◉『VII Giochi Olimpici Invernali／VII Olympic Winter Games - Cortina D'Ampezzo 1956』(Comitato Olimpico Nazionale Italiano)
◉『VIII Olympic Winter Games Squaw Valley, California 1960 Final Report』(The California Olympic Commission)
◉『Offizieller Bericht der IX.Olympischen Winterspiele Innsbruck 1964』(Herausgegeben

参考文献

◉『第18回オリンピック競技大会　東京1964　公式報告書　上』(オリンピック東京大会組織委員会)
◉『第18回オリンピック競技大会　東京都報告書』(東京都)
◉『オリンピック東京大会　開閉会式実施要項』(オリンピック東京大会組織委員会)
◉『オリンピック東京大会と政府機関等の協力』(文部省)
◉『オリンピック東京大会の警察記録』(警視庁)
◉『東京オリンピック／オリンピック東京大会組織委員会会報』5号、8号、11号、18号、21号、23号、28号(オリンピック東京大会組織委員会)
◉『東京都オリンピック時報』4号、5号、8号、12号(東京都オリンピック準備局)
◉『選手村ニュース』NO.3〜NO.6(オリンピック東京大会組織委員会)
◉『職員便覧　1964』(財団法人　オリンピック東京大会組織委員会)
◉『第11回オリンピック冬季大会　報告書』(財団法人札幌オリンピック冬季大会組織委員会)
◉『第11回冬季オリンピック札幌大会報告書』編集:北海道総務部総務課(北海道庁)
◉『第11回オリンピック冬季大会札幌市報告書』編集:札幌市総務局オリンピック整理室(札幌市)
◉『第18回オリンピック冬季競技大会　公式報告書』信濃毎日新聞社(財団法人長野オリンピック冬季競技大会組織委員会)
◉『組織委員会議議題集』(財団法人オリンピック東京大会組織委員会)
◉『組織委員会議事録　第1回 - 第31回』(財団法人札幌オリンピック冬季大会組織委員会)
◉『Outline of the Proposed Torch Relay for the Games of the 18th Olympiad, Tokyo 1964 : August 18th, 1962』(オリンピック東京大会組織委員会)
◉『第1回、第3回、第4回、第5回、第6回、第8回、第9回聖火リレー特別委員会資料』(オリンピック東京大会組織委員会・聖火リレー特別委員会)
◉『聖火リレー特別委員会中間報告書』(オリンピック東京大会組織委員会・聖火リレー特別委員会)
◉『オリンピック東京大会聖火リレーについて／第1次、第2次、第3次答申』(オリンピック東京大会組織委員会・聖火リレー特別委員会)
◉『聖火リレー特別委員会／第2回、第3回、第4回、第5回国外小委員会資料』(オリンピック東京大会組織委員会・聖火リレー特別委員会／国外小委員会)
◉『聖火リレー特別委員会／第2回、第4回国内小委員会資料』(オリンピック東京大会組織委員会・聖火リレー特別委員会／国内小委員会)
◉『オリンピック東京大会聖火リレーに使用する航空機について』昭和38年3月28日(オリンピック東京大会組織委員会・聖火リレー特別委員会)
◉『聖火空輸幹事会の研究報告および問題点』(オリンピック東京大会組織委員会・聖火リレー特別委員会／聖火空輸専門委員会)
◉『聖火リレー特別委員会における協議の結果について』(オリンピック東京大会組織委員会・聖火リレー特別委員会)
◉『オリンピック聖火空輸に関する事前調査等』(オリンピック東京大会組織委員会・聖火リレー特別委員会／聖火空輸専門委員会)
◉『聖火リレーに関する事前打合せ(国外)実施計画』(オリンピック東京大会組織委員会・聖火リレー特別委員会／聖火空輸専門委員会)
◉『聖火リレー空輸ルート派遣団員打合わせ会』1964／6／19(オリンピック東京大会組織委員会・聖火リレー特別委員会)
◉『オリンピック聖火空輸特別便に関する実施要項』(日本航空株式会社、日本交通公社)
◉『財団法人札幌オリンピック冬季大会組織委員会　第3回式典専門委員会』昭和45年8月7日(財団法人札幌オリンピック冬季大会組織委員会・式典専門委員会)
◉『財団法人札幌オリンピック冬季大会組織委員会　式典専門委員会　第3回聖火リレー小委員会議事録』昭和45年6月19日(財団法人札幌オリ

◉ 香港大會堂／Hong Kong CIty Hall
◉ The Government of the Hong Kong Special Administrative Region, Civil Aviation Department,
◉ 日刊まにら新聞
◉ 岩谷産業株式会社
◉ 国立大学法人東京外国語大学
◉ 独立行政法人国際協力機構(JICA)
◉ 青山周
◉ 三菱商事株式会社
◉ 伊藤忠商事株式会社
◉ KNT-CTホールディングス株式会社
◉ 近畿日本ツーリスト株式会社
◉ 株式会社リコー
◉ JXTGエネルギー株式会社
◉ J.フロント リテイリング株式会社
◉ 三勝株式会社
◉ 一般社団法人静岡県繊維協会
◉ 東京織物卸商業組合
◉ 株式会社三越伊勢丹ホールディングス
◉ 株式会社大丸松坂屋百貨店
◉ 富士フイルム株式会社
◉ 株式会社東京ドーム
◉ 学校法人実践女子学園
◉ 株式会社にっしん
◉ 内藤陽介
◉ 藤本淳也(大阪体育大学　教授)
◉ 外務省人事課記録班
◉ 外務省旅券課
◉ 内閣府
◉ 朝日新聞社
◉ 毎日新聞社
◉ 一般社団法人共同通信社
◉ 産業経済新聞社
◉ 公益財団法人通信文化協会　博物館部(郵政博物館)
◉ 日本空港ビルデング株式会社
◉ 国土交通省航空局　運航安全課
◉ 国土交通省航空局　総務課登録係
◉ 国土交通省大阪航空局　鹿児島空港事務所
◉ 国土交通省大阪航空局　那覇空港事務所
◉ 国土交通省大阪航空局　熊本空港事務所
◉ 国土交通省北海道開発局　港湾空港部
◉ 宮崎空港ビル株式会社
◉ 札幌丘珠空港ビル株式会社
◉ 熊本空港ビルディング株式会社
◉ オホーツク紋別空港ビル株式会社
◉ 鹿児島県鹿屋市　政策推進課
◉ 宮崎県総務部　総務課
◉ 熊本市総務課　歴史文書資料室
◉ 熊本県　広報課
◉ 函館市中央図書館
◉ 特定非営利活動法人函館体育協会
◉ 釧路市教育委員会スポーツ課
◉ 一般財団法人稚内市体育協会
◉ 稚内市社会教育課
◉ 株式会社せきれい社／『航空情報』編集部
◉ 山口博正
◉ Geta-O
◉ インターネット航空雑誌ヒコーキ雲
◉ 木村秀政ホール
◉ 松葉町会館
◉ 宗教法人曹源寺
◉ 有限会社吉野麵機製作所
◉ 株式会社マルシン
◉ 文化庁著作権課
◉ 古本・古レコード　十和堂
◉ 本多電機株式会社
◉ HDホールディングス株式会社
◉ 紋別市役所　観光交流推進室
◉ 学校法人横浜訓盲学院
◉ ハクキンカイロ株式会社

- 千葉県文書館
- 長野県スポーツ課
- 千葉県東京オリンピック・パラリンピック推進課
- 埼玉県オリンピック・パラリンピック課
- 軽井沢町総務課
- 長野市立川中島中学校
- 戸田市立郷土博物館
- 埼玉県立熊谷図書館
- 藤沢市文書館
- 藤沢市東京オリンピック・パラリンピック開催準備室
- 相模原市教育局生涯学習部スポーツ課
- 新潟市文化スポーツ部　歴史文化課
- 新宿区立新宿歴史博物館
- 千代田区広報公聴課
- 佐賀県立三養基高等学校　三養基同窓会事務局
- 佐賀大学同窓会事務局
- 兵庫県立夢野台高等学校
- 学校法人浪商学園　大阪体育大学
- 中島由雄
- 兵庫県立神戸高等学校
- 茨城県立麻生高等学校
- 熊本沖縄県人会
- 福岡沖縄県人会
- 沖縄県文化観光スポーツ部交流推進課
- 小浜良子
- 千歳市総務部市史編纂室
- 一般財団法人井上靖文学館
- 一般財団法人柳工業デザイン研究会
- 株式会社 ジェイティービー
- 公益財団法人日本交通公社／旅の図書館
- The Robert H. N. Ho Family
- 香港公共圖書館／The Hong Kong Central Library
- South China Morning Post Publishers Ltd.
- 在ネパール日本人会
- Manindra R. Shrestha
- Y.P. Lohani
- イラン・イスラム共和国大使館文化参事室／イラン文化センター
- National Library of the Philippines
- Skiforeningen／The Ski Museum - Holmenkollen
- Bibliothek St. Moritz
- St. Moritz Tourism
- Flughafen München GmbH
- Kungliga biblioteket／National Library of Sweden
- Tiroler Flughafenbetriebsgesellschaft m.b.H.
- GreeceJapan.com
- ミャンマー連邦共和国駐日大使館
- Yunus Emre Enstitüsü トルコ文化センター
- マレーシア政府観光局　東京支局
- 在京タイ王国大使館
- タイ国政府観光庁日本事務所
- フィンランド大使館、東京
- 駐日ノルウェー王国大使館
- Ufficio Storico della Marina Militare - Italia
- Nepal National Library
- 公益社団法人日本ネパール協会
- 在日オーストラリア大使館
- 公益財団法人日印協会
- 日本・トルコ協会
- Norges Olympiske Museum／The Norwegian Olympic Museum
- Scandinavian Airlines System - Media Relations Denmark
- Austrian Airlines AG
- 公益社団法人日本馬術連盟
- Fédération Equestre Internationale
- Invest Stockholm
- Stockholm Business Region AB
- Stockholmskällan
- Olympiastadion - Helsinki
- Urheilumuseo／Sports Museum of Finland
- Stockholms stadsmuseum
- København Biblioteker
- Direzione Turismo - Roma
- 台湾観光協会　東京事務所
- 台北駐日経済文化代表処台湾文化センター
- Regional Office of Sustainable Tourism／Lake Placid CVB
- Taiwan Studies Digital Library

協力

- 公益財団法人日本体育協会
- 秩父宮記念スポーツ博物館・図書館（独立財団法人日本スポーツ振興センター）
- 公益財団法人日本オリンピック委員会
- 公益財団法人東京オリンピック・パラリンピック競技大会組織委員会（2020）
- COMITÉ INTERNATIONAL OLYMPIQUE, Communications Department
- The IOC Olympic Studies Centre
- ANA／全日本空輸株式会社
- 日本航空株式会社
- カンタス航空
- 株式会社プラップジャパン
- アエロフロート・ロシア航空
- 日本エアコミューター株式会社
- 三菱重工業株式会社
- 海上自衛隊
- 海上自衛隊　鹿屋航空基地
- 所沢航空発祥記念館
- 一般財団法人日本航空協会
- 航空図書館
- 沖縄県公文書館
- 外務省外交史料館
- 札幌市公文書館
- 札幌オリンピックミュージアム
- 千歳市総務部　市史編纂室
- 村上和敏
- 株式会社南日本放送
- 株式会社北海道新聞社
- 株式会社長崎新聞社
- 株式会社宮崎日日新聞社
- 株式会社中国新聞社
- 株式会社西日本新聞社
- 株式会社沖縄タイムス社
- 株式会社南日本新聞社
- 日本新聞博物館
- 曽我誉旨生
- 古賀大輔
- 茂垣多恵子
- 茂垣信夫
- 和久光男
- 和久淑子
- 池田宏子
- 池田　剛
- 佐藤則夫
- 木下孝二
- 公益財団法人日本体育施設協会
- 独立行政法人日本スポーツ振興センター
- 熊田美喜
- 阿部芳伸
- 阿部美織
- 阿部哲也
- 森谷和子
- 森田皓一
- 山之内憲夫
- 福井裕
- 菅野伸也
- 久野明子
- 早川欣之
- 内田次彦
- 沼口正彦
- 白木洋子
- 日高幸子
- 安江悦三
- 羽田正博
- 伊藤礼子
- 中澤勝彦
- 岩倉佐波吏
- 本城信
- 近喰司
- 三宅多津次
- 北村享
- 一般社団法人日本自動車工業会　自動車図書館
- 日産自動車株式会社
- ダイハツ工業株式会社
- 上野愛
- 栗谷川彩子
- 北海道立近代美術館

スタッフ

◉航空技術監修
鈴木真二
◉航空関連考証・資料提供
曽我誉旨生
◉イラスト
中村滋
◉翻訳等協力
本山光、沖山崇、藤田尚子
◉取材テキスト作成
山本晶(AKIRA text create)
◉イランにおける調査・資料撮影
アリ・ヘジャズィヤン
◉ネパールにおける調査・取材協力
菅沼一夫、高田英明、サンガラウラ京子
◉編集協力
金子真理、南百瀬健太郎、足立哲郎、鈴木満彦
◉校正
株式会社鷗来堂

【著者】

夫馬信一◉ふま・しんいち

一九五九年、東京生まれ。一九八三年、中央大学卒業。航空貨物の輸出業、物流関連の業界紙記者、コピーライターなどを経て、現在は書籍や雑誌の編集・著述業。主な著書に『歴史の足跡をたどる日本遺構の旅』（昭文社）、『幻の東京五輪・万博１９４０』『航空から見た戦後昭和史』（以上、原書房）などがある。

【航空技術監修】

鈴木真二◉すずき・しんじ

一九五三年生まれ。東京大学大学院教授。工学系研究科航空宇宙工学専攻。一九七九年、東京大学大学院工学系研究科修士課程修了。豊田中央研究所を経て、一九八六年、工学博士取得後、東京大学助教授。一九九六年より現職。日本航空宇宙学会会長（第四三期）、日本機械学会副会長（第九五期）、国際航空科学連盟（ＩＣＡＳ）理事、日本ＵＡＳ産業振興協議会理事長など。著書に『飛行機物語――航空技術の歴史』（ちくま学芸文庫）、『現代航空論――技術から産業・政策まで』（東京大学出版）、『力学入門』（コロナ社）など。『落ちない飛行機への挑戦――航空機事故ゼロの未来へ』（化学同人）により第七回「住田航空奨励賞」受賞。

1964東京《とうきょう》五輪《ごりん》聖火《せいか》空輸《くうゆ》作戦《さくせん》

二〇一八年二月二六日　初版第一刷発行

著者——夫馬信一
航空技術監修——鈴木真二
発行者——成瀬雅人
発行所——株式会社原書房
〒一六〇-〇〇二二　東京都新宿区新宿一-二五-一三
電話・代表〇三-三三五四-〇六八五
http://www.harashobo.co.jp
振替・〇〇一五〇-六-一五一五九四
ブックデザイン——小沼宏之
印刷——新灯印刷株式会社
製本——東京美術紙工協業組合

ISBN978-4-562-05479-4